자바따
자격증 바로 따기

핵심만 쏙쏙 예제는 빵빵
DIAT
프리젠테이션 2021

초판 발행일 | 2024년 11월 15일
저자 | 해람북스 기획팀
발행인 | 최용섭
책임편집 | 이준우
기획진행 | 김미경

㈜해람북스
주소 | 서울시 용산구 한남대로 11길 12, 6층
문의전화 | 02-6337-5419
팩스 | 02-6337-5429
홈페이지 | https://class.edupartner.co.kr

발행처 | (주)미래엔에듀파트너 **출판등록번호** | 제2020-000101호

ISBN 979-11-6571-208-2 (13000)

이 책은 저작권법에 따라 보호받는 저작물이므로 무단전재와 무단복제를 금지하며,
이 책 내용의 전부 또는 일부를 이용하려면 반드시 저작권자와 (주)미래엔에듀파트너의 서면동의를 받아야 합니다.

※ 잘못된 책은 바꾸어 드립니다.
※ 책 가격은 뒷면에 있습니다.

DIAT 시험 안내

◉ 디지털정보활용능력(DIAT ; Digital Information Ability Test)

- 컴퓨터와 인터넷을 이용한 정보가 넘쳐나고 사물과 사물 간에도 컴퓨터와 인터넷이 연결된 디지털 정보시대에 기본적인 정보통신기술, 정보처리기술의 활용 분야에 대해 학습이나 사무업무를 수행할 수 있도록 종합적으로 묶어서 구성한 자격 종목입니다.
- 총 6개의 과목으로 구성(작업식 5개 과목, 객관식 1개 과목)되어 1개 과목만으로도 자격 취득이 가능하고, 합격 점수에 따라 초/중/고급 자격이 부여됩니다.
- 과목별로 시험을 응시하며, 시험 당일 한 회차에 최대 3개 과목까지 응시가 가능합니다.

◉ 필요성

- 사무업무에 즉시 활용이 가능한 작업식 위주의 실기 시험입니다.
- 정보통신, OA, 멀티미디어, 인터넷 등 분야별 등급화를 통한 실무 능력을 인증합니다.

◉ 자격 종류

- 자격구분 : 공인민간자격
- 등록번호 : 2008-0265
- 공인번호 : 과학기술정보통신부 제2020-2호

◉ 응시 지역 및 비용

응시 지역	응시 자격	응시 비용
전국	제한 없음	1과목 20,000원 / 2과목 36,000원 / 3과목 51,000원 (※시행일자 기준 2021년 1월 적용)

※ 응시 지역은 운영 상황에 따라 변경될 수 있음
※ 자격증 발급 수수료 : 5,800원(배송료 포함)
 - 정보 이용료 별도 : 신용카드/계좌이체 650원, 가상계좌 입금 300원

◉ 시험 준비물

- 신분증 : 주민등록증, 운전면허증(국내), 여권(유효기간 내), 청소년증, 공무원증, 장애인등록증 등
- 필기 도구 : 검정색 볼펜(시험 문제지에 이름/수험번호 기재 시 사용)
- 수험표 : 시험접수 → 수험표 출력 메뉴에서 수험표 출력(수험표를 출력하기 위해서는 응시자 본인 여부를 명확히 판단할 수 있는 증명 사진이 등록되어야 함)

Digital Information Ability Test

◉ 시험 과목

검정 과목	사용 프로그램	검정 방법	문항수	시험 시간	배점	합격 기준
프리젠테이션	- MS 파워포인트 - 한컴오피스 한쇼	작업식	4문항	40분	200점	- 초급 : 80~119점 - 중급 : 120~159점 - 고급 : 160~200점
스프레드시트	- MS 엑셀 - 한컴오피스 한셀		5문항	40분	200점	
워드프로세서	한컴오피스 한글		2문항	40분	200점	
멀티미디어제작	포토샵/곰믹스		3문항	40분	200점	
인터넷정보검색	인터넷		8문항	40분	100점	- 초급 : 40~59점 - 중급 : 60~79점 - 고급 : 80~100점
정보통신상식	CBT 프로그램	객관식	40문항	40분	100점	

※ 스프레드시트(한셀), 프리젠테이션(한쇼)는 서울, 경기, 인천 지역에 한하여 접수 가능

◉ 출제 가이드

과목	검정 항목	검정 내용
프리젠테이션	기본 설정	용지 크기 및 방향 설정, 슬라이드 마스터 작성
	슬라이드 작성	도형 모양, 색상, 도형 효과, 애니메이션, 스마트아트, 표 및 차트, 워드아트 등
스프레드시트	데이터 입력 및 수식과 함수	데이터 입력과 셀 선택, 워크시트 데이터 편집, 수식과 함수 이용
	데이터 관리/분석 및 차트	피벗 테이블 및 차트 작성
워드프로세서	워드 작성	제목, 특수 문자, 문서 글꼴 변경, 속성 변경, 크기 변경, 머리말, 쪽 번호
	표 및 차트 작성	제목, 한자, 소제목, 글꼴 변경, 편집, 다단, 각주, 이미지, 표, 차트, 테두리, 머리말, 쪽 번호
멀티미디어제작	이미지 보정 및 편집	이미지 크기, 밝기 및 레벨, 보정 및 편집, 사진 합성 및 클리핑 마스크/레이어 마스크
	동영상 편집	클립 및 순서 지정, 비디오 속도 및 전환 효과 설정
인터넷정보검색	주제별 내용 검색	시사, 정치, 사회, 문학, 의학, 과학, 오락, 교육, 경제, 스포츠
정보통신상식	컴퓨터의 이해	컴퓨터 일반, 운영 체제, 멀티미디어 등
	정보통신 이해	네트워크 기술, 인터넷 기술 등
	정보사회 이해	정보사회와 윤리, 정보보호 등

Digital Information Ability Test

◉ 입실 및 시험 시간

교시	입실 완료 시간	시험 시간
1교시	08:50	09:00~09:40(40분)
2교시	10:00	10:10~10:50(40분)
3교시	11:10	11:20~12:00(40분)
4교시	12:20	12:30~13:10(40분)

※ 시험실에는 수험생만 입실할 수 있으며, 입실 완료 시간 이후 절대 입실 불가

◉ 자격 활용 현황

구분	내용	관련 근거
학점은행제 인정	3과목 이상 : 고급 6학점, 중급 4학점(일반 선택)	학점인정 등에 관한 법률 제7조
고등학생 재학 중 취득 학교생활기록부 기재 인정	초급, 중급, 고급	초·중등교육법 제25조
현역병 군지원(모병) 대상자 복무 선정	초급, 중급, 고급	병무청 군지원(모병) 안내
육군 학군부사관 모집 가점	고급	육군본부 학군부사관 모집 공고

◉ 자격 활용처

내용	활용처
학점 인정	한국성서대학교
채용 우대	한국관광공사, 울산해양경찰서, 국립해양과학관, 전북선거관리위원회, ㈜트리피, 중소기업기술정보진흥원, 오알피연구소, 나인스텝컨설팅㈜, 한국부동산원, 한국과학기술평가원, ㈜KT(인턴), ㈜인스코리아, ㈜고고팩토리, ㈜유니컴즈, ㈜에이투이커뮤니케이션, ㈜웨슬리퀘스트, ㈜마음AI, ㈜아테나컴퍼니, ㈜인하이브, ㈜백스포트, ㈜케이아이미디어

답안 전송 프로그램 사용 방법

01 수검번호의 목록 단추를 클릭하여 해당 과목을 선택한 후 수검번호와 수검자명을 입력하고, [확인] 버튼을 클릭합니다.

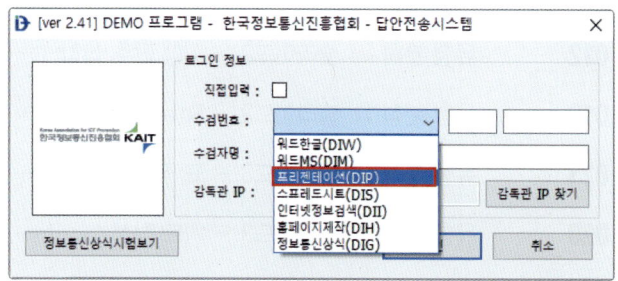 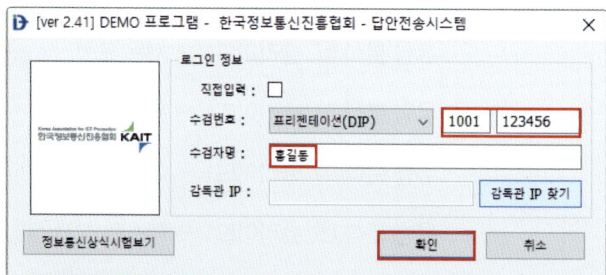

※ 'KAITCBT_DEMO' 프로그램은 KAIT에서 배포한 데모 버전의 개인용 실습 프로그램으로 실제 시험장에서는 제어되지 않습니다. 시험 환경을 미리 확인하는 차원에서 사용합니다.

02 수검자 유의사항을 확인한 후 마스터 키 입력란을 클릭하고, [Enter] 키를 누릅니다.

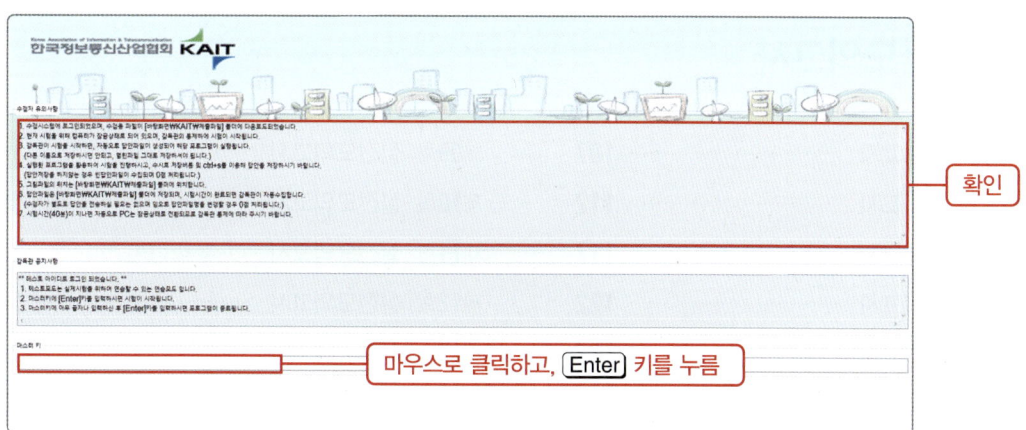

03 시험이 시작되면서 해당 프로그램이 자동으로 실행됩니다. 이때, 답안 전송 프로그램에서 자동으로 파일명이 생성되므로 파일명을 임의로 변경하지 않습니다.

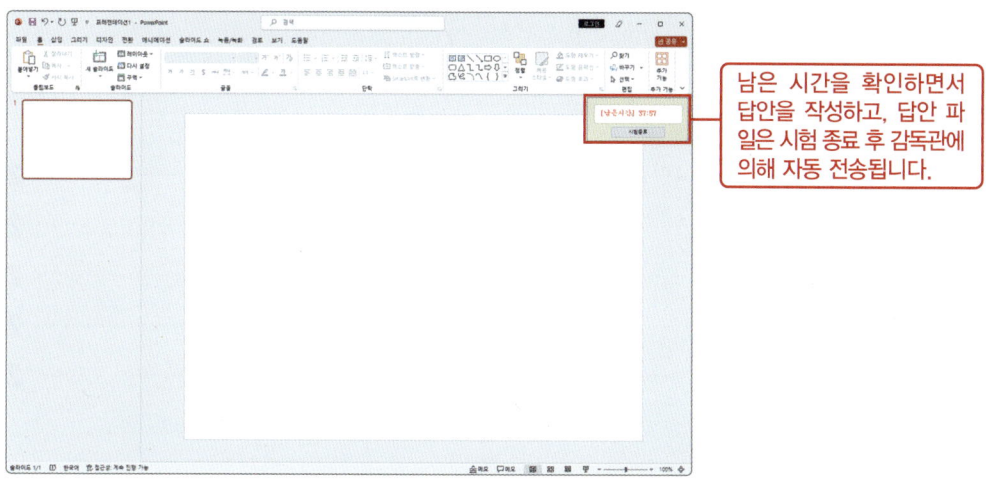

이 책의 차례

PART 01 유형사로잡기

유형 분석 01 전체 슬라이드 작성 ········ 008	유형 분석 09 슬라이드2 - 본문 도형 ········ 051
유형 분석 02 슬라이드1 - 제목 도형 ········ 012	유형 분석 10 슬라이드2 - 실행 단추 삽입 ···· 058
유형 분석 03 슬라이드1 - 본문 도형 ········ 018	유형 분석 11 슬라이드2 - SmartArt 삽입 ······ 063
유형 분석 04 슬라이드1 - 그림 삽입 ········ 023	유형 분석 12 슬라이드3 - 표 작성 ········ 071
유형 분석 05 슬라이드1 - 텍스트 상자 삽입 ··· 028	유형 분석 13 슬라이드3 - 차트 작성 ········ 078
유형 분석 06 슬라이드1 - 애니메이션 지정 ···· 032	유형 분석 14 슬라이드3 - 배경 지정 ········ 087
유형 분석 07 전체 슬라이드 - 슬라이드 마스터 037	유형 분석 15 슬라이드4 - 도형 그림 삽입 ···· 093
유형 분석 08 슬라이드2 - 소제목 도형 ········ 044	유형 분석 16 슬라이드4 - WordArt 삽입 ········ 100

PART 02 실전모의고사

제01회 실전모의고사 ········ 107	제09회 실전모의고사 ········ 147
제02회 실전모의고사 ········ 112	제10회 실전모의고사 ········ 152
제03회 실전모의고사 ········ 117	제11회 실전모의고사 ········ 157
제04회 실전모의고사 ········ 122	제12회 실전모의고사 ········ 162
제05회 실전모의고사 ········ 127	제13회 실전모의고사 ········ 167
제06회 실전모의고사 ········ 132	제14회 실전모의고사 ········ 172
제07회 실전모의고사 ········ 137	제15회 실전모의고사 ········ 177
제08회 실전모의고사 ········ 142	

PART 03 최신기출유형

제01회 최신기출유형 ········ 183	제06회 최신기출유형 ········ 208
제02회 최신기출유형 ········ 188	제07회 최신기출유형 ········ 213
제03회 최신기출유형 ········ 193	제08회 최신기출유형 ········ 218
제04회 최신기출유형 ········ 198	제09회 최신기출유형 ········ 223
제05회 최신기출유형 ········ 203	제10회 최신기출유형 ········ 228

PART 01

유형사로잡기

유형 분석 **01** 전체 슬라이드 작성
유형 분석 **02** 슬라이드1 – 제목 도형
유형 분석 **03** 슬라이드1 – 본문 도형
유형 분석 **04** 슬라이드1 – 그림 삽입
유형 분석 **05** 슬라이드1 – 텍스트 상자 삽입
유형 분석 **06** 슬라이드1 – 애니메이션 지정
유형 분석 **07** 전체 슬라이드 – 슬라이드 마스터
유형 분석 **08** 슬라이드2 – 소제목 도형
유형 분석 **09** 슬라이드2 – 본문 도형
유형 분석 **10** 슬라이드2 – 실행 단추 삽입
유형 분석 **11** 슬라이드2 – SmartArt 삽입
유형 분석 **12** 슬라이드3 – 표 작성
유형 분석 **13** 슬라이드3 – 차트 작성
유형 분석 **14** 슬라이드3 – 배경 지정
유형 분석 **15** 슬라이드4 – 도형 그림 삽입
유형 분석 **16** 슬라이드4 – WordArt 삽입

유형분석 01

전체 슬라이드 작성

핵심만 쏙쏙 슬라이드 크기와 방향 / 슬라이드 레이아웃 변경과 추가

전체 슬라이드에서는 《작성조건》에 맞게 슬라이드의 크기와 방향을 지정한 후 슬라이드 레이아웃을 변경하고, 공통된 슬라이드 개수를 추가하는 방법에 대하여 알아봅니다.

핵심 짚어보기

▶ 예제 파일 : 없음 ▶ 완성 파일 : 유형 분석 01₩유형 01_완성.pptx

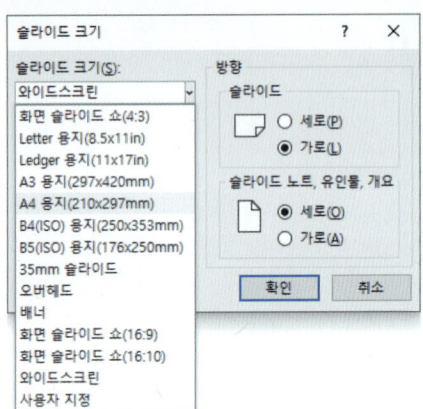

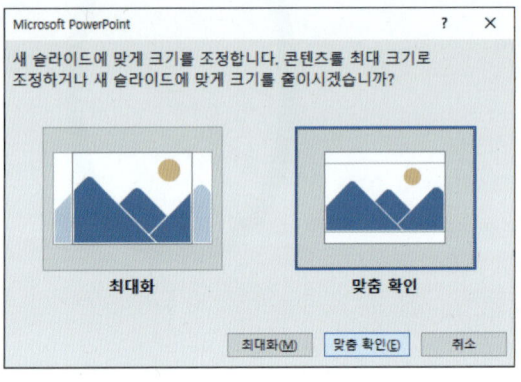

▲ 페이지 설정 : [디자인] 탭-[사용자 지정] 그룹-[슬라이드 크기]-[사용자 지정 슬라이드 크기]

▼ 디자인 테마 : [디자인] 탭-[테마] 그룹-[Office 테마]

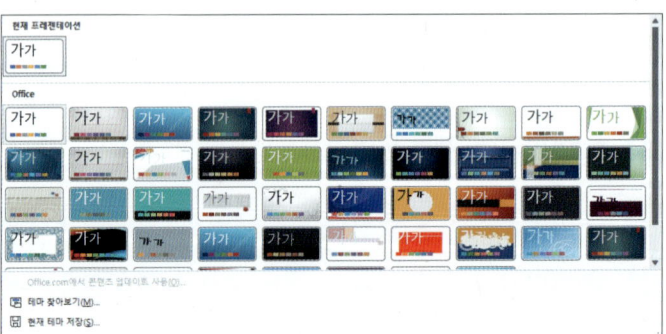

▲ 슬라이드 레이아웃 : [홈] 탭-[슬라이드] 그룹-[레이아웃]-[빈 화면]

클래스 업

- Office 테마는 기본값으로 설정되어 있지만 디자인 테마가 다른 경우에는 [Office 테마]를 선택합니다.
- 하나의 파일에 총 4개의 슬라이드를 작성해야 하므로 공통된 슬라이드를 간단히 추가하는 방법에 대해 알아 둡니다.

유형잡기 01 페이지 설정하기

① PowerPoint 2021 초기 화면에서 슬라이드 크기를 지정하기 위하여 [디자인] 탭의 [사용자 지정] 그룹에서 슬라이드 크기() 단추를 클릭하고, [사용자 지정 슬라이드 크기]를 선택합니다.

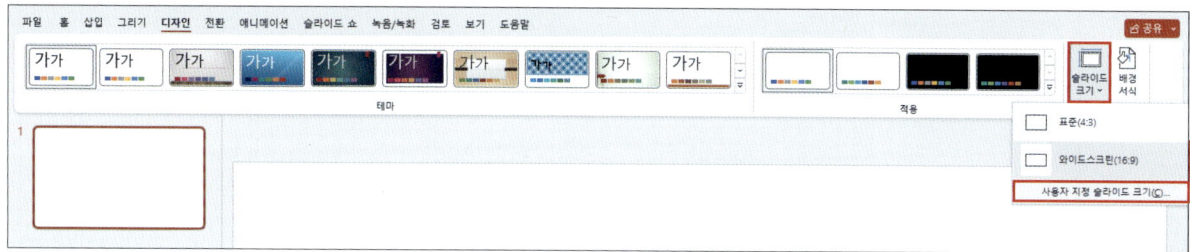

② [슬라이드 크기] 대화 상자에서 슬라이드 크기의 목록(▼) 단추를 클릭한 후 'A4 용지(210×297mm)'를 선택하고, [확인] 버튼을 클릭합니다(방향은 기본값이 '가로'임).

③ 새 슬라이드에 맞게 크기를 조정하는 대화 상자가 나타나면 [맞춤 확인] 버튼을 클릭합니다.

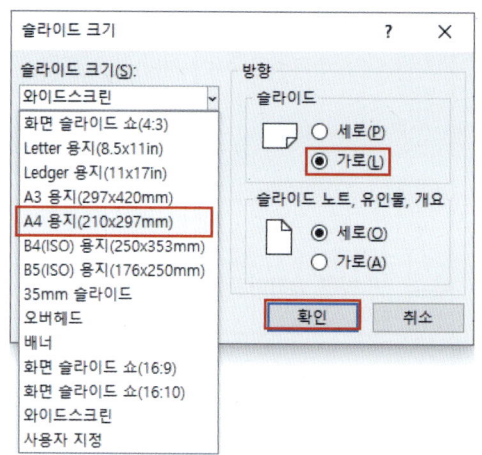 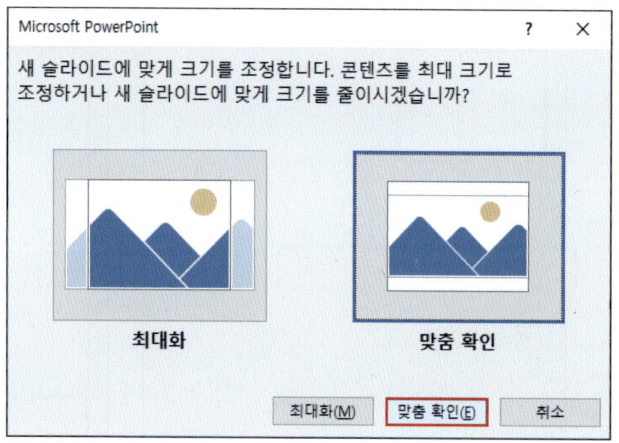

Tip 디자인 테마

유의사항에 있는 디자인 테마(Office 테마)는 [디자인] 탭의 [테마] 그룹에 기본값으로 설정되어 있습니다.

유형잡기 02 슬라이드 레이아웃 변경 및 추가하기

❶ [홈] 탭의 [슬라이드] 그룹에서 레이아웃(레이아웃 ˅) 단추를 클릭하고, [빈 화면]을 선택합니다.

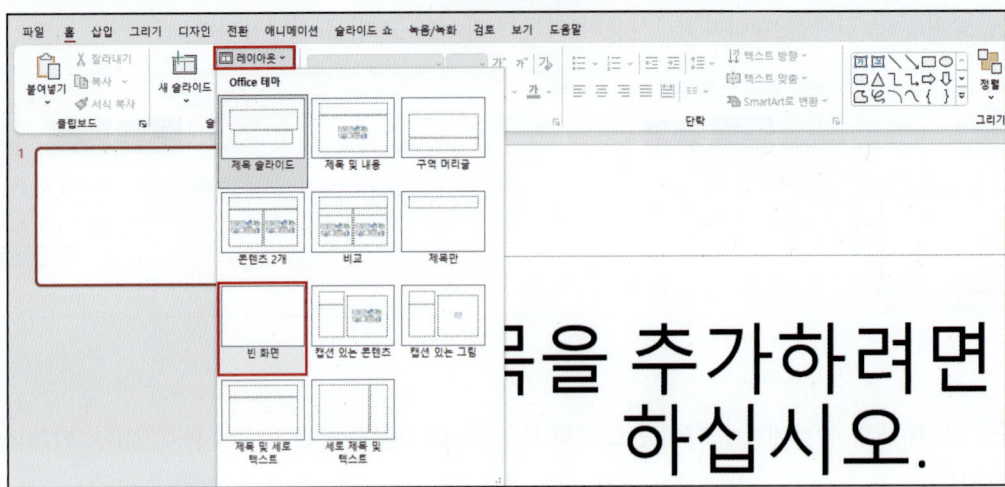

❷ 문제에 맞게 총 4개의 슬라이드를 구성하기 위하여 첫 번째 슬라이드를 선택한 후 Enter 키를 3번 누릅니다.

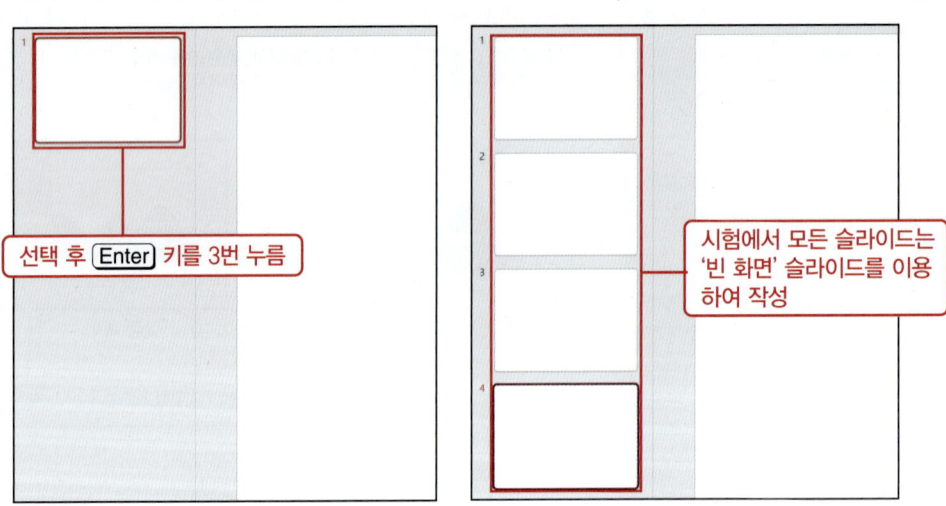

선택 후 Enter 키를 3번 누름

시험에서 모든 슬라이드는 '빈 화면' 슬라이드를 이용하여 작성

❸ 슬라이드를 저장하려면 [파일]-[저장]/[다른 이름으로 저장]-[찾아보기]를 선택하거나 빠른 실행 도구 모음에서 저장() 단추를 클릭하여 완성된 파일을 저장합니다.

> **Tip 답안 파일명**
> - 시험장에서는 답안 전송 프로그램에 따라 자동으로 생성된 파일명을 사용해야 하므로 저장(🖫) 단추나 Ctrl + S 키를 수시로 눌러서 저장하는 것이 좋습니다.
> - 답안 파일이 저장되는 위치는 지정된 폴더(바탕 화면의 [KAIT] 폴더)이며, 이는 답안 전송 프로그램 로그인 시 바탕 화면에 자동으로 생성됩니다.

출제 유형 문제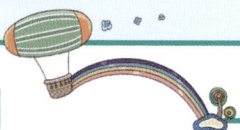

▶ 예제 파일 : 없음 ▶ 완성 파일 : 유형 분석 01₩유형 02_완성.pptx

01 작성 조건을 이용하여 다음과 같은 슬라이드를 완성해 보세요.

작성 조건
- 슬라이드 크기 : A4 용지
- 슬라이드 레이아웃 : 빈 화면

▶ 예제 파일 : 없음 ▶ 완성 파일 : 유형 분석 01₩유형 03_완성.pptx

02 작성 조건을 이용하여 다음과 같은 슬라이드를 완성해 보세요.

작성 조건
- 슬라이드 크기 : A4 용지
- 슬라이드 레이아웃 : 빈 화면
- 슬라이드 개수 : 4개

유형분석 02

슬라이드1 - 제목 도형

핵심만 쏙쏙 제목 도형 작성 / 도형 채우기 / 도형 윤곽선 / 도형 효과

슬라이드 상단에 주어진 제목 도형을 작성한 후 《작성조건》에 맞게 도형 채우기, 도형 윤곽선, 도형 효과를 각각 지정하는 방법에 대하여 알아봅니다.

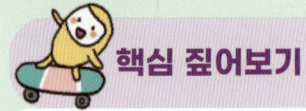

▶ 예제 파일 : 유형 분석 02₩유형 01_문제.pptx ▶ 완성 파일 : 유형 분석 02₩유형 01_완성.pptx

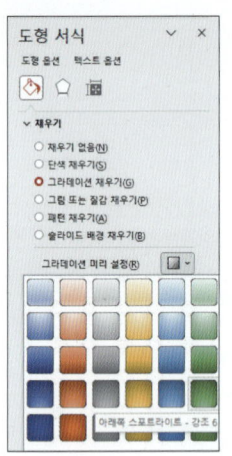   

▲ 도형 채우기와 도형 윤곽선 : 도형 서식 작업 창에서 [도형 옵션]-[채우기 및 선]-[채우기]/[선]

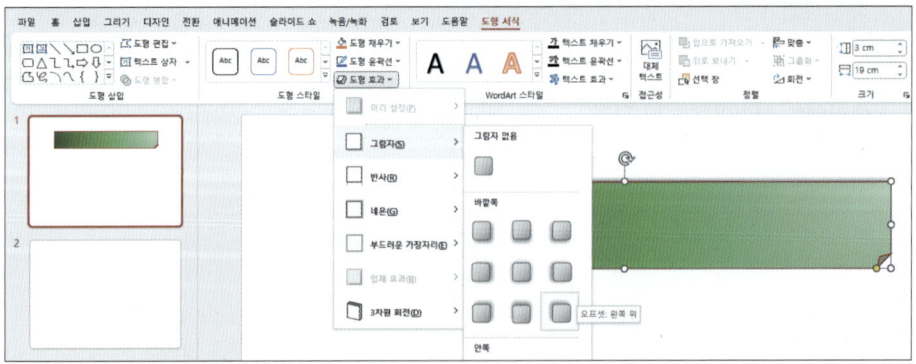

▲ 도형 효과 : [도형 서식] 탭-[도형 스타일] 그룹-[도형 효과]-[그림자]

클래스 업

- 도형은 [홈] 탭의 [그리기] 그룹이나 [삽입] 탭의 [일러스트레이션] 그룹에서 작성합니다.
- 도형 채우기와 도형 윤곽선은 설정 사항이 많으므로 도형 서식 작업 창을 이용합니다.
- 도형 효과는 [도형 서식] 탭의 [도형 스타일] 그룹에서 [도형 효과] 단추를 이용합니다.

유형잡기 01 도형 1 작성하기

① [파일]-[열기]-[찾아보기]를 차례로 선택하고, [열기] 대화 상자에서 '유형 분석 02₩유형 01_문제.pptx'를 불러오기 합니다.

② '슬라이드 1'을 선택한 후 [삽입] 탭의 [일러스트레이션] 그룹에서 도형() 단추를 클릭하고, 기본 도형의 사각형: 모서리가 접힌 도형(⬜)을 선택하여 슬라이드에 삽입합니다.

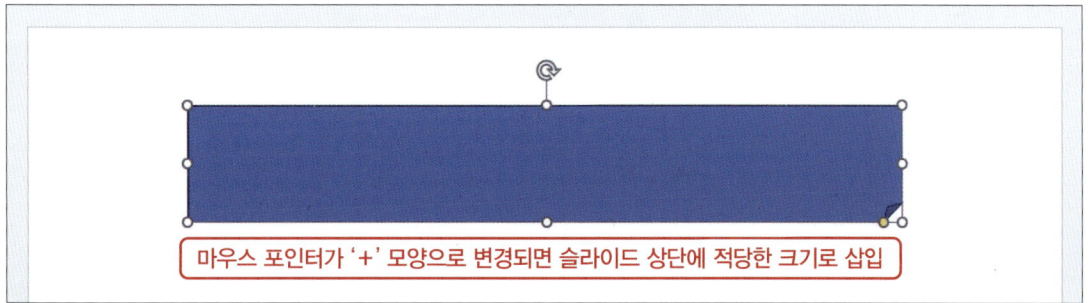

마우스 포인터가 '+' 모양으로 변경되면 슬라이드 상단에 적당한 크기로 삽입

> **Tip** [파일]-[열기]
> - 파일을 불러올 때는 Ctrl+O 키를 눌러도 됩니다.
> - 현재는 실습을 위해서 문제 파일을 불러오지만 실제 시험장에서는 파일을 불러오지 않고, 처음 저장한 슬라이드에서 바로 작업합니다.

유형잡기 02 도형 채우기

① 도형 위에서 마우스 오른쪽 버튼을 클릭하고, 바로 가기 메뉴가 나타나면 [도형 서식]을 선택합니다.

② 도형 서식 작업 창에서 '채우기-그라데이션 채우기'를 선택합니다. 그라데이션 미리 설정(아래쪽 스포트라이트 - 강조 6), 종류(방사형), 방향(오른쪽 위 모서리에서)을 각각 지정합니다.

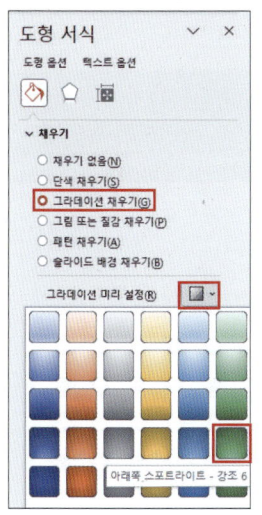 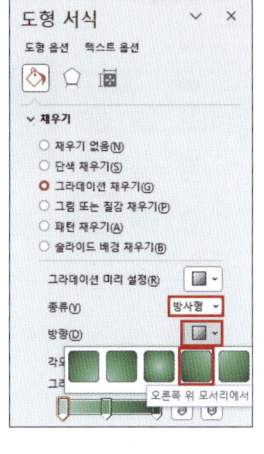

> **Tip** 도형 서식
> [도형 서식] 탭의 [도형 스타일] 그룹에서 도형 서식(⬚) 단추를 클릭해도 됩니다.

유형잡기 03 도형 윤곽선

① 도형 서식 작업 창에서 하단에 있는 '선'을 클릭하고, '실선'을 선택합니다.

② 색(진한 빨강), 너비(1 pt), 겹선 종류(단순형)을 각각 지정한 후 작업 창의 닫기(×) 단추를 클릭합니다.

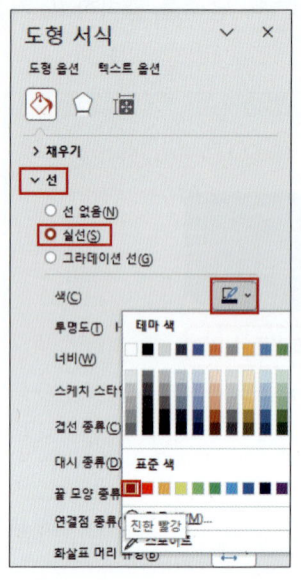
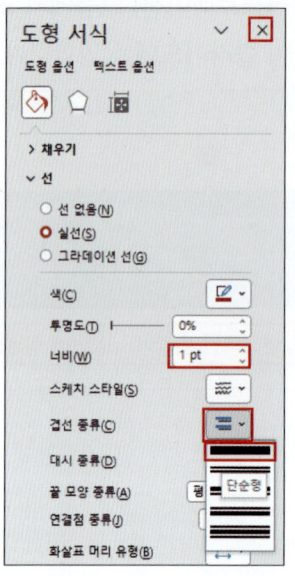

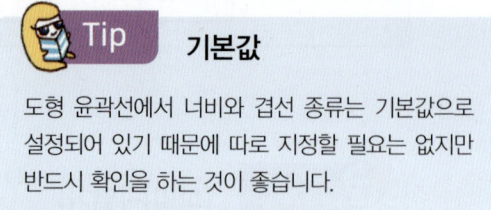

Tip 기본값

도형 윤곽선에서 너비와 겹선 종류는 기본값으로 설정되어 있기 때문에 따로 지정할 필요는 없지만 반드시 확인을 하는 것이 좋습니다.

유형잡기 04 도형 효과

① 도형이 선택된 상태에서 [도형 서식] 탭의 [도형 스타일] 그룹에서 도형 효과(도형 효과 ∨) 단추를 클릭하고, [그림자]-[바깥쪽]-[오프셋: 왼쪽 위]를 선택합니다.

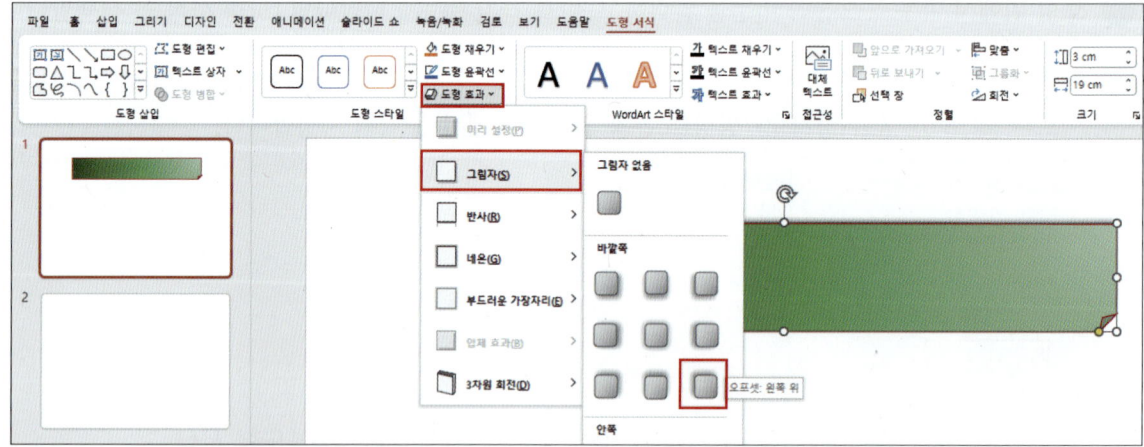

❷ 도형에 제목 내용을 입력한 후 [홈] 탭의 [글꼴] 그룹에서 글꼴(굴림), 글꼴 크기(40pt), 글꼴 스타일(굵게), 글꼴 색(노랑)을 각각 지정합니다.

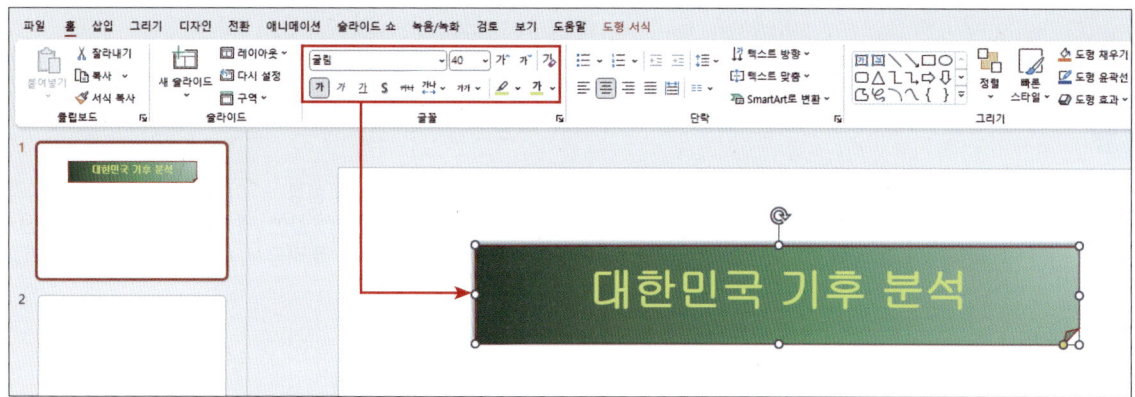

❸ 빠른 실행 도구 모음에서 저장(🖫) 단추를 클릭하여 완성된 파일을 저장합니다.

출제 유형 문제

▶ 예제 파일 : 유형 분석 02₩유형 02_문제.pptx   ▶ 완성 파일 : 유형 분석 02₩유형 02_완성.pptx

01 작성 조건을 이용하여 다음과 같은 슬라이드를 완성해 보세요.

작성 조건
▶ 도형 1 ⇒ 기본 도형 : '액자', 도형 채우기(그라데이션 : 미리 설정 – '아래쪽 스포트라이트 – 강조 4', 종류 – 방사형, 방향 – 왼쪽 아래 모서리에서), 도형 윤곽선(실선, 색 : 주황, 너비 : 2pt, 겹선 종류 : 단순형), 도형 효과(그림자 – 바깥쪽 – 오프셋: 왼쪽 아래), 글꼴(궁서, 40pt, 기울임꼴, 진한 파랑)

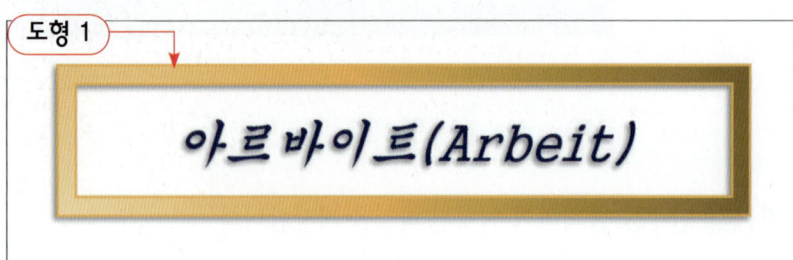

[Hint] 도형 서식 작업 창에서 '채우기-그라데이션 채우기'를 선택한 후 그라데이션 미리 설정, 종류, 방향을 각각 지정합니다.

▶ 예제 파일 : 유형 분석 02₩유형 03_문제.pptx   ▶ 완성 파일 : 유형 분석 02₩유형 03_완성.pptx

02 작성 조건을 이용하여 다음과 같은 슬라이드를 완성해 보세요.

작성 조건
▶ 도형 1 ⇒ 순서도 : '순서도: 천공 테이프', 도형 채우기(그라데이션 : 미리 설정 – '아래쪽 스포트라이트 – 강조 1', 종류 – 방사형, 방향 – 오른쪽 아래 모서리에서), 도형 윤곽선(실선, 색 : 자주, 너비 : 2pt, 겹선 종류 : 단순형), 도형 효과(그림자 – 바깥쪽 – 오프셋: 왼쪽 아래), 글꼴(굴림체, 40pt, 굵게, 텍스트 그림자, 노랑)

[Hint] 도형 서식 작업 창에서 하단에 있는 '선'을 클릭하고, '실선'을 선택한 후 색, 너비, 겹선 종류를 각각 지정합니다.

▶ 예제 파일 : 유형 분석 02₩유형 04_문제.pptx   ▶ 완성 파일 : 유형 분석 02₩유형 04_완성.pptx

03 작성 조건을 이용하여 다음과 같은 슬라이드를 완성해 보세요.

작성 조건
▶ 도형 1 ⇒ 기본 도형 : '구름', 도형 채우기(그라데이션 : 미리 설정 – '아래쪽 스포트라이트 – 강조 2', 종류 – 선형, 방향 – 선형 오른쪽), 도형 윤곽선(실선, 색 : 진한 파랑, 너비 : 1.5pt, 겹선 종류 : 단순형), 도형 효과(그림자 – 바깥쪽 – 오프셋: 아래쪽), 글꼴(바탕, 36pt, 굵게, 텍스트 그림자, '흰색, 배경 1')

[Hint] [도형 서식] 탭의 [도형 스타일] 그룹에서 [도형 효과] 단추를 클릭하고, [그림자]–[바깥쪽]–[오프셋: 아래쪽]을 선택합니다.

출제 유형 문제

▶ 예제 파일 : 유형 분석 02₩유형 05_문제.pptx   ▶ 완성 파일 : 유형 분석 02₩유형 05_완성.pptx

04 작성 조건을 이용하여 다음과 같은 슬라이드를 완성해 보세요.

작성 조건
▶ 도형 1 ⇒ 블록 화살표 : '화살표: 오각형', 도형 채우기(그라데이션 : 미리 설정 – '아래쪽 스포트라이트 – 강조 4', 종류 – 방사형, 방향 – 가운데에서), 도형 윤곽선(실선, 색 : 진한 빨강, 너비 : 3pt, 겹선 종류 : 이중), 도형 효과(그림자 – 바깥쪽 – 오프셋: 가운데), 글꼴(궁서, 40pt, 굵게, 밑줄, '파랑, 강조 1, 50% 더 어둡게')

[도형 1]
생명을 지켜주는 소방관

▶ 예제 파일 : 유형 분석 02₩유형 06_문제.pptx   ▶ 완성 파일 : 유형 분석 02₩유형 06_완성.pptx

05 작성 조건을 이용하여 다음과 같은 슬라이드를 완성해 보세요.

작성 조건
▶ 도형 1 ⇒ 사각형 : '사각형: 잘린 위쪽 모서리', 도형 채우기(그라데이션 : 미리 설정 – '가운데 그라데이션 – 강조 3', 종류 – 사각형, 방향 – 왼쪽 위 모서리에서), 도형 윤곽선(실선, 색 : '검정, 텍스트 1, 50% 더 밝게', 너비 : 2.5pt, 겹선 종류 : 단순형), 도형 효과(그림자 – 바깥쪽 – 오프셋: 오른쪽), 글꼴(돋움, 36pt, 굵게, 텍스트 그림자, 진한 파랑)

[도형 1]
소아청소년 코로나 19 예방접종

▶ 예제 파일 : 유형 분석 02₩유형 07_문제.pptx   ▶ 완성 파일 : 유형 분석 02₩유형 07_완성.pptx

06 작성 조건을 이용하여 다음과 같은 슬라이드를 완성해 보세요.

작성 조건
▶ 도형 1 ⇒ 별 및 현수막 : '물결', 도형 채우기(그라데이션 : 미리 설정 – '방사형 그라데이션 – 강조 6', 종류 – 선형, 방향 – 선형 위쪽), 도형 윤곽선(실선, 색 : 빨강, 너비 : 2pt, 겹선 종류 : 굵고 얇음), 도형 효과(그림자 – 바깥쪽 – 오프셋: 오른쪽 아래), 글꼴(맑은 고딕, 40pt, 굵게, 기울임꼴, 노랑)

[도형 1]
친환경 운전에 대하여

유형분석 03

슬라이드1 - 본문 도형

핵심만 쏙쏙 본문 도형 작성 / 도형 스타일 / 빠른 스타일

슬라이드 본문에 주어진 두 개의 도형을 작성한 후 《작성조건》에 맞게 도형 채우기, 도형 윤곽선, 도형 효과, 빠른 스타일을 각각 지정하는 방법에 대하여 알아봅니다.

핵심 짚어보기

▶ 예제 파일 : 유형 분석 03₩유형 01_문제.pptx   ▶ 완성 파일 : 유형 분석 03₩유형 01_완성.pptx

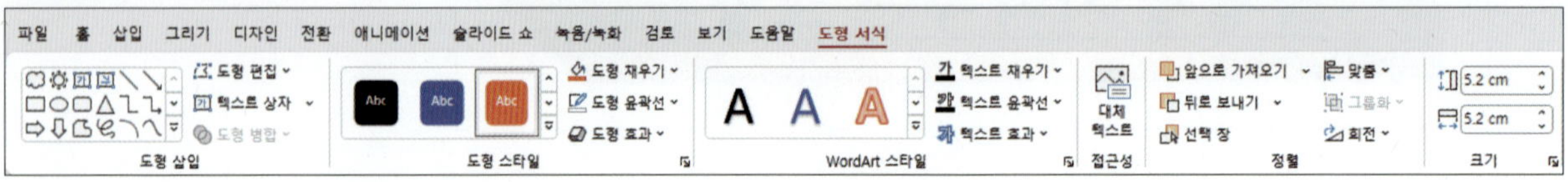

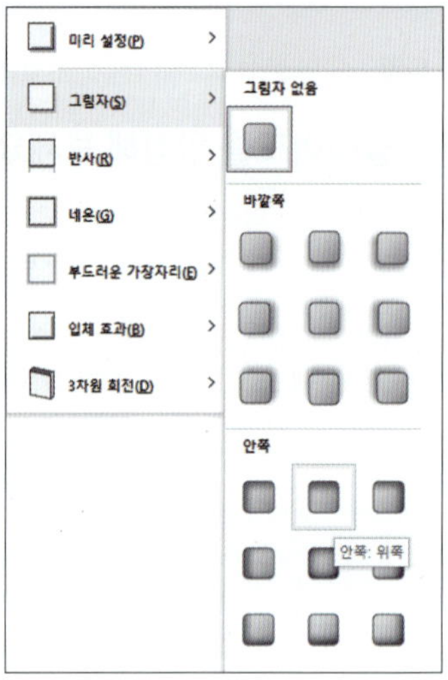

◀ 도형 스타일 : [도형 서식] 탭–[도형 스타일] 그룹–[도형 채우기]/[도형 윤곽선]/[도형 효과]

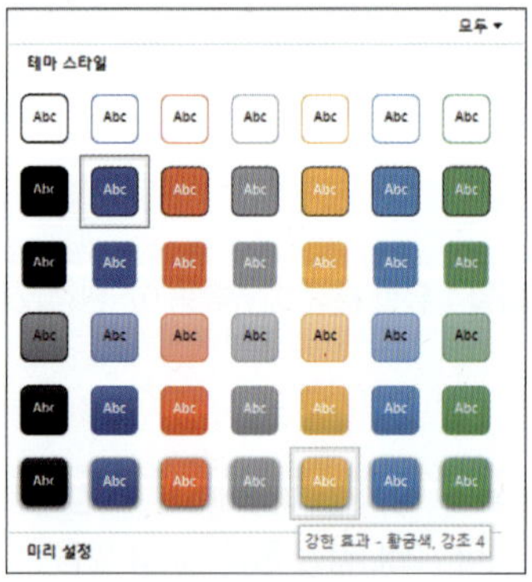

◀ 빠른 스타일 : [도형 서식] 탭–[도형 스타일] 그룹–[빠른 스타일]

클래스 업

- 주어진 두 개의 도형을 슬라이드 왼쪽과 오른쪽에 각각 삽입합니다.
- 도형 스타일은 [도형 서식] 탭의 [도형 스타일] 그룹에서 각각의 단추를 이용합니다.
- 빠른 스타일은 [도형 서식] 탭의 [도형 스타일] 그룹에서 빠른 스타일(▼) 단추를 이용합니다.

유형잡기 01 도형 2/도형 3 작성하기

1. [파일]-[열기]-[찾아보기]를 차례로 선택하고, [열기] 대화 상자에서 '유형 분석 03₩유형 01_문제.pptx'를 불러오기 합니다.

2. '슬라이드 1'을 선택한 후 [삽입] 탭의 [일러스트레이션] 그룹에서 도형() 단추를 클릭하고, 기본 도형의 해(☼)와 구름(☁)을 선택하여 슬라이드에 각각 삽입합니다.

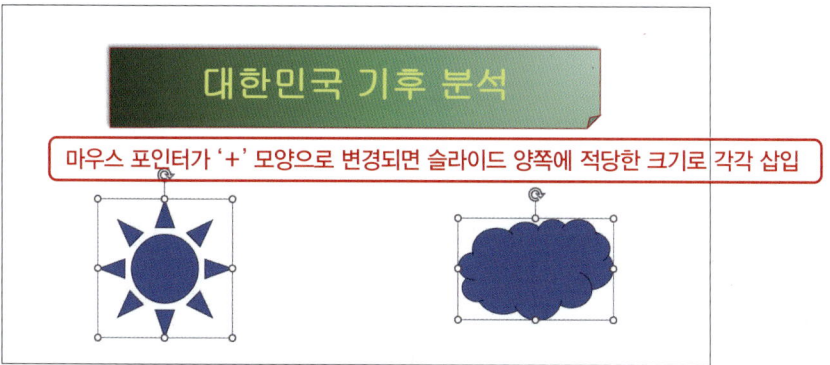

Tip 도형 삽입
정사각형/정원과 같이 가로와 세로 비율이 동일한 상태로 도형을 삽입하려면 Shift +드래그합니다.

유형잡기 02 도형 2 도형 스타일 지정하기

1. '해' 도형을 선택한 후 [도형 서식] 탭의 [도형 스타일] 그룹에서 도형 채우기(🖎 도형 채우기 ˇ) 단추를 클릭하고 '주황, 강조 2'를, 도형 윤곽선(✏ 도형 윤곽선 ˇ) 단추를 클릭하고 [윤곽선 없음]을 각각 선택합니다.

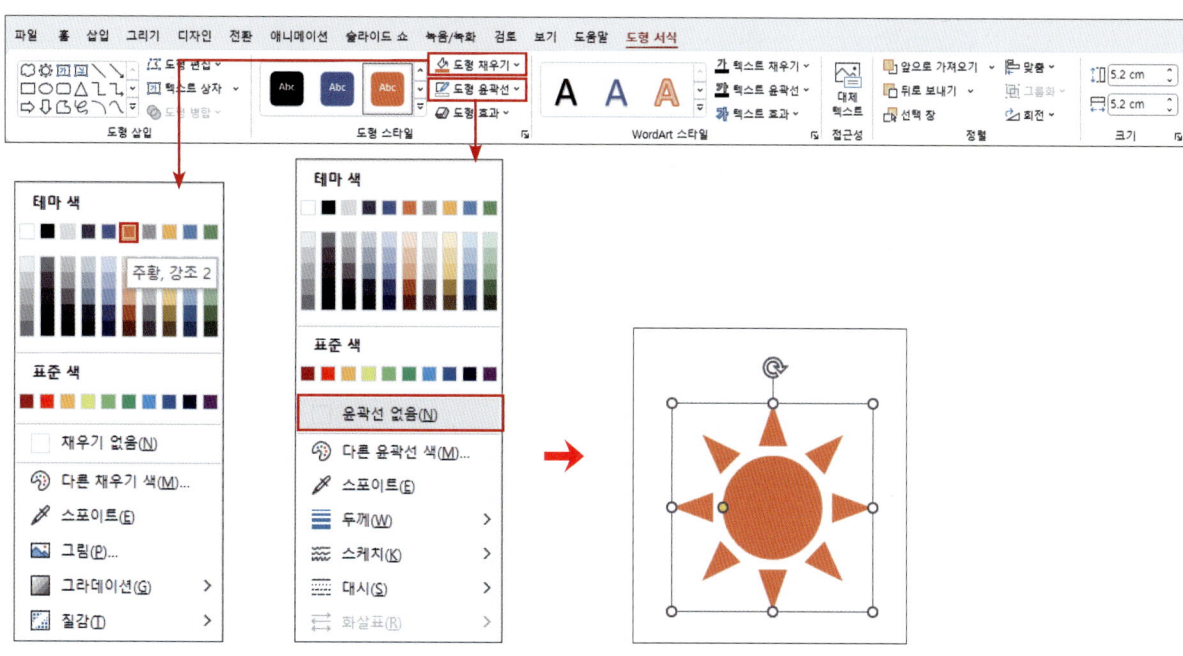

❷ 계속해서 [도형 서식] 탭의 [도형 스타일] 그룹에서 도형 효과(도형 효과 ▼) 단추를 클릭하고, [그림자]-[안쪽]-[안쪽: 위쪽]과 [반사]-[반사 변형]-[근접 반사: 터치]를 각각 선택합니다.

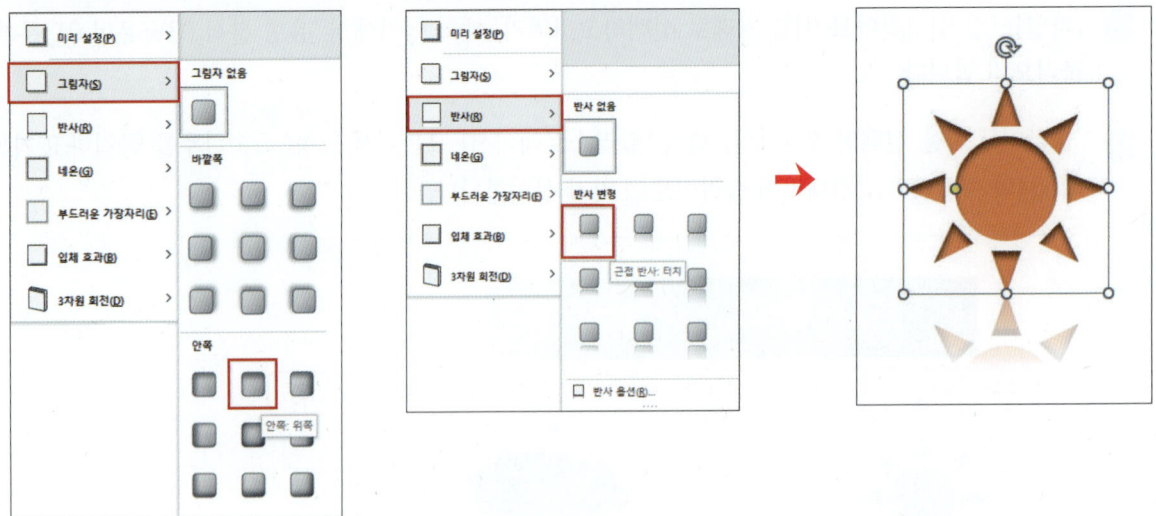

유형잡기 03 도형 3 도형 스타일 지정하기

❶ '구름' 도형을 선택한 후 [도형 서식] 탭의 [도형 스타일] 그룹에서 빠른 스타일(▼) 단추를 클릭하고, 테마 스타일의 '강한 효과 - 황금색, 강조 4'를 선택합니다.

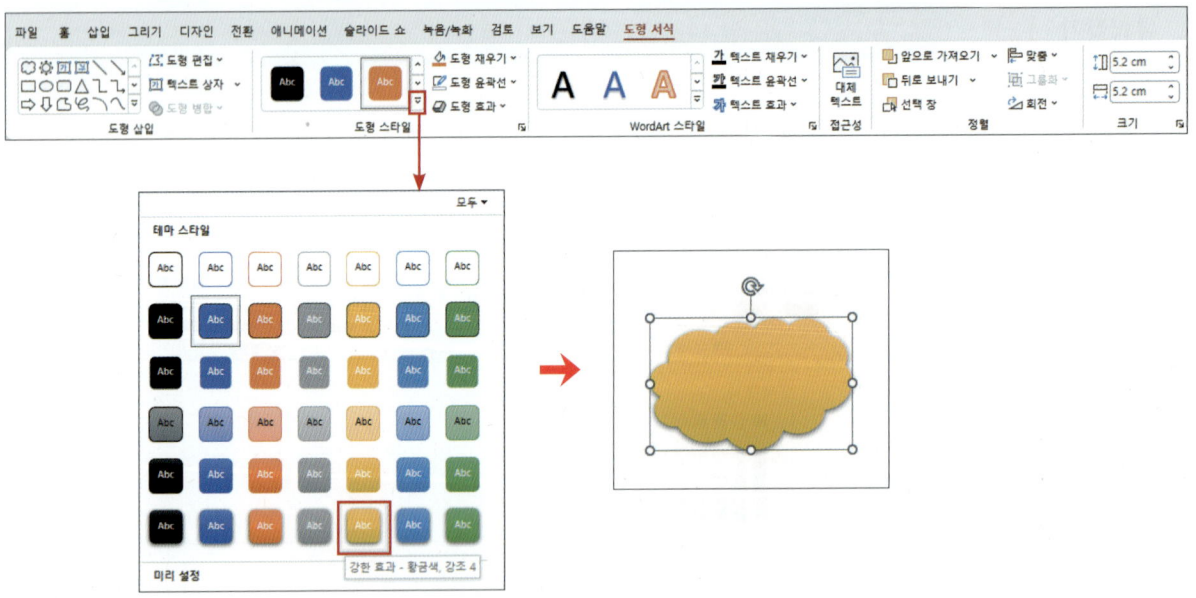

❷ 빠른 실행 도구 모음에서 저장(💾) 단추를 클릭하여 완성된 파일을 저장합니다.

출제 유형 문제

▶ 예제 파일 : 유형 분석 03₩유형 02_문제.pptx ▶ 완성 파일 : 유형 분석 03₩유형 02_완성.pptx

01 작성 조건을 이용하여 다음과 같은 슬라이드를 완성해 보세요.

작성 조건
- ▶ 도형 2 ⇒ 블록 화살표 : '설명선: 왼쪽/오른쪽/위쪽/아래쪽', 도형 채우기(주황), 선 없음, 도형 효과(그림자 – 안쪽 – 안쪽: 가운데, 반사 – '근접 반사: 4pt 오프셋')
- ▶ 도형 3 ⇒ 순서도 : '순서도: 순차적 액세스 저장소', 도형 스타일('미세 효과 – 주황, 강조 2')

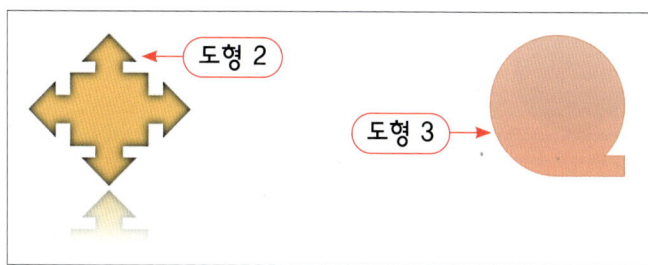

[Hint] [도형 서식] 탭의 [도형 스타일] 그룹에서 [도형 채우기]/[도형 윤곽선]/[도형 효과] 단추를 클릭하고 주어진 스타일을 각각 지정합니다.

▶ 예제 파일 : 유형 분석 03₩유형 03_문제.pptx ▶ 완성 파일 : 유형 분석 03₩유형 03_완성.pptx

02 작성 조건을 이용하여 다음과 같은 슬라이드를 완성해 보세요.

작성 조건
- ▶ 도형 2 ⇒ 블록 화살표 : '화살표: 위로 굽음', 도형 채우기('녹색, 강조 6, 40% 더 밝게'), 선 없음, 도형 효과(그림자 – 안쪽 – 안쪽: 아래쪽, 반사 – '근접 반사: 8pt 오프셋')
- ▶ 도형 3 ⇒ 수식 도형 : '더하기 기호', 도형 스타일('색 채우기 – 황금색, 강조 4')

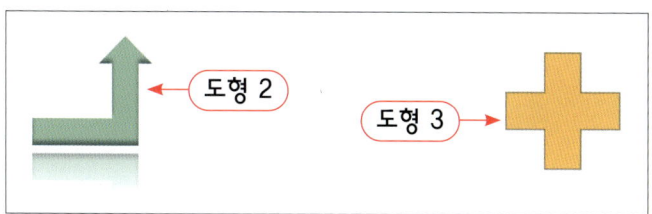

▶ 예제 파일 : 유형 분석 03₩유형 04_문제.pptx ▶ 완성 파일 : 유형 분석 03₩유형 04_완성.pptx

03 작성 조건을 이용하여 다음과 같은 슬라이드를 완성해 보세요.

작성 조건
- ▶ 도형 2 ⇒ 수식 도형 : '부등호', 도형 채우기('파랑, 강조 1', 그라데이션 – 선형 위쪽), 선 없음, 도형 효과(반사 – '근접 반사: 터치', 입체 효과 – 딱딱한 가장자리)
- ▶ 도형 3 ⇒ 별 및 현수막 : '별: 꼭짓점 4개', 도형 스타일('미세 효과 – 녹색, 강조 6')

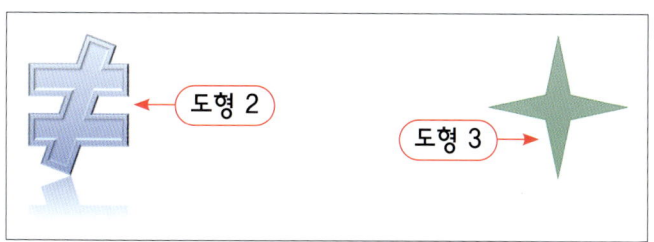

[Hint] [도형 서식] 탭의 [도형 스타일] 그룹에서 [도형 채우기]–[그라데이션]–[밝은 그라데이션]–[선형 위쪽]을 선택합니다.

출제 유형 문제

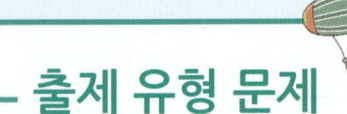

▶ 예제 파일 : 유형 분석 03₩유형 05_문제.pptx ▶ 완성 파일 : 유형 분석 03₩유형 05_완성.pptx

04 작성 조건을 이용하여 다음과 같은 슬라이드를 완성해 보세요.

작성 조건
- ▶ 도형 2 ⇒ 별 및 현수막 : '폭발: 14pt', 도형 채우기('주황, 강조 2', 그라데이션 – 가운데에서), 선 없음, 도형 효과(반사 – '전체 반사: 터치', 입체 효과 – 디벗)
- ▶ 도형 3 ⇒ 기본 도형 : '웃는 얼굴', 도형 스타일('미세 효과 – 파랑, 강조 5')

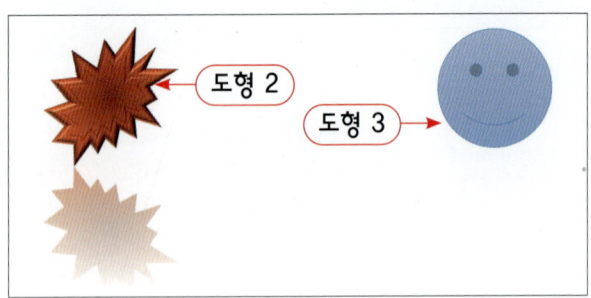

[Hint] [도형 서식] 탭의 [도형 스타일] 그룹에서 [도형 채우기]-[그라데이션]-[어두운 그라데이션]-[가운데에서]를 선택합니다.

▶ 예제 파일 : 유형 분석 03₩유형 06_문제.pptx ▶ 완성 파일 : 유형 분석 03₩유형 06_완성.pptx

05 작성 조건을 이용하여 다음과 같은 슬라이드를 완성해 보세요.

작성 조건
- ▶ 도형 2 ⇒ 순서도 : '순서도: 대조', 도형 채우기('녹색, 강조 6', 그라데이션 – 가운데에서), 선 없음, 도형 효과(반사 – '근접 반사: 터치', 입체 효과 – 부드럽게 둥글리기)
- ▶ 도형 3 ⇒ 블록 화살표 : '화살표: 왼쪽/오른쪽/위쪽/아래쪽', 도형 스타일('미세 효과 – 주황, 강조 2')

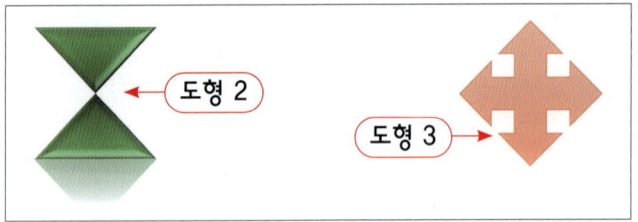

▶ 예제 파일 : 유형 분석 03₩유형 07_문제.pptx ▶ 완성 파일 : 유형 분석 03₩유형 07_완성.pptx

06 작성 조건을 이용하여 다음과 같은 슬라이드를 완성해 보세요.

작성 조건
- ▶ 도형 2 ⇒ 기본 도형 : '액자', 도형 채우기('주황, 강조 2'), 선 없음, 도형 효과(그림자 – 안쪽 – 안쪽: 위쪽, 반사 – '근접 반사: 4pt 오프셋')
- ▶ 도형 3 ⇒ 기본 도형 : '하트', 도형 스타일('색 채우기 – 회색, 강조 3')

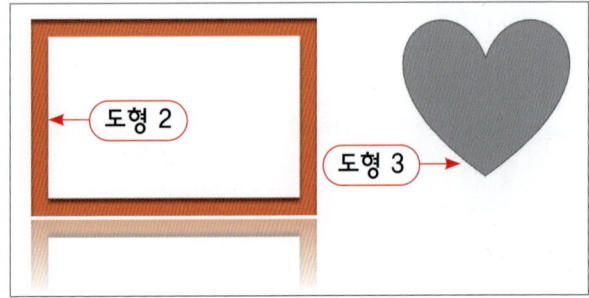

유형분석 04

슬라이드1 - 그림 삽입

핵심만 쏙쏙 그림 삽입 / 그림 크기 조정

슬라이드에 주어진 그림을 삽입한 후 《작성조건》에 맞게 크기(높이와 너비)를 지정하고, 그림 위치를 조정하는 방법에 대하여 알아봅니다.

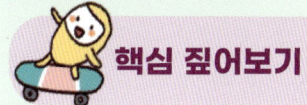

▶ 예제 파일 : 유형 분석 04₩유형 01_문제.pptx　▶ 완성 파일 : 유형 분석 04₩유형 01_완성.pptx

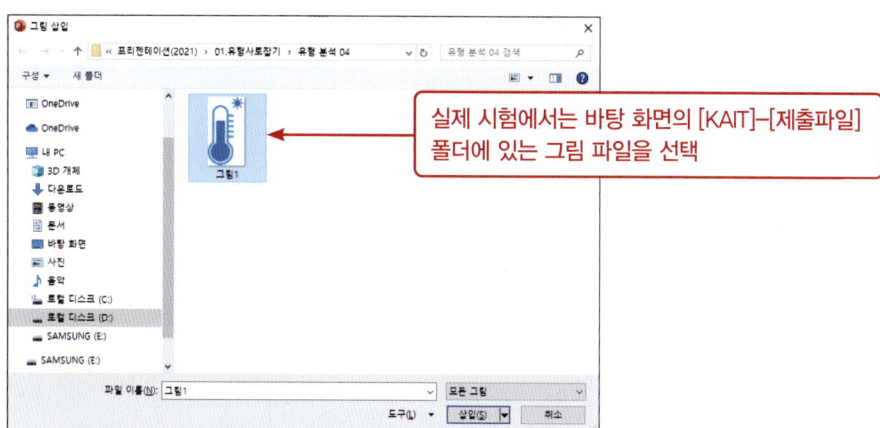

실제 시험에서는 바탕 화면의 [KAIT]-[제출파일] 폴더에 있는 그림 파일을 선택

▲ 그림 삽입 : [삽입] 탭-[이미지] 그룹-[그림] 단추-[이 디바이스]

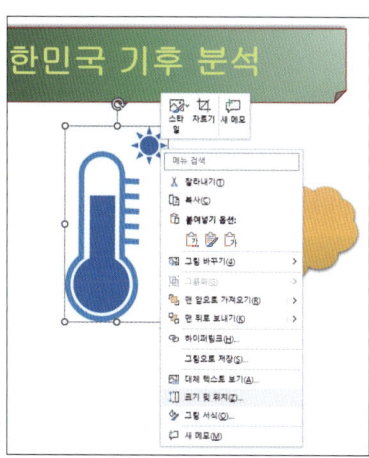 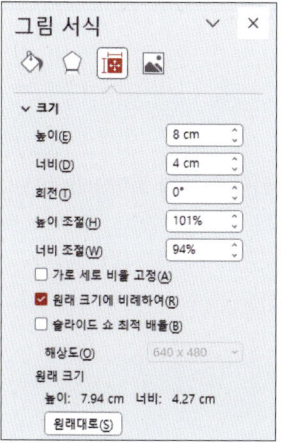

▲ 그림 크기 : 그림 서식 작업 창에서 '가로 세로 비율 고정' 해제 후 높이와 너비 지정

클래스 업

- 《작성조건》에서 지정한 그림 파일을 슬라이드에 삽입합니다.
- 그림 크기는 높이와 너비를 각각 지정해야 하므로 그림 서식 작업 창을 이용합니다.

유형잡기 01 그림 삽입하기

① [파일]-[열기]-[찾아보기]를 차례로 선택하고, [열기] 대화 상자에서 '유형 분석 04₩유형 01_문제.pptx'를 불러오기 합니다.

② '슬라이드 1'을 선택한 후 [삽입] 탭의 [이미지] 그룹에서 그림() 단추를 클릭하고, [이 디바이스]를 선택합니다.

③ [그림 삽입] 대화 상자에서 찾는 위치(01.유형사로잡기₩유형 분석 04)와 파일 이름(그림1.jpg)을 선택하고, [삽입] 버튼을 클릭합니다.

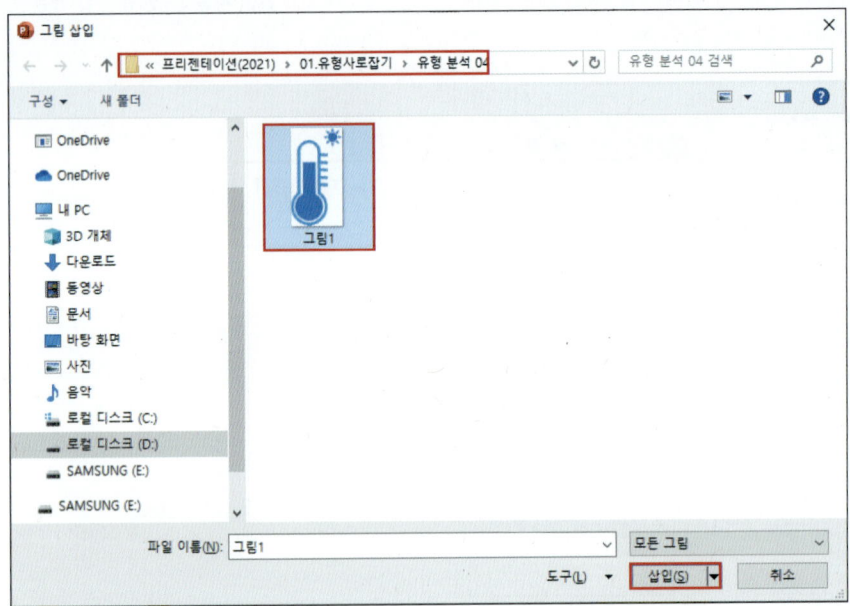

> **Tip 그림 삽입**
> 실제 시험에서는 답안 전송 프로그램을 설치한 후 바탕 화면의 [KAIT]-[제출파일] 폴더에 있는 그림 파일을 선택합니다.

유형잡기 02 그림 크기 조정하기

① 슬라이드에 삽입된 그림 위에서 마우스 오른쪽 버튼을 클릭하고, [크기 및 위치]를 선택합니다.

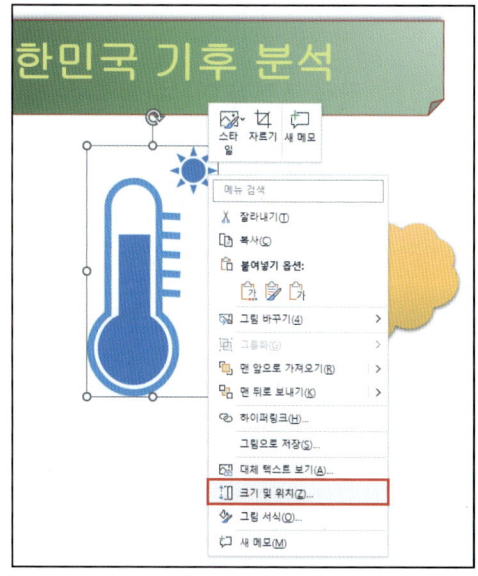

② 그림 서식 작업 창에서 '가로 세로 비율 고정'의 체크를 해제한 후 주어진 높이(8cm)와 너비(4cm)를 각각 지정하고, 작업 창의 닫기(×) 단추를 클릭합니다.

③ 《출력형태》를 참고하여 그림의 위치를 적당히 조정합니다.

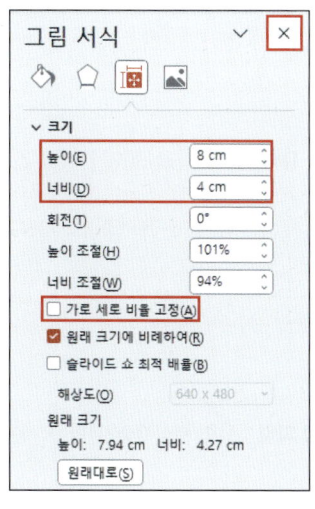
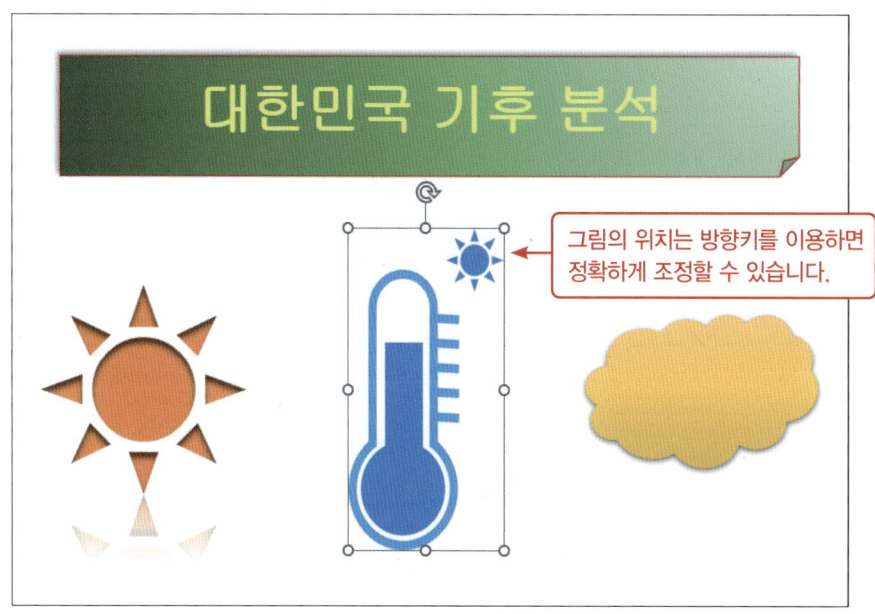

> **Tip 그림 크기**
> 슬라이드에 그림을 삽입하면 기본적으로 가로와 세로 비율이 고정되어 있으므로 《작성조건》에 맞게 그림 크기를 조정하려면 반드시 '가로 세로 비율 고정'의 체크를 해제해야 합니다.

④ 빠른 실행 도구 모음에서 저장() 단추를 클릭하여 완성된 파일을 저장합니다.

출제 유형 문제

▶ 예제 파일 : 유형 분석 04₩유형 02_문제.pptx ▶ 완성 파일 : 유형 분석 04₩유형 02_완성.pptx

01 작성 조건을 이용하여 다음과 같은 슬라이드를 완성해 보세요.

작성 조건 ▶ 그림 삽입 ⇒ 그림 2 삽입, 크기(높이 : 7cm, 너비 : 9cm)

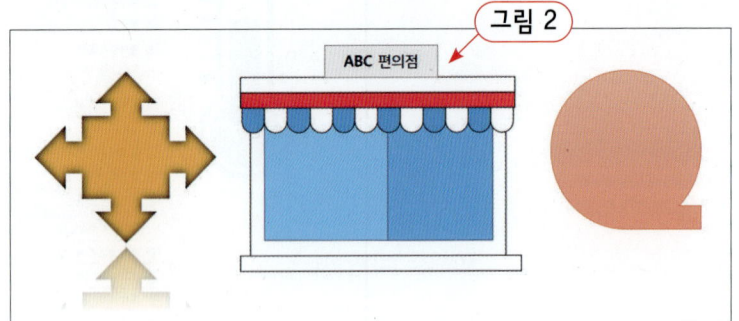

[Hint] [그림 삽입] 대화 상자에서 찾는 위치(01.유형사로잡기₩유형 분석 04)와 파일 이름(그림2.jpg)을 선택하고, [삽입] 버튼을 클릭합니다.

▶ 예제 파일 : 유형 분석 04₩유형 03_문제.pptx ▶ 완성 파일 : 유형 분석 04₩유형 03_완성.pptx

02 작성 조건을 이용하여 다음과 같은 슬라이드를 완성해 보세요.

작성 조건 ▶ 그림 삽입 ⇒ 그림 3 삽입, 크기(높이 : 7cm, 너비 : 9cm)

[Hint] 그림 서식 작업 창에서 '가로 세로 비율 고정'의 체크를 해제한 후 주어진 높이(7cm)와 너비(9cm)를 각각 지정합니다.

▶ 예제 파일 : 유형 분석 04₩유형 04_문제.pptx ▶ 완성 파일 : 유형 분석 04₩유형 04_완성.pptx

03 작성 조건을 이용하여 다음과 같은 슬라이드를 완성해 보세요.

작성 조건 ▶ 그림 삽입 ⇒ 그림 4 삽입, 크기(높이 : 7cm, 너비 : 10cm)

출제 유형 문제

▶ 예제 파일 : 유형 분석 04₩유형 05_문제.pptx ▶ 완성 파일 : 유형 분석 04₩유형 05_완성.pptx

04 작성 조건을 이용하여 다음과 같은 슬라이드를 완성해 보세요.

작성 조건 ▶ 그림 삽입 ⇒ 그림 5 삽입, 크기(높이 : 8cm, 너비 : 9cm)

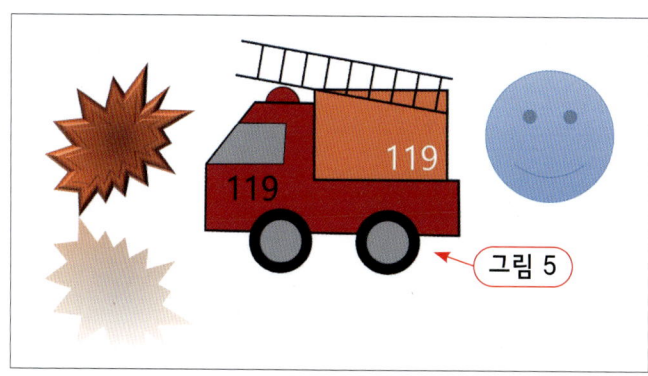

▶ 예제 파일 : 유형 분석 04₩유형 06_문제.pptx ▶ 완성 파일 : 유형 분석 04₩유형 06_완성.pptx

05 작성 조건을 이용하여 다음과 같은 슬라이드를 완성해 보세요.

작성 조건 ▶ 그림 삽입 ⇒ 그림 6 삽입, 크기(높이 : 7cm, 너비 : 7cm)

▶ 예제 파일 : 유형 분석 04₩유형 07_문제.pptx ▶ 완성 파일 : 유형 분석 04₩유형 07_완성.pptx

06 작성 조건을 이용하여 다음과 같은 슬라이드를 완성해 보세요.

작성 조건 ▶ 그림 삽입 ⇒ 그림 7 삽입, 크기(높이 : 6cm, 너비 : 9.5cm)

[Hint] 그림의 크기(높이와 너비)를 지정한 후 '액자' 도형 안에 드래그하여 배치합니다.

유형분석 **05**

슬라이드1 - 텍스트 상자 삽입

핵심만 쏙쏙 텍스트 상자 삽입 / 글꼴 서식 지정

슬라이드에 텍스트 상자를 삽입한 후 주어진 내용을 입력하고, 《작성조건》에 맞게 글꼴 서식을 지정하는 방법에 대하여 알아봅니다.

핵심 짚어보기

▶ 예제 파일 : 유형 분석 05₩유형 01_문제.pptx   ▶ 완성 파일 : 유형 분석 05₩유형 01_완성.pptx

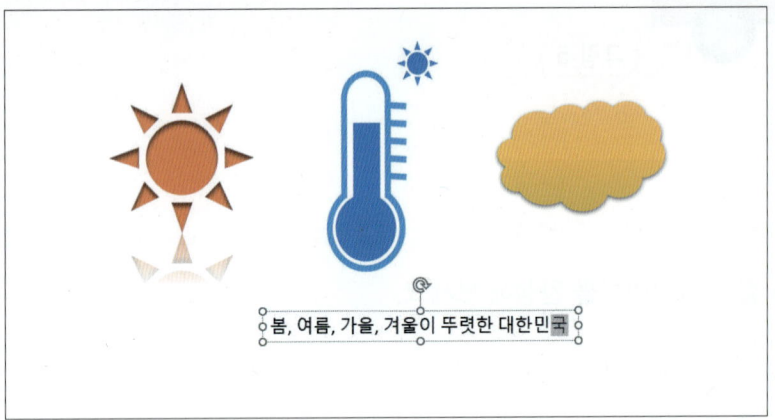

▲ 텍스트 상자 삽입 : [삽입] 탭-[텍스트] 그룹-[텍스트 상자] 단추-[가로 텍스트 상자 그리기]

▲ 글꼴 서식 : [홈] 탭-[글꼴] 그룹-글꼴, 글꼴 크기, 글꼴 스타일을 각각 지정

클래스 업

- 슬라이드에 텍스트 상자를 삽입한 후 주어진 내용을 입력합니다.
- 텍스트 상자에 글꼴 서식을 지정한 후 《출력형태》를 참고하여 위치를 조정합니다.

유형잡기 01   텍스트 상자 삽입하기

① [파일]-[열기]-[찾아보기]를 차례로 선택하고, [열기] 대화 상자에서 '유형 분석 05₩유형 01_문제.pptx'를 불러오기 합니다.

② '슬라이드 1'을 선택한 후 [삽입] 탭의 [텍스트] 그룹에서 텍스트 상자() 단추를 클릭하고, [가로 텍스트 상자 그리기]를 선택합니다.

③ 마우스 포인터가 '↓' 모양으로 변경되면 슬라이드의 해당 위치를 클릭하고, 주어진 내용을 입력합니다.

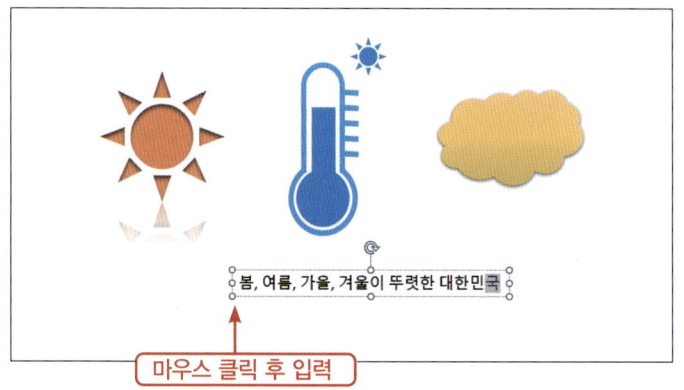

> **Tip 텍스트 상자 입력**
> 텍스트 상자는 해당 내용을 입력한 후 원하는 위치로 자유롭게 이동시킬 수 있으므로 슬라이드에서 임의의 위치를 마우스로 클릭하고 주어진 내용을 입력합니다.

유형잡기 02   텍스트 상자에 글꼴 지정하기

① 텍스트 상자를 선택한 후 [홈] 탭의 [글꼴] 그룹에서 글꼴은 '돋움', 글꼴 크기는 '24', 글꼴 스타일은 '굵게'와 '기울임꼴'을 각각 지정합니다.

② 《출력형태》를 참고하여 텍스트 상자의 위치를 적당히 조정합니다.

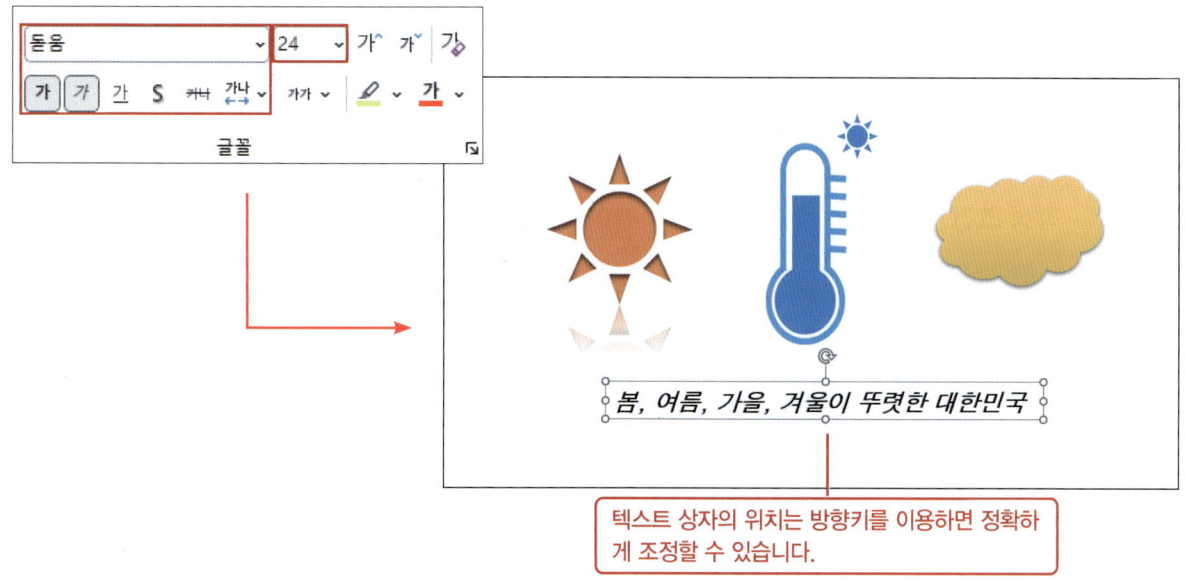

③ 빠른 실행 도구 모음에서 저장(🖫) 단추를 클릭하여 완성된 파일을 저장합니다.

출제 유형 문제

▶ 예제 파일 : 유형 분석 05₩유형 02_문제.pptx ▶ 완성 파일 : 유형 분석 05₩유형 02_완성.pptx

01 작성 조건을 이용하여 다음과 같은 슬라이드를 완성해 보세요.

작성 조건 ▶ 텍스트 상자(본래 직업이 아닌 별도의 수입을 얻기 위한 일) ⇒ 글꼴(궁서, 24pt, 기울임꼴, 밑줄)

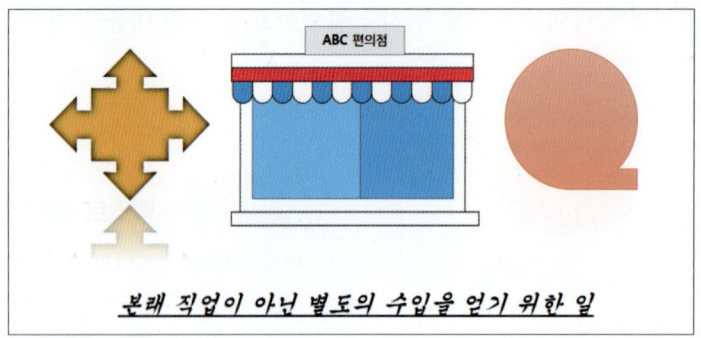

[Hint] [삽입] 탭의 [텍스트] 그룹에서 [텍스트 상자] 단추를 클릭하고, [가로 텍스트 상자 그리기]를 선택합니다.

▶ 예제 파일 : 유형 분석 05₩유형 03_문제.pptx ▶ 완성 파일 : 유형 분석 05₩유형 03_완성.pptx

02 작성 조건을 이용하여 다음과 같은 슬라이드를 완성해 보세요.

작성 조건 ▶ 텍스트 상자(자본주의에 기반한 혼합 경제 체제) ⇒ 글꼴(바탕, 24pt, 굵게, 기울임꼴)

[Hint] [홈] 탭의 [글꼴] 그룹에서 글꼴, 글꼴 크기, 글꼴 스타일을 각각 지정합니다.

▶ 예제 파일 : 유형 분석 05₩유형 04_문제.pptx ▶ 완성 파일 : 유형 분석 05₩유형 04_완성.pptx

03 작성 조건을 이용하여 다음과 같은 슬라이드를 완성해 보세요.

작성 조건 ▶ 텍스트 상자(반려동물을 기를 때 지켜야 하는 공공예절) ⇒ 글꼴(굴림, 24pt, 굵게, 밑줄, 진한 파랑)

[Hint] 방향키를 이용하여 텍스트 상자의 위치를 적당히 조정합니다.

출제 유형 문제

▶ 예제 파일 : 유형 분석 05₩유형 05_문제.pptx ▶ 완성 파일 : 유형 분석 05₩유형 05_완성.pptx

04 작성 조건을 이용하여 다음과 같은 슬라이드를 완성해 보세요.

작성 조건 ▶ 텍스트 상자(화재를 예방, 진압, 구급활동을 통해 국민을 보호하는 것) ⇒ 글꼴(돋움, 24pt, 굵게, 밑줄, 자주)

▶ 예제 파일 : 유형 분석 05₩유형 06_문제.pptx ▶ 완성 파일 : 유형 분석 05₩유형 06_완성.pptx

05 작성 조건을 이용하여 다음과 같은 슬라이드를 완성해 보세요.

작성 조건 ▶ 텍스트 상자(건강한 국민, 안전한 사회) ⇒ 글꼴(굴림, 24pt, 굵게, 텍스트 그림자, 진한 빨강)

▶ 예제 파일 : 유형 분석 05₩유형 07_문제.pptx ▶ 완성 파일 : 유형 분석 05₩유형 07_완성.pptx

06 작성 조건을 이용하여 다음과 같은 슬라이드를 완성해 보세요.

작성 조건 ▶ 텍스트 상자(경제적이고 안전한 운전 습관) ⇒ 글꼴(궁서, 24pt, 기울임꼴, 밑줄)

유형분석 06 | 슬라이드1 - 애니메이션 지정

핵심만 쏙쏙 애니메이션 지정 / 애니메이션 확인

슬라이드의 특정 개체에 애니메이션을 지정하기 위해 해당 개체를 선택하고, 《작성조건》에 맞는 애니메이션 효과를 지정하는 방법에 대하여 알아봅니다.

핵심 짚어보기

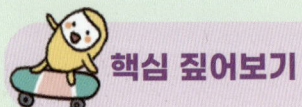 예제 파일 : 유형 분석 06₩유형 01_문제.pptx　　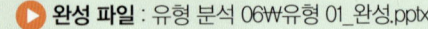 완성 파일 : 유형 분석 06₩유형 01_완성.pptx

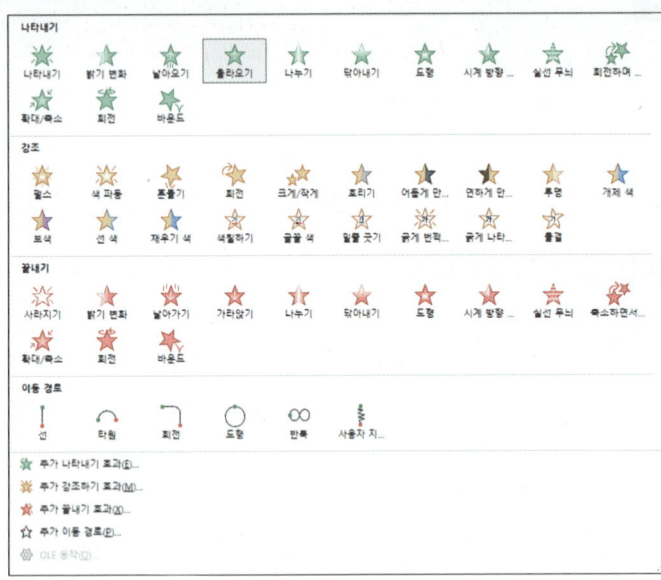

▲ 애니메이션 지정 : [애니메이션] 탭-[애니메이션] 그룹-[애니메이션 스타일] 단추

▲ 애니메이션 확인 : [애니메이션] 탭-[미리 보기] 그룹-[애니메이션 미리 보기] 단추

클래스 업

- 슬라이드에서 애니메이션을 지정하려는 개체를 선택합니다.
- 《작성조건》에 맞는 애니메이션 효과를 해당 개체에 지정합니다.
- 시험에서는 [슬라이드1], [슬라이드2], [슬라이드3]에서만 애니메이션을 적용합니다.

유형잡기 01 애니메이션 지정하기

① [파일]-[열기]-[찾아보기]를 차례로 선택하고, [열기] 대화 상자에서 '유형 분석 06₩유형 01_문제.pptx'를 불러오기 합니다.

② 애니메이션을 지정하기 위하여 '슬라이드 1'을 선택한 후 '도형 1'을 클릭합니다.

③ [애니메이션] 탭의 [애니메이션] 그룹에서 애니메이션 스타일() 단추를 클릭하고, [나타내기]-[올라오기]를 선택합니다.

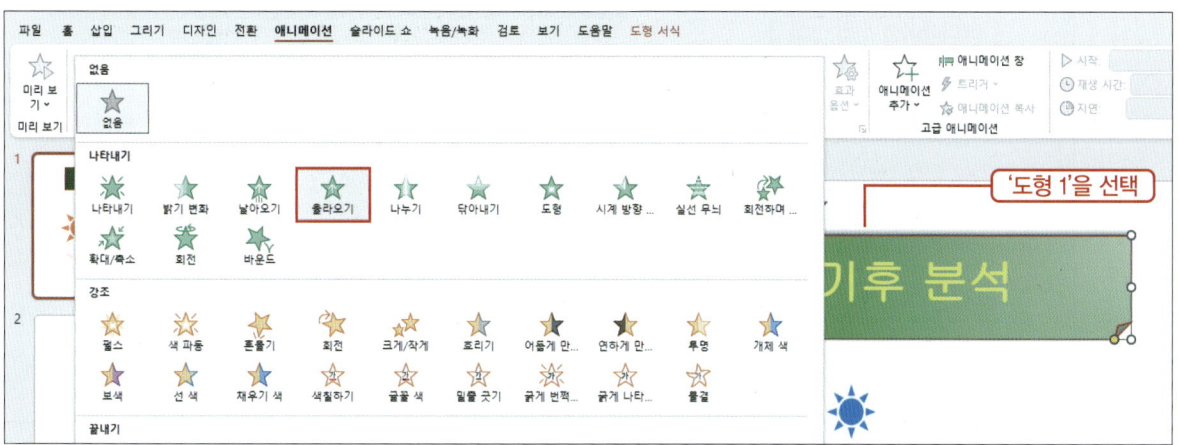

Tip 추가 나타내기/강조하기/끝내기 효과

《작성조건》에 있는 애니메이션을 지정할 때 애니메이션 스타일() 단추를 클릭하고, [추가 나타내기 효과]/[추가 강조하기 효과]/[추가 끝내기 효과]를 선택하면 기본 메뉴에 없는 다양한 애니메이션 효과를 지정할 수 있습니다.

- 추가 나타내기 효과(E)...
- 추가 강조하기 효과(M)...
- 추가 끝내기 효과(X)...
- 추가 이동 경로(P)...

유형잡기 02 애니메이션 확인하기

① 애니메이션이 적용된 것을 확인하려면 [애니메이션] 탭이 선택되어 있어야 합니다.

② 슬라이드에 애니메이션이 설정되면 해당 개체의 왼쪽 부분에 숫자 태그()가 표시됩니다.

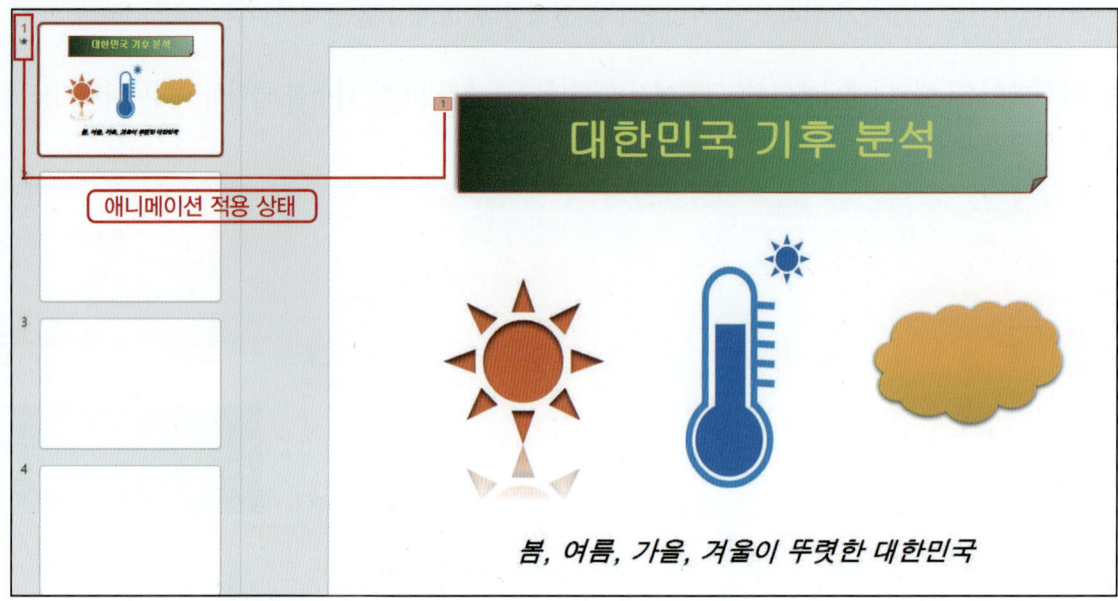

> **Tip 애니메이션**
> - 애니메이션 효과를 잘못 지정하였을 경우에는 Ctrl + Z 키를 눌러 취소한 후 다시 설정합니다.
> - 지정된 애니메이션을 재생(확인)하려면 [애니메이션] 탭의 [미리 보기] 그룹에서 애니메이션 미리 보기(☆) 단추를 클릭합니다.

③ 빠른 실행 도구 모음에서 저장(💾) 단추를 클릭하여 완성된 파일을 저장합니다.

출제 유형 문제

▶ 예제 파일 : 유형 분석 06₩유형 02_문제.pptx   ▶ 완성 파일 : 유형 분석 06₩유형 02_완성.pptx

01 작성 조건을 이용하여 다음과 같은 슬라이드를 완성해 보세요.

작성 조건 ▶ 애니메이션 지정 ⇒ 도형 1 : 나타내기 – 나누기

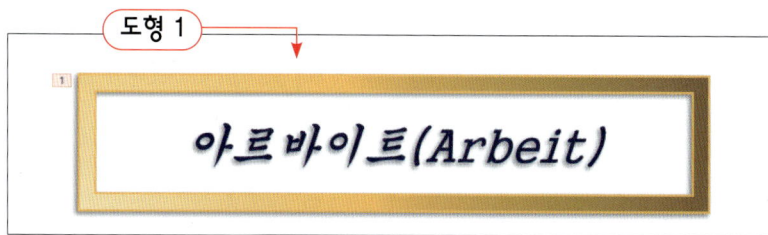

[Hint] '도형 1'을 선택한 후 [애니메이션] 탭의 [애니메이션] 그룹에서 [애니메이션 스타일] 단추를 클릭하고, [나타내기]-[나누기]를 선택합니다.

▶ 예제 파일 : 유형 분석 06₩유형 03_문제.pptx   ▶ 완성 파일 : 유형 분석 06₩유형 03_완성.pptx

02 작성 조건을 이용하여 다음과 같은 슬라이드를 완성해 보세요.

작성 조건 ▶ 애니메이션 지정 ⇒ 도형 1 : 나타내기 – 닦아내기

[Hint] 애니메이션이 적용된 것을 확인하려면 [애니메이션] 탭을 선택합니다.

▶ 예제 파일 : 유형 분석 06₩유형 04_문제.pptx   ▶ 완성 파일 : 유형 분석 06₩유형 04_완성.pptx

03 작성 조건을 이용하여 다음과 같은 슬라이드를 완성해 보세요.

작성 조건 ▶ 애니메이션 지정 ⇒ 도형 1 : 나타내기 – 도형

출제 유형 문제

▶ 예제 파일 : 유형 분석 06₩유형 05_문제.pptx   ▶ 완성 파일 : 유형 분석 06₩유형 05_완성.pptx

04 작성 조건을 이용하여 다음과 같은 슬라이드를 완성해 보세요.

> **작성 조건**   ▶ 애니메이션 지정 ⇒ 도형 1 : 나타내기 - 회전

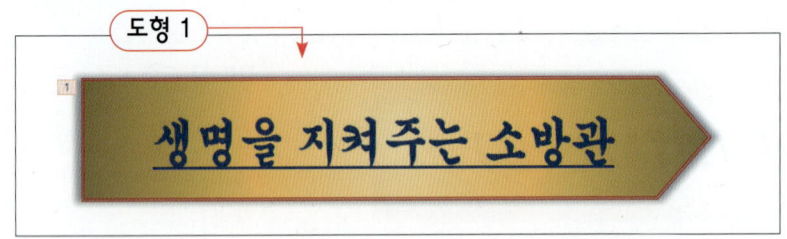

▶ 예제 파일 : 유형 분석 06₩유형 06_문제.pptx   ▶ 완성 파일 : 유형 분석 06₩유형 06_완성.pptx

05 작성 조건을 이용하여 다음과 같은 슬라이드를 완성해 보세요.

> **작성 조건**   ▶ 애니메이션 지정 ⇒ 도형 1 : 나타내기 - 올라오기

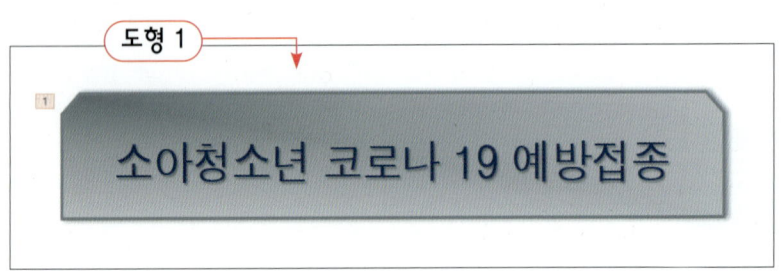

▶ 예제 파일 : 유형 분석 06₩유형 07_문제.pptx   ▶ 완성 파일 : 유형 분석 06₩유형 07_완성.pptx

06 작성 조건을 이용하여 다음과 같은 슬라이드를 완성해 보세요.

> **작성 조건**   ▶ 애니메이션 지정 ⇒ 도형 1 : 나타내기 - 날아오기

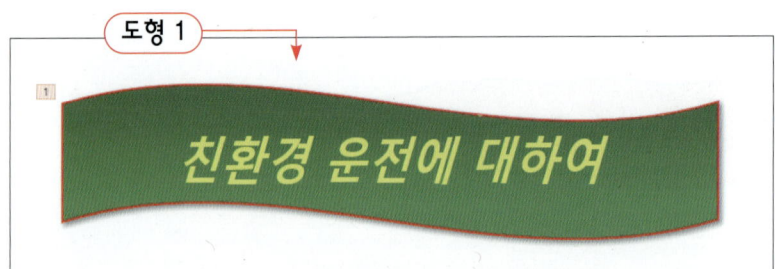

유형분석 07

전체 슬라이드 - 슬라이드 마스터

핵심만 쏙쏙 슬라이드 마스터 지정 / 도형 작성 / 슬라이드 마스터 확인

슬라이드 마스터를 이용하여 전체 슬라이드에 공통적(자동적)으로 적용되는 도형을 작성하고, 마스터 내용을 확인하는 방법에 대하여 알아봅니다.

핵심 짚어보기

▶ 예제 파일 : 유형 분석 07₩유형 01_문제.pptx   ▶ 완성 파일 : 유형 분석 07₩유형 01_완성.pptx

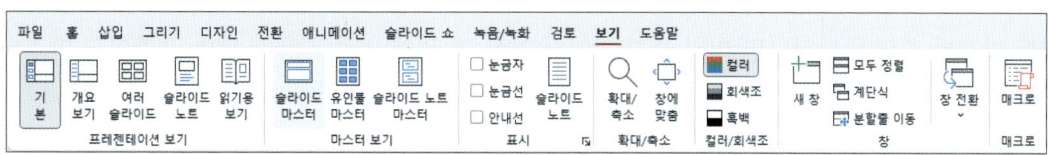

▲ 슬라이드 마스터 지정 : [보기] 탭-[마스터 보기] 그룹-[슬라이드 마스터] 단추

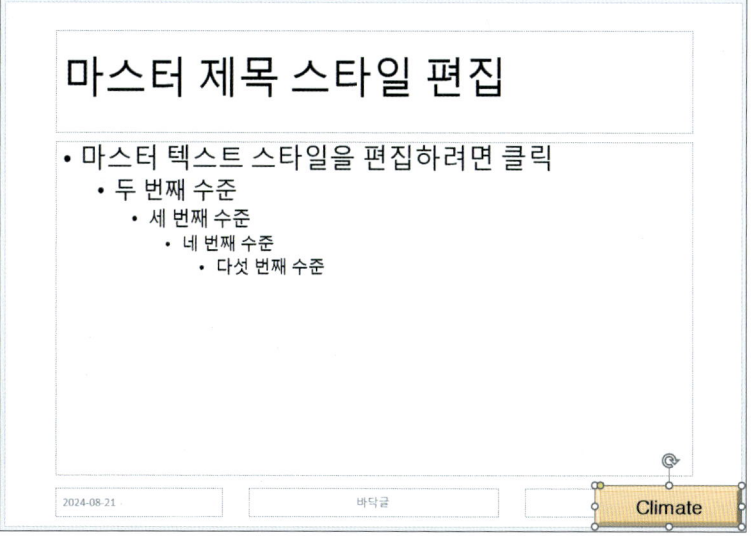

▲ 슬라이드 마스터 도형 : [삽입] 탭-[일러스트레이션] 그룹-[도형] 단추/[도형 서식] 탭-[도형 스타일] 그룹-[빠른 스타일] 단추

▲ 슬라이드 마스터 닫기 : [슬라이드 마스터] 탭-[닫기] 그룹-[마스터 보기 닫기] 단추

클래스 업

- 모든 슬라이드의 공통 사항으로 슬라이드 마스터를 작성합니다.
- 슬라이드 마스터에 삽입하는 도형은 《출력형태》를 참고하여 위치와 크기를 지정합니다.
- 슬라이드 마스터 지정 후 모든 슬라이드에 도형이 삽입된 것을 확인합니다.

유형잡기 01 　 슬라이드 마스터 지정하기

❶ [파일]-[열기]-[찾아보기]를 차례로 선택하고, [열기] 대화 상자에서 '유형 분석 07₩유형 01_문제.pptx'를 불러오기 합니다.

❷ [보기] 탭의 [마스터 보기] 그룹에서 슬라이드 마스터( ) 단추를 클릭합니다.

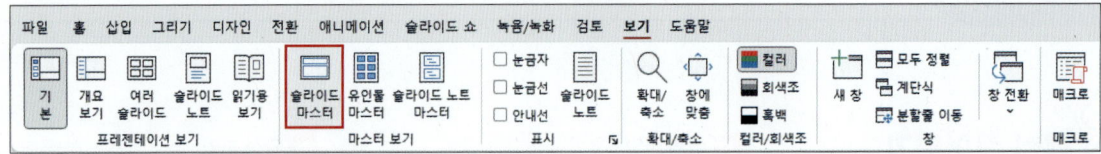

❸ 슬라이드 마스터 화면이 나타나면 미리 보기 창에서 목록 맨 위에 있는 'Office 테마 슬라이드 마스터: 슬라이드 1-4에서 사용'을 선택합니다.

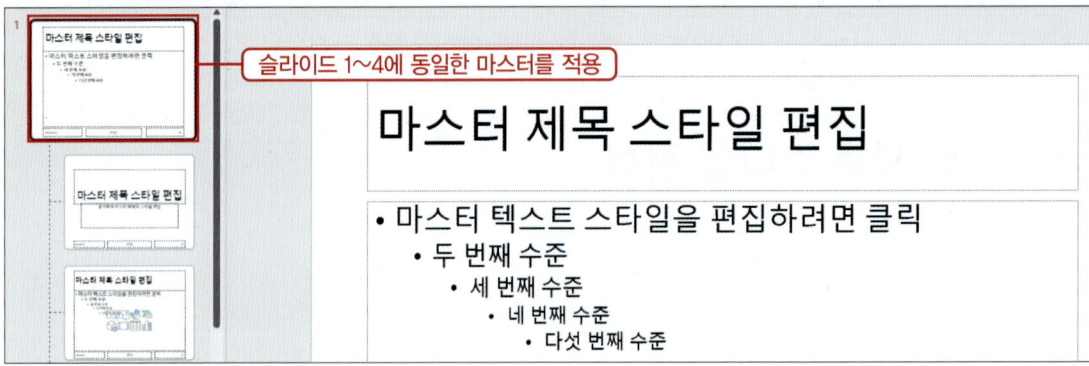

유형잡기 02 　 슬라이드 마스터에 도형 작성하기

❶ [삽입] 탭의 [일러스트레이션] 그룹에서 도형( ) 단추를 클릭하고, 기본 도형의 사각형: 빗면( )을 선택하여 슬라이드 하단에 적당한 크기로 삽입합니다.

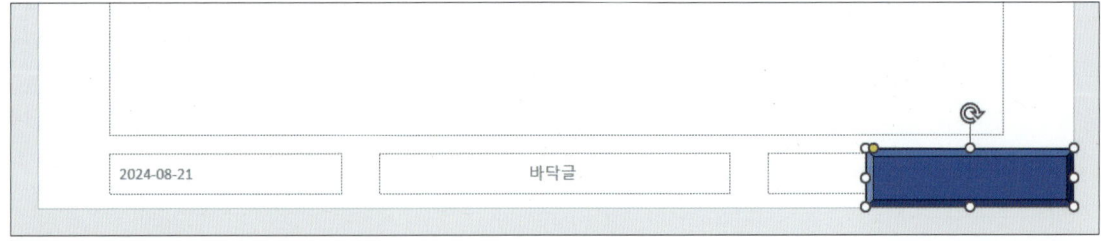

Tip 　 도형의 위치와 크기

슬라이드 마스터에서 작성(삽입)하는 도형의 위치와 크기는 《출력형태》를 참고하여 적당히 작업합니다.

❷ [도형 서식] 탭의 [도형 스타일] 그룹에서 빠른 스타일(▼) 단추를 클릭하고, 테마 스타일의 '미세 효과 – 황금색, 강조 4'를 선택합니다.

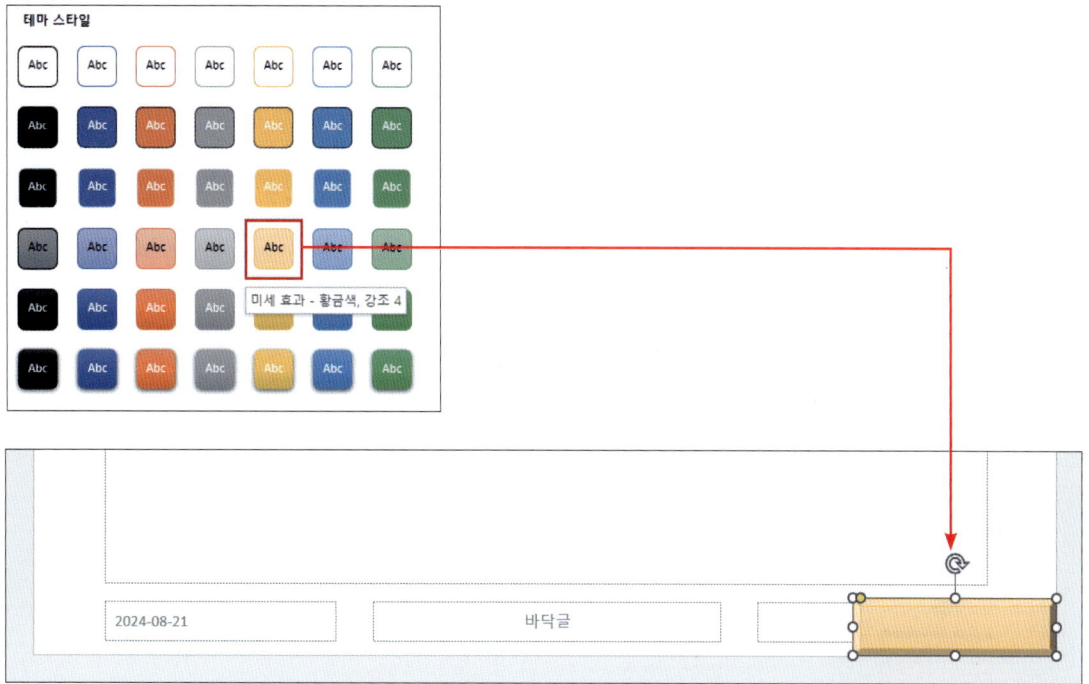

❸ 도형에 주어진 내용을 입력한 후 [홈] 탭의 [글꼴] 그룹에서 글꼴은 '돋움', 글꼴 크기는 '20', 글꼴 스타일은 '굵게'를 각각 지정합니다.

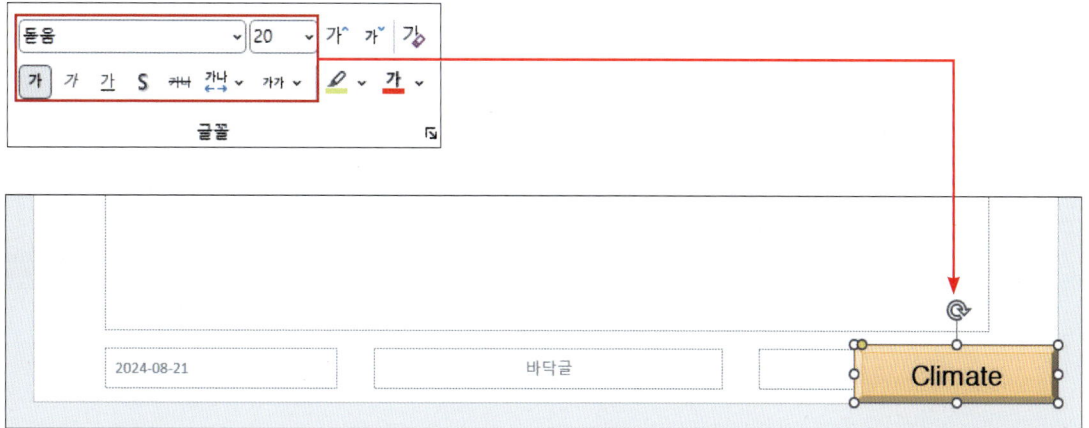

 **Tip** 도형 내용

도형에 입력하는 내용은 《출력형태》의 슬라이드 마스터 내용을 보고 입력합니다.

유형잡기 03 슬라이드 마스터 확인하기

① 슬라이드 마스터에 도형 작업이 완료되면 [슬라이드 마스터] 탭의 [닫기] 그룹에서 마스터 보기 닫기 ( ) 단추를 클릭합니다.

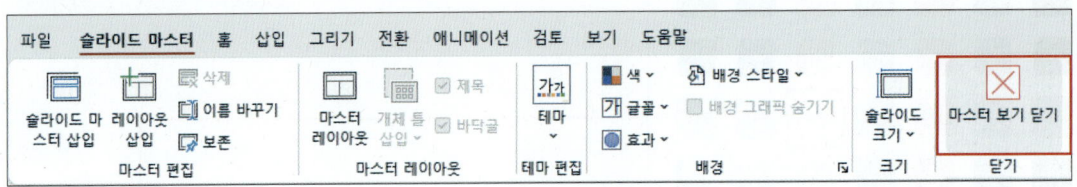

② 슬라이드 미리 보기 창에서 모든 슬라이드에 도형이 삽입된 것을 확인할 수 있습니다.

③ 빠른 실행 도구 모음에서 저장( ) 단추를 클릭하여 완성된 파일을 저장합니다.

출제 유형 문제

▶ 예제 파일 : 유형 분석 07₩유형 02_문제.pptx   ▶ 완성 파일 : 유형 분석 07₩유형 02_완성.pptx

01 작성 조건을 이용하여 다음과 같은 슬라이드를 완성해 보세요.

작성 조건

공통 적용 사항(슬라이드 마스터)
▶ 도형 ⇒ 기본 도형 : '육각형', 도형 스타일('보통 효과 – 녹색, 강조 6'), 글꼴(돋움체, 22pt, 굵게)

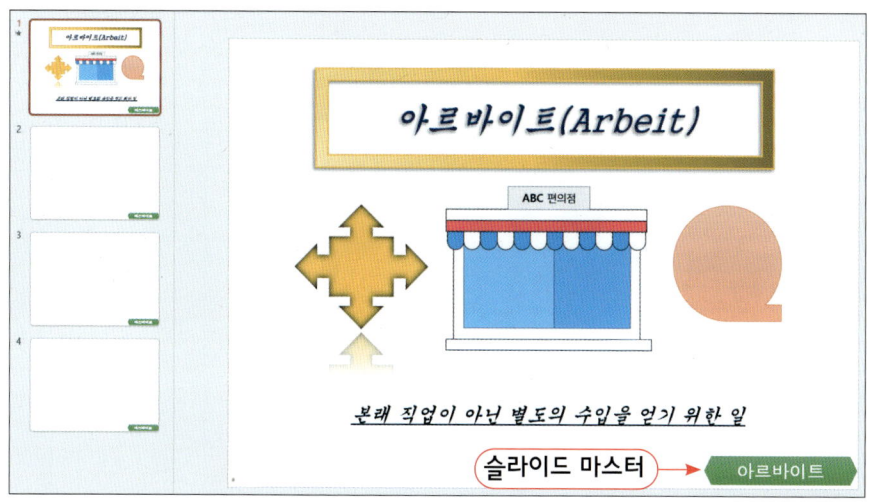

[Hint] 슬라이드 마스터 화면이 나타나면 미리 보기 창에서 목록 맨 위에 있는 'Office 테마 슬라이드 마스터: 슬라이드 1-4에서 사용'을 선택합니다.

▶ 예제 파일 : 유형 분석 07₩유형 03_문제.pptx   ▶ 완성 파일 : 유형 분석 07₩유형 03_완성.pptx

02 작성 조건을 이용하여 다음과 같은 슬라이드를 완성해 보세요.

작성 조건

공통 적용 사항(슬라이드 마스터)
▶ 도형 ⇒ 사각형 : '사각형: 둥근 위쪽 모서리', 도형 스타일('강한 효과 – 주황, 강조 2'), 글꼴(굴림체, 20pt, 굵게)

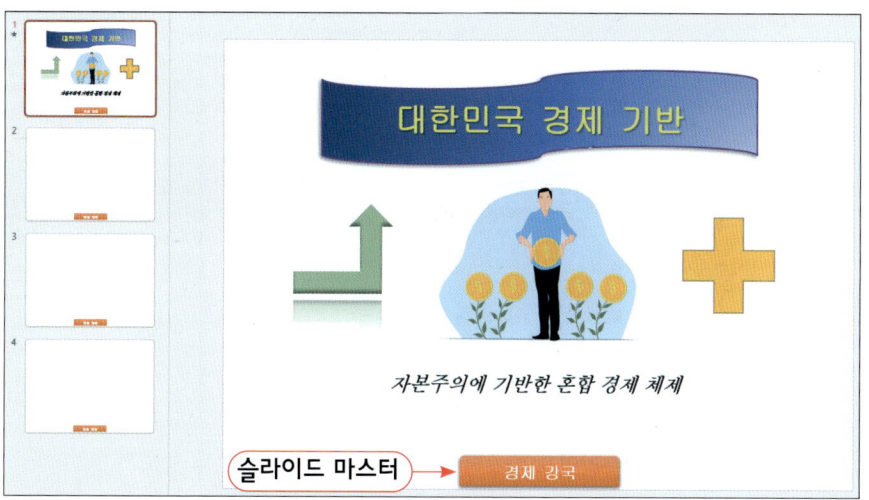

[Hint] 도형을 삽입한 후 [도형 서식] 탭의 [도형 스타일] 그룹에서 [빠른 스타일] 단추를 클릭하고, 테마 스타일의 '강한 효과 – 주황, 강조 2'를 선택합니다.

출제 유형 문제

▶ 예제 파일 : 유형 분석 07₩유형 04_문제.pptx ▶ 완성 파일 : 유형 분석 07₩유형 04_완성.pptx

03 작성 조건을 이용하여 다음과 같은 슬라이드를 완성해 보세요.

작성 조건

공통 적용 사항(슬라이드 마스터)
▶ 도형 ⇒ 별 및 현수막 : '이중 물결', 도형 스타일('미세 효과 – 황금색, 강조 4'), 글꼴(바탕체, 20pt, 굵게, 진한 파랑)

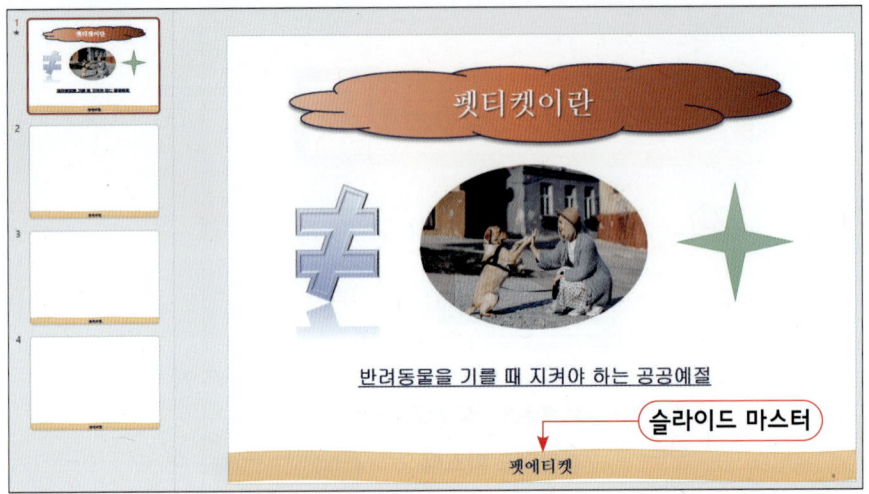

[Hint] 도형에 주어진 내용을 입력한 후 [홈] 탭의 [글꼴] 그룹에서 글꼴, 글꼴 크기, 글꼴 스타일, 글꼴 색을 각각 지정합니다.

▶ 예제 파일 : 유형 분석 07₩유형 05_문제.pptx ▶ 완성 파일 : 유형 분석 07₩유형 05_완성.pptx

04 작성 조건을 이용하여 다음과 같은 슬라이드를 완성해 보세요.

작성 조건

공통 적용 사항(슬라이드 마스터)
▶ 도형 ⇒ 기본 도형 : '배지', 도형 스타일('미세 효과 – 주황, 강조 2'), 글꼴(맑은 고딕, 18pt, 굵게, 기울임꼴)

[Hint] 슬라이드 마스터에서 작성(삽입)하는 도형의 위치와 크기는 《출력형태》를 참고하여 적당히 작업합니다.

출제 유형 문제

▶ 예제 파일 : 유형 분석 07₩유형 06_문제.pptx   ▶ 완성 파일 : 유형 분석 07₩유형 06_완성.pptx

05 작성 조건을 이용하여 다음과 같은 슬라이드를 완성해 보세요.

작성 조건

공통 적용 사항(슬라이드 마스터)
▶ 도형 ⇒ 블록 화살표 : '화살표: 오각형', 도형 스타일('밝은 색 1 윤곽선, 색 채우기 – 파랑, 강조 5'), 글꼴(궁서체, 18pt, 굵게)

▶ 예제 파일 : 유형 분석 07₩유형 07_문제.pptx   ▶ 완성 파일 : 유형 분석 07₩유형 07_완성.pptx

06 작성 조건을 이용하여 다음과 같은 슬라이드를 완성해 보세요.

작성 조건

공통 적용 사항(슬라이드 마스터)
▶ 도형 ⇒ 순서도 : '순서도: 지연', 도형 스타일('보통 효과 – 회색, 강조 3'), 글꼴(돋움체, 20pt, 굵게, 텍스트 그림자)

유형분석 08

슬라이드2 - 소제목 도형

핵심만 쏙쏙 소제목 도형 작성 / 소제목 도형 편집 / 소제목 도형 복사

슬라이드 상단에 소제목 도형을 작성한 후 《작성조건》에 맞게 도형을 편집하고, 나머지 슬라이드에 소제목 도형을 복사 및 붙여넣는 방법에 대하여 알아봅니다.

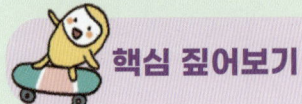 핵심 짚어보기

▶ 예제 파일 : 유형 분석 08₩유형 01_문제.pptx   ▶ 완성 파일 : 유형 분석 08₩유형 01_완성.pptx

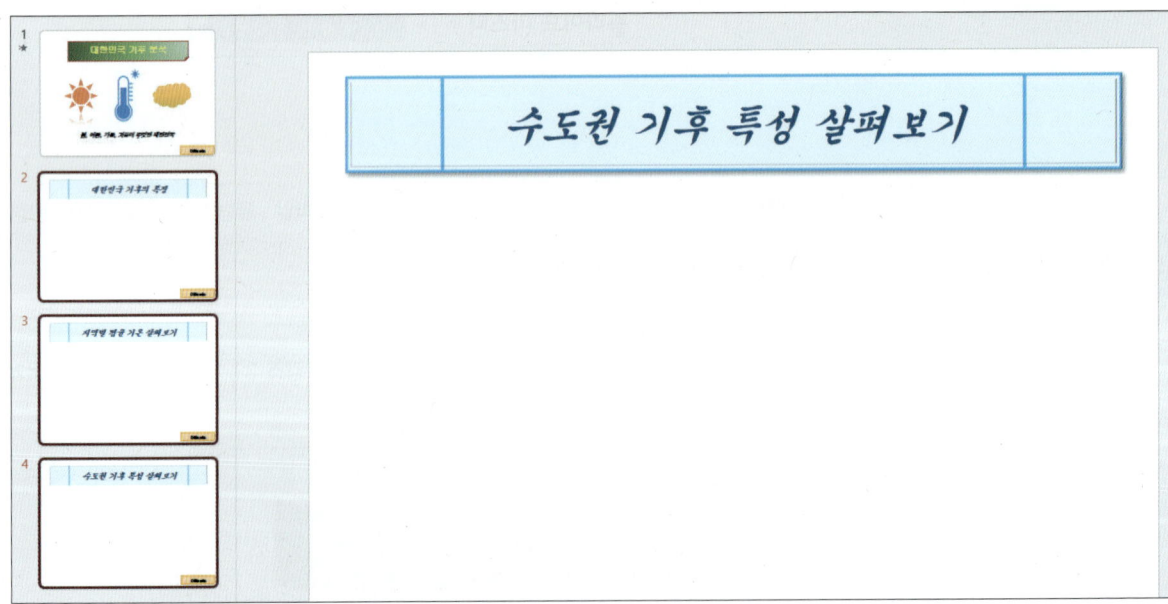

▲ 소제목 도형 작성 및 편집 : 도형 서식 작업 창/[도형 서식] 탭-[도형 스타일] 그룹/[홈] 탭-[글꼴] 그룹

▲ 소제목 도형 복사 및 붙여넣기 : Ctrl+C 키 → Ctrl+V 키

클래스 업

- 소제목 도형을 작성한 후 도형 채우기와 도형 윤곽선은 도형 서식 작업 창을 이용합니다.
- 도형 효과는 [도형 서식] 탭의 [도형 스타일] 그룹에서 [도형 효과] 단추를 이용합니다.
- 소제목 도형을 복사한 후 슬라이드 3과 슬라이드 4에 붙여넣기하고, 내용을 각각 수정합니다.

유형잡기 01 소제목 도형 작성하기

① [파일]-[열기]-[찾아보기]를 차례로 선택하고, [열기] 대화 상자에서 '유형 분석 08₩유형 01_문제.pptx'를 불러오기 합니다.

② '슬라이드 2'을 선택한 후 [삽입] 탭의 [일러스트레이션] 그룹에서 도형() 단추를 클릭하고, 순서도의 순서도: 종속 처리(▯)를 선택하여 슬라이드 상단에 삽입합니다.

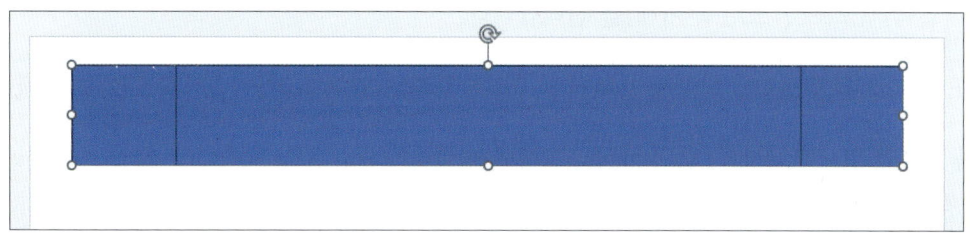

Tip 눈금선

[보기] 탭의 [표시] 그룹에서 '눈금선'을 선택하면 개체를 정확히 배치할 수 있도록 슬라이드 배경에 눈금선을 표시하므로 개체를 특정 지점(위치)에 맞추어 정렬할 수 있습니다.

유형잡기 02 소제목 도형 편집하기

① 도형 위에서 마우스 오른쪽 버튼을 클릭하고, 바로 가기 메뉴가 나타나면 [도형 서식]을 선택합니다.

② 도형 서식 작업 창에서 '채우기-단색 채우기'를 확인하고 색(파랑, 강조 5, 80% 더 밝게)을 지정한 후 '선-실선'을 확인하고 색(연한 파랑), 너비(3 pt), 겹선 종류(단순형)을 각각 지정한 다음 작업 창의 닫기(×) 단추를 클릭합니다.

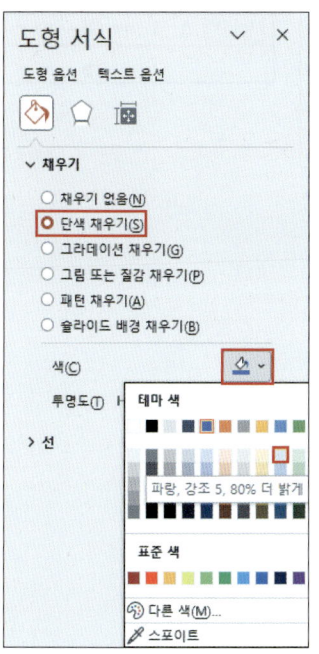 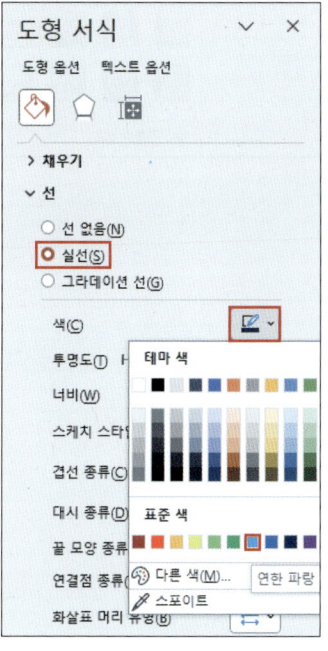 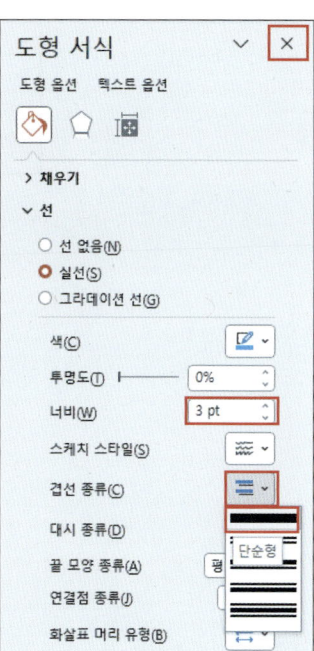

Tip 도형 채우기

단순한 도형 채우기는 [도형 서식] 탭의 [도형 스타일] 그룹에서 도형 채우기(도형 채우기) 단추를 클릭하고, 주어진 색상을 선택해도 됩니다.

③ 도형이 선택된 상태에서 [도형 서식] 탭의 [도형 스타일] 그룹에서 도형 효과(도형 효과) 단추를 클릭하고, [그림자]-[바깥쪽]-[오프셋: 오른쪽 아래]를 선택합니다.

④ 다시 한 번 도형 효과(도형 효과) 단추를 클릭하고, [입체 효과]-[입체 효과]-[십자형으로]를 선택합니다.

⑤ 도형에 제목 내용을 입력한 후 [홈] 탭의 [글꼴] 그룹에서 글꼴(궁서), 글꼴 크기(36), 글꼴 스타일(굵게, 기울임꼴), 글꼴 색(파랑, 강조 5, 50% 더 어둡게)을 각각 지정합니다.

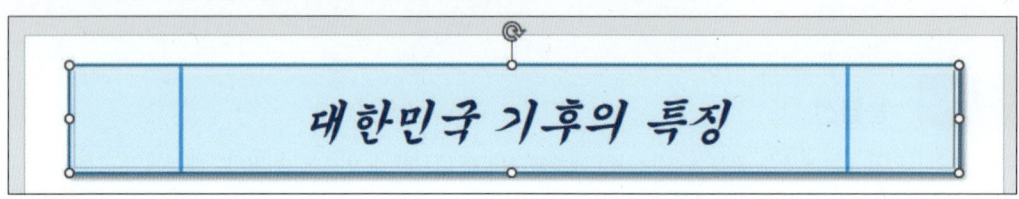

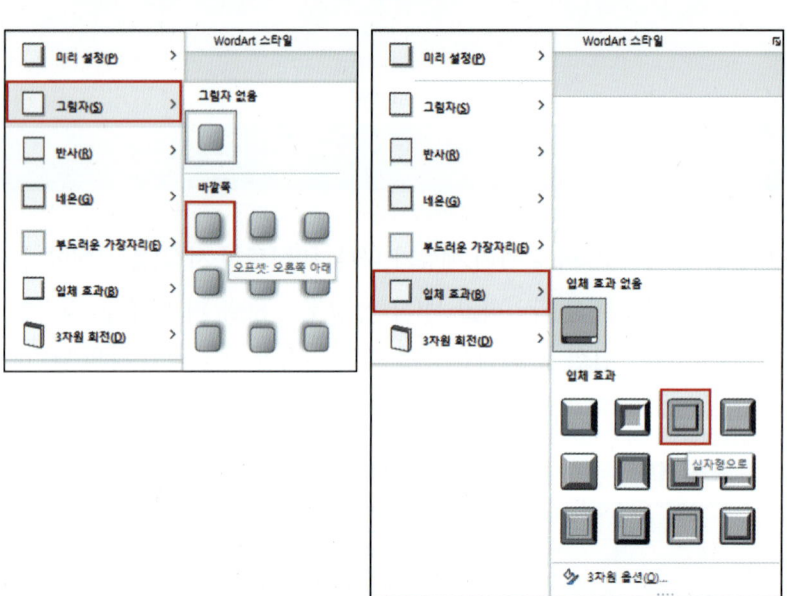

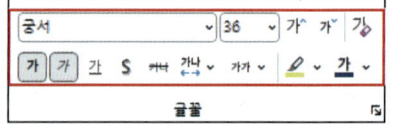

유형잡기 03 소제목 도형 복사하기

① 소제목 도형을 선택한 후 Ctrl+C 키를 눌러 복사합니다.

② 슬라이드 미리 보기 창에서 세 번째 슬라이드를 선택한 후 Ctrl+V 키를 눌러 붙여넣기하면 동일한 위치에 소제목 도형이 복사됩니다.

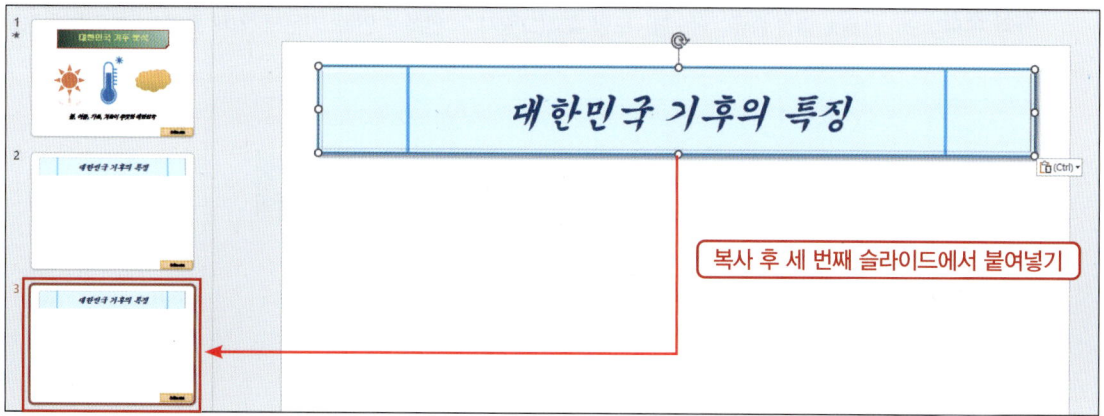

③ 동일한 방법으로 네 번째 슬라이드에도 소제목 도형을 붙여넣기한 후 문제지의 《출력형태》를 참고하여 소제목 내용을 각각 수정합니다.

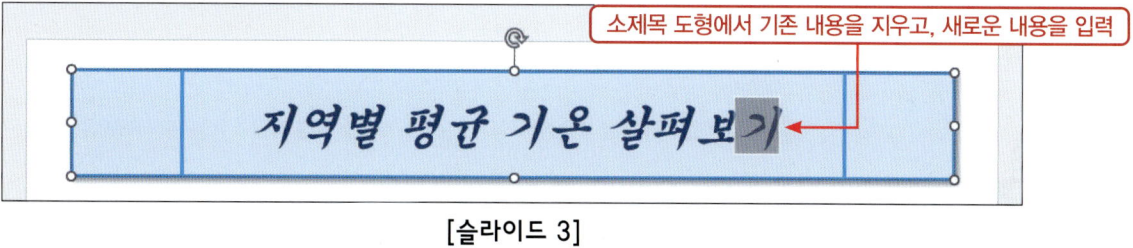

[슬라이드 3]

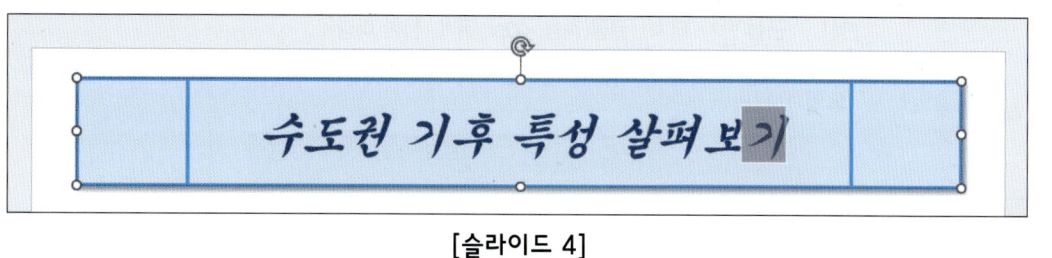

[슬라이드 4]

④ 빠른 실행 도구 모음에서 저장(💾) 단추를 클릭하여 완성된 파일을 저장합니다.

출제 유형 문제

▶ 예제 파일 : 유형 분석 08₩유형 02_문제.pptx   ▶ 완성 파일 : 유형 분석 08₩유형 02_완성.pptx

01 작성 조건을 이용하여 다음과 같은 슬라이드를 완성해 보세요.

작성 조건
▶ 도형 1 ⇒ 별 및 현수막 : '이중 물결', 도형 채우기('연한 녹색'), 도형 윤곽선(실선, 색 : 노랑, 너비 : 6pt, 겹선 종류 : 단순형), 도형 효과(그림자 – 안쪽 – 안쪽: 가운데, 입체 효과 – 부드럽게 둥글리기), 글꼴(궁서, 40pt, 기울임꼴, 텍스트 그림자, 파랑)

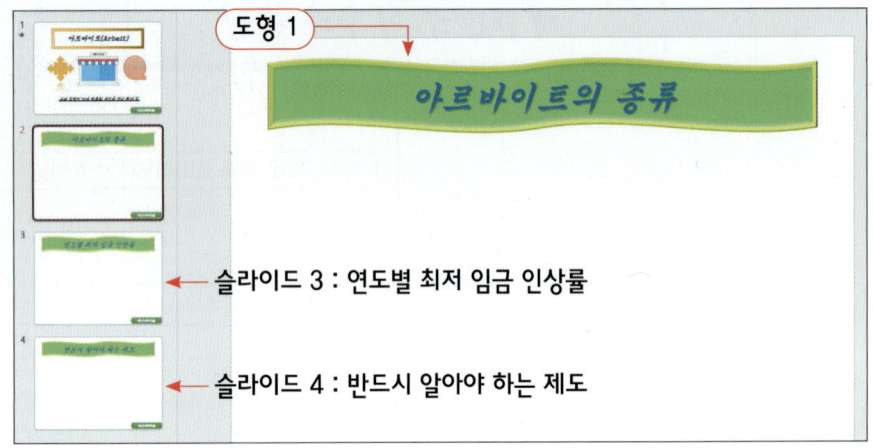

[Hint]
- 도형 서식 작업 창에서 '선'을 클릭하고, '실선'을 선택한 후 색, 너비, 겹선 종류를 각각 지정합니다.
- 소제목 도형을 복사한 후 슬라이드 3, 슬라이드 4에 붙여넣기하고, 소제목 내용을 각각 수정합니다.

▶ 예제 파일 : 유형 분석 08₩유형 03_문제.pptx   ▶ 완성 파일 : 유형 분석 08₩유형 03_완성.pptx

02 작성 조건을 이용하여 다음과 같은 슬라이드를 완성해 보세요.

작성 조건
▶ 도형 1 ⇒ 기본 도형 : '사각형: 모서리가 접힌 도형', 도형 채우기('황금색, 강조 4, 40% 더 밝게'), 도형 윤곽선(실선, 색 : 녹색, 너비 : 2pt, 겹선 종류 : 이중), 도형 효과(그림자 – 안쪽 – 안쪽: 위쪽, 반사 – 근접 반사: 터치), 글꼴(돋움, 40pt, 굵게, 진한 파랑)

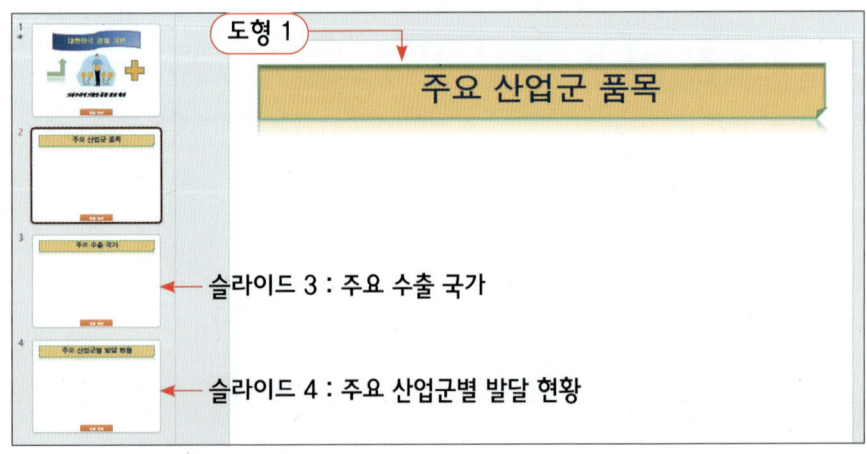

[Hint] [도형 서식] 탭의 [도형 스타일] 그룹에서 [도형 채우기] 단추를 클릭하고, 주어진 색을 선택합니다.

출제 유형 문제

▶ 예제 파일 : 유형 분석 08₩유형 04_문제.pptx ▶ 완성 파일 : 유형 분석 08₩유형 04_완성.pptx

03 작성 조건을 이용하여 다음과 같은 슬라이드를 완성해 보세요.

작성 조건
▶ 도형 1 ⇒ 블록 화살표 : '화살표: 오각형', 도형 채우기('파랑, 강조 1, 60% 더 밝게'), 도형 윤곽선(실선, 색 : '파랑, 강조 1', 너비 : 3pt, 겹선 종류 : 단순형), 도형 효과(그림자 – 안쪽 – 안쪽: 아래쪽, 반사 – 근접 반사: 터치), 글꼴(궁서, 36pt, 텍스트 그림자, 자주)

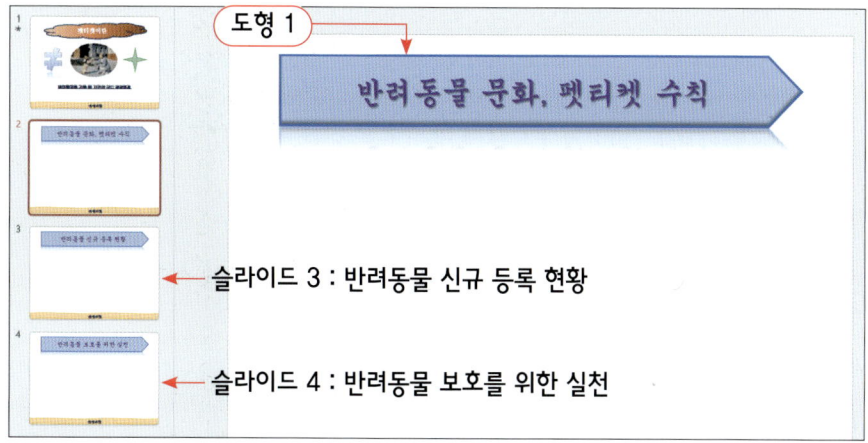

← 슬라이드 3 : 반려동물 신규 등록 현황

← 슬라이드 4 : 반려동물 보호를 위한 실천

[Hint] [도형 서식] 탭의 [도형 스타일] 그룹에서 [도형 효과] 단추를 클릭하고, 그림자와 반사 효과를 각각 지정합니다.

▶ 예제 파일 : 유형 분석 08₩유형 05_문제.pptx ▶ 완성 파일 : 유형 분석 08₩유형 05_완성.pptx

04 작성 조건을 이용하여 다음과 같은 슬라이드를 완성해 보세요.

작성 조건
▶ 도형 1 ⇒ 기본 도형 : '액자', 도형 채우기('주황, 강조 2'), 도형 윤곽선(실선, 색 : '청회색, 텍스트 2', 너비 : 1.5pt, 겹선 종류 : 단순형), 도형 효과(그림자 – 원근감 – 원근감: 오른쪽 위, 네온 – '네온: 5pt, 주황, 강조색 2'), 글꼴(굴림체, 36pt, 굵게, '파랑, 강조 1')

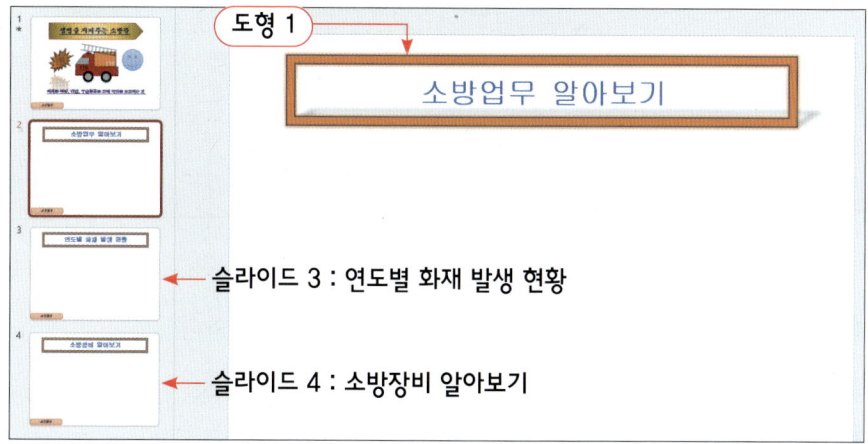

← 슬라이드 3 : 연도별 화재 발생 현황

← 슬라이드 4 : 소방장비 알아보기

[Hint] [홈] 탭의 [글꼴] 그룹에서 글꼴 서식을 지정한 후 도형을 복사하여 슬라이드 3, 슬라이드 4에 붙여넣기합니다.

출제 유형 문제

> 예제 파일 : 유형 분석 08₩유형 06_문제.pptx   > 완성 파일 : 유형 분석 08₩유형 06_완성.pptx

05 작성 조건을 이용하여 다음과 같은 슬라이드를 완성해 보세요.

작성 조건
▶ 도형 1 ⇒ 별 및 현수막 : '두루마리 모양: 가로로 말림', 도형 채우기('녹색, 강조 6, 60% 더 밝게'), 도형 윤곽선(실선, 색 : '검정, 텍스트 1', 너비 : 1pt, 겹선 종류 : 이중), 도형 효과(네온 – '네온: 8pt, 녹색, 강조색 6', 그림자 – 원근감 – 원근감: 오른쪽 위), 글꼴(궁서체, 36pt, 굵게, '회색, 강조 3, 50% 더 어둡게')

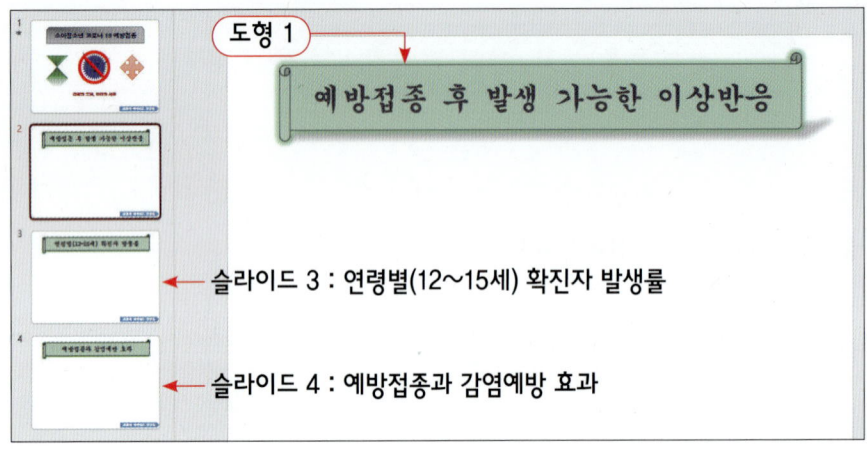

[Hint] [보기] 탭의 [표시] 그룹에서 '눈금선'을 선택하여 도형 개체를 특정 지점(위치)에 맞추어 배치합니다.

> 예제 파일 : 유형 분석 08₩유형 07_문제.pptx   > 완성 파일 : 유형 분석 08₩유형 07_완성.pptx

06 작성 조건을 이용하여 다음과 같은 슬라이드를 완성해 보세요.

작성 조건
▶ 도형 1 ⇒ 순서도 : '순서도: 카드', 도형 채우기('파랑, 강조 5'), 도형 윤곽선(실선, 색 : 녹색, 너비 : 3pt, 겹선 종류 : 단순형), 도형 효과(그림자 – 안쪽 – 안쪽: 가운데, 입체 효과 – 둥글게 블록), 글꼴(바탕체, 40pt, 굵게, 텍스트 그림자, '밝은 회색, 배경 2')

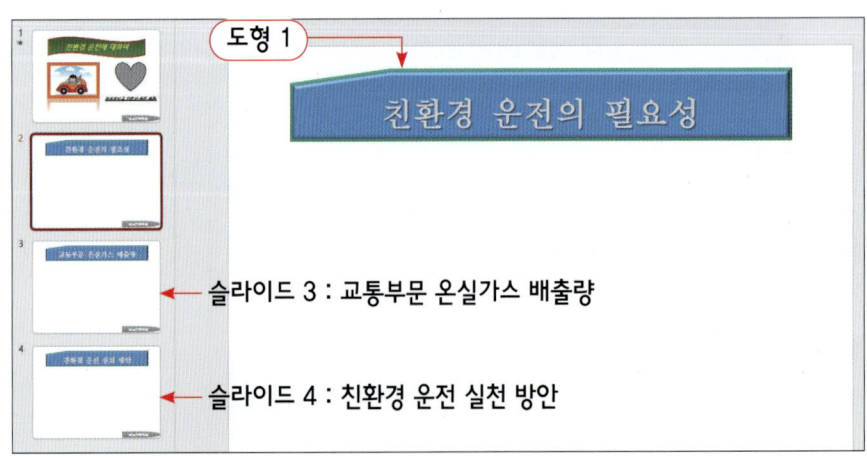

유형분석 09

슬라이드2 - 본문 도형

핵심만 쏙쏙 본문 도형 작성 / 본문 도형 편집 / 본문 도형 복사

슬라이드의 해당 위치에 본문 도형을 작성한 후 《작성조건》에 맞게 도형을 편집하고, 여러 도형을 수직 또는 수평으로 복사하는 방법에 대하여 알아봅니다.

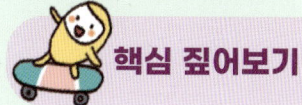

▶ **예제 파일** : 유형 분석 09₩유형 01_문제.pptx   ▶ **완성 파일** : 유형 분석 09₩유형 01_완성.pptx

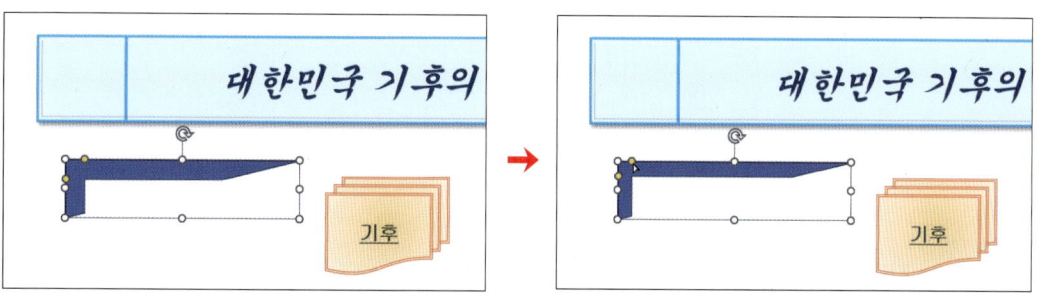

▲ 도형의 모양 변경 : 노란색 모양 조절 핸들을 드래그하여 조정

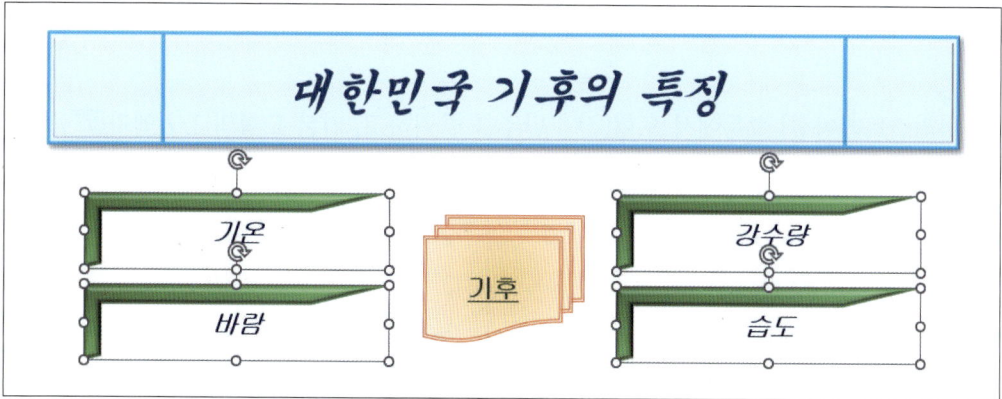

▲ 도형의 수직/수평 복사 : Ctrl + Shift + 드래그하여 복사

클래스 업

- 본문 도형을 작성한 후 노란색 모양 조절 핸들을 이용하여 모양을 변경합니다.
- 도형 모양을 변경하지 않을 경우 도형과 입력 내용이 겹쳐질 수 있습니다.
- 도형을 원하는 위치로 복사하려면 Ctrl + 드래그하고, 수직 또는 수평으로 복사하려면 Ctrl + Shift + 드래그 합니다.

유형잡기 01 본문 도형 작성과 편집하기

① [파일]-[열기]-[찾아보기]를 차례로 선택하고, [열기] 대화 상자에서 '유형 분석 09₩유형 01_문제.pptx'를 불러오기 합니다.

② '슬라이드 2'를 선택한 후 순서도: 다중 문서()를 슬라이드 중앙에 삽입하고, 도형 채우기(주황, 밝은 그라데이션 - 가운데에서), 도형 윤곽선(실선, 색 : '주황, 강조 2', 너비 : 3pt, 겹선 종류 : 이중), 글꼴(굴림, 20pt, 굵게, 밑줄, '녹색, 강조 6, 50% 더 어둡게')을 각각 지정합니다.

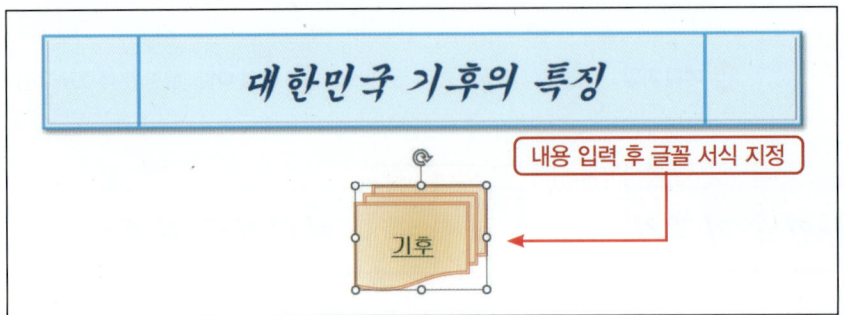

> **Tip 간단한 그라데이션**
>
> [도형 서식] 탭의 [도형 스타일] 그룹에서 [도형 채우기] 단추를 클릭하고, [그라데이션]-[밝은 그라데이션]-[가운데에서]를 선택합니다.

③ [삽입] 탭의 [일러스트레이션] 그룹에서 도형( ) 단추를 클릭하고, 기본 도형의 1/2 액자( )를 선택하여 슬라이드에 삽입한 후 노란색 모양 조절 핸들(◯)을 이용하여 모양을 변경합니다.

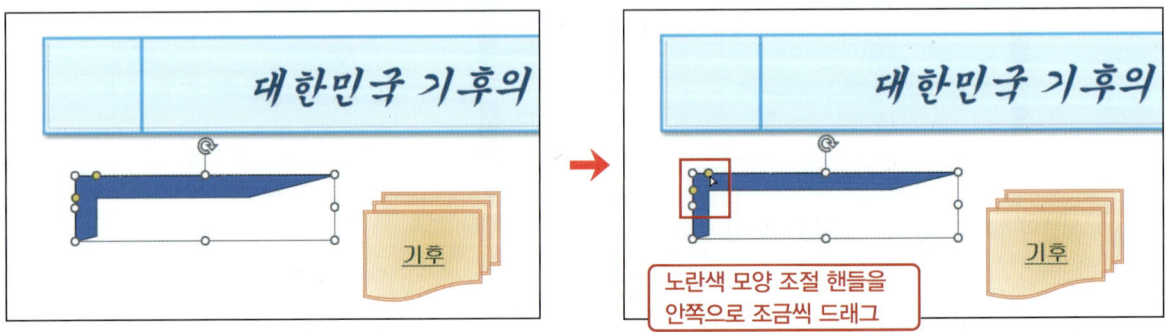

❹ 도형이 선택된 상태에서 도형 채우기(연한 녹색, 어두운 그라데이션 – '선형 대각선 – 왼쪽 위에서 오른쪽 아래로'), 선 없음, 도형 효과(입체 효과 – 둥글게), 글꼴(굴림, 20pt, 굵게, 기울임꼴, 진한 파랑)을 각각 지정합니다.

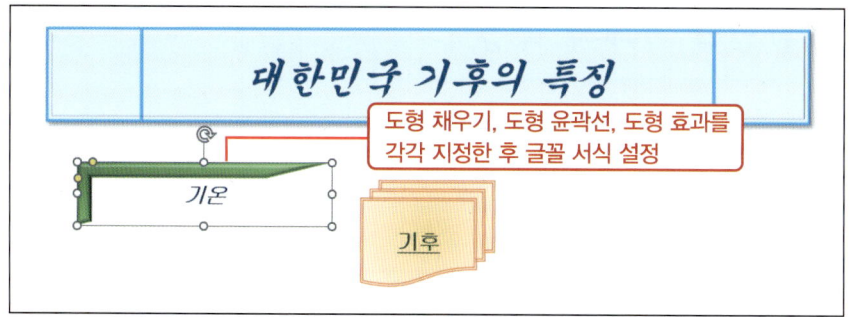

 **도형의 편집 핸들**

- 슬라이드에 도형을 삽입하면 회전 핸들, 모양 조절 핸들, 크기 조절 핸들이 나타납니다.
- 세 가지의 핸들을 이용하면 도형의 방향(각도), 모양, 크기 등을 자유롭게 조절할 수 있습니다.

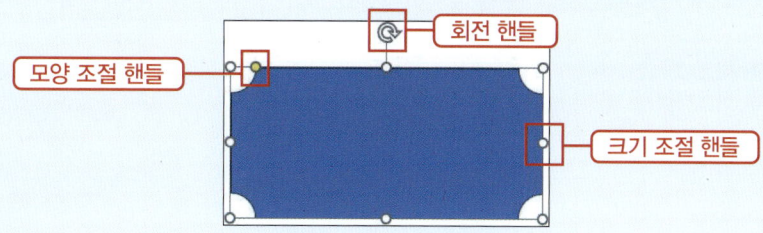

- 도형이 선택된 상태에서 회전 핸들에 마우스 포인터를 올려놓으면 ⟳ 모양으로 변경됩니다. 이때, 마우스를 원하는 방향으로 드래그하면 도형의 방향(각도)이 조절됩니다.
- 도형이 선택된 상태에서 모양 조절 핸들에 마우스 포인터를 올려놓으면 ▷ 모양으로 변경됩니다. 이때, 마우스를 원하는 방향으로 드래그하면 도형의 모양이 변경됩니다.
- 도형이 선택된 상태에서 임의의 크기 조절 핸들에 마우스 포인터를 올려놓으면 ↔ 나 ⤢ 모양으로 변경됩니다. 이때, 마우스를 원하는 방향으로 드래그하면 도형의 크기가 조절됩니다.

유형잡기 02 본문 도형 복사하기

❶ 첫 번째 도형을 선택한 후 Ctrl + Shift 키를 누른 상태에서 마우스를 아래쪽으로 드래그하여 복사합니다.

❷ 두 개의 도형을 동시에 선택한 후 Ctrl+Shift 키를 누른 상태에서 마우스를 오른쪽으로 드래그하여 복사합니다.

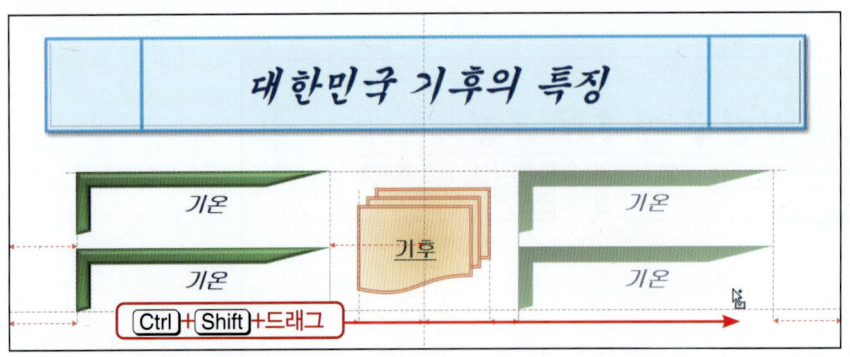

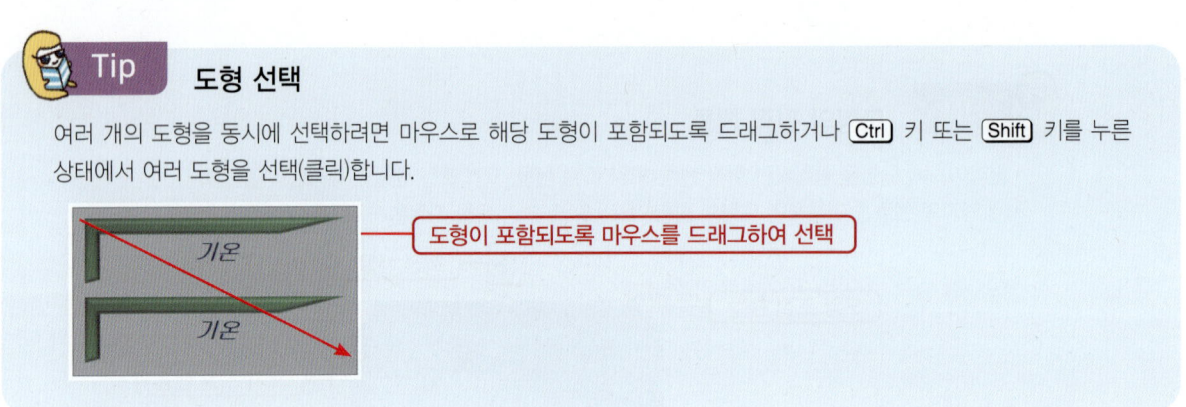

❸ 복사가 완료되면 문제지의 《출력형태》를 참고하여 각 도형의 내용을 수정합니다.

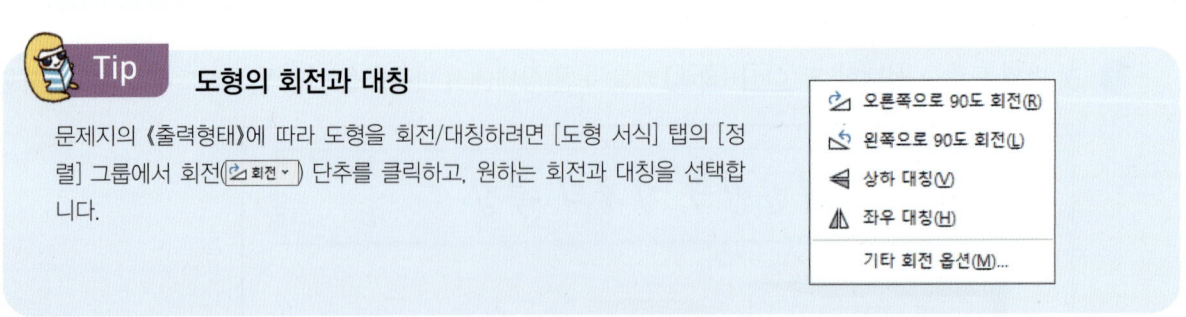

❹ 빠른 실행 도구 모음에서 저장(🖫) 단추를 클릭하여 완성된 파일을 저장합니다.

출제 유형 문제

▶ 예제 파일 : 유형 분석 09₩유형 02_문제.pptx   ▶ 완성 파일 : 유형 분석 09₩유형 02_완성.pptx

01 작성 조건을 이용하여 다음과 같은 슬라이드를 완성해 보세요.

작성 조건
- ▶ 도형 2 ⇒ 기본 도형 : 배지, 도형 채우기('녹색, 강조 6', 밝은 그라데이션 – 가운데에서), 도형 윤곽선(실선, 색 : '주황, 강조 2', 너비 : 3pt, 겹선 종류 : 이중), 글꼴(굴림체, 24pt, 굵게, 텍스트 그림자, 진한 빨강)
- ▶ 도형 3~6 ⇒ 순서도 : '순서도: 화면 표시', 도형 채우기('회색, 강조 3', 밝은 그라데이션 – '선형 대각선 – 오른쪽 아래에서 왼쪽 위로'), 선 없음, 도형 효과(입체 효과 – 기울기), 글꼴(궁서체, 20pt, 굵게, 기울임꼴, 진한 파랑)

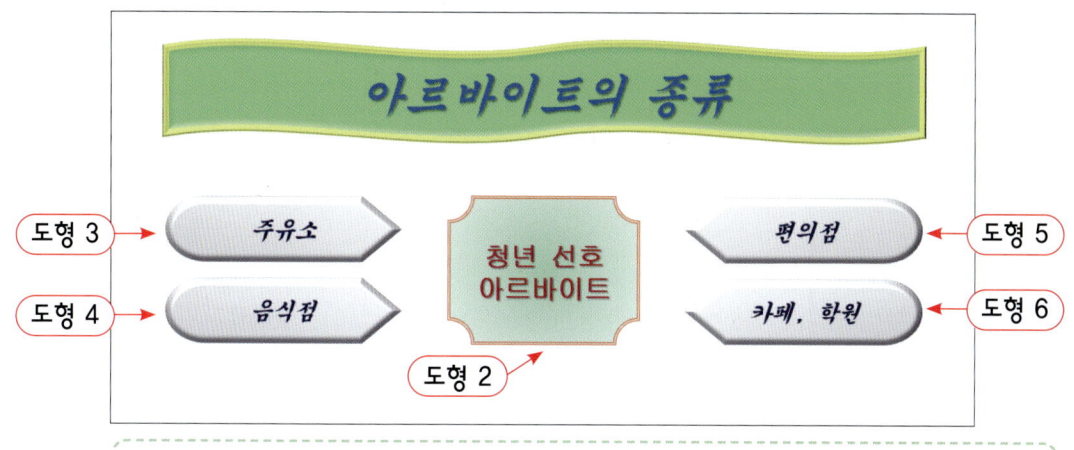

[Hint] 복사한 두 개의 도형을 동시에 선택한 후 [도형 서식] 탭의 [정렬] 그룹에서 [회전] 단추를 클릭하고, [좌우 대칭]을 선택합니다.

▶ 예제 파일 : 유형 분석 09₩유형 03_문제.pptx   ▶ 완성 파일 : 유형 분석 09₩유형 03_완성.pptx

02 작성 조건을 이용하여 다음과 같은 슬라이드를 완성해 보세요.

작성 조건
- ▶ 도형 2 ⇒ 기본 도형 : 양쪽 중괄호, 도형 채우기(연한 녹색, 밝은 그라데이션 – 가운데에서), 도형 윤곽선(실선, 색 : '주황, 강조 2', 너비 : 3pt, 겹선 종류 : 굵고 얇음), 글꼴(굴림, 20pt, 기울임꼴, 텍스트 그림자, 빨강)
- ▶ 도형 3~6 ⇒ 기본 도형 : 액자, 도형 채우기(진한 빨강, 밝은 그라데이션 – 선형 아래쪽), 선 없음, 도형 효과(입체 효과 – 둥글게), 글꼴(궁서, 20pt, 굵게, 기울임꼴, 진한 파랑)

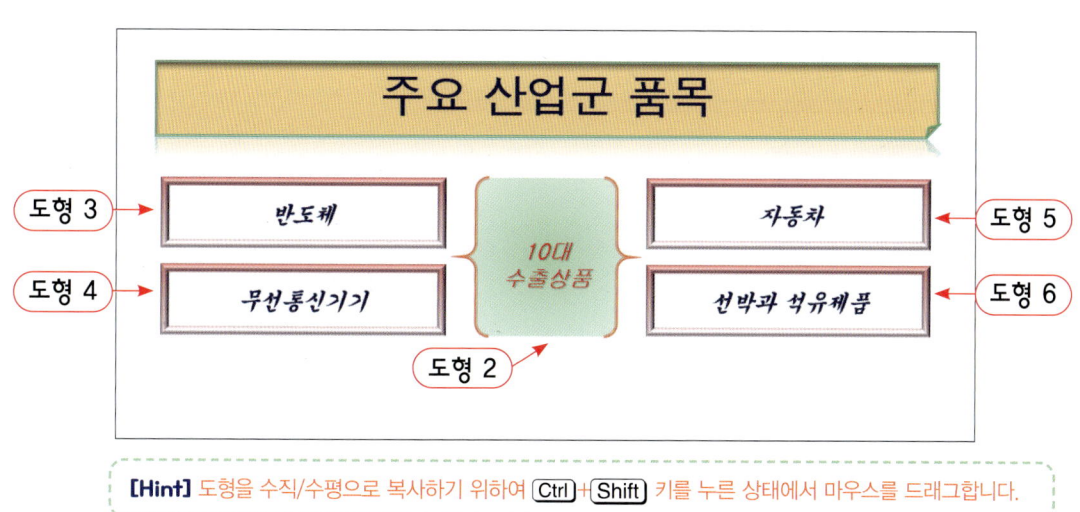

[Hint] 도형을 수직/수평으로 복사하기 위하여 Ctrl + Shift 키를 누른 상태에서 마우스를 드래그합니다.

출제 유형 문제

> 예제 파일 : 유형 분석 09₩유형 04_문제.pptx > 완성 파일 : 유형 분석 09₩유형 04_완성.pptx

03 작성 조건을 이용하여 다음과 같은 슬라이드를 완성해 보세요.

작성 조건
- ▶ 도형 2 ⇒ 기본 도형 : 원통형, 도형 채우기(녹색, 어두운 그라데이션 – 선형 위쪽), 도형 윤곽선(실선, 색 : '황금색, 강조 4', 너비 : 5pt, 겹선 종류 : 이중), 글꼴(돋움, 22pt, 굵게, 텍스트 그림자)
- ▶ 도형 3~6 ⇒ 기본 도형 : '사각형: 빗면', 도형 채우기(연한 녹색, 밝은 그라데이션 – 선형 위쪽), 선 없음, 도형 효과(그림자 – 안쪽 – 안쪽: 오른쪽 위), 글꼴(굴림, 22pt, 굵게, 기울임꼴, 진한 파랑)

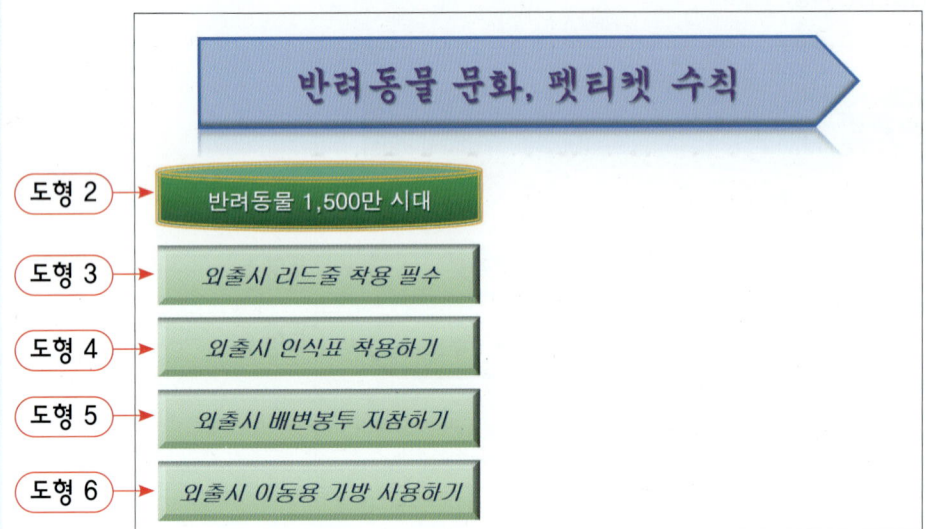

[Hint] 사각형: 빗면 도형을 모두 선택한 후 [도형 서식] 탭의 [정렬] 그룹에서 [맞춤] 단추를 클릭하고, [세로 간격을 동일하게]를 선택합니다.

> 예제 파일 : 유형 분석 09₩유형 05_문제.pptx > 완성 파일 : 유형 분석 09₩유형 05_완성.pptx

04 작성 조건을 이용하여 다음과 같은 슬라이드를 완성해 보세요.

작성 조건
- ▶ 도형 2 ⇒ 별 및 현수막 : 이중 물결, 도형 채우기(연한 파랑, 어두운 그라데이션 – 가운데에서), 도형 윤곽선(실선, 색 : 진한 파랑, 너비 : 4pt, 겹선 종류 : 이중), 글꼴(돋움, 20pt, 굵게, '흰색, 배경 1')
- ▶ 도형 3~6 ⇒ 기본 도형 : 구름, 도형 채우기('흰색, 배경 1, 25% 더 어둡게', 밝은 그라데이션 – 선형 대각선 – 오른쪽 아래에서 왼쪽 위로), 선 없음, 도형 효과(입체 효과 – 절단), 글꼴(굴림, 15pt, 굵게, 기울임꼴, '검정, 텍스트 1')

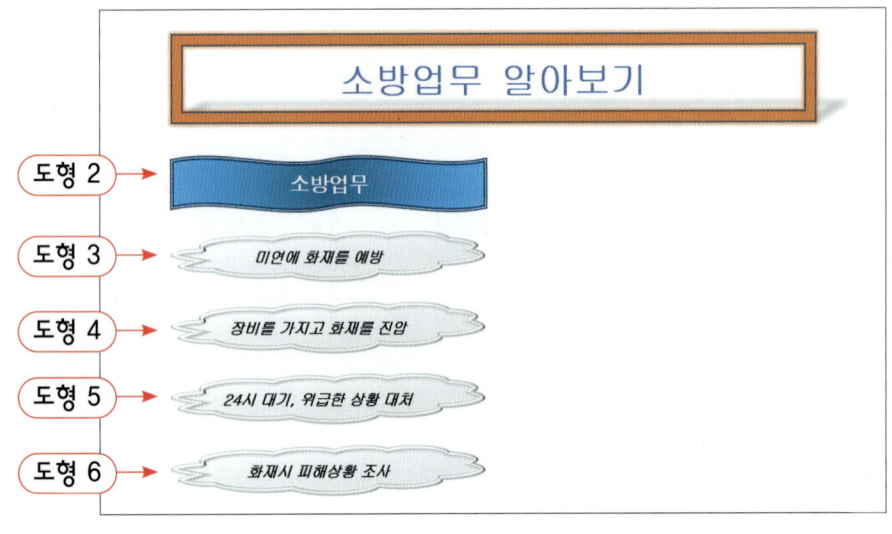

[Hint] '선 없음'의 경우는 [도형 서식] 탭의 [도형 스타일] 그룹에서 [도형 윤곽선] 단추를 클릭하고, [윤곽선 없음]을 선택합니다.

출제 유형 문제

> 예제 파일 : 유형 분석 09₩유형 06_문제.pptx > 완성 파일 : 유형 분석 09₩유형 06_완성.pptx

05 작성 조건을 이용하여 다음과 같은 슬라이드를 완성해 보세요.

작성 조건
- ▶ 도형 2 ⇒ 별 및 현수막 : '리본: 위로 기울어짐', 도형 채우기(연한 녹색, 어두운 그라데이션 – 선형 위쪽), 도형 윤곽선(실선, 색 : 노랑, 너비 : 3pt, 겹선 종류 : 이중), 글꼴(돋움, 18pt, 굵게, 진한 빨강)
- ▶ 도형 3~6 ⇒ 기본 도형 : '사각형: 모서리가 접힌 도형', 도형 채우기('황금색, 강조 4, 40% 더 밝게', 어두운 그라데이션 – 왼쪽 위 모서리에서), 선 없음, 도형 효과(그림자 – 바깥쪽 – 오프셋: 아래쪽), 글꼴(굴림, 18pt, 굵게, 기울임꼴, '파랑, 강조 5, 50% 더 어둡게')

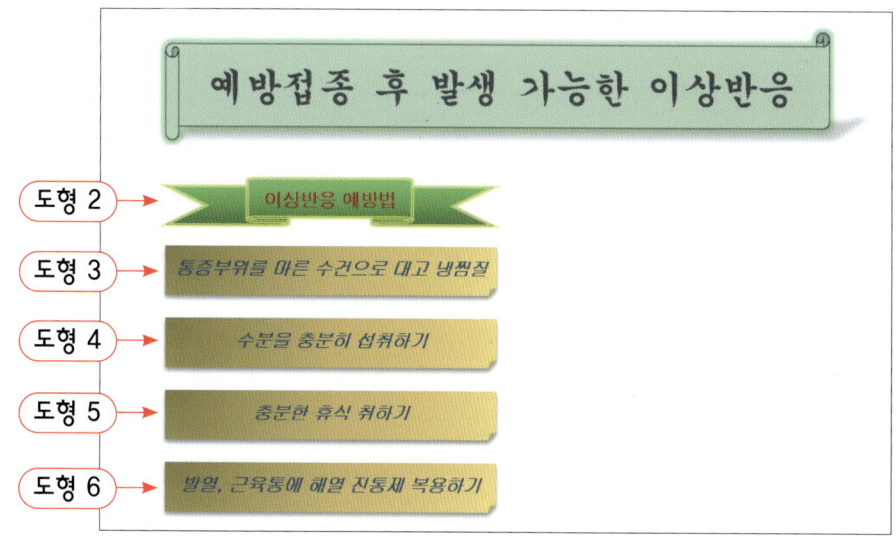

> 예제 파일 : 유형 분석 09₩유형 07_문제.pptx > 완성 파일 : 유형 분석 09₩유형 07_완성.pptx

06 작성 조건을 이용하여 다음과 같은 슬라이드를 완성해 보세요.

작성 조건
- ▶ 도형 2 ⇒ 기본 도형 : 사다리꼴, 도형 채우기(진한 빨강, 어두운 그라데이션 – 오른쪽 위 모서리에서), 도형 윤곽선(실선, 색 : '주황, 강조 2', 너비 : 5pt, 겹선 종류 : 이중), 글꼴(궁서체, 24pt, 굵게, 텍스트 그림자, 노랑)
- ▶ 도형 3~6 ⇒ 기본 도형 : 평행 사변형, 도형 채우기(주황, 밝은 그라데이션 – 선형 위쪽), 선 없음, 도형 효과(입체 효과 – 디벗), 글꼴(돋움, 20pt, 굵게, 기울임꼴, 진한 파랑)

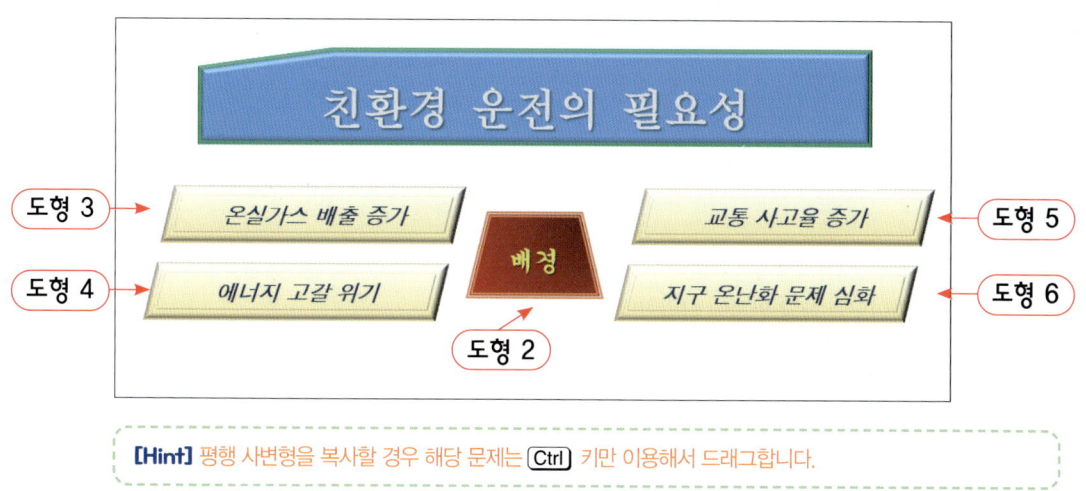

[Hint] 평행 사변형을 복사할 경우 해당 문제는 Ctrl 키만 이용해서 드래그합니다.

유형분석 10

슬라이드2 - 실행 단추 삽입

핵심만 쏙쏙 실행 단추 삽입 / 실행 단추 편집

슬라이드의 해당 위치에 실행 단추를 삽입한 후 《작성조건》에 맞게 하이퍼링크를 지정하고, 실행 단추의 크기, 위치, 도형 스타일을 설정하는 방법에 대하여 알아봅니다.

핵심 짚어보기

▶ 예제 파일 : 유형 분석 10₩유형 01_문제.pptx   ▶ 완성 파일 : 유형 분석 10₩유형 01_완성.pptx

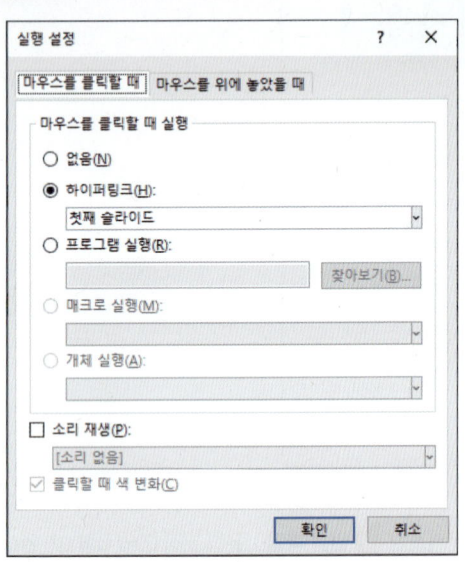

◀ 실행 단추 설정 : [실행 설정] 대화 상자-[마우스를 클릭할 때] 탭-하이퍼링크

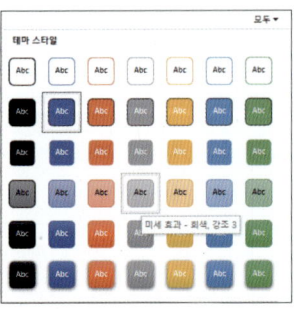

◀ 빠른 스타일 : [도형 서식] 탭-[도형 스타일] 그룹-[빠른 스타일]

클래스 업

- 주어진 실행 단추를 슬라이드의 해당 위치에 삽입합니다.
- [실행 설정] 대화 상자의 [마우스를 클릭할 때] 탭에서 하이퍼링크를 지정합니다.
- 실행 단추의 크기, 위치, 도형 스타일(빠른 스타일)을 각각 설정합니다.

유형잡기 01 실행 단추 삽입하기

① [파일]-[열기]-[찾아보기]를 차례로 선택하고, [열기] 대화 상자에서 '유형 분석 10₩유형 01_문제.pptx'를 불러오기 합니다.

② '슬라이드 2'를 선택한 후 [삽입] 탭의 [일러스트레이션] 그룹에서 도형(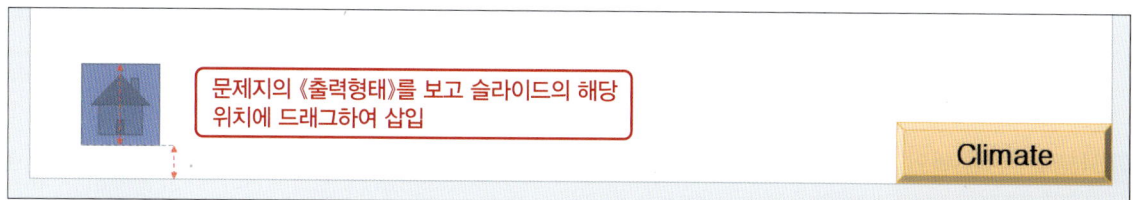) 단추를 클릭하고, 실행 단추의 실행 단추: 홈으로 이동(🏠)을 선택하여 슬라이드에 삽입합니다.

③ [실행 설정] 대화 상자가 나타나면 [마우스를 클릭할 때] 탭에서 '하이퍼링크'와 '첫째 슬라이드'를 선택하고, [확인] 단추를 클릭합니다.

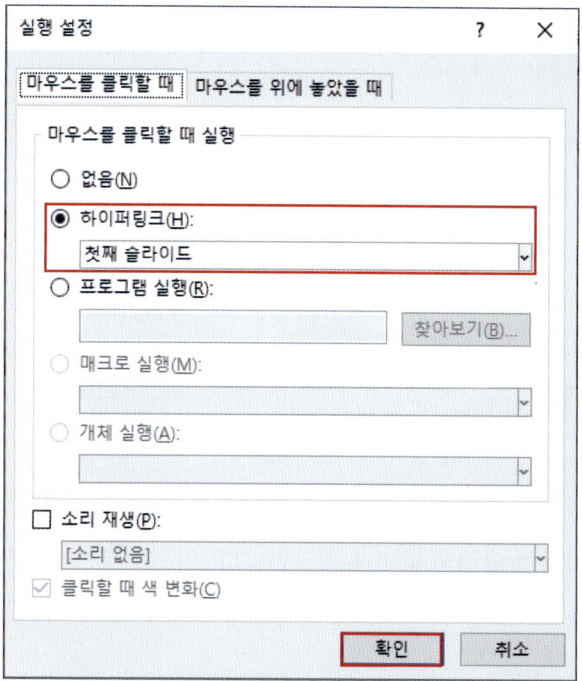

 **Tip   하이퍼링크 수정**

하이퍼링크를 수정하려면 실행 단추 도형에서 마우스 오른쪽 버튼을 클릭하고, [링크 편집]을 선택합니다.

| 유형잡기 02 | 실행 단추 편집하기 |

① 크기 조절 핸들을 이용하여 《출력형태》와 같이 크기를 적당히 조절하고, 위치도 변경합니다.

② [도형 서식] 탭의 [도형 스타일] 그룹에서 빠른 스타일( ) 단추를 클릭하고, 테마 스타일의 '미세 효과 – 회색, 강조 3'을 선택합니다.

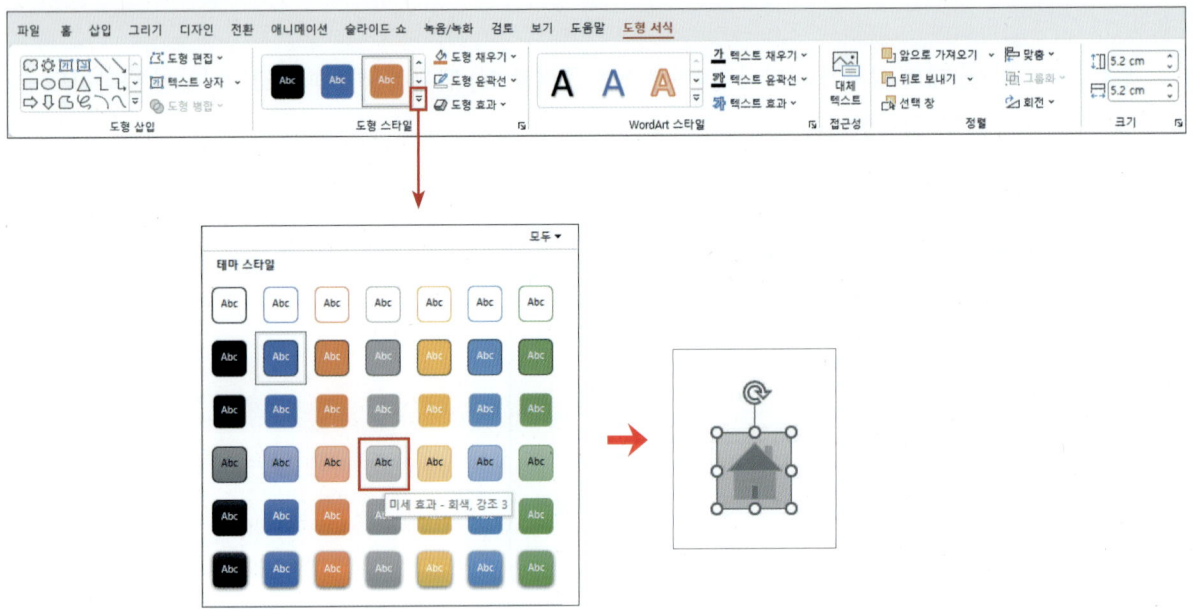

③ 빠른 실행 도구 모음에서 저장( ) 단추를 클릭하여 완성된 파일을 저장합니다.

출제 유형 문제

▶ 예제 파일 : 유형 분석 10₩유형 02_문제.pptx   ▶ 완성 파일 : 유형 분석 10₩유형 02_완성.pptx

01 작성 조건을 이용하여 다음과 같은 슬라이드를 완성해 보세요.

작성 조건
▶ 실행 단추 ⇒ '실행 단추: 앞으로 또는 다음으로 이동', 하이퍼링크 : 다음 슬라이드,
  도형 스타일('미세 효과 – 녹색, 강조 6')

[Hint] [삽입] 탭의 [일러스트레이션] 그룹에서 [도형] 단추를 클릭하고, 작성 조건에 맞는 실행 단추를 선택하여 슬라이드의 해당 위치에 삽입합니다.

▶ 예제 파일 : 유형 분석 10₩유형 03_문제.pptx   ▶ 완성 파일 : 유형 분석 10₩유형 03_완성.pptx

02 작성 조건을 이용하여 다음과 같은 슬라이드를 완성해 보세요.

작성 조건
▶ 실행 단추 ⇒ '실행 단추: 뒤로 또는 앞으로 이동', 하이퍼링크 : 이전 슬라이드,
  도형 스타일('강한 효과 – 파랑, 강조 5')

[Hint] [실행 설정] 대화 상자가 나타나면 [마우스를 클릭할 때] 탭에서 작성 조건에 맞는 하이퍼링크를 설정합니다.

▶ 예제 파일 : 유형 분석 10₩유형 04_문제.pptx   ▶ 완성 파일 : 유형 분석 10₩유형 04_완성.pptx

03 작성 조건을 이용하여 다음과 같은 슬라이드를 완성해 보세요.

작성 조건
▶ 실행 단추 ⇒ '실행 단추: 홈으로 이동', 하이퍼링크 : 첫째 슬라이드,
  도형 스타일('보통 효과 – 황금색, 강조 4')

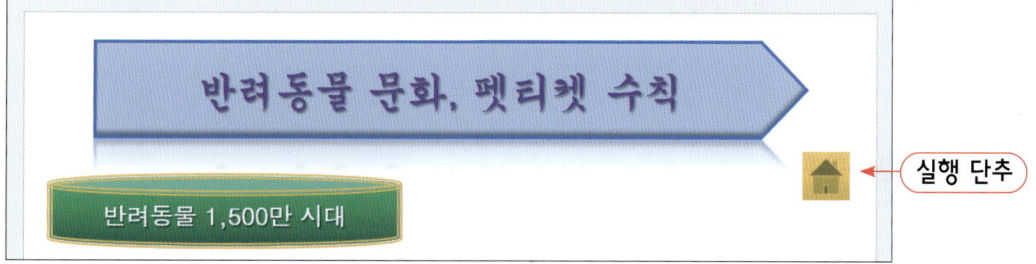

[Hint] [도형 서식] 탭의 [도형 스타일] 그룹에서 [빠른 스타일] 단추를 클릭하고, 작성 조건에 맞는 테마 스타일을 선택합니다.

출제 유형 문제

▶ 예제 파일 : 유형 분석 10₩유형 05_문제.pptx   ▶ 완성 파일 : 유형 분석 10₩유형 05_완성.pptx

04 작성 조건을 이용하여 다음과 같은 슬라이드를 완성해 보세요.

작성 조건 ▶ 실행 단추 ⇒ '실행 단추: 홈으로 이동', 하이퍼링크 : 마지막 슬라이드,
도형 스타일('색 채우기 – 회색, 강조 3')

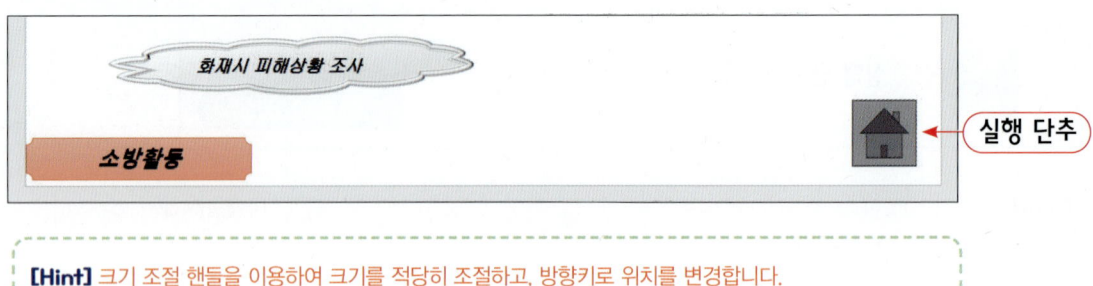

[Hint] 크기 조절 핸들을 이용하여 크기를 적당히 조절하고, 방향키로 위치를 변경합니다.

▶ 예제 파일 : 유형 분석 10₩유형 06_문제.pptx   ▶ 완성 파일 : 유형 분석 10₩유형 06_완성.pptx

05 작성 조건을 이용하여 다음과 같은 슬라이드를 완성해 보세요.

작성 조건 ▶ 실행 단추 ⇒ '실행 단추: 홈으로 이동', 하이퍼링크 : 첫째 슬라이드,
도형 스타일('미세 효과 – 주황, 강조 2')

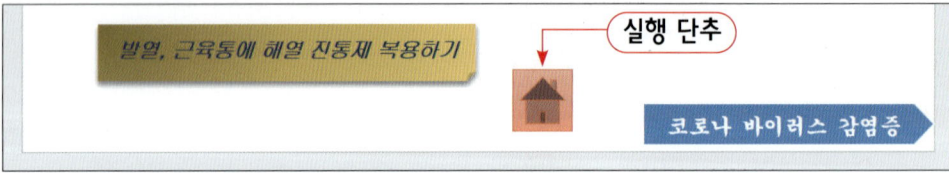

▶ 예제 파일 : 유형 분석 10₩유형 07_문제.pptx   ▶ 완성 파일 : 유형 분석 10₩유형 07_완성.pptx

06 작성 조건을 이용하여 다음과 같은 슬라이드를 완성해 보세요.

작성 조건 ▶ 실행 단추 ⇒ '실행 단추: 앞으로 또는 다음으로 이동', 하이퍼링크 : 다음 슬라이드,
도형 스타일('강한 효과 – 파랑, 강조 1')

유형분석 11

슬라이드2 - SmartArt 삽입

핵심만 쏙쏙 SmartArt 삽입 / SmartArt 편집 / SmartArt 애니메이션 지정

슬라이드의 해당 위치에 SmartArt를 삽입한 후 《작성조건》에 맞게 SmartArt를 편집하고, 애니메이션을 설정하는 방법에 대하여 알아봅니다.

핵심 짚어보기

▶ 예제 파일 : 유형 분석 11₩유형 01_문제.pptx   ▶ 완성 파일 : 유형 분석 11₩유형 01_완성.pptx

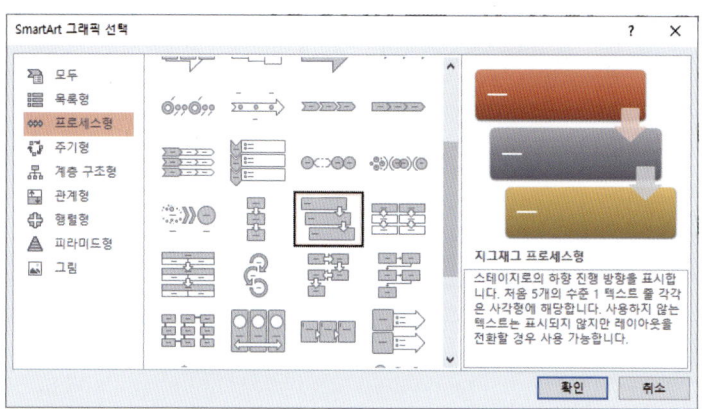

▲ SmartArt 그래픽 선택 : [삽입] 탭-[일러스트레이션] 그룹-[SmartArt] 단추

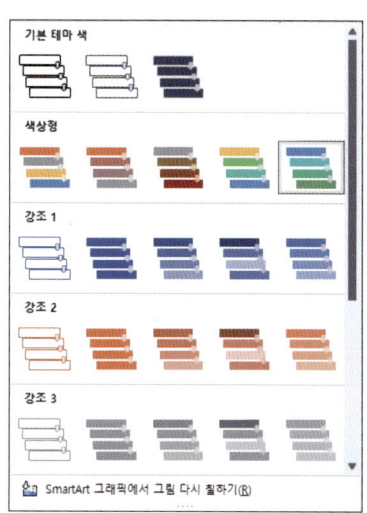 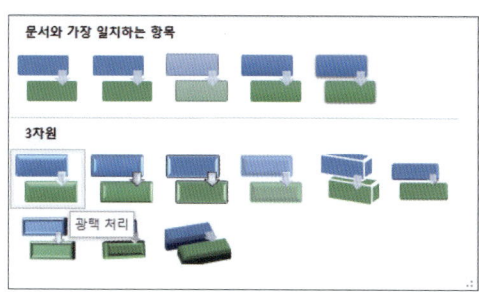

▲ SmartArt 편집 : [SmartArt 디자인] 탭-[SmartArt 스타일] 그룹-[색 변경] 단추/[빠른 스타일] 단추

클래스 업

- 슬라이드에 주어진 SmartArt를 삽입하고, 《출력형태》에 맞게 도형을 추가합니다.
- 《작성조건》에 맞도록 SmartArt의 글꼴과 SmartArt 스타일을 각각 설정합니다.
- SmartArt에 주어진 애니메이션을 적용합니다.

유형잡기 01 SmartArt 삽입하기

① [파일]-[열기]-[찾아보기]를 차례로 선택하고, [열기] 대화 상자에서 '유형 분석 11₩유형 01_문제.pptx'를 불러오기 합니다.

② '슬라이드 2'를 선택한 후 [삽입] 탭의 [일러스트레이션] 그룹에서 SmartArt( ) 단추를 클릭합니다.

③ [SmartArt 그래픽 선택] 대화 상자에서 '프로세스형'에 있는 '지그재그 프로세스형'을 선택하고, [확인] 단추를 클릭합니다.

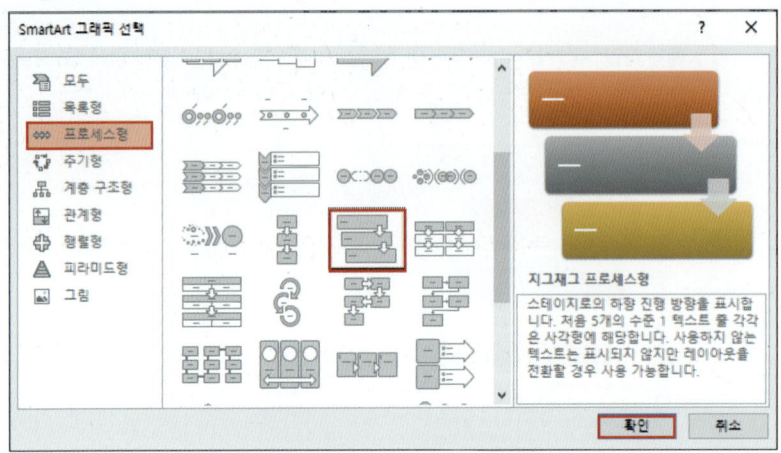

④ 지그재그 프로세스형이 삽입되면 [SmartArt 디자인] 탭의 [그래픽 만들기] 그룹에서 도형 추가(도형 효과) 단추를 클릭하고, [뒤에 도형 추가]를 선택합니다.

⑤ 도형이 추가되면 지그재그 프로세스형이 선택된 상태에서 크기 조절 핸들을 이용하여 가로와 세로 크기를 《출력형태》에 맞게 조절합니다.

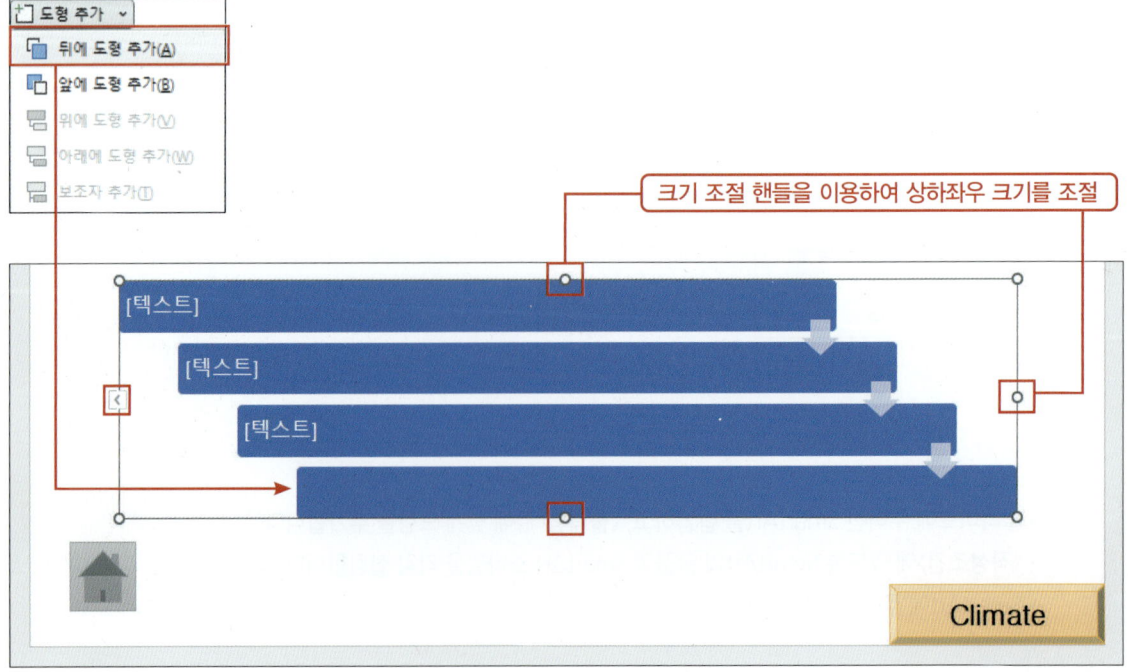

유형잡기 02 SmartArt 편집하기

① 지그재그 프로세스형의 텍스트 상자에 주어진 내용을 각각 입력한 후 [홈] 탭의 [글꼴] 그룹에서 글꼴(궁서), 글꼴 크기(18), 글꼴 스타일(굵게, 텍스트 그림자), 정렬(가운데 맞춤)을 각각 지정합니다.

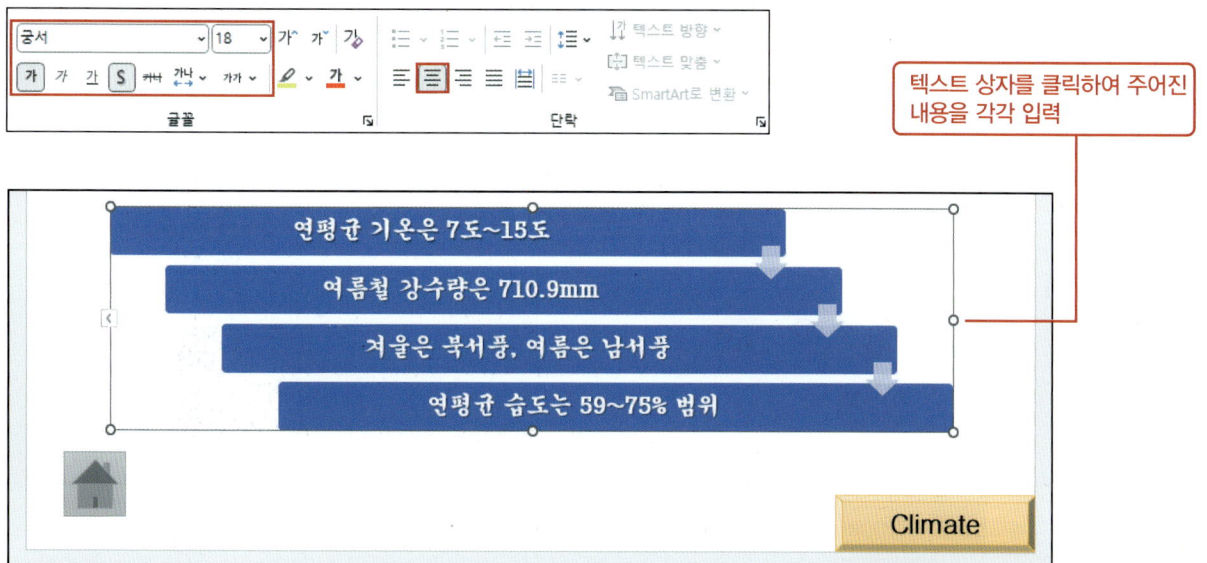

Tip 텍스트 창

- 텍스트 창은 단계별로 나누어진 상태에서 SmartArt 그래픽의 텍스트를 빠르게 입력하고, 구성을 간편하게 할 수 있습니다.
- [SmartArt 디자인] 탭의 [그래픽 만들기] 그룹에서 텍스트 창(텍스트 창) 단추를 클릭하면 텍스트 창이 나타나며, 여기에서 텍스트 내용을 입력해도 됩니다.
- 해당 SmartArt 그래픽을 선택한 후 크기 조절 핸들 왼쪽에서 < 부분을 클릭해도 텍스트 창이 나타납니다.

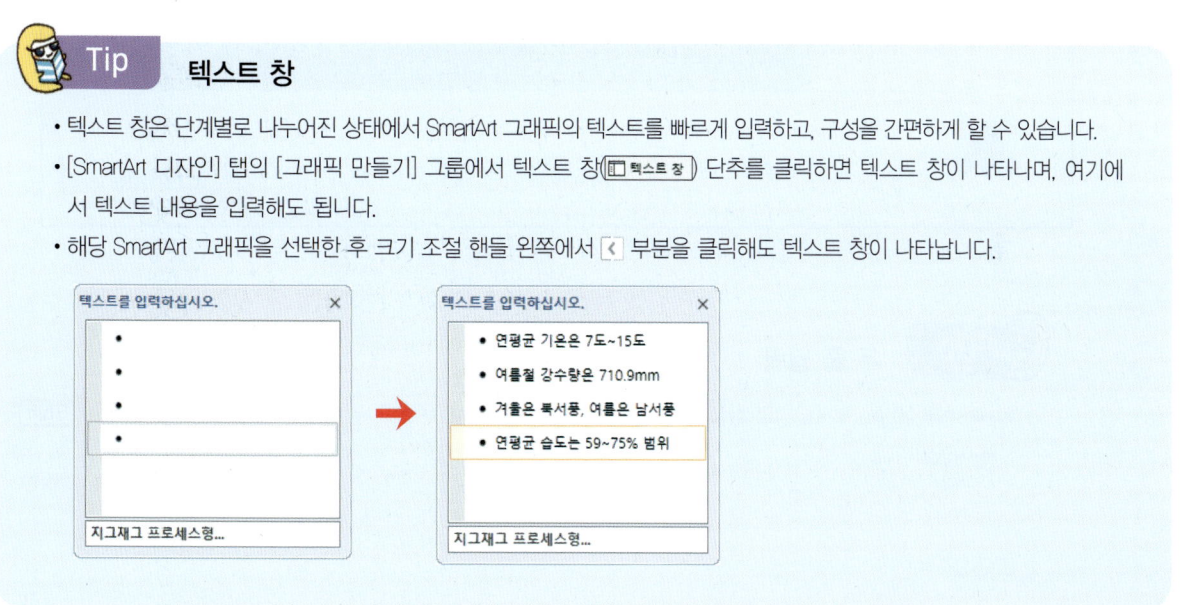

② [SmartArt 디자인] 탭의 [SmartArt 스타일] 그룹에서 색 변경(색 변경) 단추를 클릭하고, '색상형 범위 – 강조색 5 또는 6'을 선택합니다.

❸ [SmartArt 스타일] 그룹에서 빠른 스타일(▼) 단추를 클릭하고, 3차원에 있는 '광택 처리'를 선택합니다.

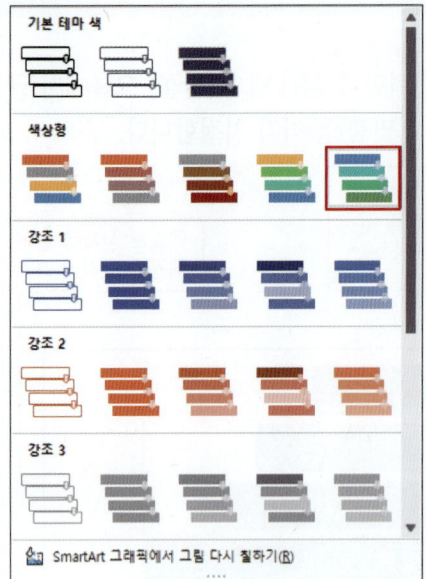
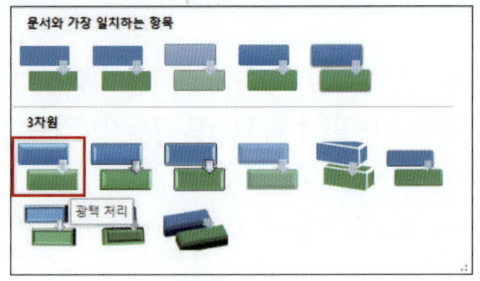

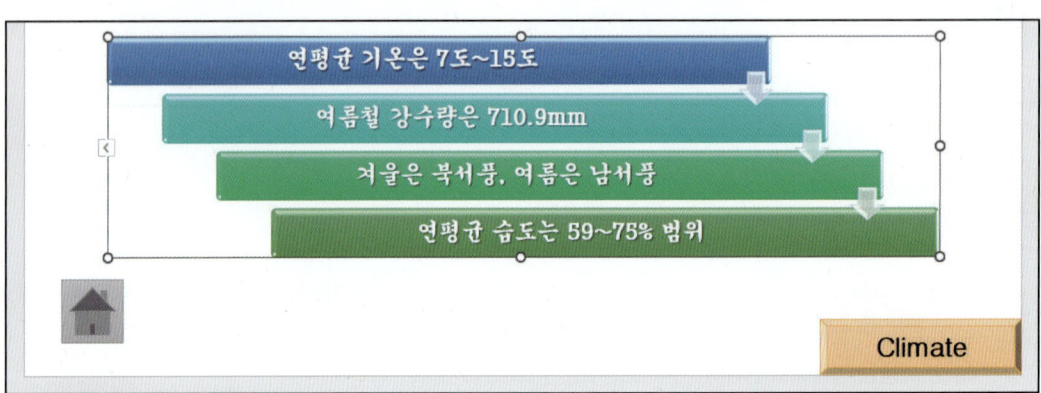

 **두 줄 입력**

SmartArt를 삽입한 후 《출력형태》를 보고 해당 내용을 입력할 때 두 줄로 입력을 해야하는 경우는 반드시 Shift + Enter 키를 이용합니다.

유형잡기 03 SmartArt 애니메이션 지정하기

① SmartArt를 선택한 후 [애니메이션] 탭의 [애니메이션] 그룹에서 애니메이션 스타일( ) 단추를 클릭하고, [나타내기]-[도형]을 선택합니다.

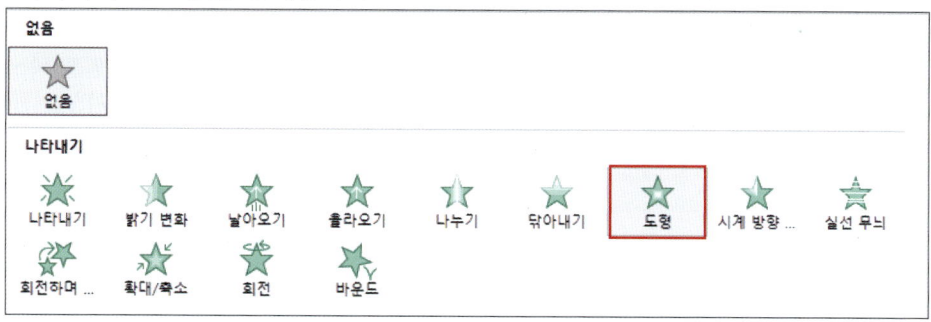

② SmartArt에 애니메이션이 설정되면 해당 개체의 왼쪽 부분에 숫자 태그(1)가 표시됩니다.

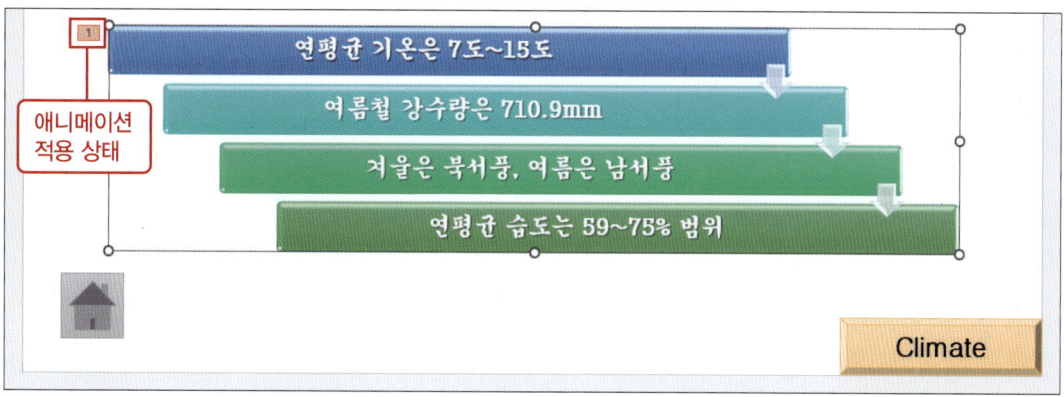

③ 빠른 실행 도구 모음에서 저장( ) 단추를 클릭하여 완성된 파일을 저장합니다.

출제 유형 문제

▶ 예제 파일 : 유형 분석 11₩유형 02_문제.pptx   ▶ 완성 파일 : 유형 분석 11₩유형 02_완성.pptx

01 작성 조건을 이용하여 다음과 같은 슬라이드를 완성해 보세요.

작성 조건
- ▶ SmartArt 삽입 ⇒ 프로세스형 : 기본 갈매기형 수장 프로세스형, 글꼴(궁서, 18pt, 기울임꼴, 텍스트 그림자, 가운데 맞춤), SmartArt 스타일(색 변경 – '색상형 범위 – 강조색 2 또는 3', 3차원 – 광택 처리), (반드시 SmartArt 기능을 이용하여 작성할 것)
- ▶ 애니메이션 지정 ⇒ SmartArt : 나타내기 – 닦아내기

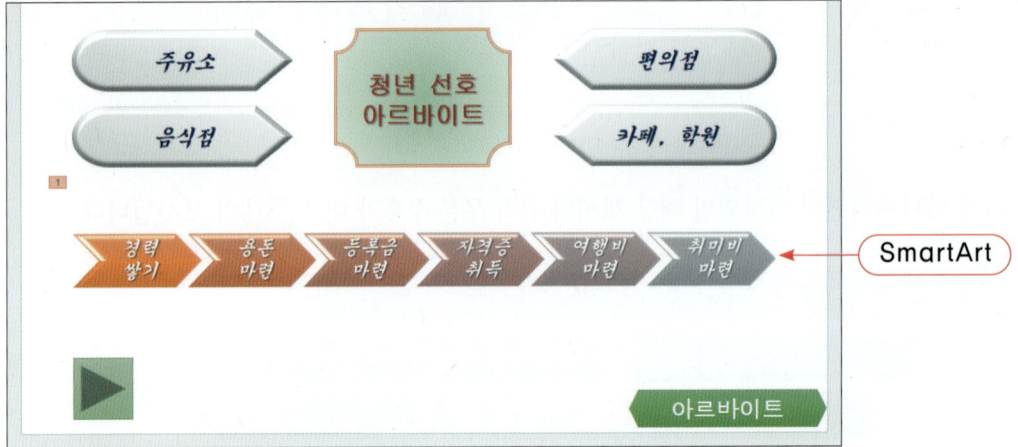

[Hint] [삽입] 탭의 [일러스트레이션] 그룹에서 [SmartArt] 단추를 클릭하고, [SmartArt 그래픽 선택] 대화 상자에서 주어진 SmartArt를 삽입합니다.

▶ 예제 파일 : 유형 분석 11₩유형 03_문제.pptx   ▶ 완성 파일 : 유형 분석 11₩유형 03_완성.pptx

02 작성 조건을 이용하여 다음과 같은 슬라이드를 완성해 보세요.

작성 조건
- ▶ SmartArt 삽입 ⇒ 프로세스형 : 하위 단계 프로세스형, 글꼴(바탕체, 18pt, 굵게, 텍스트 그림자, 가운데 맞춤), SmartArt 스타일(색 변경 – '색상형 범위 – 강조색 5 또는 6', 3차원 – 경사), (반드시 SmartArt 기능을 이용하여 작성할 것)
- ▶ 애니메이션 지정 ⇒ SmartArt : 나타내기 – 나누기

[Hint] SmartArt가 삽입되면 모양이 다른 두 번째 텍스트 상자를 모두 삭제한 후 [SmartArt 디자인] 탭의 [그래픽 만들기] 그룹에서 [도형 추가]– [뒤에 도형 추가]를 선택하여 《출력형태》에 맞게 도형을 추가합니다.

출제 유형 문제

▶ 예제 파일 : 유형 분석 11₩유형 04_문제.pptx   ▶ 완성 파일 : 유형 분석 11₩유형 04_완성.pptx

03 작성 조건을 이용하여 다음과 같은 슬라이드를 완성해 보세요.

작성 조건
▶ SmartArt 삽입 ⇒ 프로세스형 : 세그먼트 프로세스형, 글꼴(굴림, 18pt, 굵게, 가운데 맞춤), SmartArt 스타일(색 변경 – '색상형 – 강조색', 3차원 – 만화), (반드시 SmartArt 기능을 이용하여 작성할 것)
▶ 애니메이션 지정 ⇒ SmartArt : 나타내기 – 실선 무늬

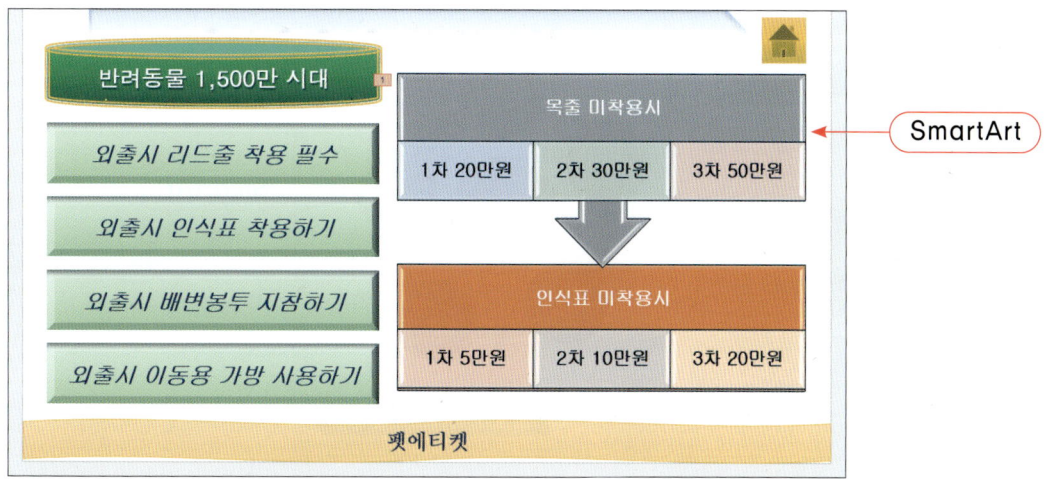

[Hint] 마지막 텍스트 상자를 모두 삭제한 후 도형 추가를 해야 하는 두 번째 줄의 텍스트 상자를 선택하고, [도형 추가]-[뒤에 도형 추가]를 선택하여 《출력형태》에 맞게 도형을 각각 추가합니다.

▶ 예제 파일 : 유형 분석 11₩유형 05_문제.pptx   ▶ 완성 파일 : 유형 분석 11₩유형 05_완성.pptx

04 작성 조건을 이용하여 다음과 같은 슬라이드를 완성해 보세요.

작성 조건
▶ SmartArt 삽입 ⇒ 주기형 : 기본 방사형, 글꼴(맑은 고딕, 20pt, 굵게, 가운데 맞춤), SmartArt 스타일 (색 변경 – '색상형 – 강조색', 3차원 – 광택 처리), (반드시 SmartArt 기능을 이용하여 작성할 것)
▶ 애니메이션 지정 ⇒ SmartArt : 나타내기 – 밝기 변화

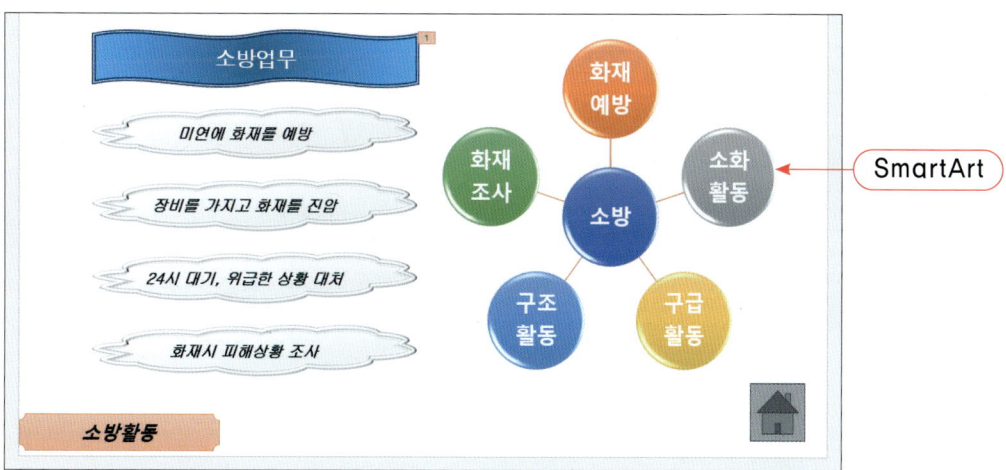

[Hint] SmartArt에 주어진 내용을 입력할 때 두 줄 입력은 반드시 Shift + Enter 키를 이용합니다.

출제 유형 문제

> 예제 파일 : 유형 분석 11₩유형 06_문제.pptx   > 완성 파일 : 유형 분석 11₩유형 06_완성.pptx

05 작성 조건을 이용하여 다음과 같은 슬라이드를 완성해 보세요.

작성 조건
- ▶ SmartArt 삽입 ⇒ 주기형 : 방사 주기형, 글꼴(한컴 고딕, 20pt, 굵게, 가운데 맞춤), SmartArt 스타일(색 변경 - '색상형 범위 - 강조색 3 또는 4', 3차원 - 벽돌), (반드시 SmartArt 기능을 이용하여 작성할 것)
- ▶ 애니메이션 지정 ⇒ SmartArt : 나타내기 - 날아오기

[Hint] [SmartArt 디자인] 탭의 [SmartArt 스타일] 그룹에서 [색 변경] 단추와 [빠른 스타일] 단추를 이용하여 SmartArt를 편집합니다.

> 예제 파일 : 유형 분석 11₩유형 07_문제.pptx   > 완성 파일 : 유형 분석 11₩유형 07_완성.pptx

06 작성 조건을 이용하여 다음과 같은 슬라이드를 완성해 보세요.

작성 조건
- ▶ SmartArt 삽입 ⇒ 계층 구조형 : 조직도형, 글꼴(바탕체, 24pt, 굵게, 텍스트 그림자, 가운데 맞춤), SmartArt 스타일(색 변경 - '강조 3 - 그라데이션 반복 - 강조 3', 3차원 - 경사), (반드시 SmartArt 기능을 이용하여 작성할 것)
- ▶ 애니메이션 지정 ⇒ SmartArt : 나타내기 - 회전

[Hint]
- 조직도형에서 텍스트 상자의 상하좌우 크기를 《출력형태》에 맞게 각각 조절합니다.
- [애니메이션] 탭의 [애니메이션] 그룹에서 [애니메이션 스타일] 단추를 클릭하여 주어진 애니메이션을 지정합니다.

유형분석 12

슬라이드3 - 표 작성

핵심만 쏙쏙 표 삽입 / 표 편집

슬라이드의 해당 위치에 주어진 행/열의 표를 삽입한 후 표의 위치와 크기를 조절하고, 《작성조건》에 맞게 표를 편집하는 방법에 대하여 알아봅니다.

핵심 짚어보기

▶ 예제 파일 : 유형 분석 12₩유형 01_문제.pptx   ▶ 완성 파일 : 유형 분석12₩유형 01_완성.pptx

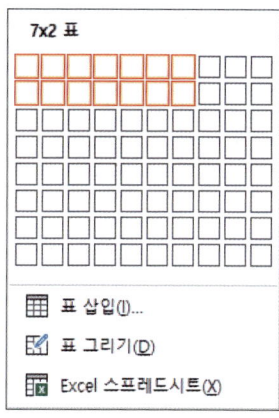

▲ 표 삽입 : [삽입] 탭-[표] 그룹-[표] 단추

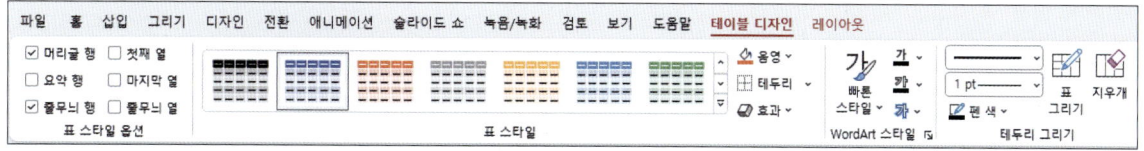

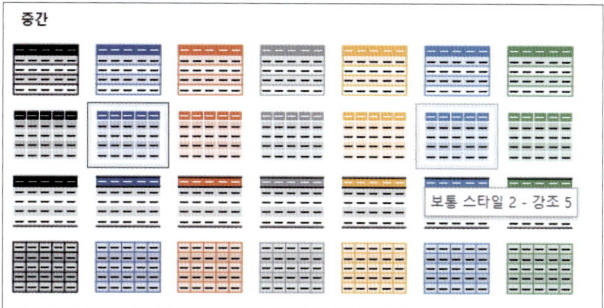

▲ 표 스타일 : [테이블 디자인] 탭-[표 스타일] 그룹-[표 스타일] 단추

클래스 업

- 슬라이드에 주어진 행 개수와 열 개수의 표를 삽입합니다.
- 《출력형태》에 맞게 전체적인 표의 위치와 각 셀의 크기를 조절합니다.
- 《작성조건》에 맞도록 표의 스타일과 표의 글꼴 서식을 각각 설정합니다.

DIAT 프리젠테이션 071 유형 분석 12

유형잡기 01 표 작성하기

① [파일]-[열기]-[찾아보기]를 차례로 선택하고, [열기] 대화 상자에서 '유형 분석 12₩유형 01_문제.pptx'를 불러오기 합니다.

② '슬라이드 3'을 선택한 후 [삽입] 탭의 [텍스트] 그룹에서 텍스트 상자(텍스트 상자) 단추를 클릭하고, [가로 텍스트 상자 그리기]를 선택합니다.

③ 마우스 포인터가 '↓' 모양으로 변경되면 슬라이드의 해당 위치에 주어진 내용을 입력한 후 [홈] 탭의 [글꼴] 그룹에서 글꼴은 '궁서', 글꼴 크기는 '20', 글꼴 스타일은 '굵게'를 각각 지정합니다.

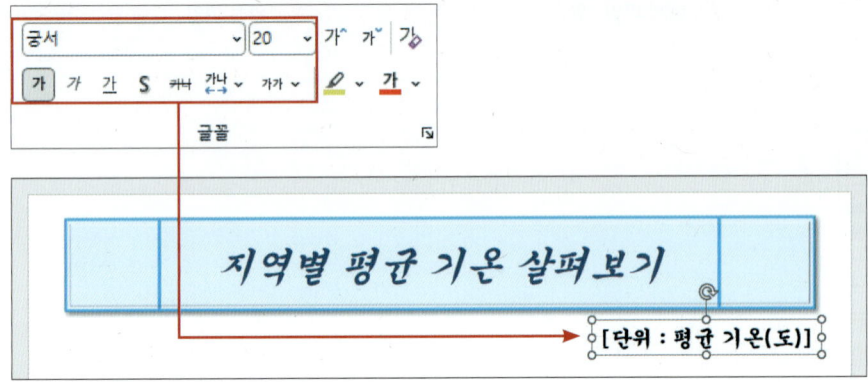

④ 표를 작성하기 위하여 [삽입] 탭의 [표] 그룹에서 표(표) 단추를 클릭하고, 《출력형태》에 맞게 2행 7열의 표를 만듭니다.

⑤ 표가 삽입되면 테두리를 드래그하여 위치를 이동한 후 크기 조절 핸들을 이용해서 표의 좌우 크기를 조절합니다. 이때, 표의 위치와 행/열의 크기는 《출력형태》를 참고하여 작업합니다.

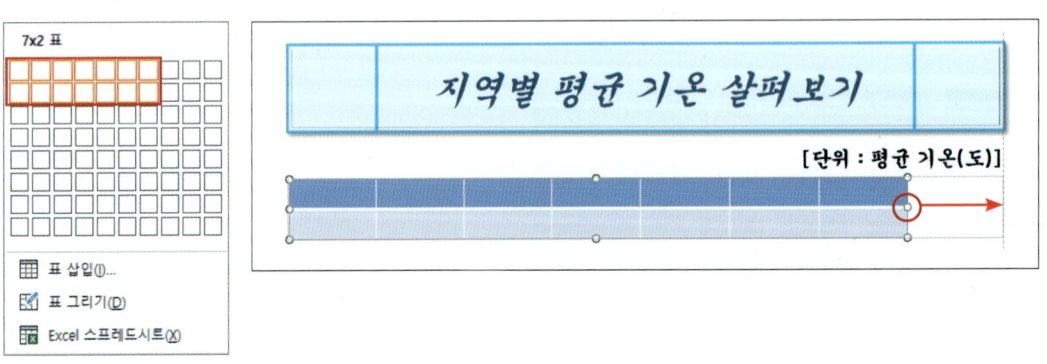

Tip 표의 행/열 크기 조절

- 표의 행 높이를 조절할 경우 해당 행에서 마우스 포인터가 ⬍ 모양으로 변경되면 아래쪽으로 드래그합니다.
- 표의 열 너비를 조절할 경우 해당 열에서 마우스 포인터가 ⬌ 모양으로 변경되면 왼쪽으로 드래그합니다.

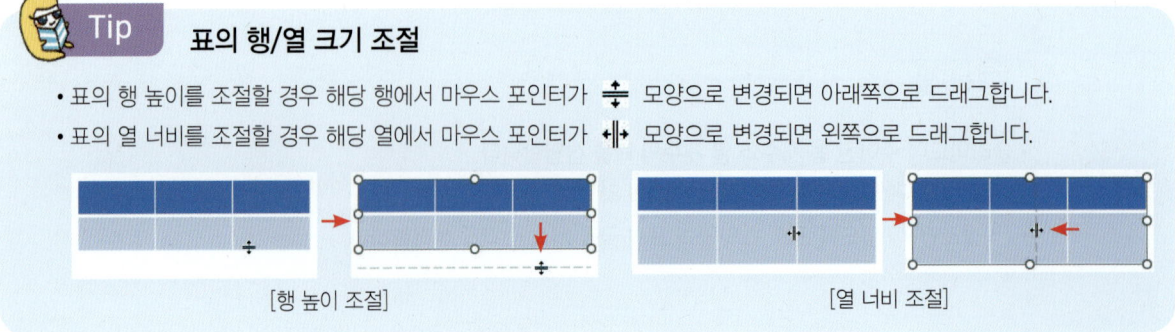

[행 높이 조절]　　　　　　[열 너비 조절]

유형잡기 02 표 편집하기

① 표를 선택한 후 [테이블 디자인] 탭의 [표 스타일] 그룹에서 표 스타일(▼) 단추를 클릭하고, 중간의 '보통 스타일 2 – 강조 5'를 선택합니다.

Tip 표 스타일
표에 내용을 입력한 후 표 스타일을 지정하면 글꼴 서식이 같이 변경되므로 반드시 표 스타일을 먼저 적용하고, 표의 글꼴 서식을 변경합니다.

② 《출력형태》를 참고하여 표의 각 셀에 주어진 내용을 입력합니다. 이때, 표 안에서 각 셀(칸)을 이동하려면 방향키를 이용합니다.

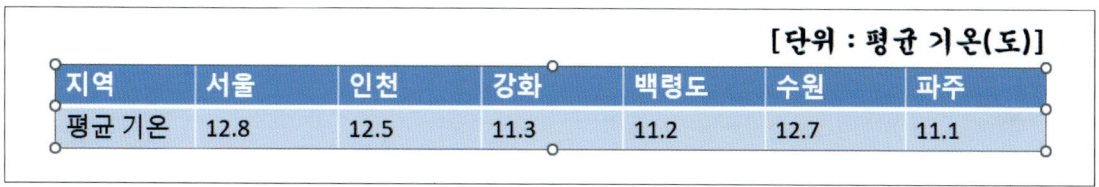

③ 표에서 가장 위의 행을 블록 지정한 후 [홈] 탭의 [글꼴] 그룹에서 글꼴은 '돋움', 글꼴 크기는 '20', 글꼴 스타일은 '굵게', '텍스트 그림자'를, [단락] 그룹에서 정렬은 '가운데 맞춤'을 각각 지정합니다.

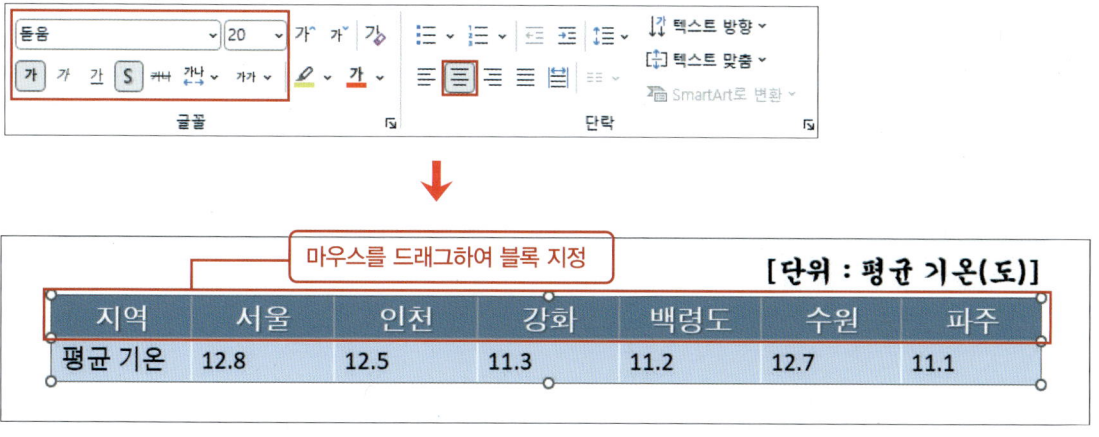

④ 나머지 행을 블록 지정한 후 [홈] 탭의 [글꼴] 그룹에서 글꼴은 '돋움', 글꼴 크기는 '20', 글꼴 스타일은 '굵게', '기울임꼴'을, [단락] 그룹에서 정렬은 '가운데 맞춤'을 각각 지정합니다.

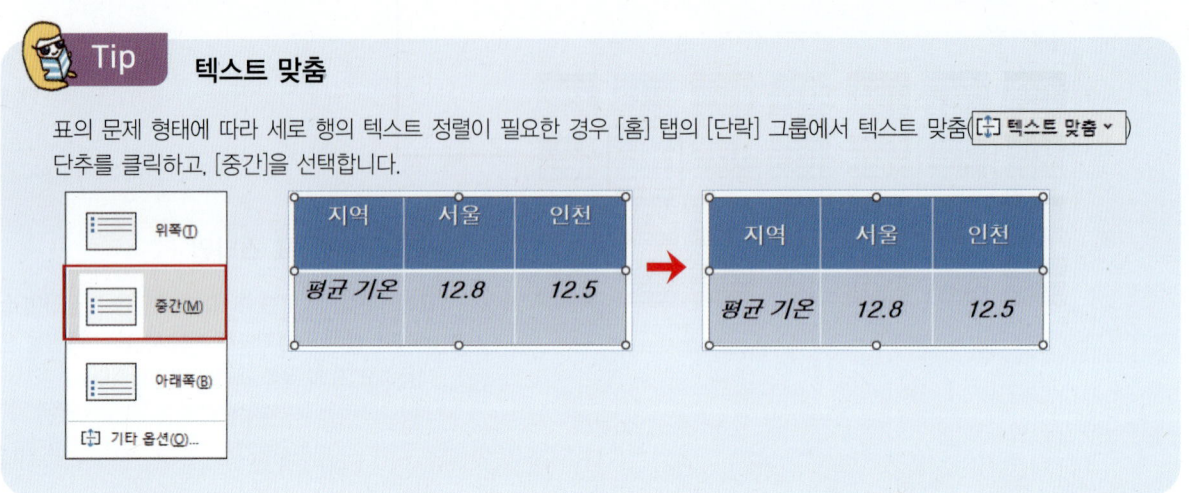

> **Tip 텍스트 맞춤**
>
> 표의 문제 형태에 따라 세로 행의 텍스트 정렬이 필요한 경우 [홈] 탭의 [단락] 그룹에서 텍스트 맞춤 단추를 클릭하고, [중간]을 선택합니다.

⑤ 빠른 실행 도구 모음에서 저장(🖫) 단추를 클릭하여 완성된 파일을 저장합니다.

출제 유형 문제

▶ 예제 파일 : 유형 분석 12₩유형 02_문제.pptx ▶ 완성 파일 : 유형 분석 12₩유형 02_완성.pptx

01 작성 조건을 이용하여 다음과 같은 슬라이드를 완성해 보세요.

작성 조건
- 텍스트 상자 1([단위 : 십원]) ⇒ 글꼴(굴림, 18pt, 굵게)
- 표 ⇒ 표 스타일(중간 - 보통 스타일 3), 가장 위의 행 : 글꼴(돋움, 16pt, 굵게, 텍스트 그림자, 가운데 맞춤), 나머지 행 : 글꼴(돋움, 16pt, 굵게, 기울임꼴, 가운데 맞춤)

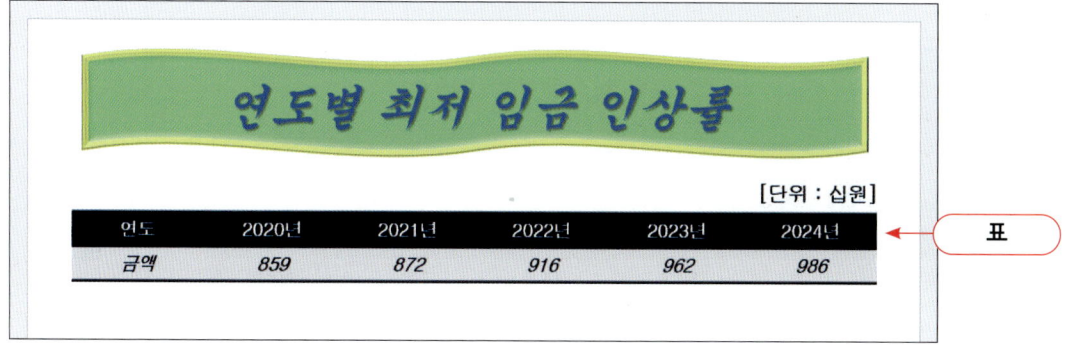

[Hint]
- [삽입] 탭의 [텍스트] 그룹에서 [텍스트 상자] 단추를 클릭하고, [가로 텍스트 상자 그리기]를 선택합니다.
- [삽입] 탭의 [표] 그룹에서 [표] 단추를 클릭하고, 《출력형태》에 맞게 2행 6열의 표를 만듭니다.

▶ 예제 파일 : 유형 분석 12₩유형 03_문제.pptx ▶ 완성 파일 : 유형 분석 12₩유형 03_완성.pptx

02 작성 조건을 이용하여 다음과 같은 슬라이드를 완성해 보세요.

작성 조건
- 텍스트 상자 1([단위 : %]) ⇒ 글꼴(맑은 고딕, 18pt, 굵게)
- 표 ⇒ 표 스타일(중간 - 보통 스타일 3 - 강조 6), 가장 위의 행 : 글꼴(돋움, 20pt, 굵게, 텍스트 그림자, 가운데 맞춤), 나머지 행 : 글꼴(돋움, 18pt, 굵게, 기울임꼴, 가운데 맞춤)

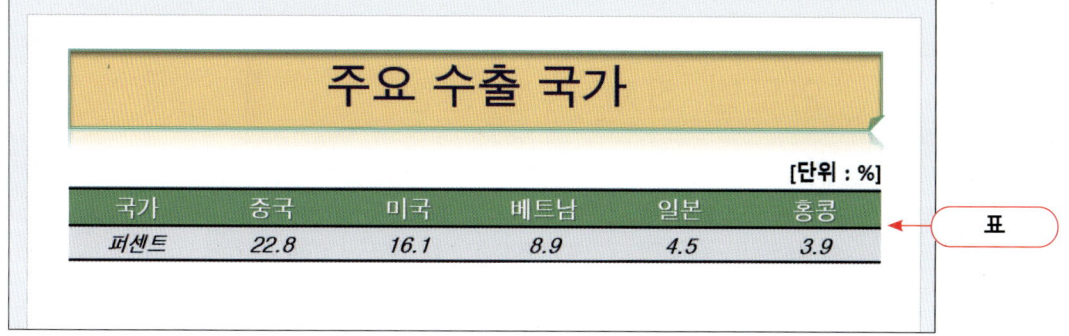

[Hint]
- 텍스트 상자를 삽입한 후 방향키를 이용하여 위치를 적당히 조절합니다.
- 표가 삽입되면 테두리를 드래그하여 위치를 이동한 후 크기 조절 핸들을 이용해서 표의 좌우 크기를 조절합니다.

출제 유형 문제

▶ 예제 파일 : 유형 분석 12₩유형 04_문제.pptx ▶ 완성 파일 : 유형 분석 12₩유형 04_완성.pptx

03 작성 조건을 이용하여 다음과 같은 슬라이드를 완성해 보세요.

작성 조건
- ▶ 텍스트 상자 1([단위 : 만]) ⇒ 글꼴(바탕, 18pt, 굵게, 기울임꼴)
- ▶ 표 ⇒ 표 스타일(중간 – 보통 스타일 2 – 강조 6), 가장 위의 행 : 글꼴(돋움, 20pt, 굵게, 텍스트 그림자, 가운데 맞춤), 나머지 행 : 글꼴(돋움, 18pt, 굵게, 가운데 맞춤)

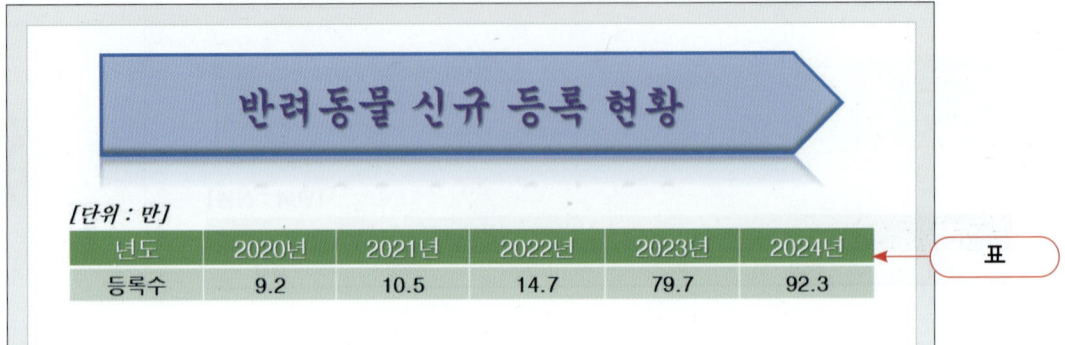

[Hint] 표를 선택한 후 [테이블 디자인] 탭의 [표 스타일] 그룹에서 [표 스타일] 단추를 클릭하고, 주어진 스타일을 선택합니다.

▶ 예제 파일 : 유형 분석 12₩유형 05_문제.pptx ▶ 완성 파일 : 유형 분석 12₩유형 05_완성.pptx

04 작성 조건을 이용하여 다음과 같은 슬라이드를 완성해 보세요.

작성 조건
- ▶ 텍스트 상자 1([단위 : 화재(건)]) ⇒ 글꼴(돋움체, 18pt, 굵게, 기울임꼴)
- ▶ 표 ⇒ 표 스타일(밝게 – 밝은 스타일 3), 가장 위의 행 : 글꼴(궁서, 20pt, 굵게, 텍스트 그림자, 가운데 맞춤), 나머지 행 : 글꼴(궁서, 20pt, 굵게, 기울임꼴, 가운데 맞춤)

[Hint] 표에서 가장 위의 행과 나머지 행을 각각 블록 지정한 후 주어진 글꼴 서식을 지정합니다.

출제 유형 문제

> 예제 파일 : 유형 분석 12₩유형 06_문제.pptx > 완성 파일 : 유형 분석 12₩유형 06_완성.pptx

05 작성 조건을 이용하여 다음과 같은 슬라이드를 완성해 보세요.

작성 조건
- ▶ 텍스트 상자 1([단위 : 명(10만 명당)]) ⇒ 글꼴(궁서, 18pt, 굵게, 기울임꼴)
- ▶ 표 ⇒ 표 스타일(중간 – 보통 스타일 2), 가장 위의 행 : 글꼴(돋움, 20pt, 굵게, 텍스트 그림자, 가운데 맞춤), 나머지 행 : 글꼴(돋움, 18pt, 굵게, 기울임꼴, 가운데 맞춤)

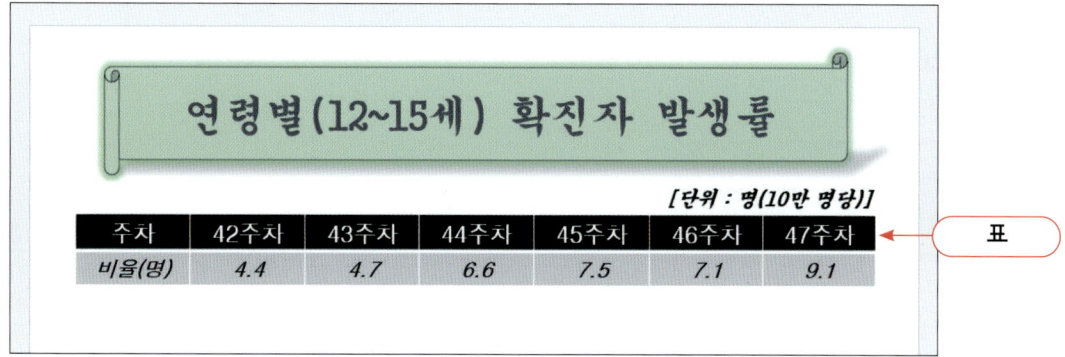

[Hint] 텍스트 상자와 표의 위치를 조정할 때 [보기] 탭의 [표시] 그룹에서 '눈금선'을 선택하면 보다 정확하게 위치를 조절할 수 있습니다.

> 예제 파일 : 유형 분석 12₩유형 07_문제.pptx > 완성 파일 : 유형 분석 12₩유형 07_완성.pptx

06 작성 조건을 이용하여 다음과 같은 슬라이드를 완성해 보세요.

작성 조건
- ▶ 텍스트 상자 1([단위 : 백만 톤(CO2eq)]) ⇒ 글꼴(굴림, 18pt, 굵게)
- ▶ 표 ⇒ 표 스타일(중간 – 보통 스타일 3 – 강조 6), 가장 위의 행 : 글꼴(돋움체, 22pt, 굵게, 텍스트 그림자, 가운데 맞춤), 나머지 행 : 글꼴(돋움체, 20pt, 굵게, 기울임꼴, 가운데 맞춤)

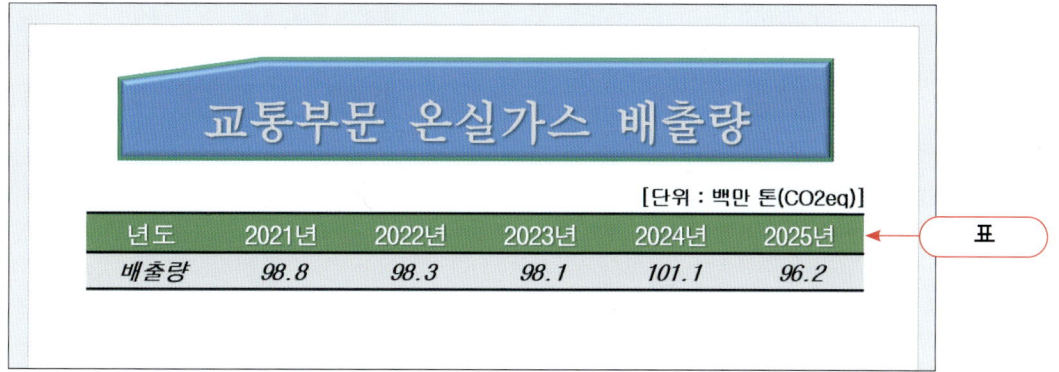

[Hint] 표에 내용을 입력한 후 표 스타일을 지정하면 글꼴 서식이 같이 변경되므로 반드시 표 스타일을 먼저 적용하고, 표의 글꼴 서식을 변경합니다.

유형분석 13

슬라이드3 - 차트 작성

핵심만 쏙쏙 차트 작성 / 차트 편집 / 차트 애니메이션 지정

슬라이드의 해당 위치에 차트를 삽입한 후 차트의 위치와 크기를 조절하고, 《작성조건》에 맞게 차트 스타일과 차트 구성 요소를 편집하는 방법에 대하여 알아봅니다.

 핵심 짚어보기

▶ 예제 파일 : 유형 분석 13₩유형 01_문제.pptx   ▶ 완성 파일 : 유형 분석 13₩유형 01_완성.pptx

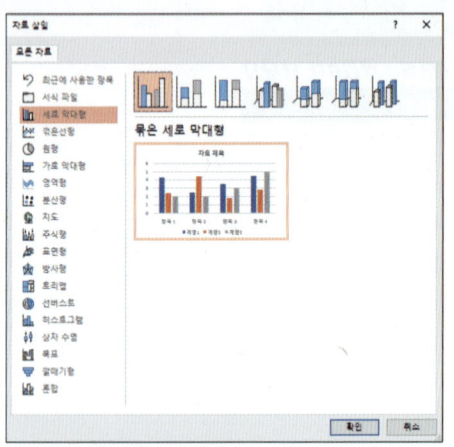
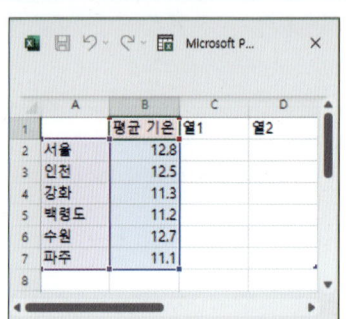

▲ 차트 삽입 : [삽입] 탭–[일러스트레이션] 그룹–[차트] 단추

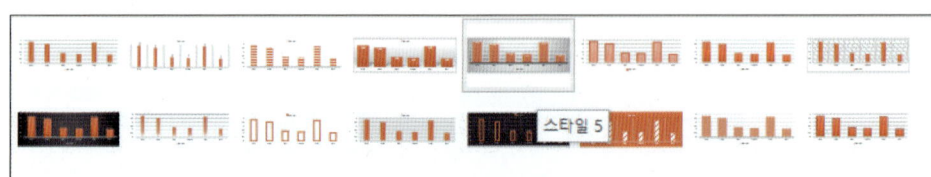

▲ 차트 스타일 : [차트 디자인] 탭–[차트 스타일] 그룹–[색 변경] 단추/[빠른 스타일] 단추

클래스 업

- 차트 종류를 선택한 후 표 데이터를 입력하여 슬라이드에 주어진 차트를 삽입합니다.
- 《출력형태》에 맞게 전체적인 차트 크기와 위치를 조절합니다.
- 《작성조건》에 맞도록 차트 스타일, 차트 구성 요소, 글꼴 서식 등을 각각 설정합니다.
- 차트에 주어진 애니메이션을 적용합니다.

유형잡기 01 차트 작성하기

① [파일]-[열기]-[찾아보기]를 차례로 선택하고, [열기] 대화 상자에서 '유형 분석 13₩유형 01_문제.pptx'를 불러오기 합니다.

② '슬라이드 3'을 선택한 후 텍스트 상자(텍스트 상자) 단추를 이용하여 해당 위치에 주어진 내용을 입력하고, [홈] 탭의 [글꼴] 그룹에서 글꼴은 '궁서', 글꼴 크기는 '20', 글꼴 스타일은 '굵게'를 각각 지정합니다.

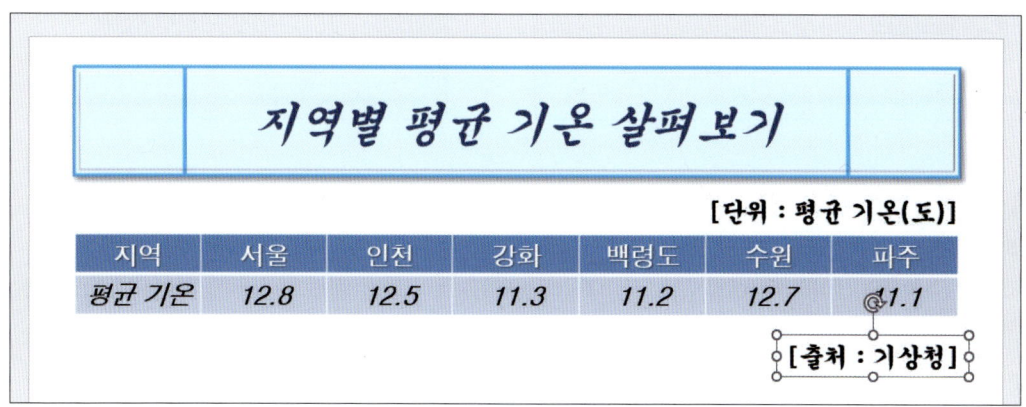

③ 차트를 작성하기 위하여 [삽입] 탭의 [일러스트레이션] 그룹에서 차트(차트) 단추를 클릭합니다.

④ [차트 삽입] 대화 상자의 [모든 차트] 탭에서 세로 막대형의 '묶은 세로 막대형'을 선택하고, [확인] 버튼을 클릭합니다.

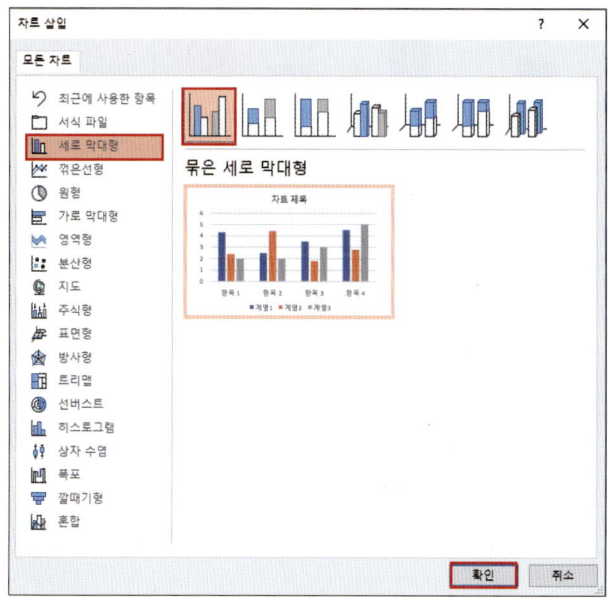

❺ Microsoft PowerPoint의 차트 창이 나타나면《출력형태》의 표를 참고하여 주어진 내용을 입력하고, 화면 오른쪽 상단의 닫기() 단추를 클릭합니다.

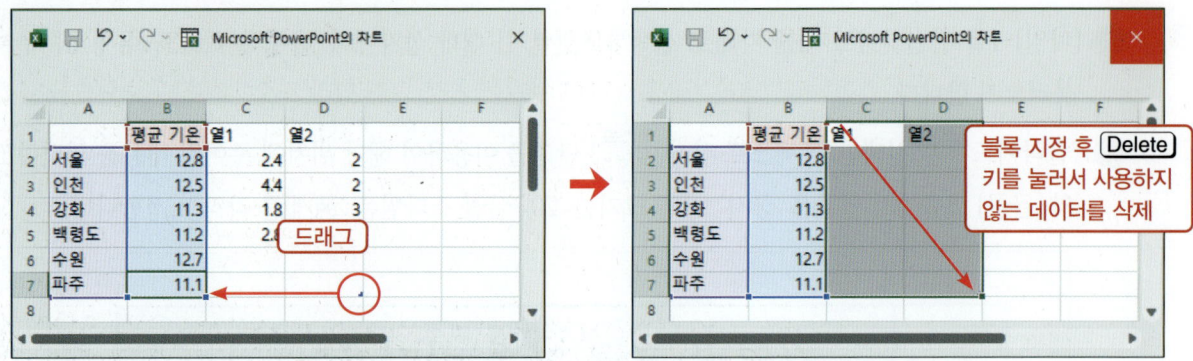

Tip 차트 데이터 범위
파란색 선 안쪽의 데이터가 차트를 구성하는 데이터 범위이므로 입력된 셀까지만 범위를 조절하고, 나머지 불필요한 데이터는 삭제합니다.

❻ 슬라이드에 차트가 삽입되면 테두리를 드래그하여 위치를 이동한 후 크기 조절 핸들을 이용해서 차트의 상하좌우 크기를 조절합니다. 이때, 차트의 위치와 크기는《출력형태》를 참고하여 작업합니다.

유형잡기 02   차트 편집하기

① 차트가 선택된 상태에서 차트 제목을 클릭하고, [Delete] 키를 눌러 삭제합니다.

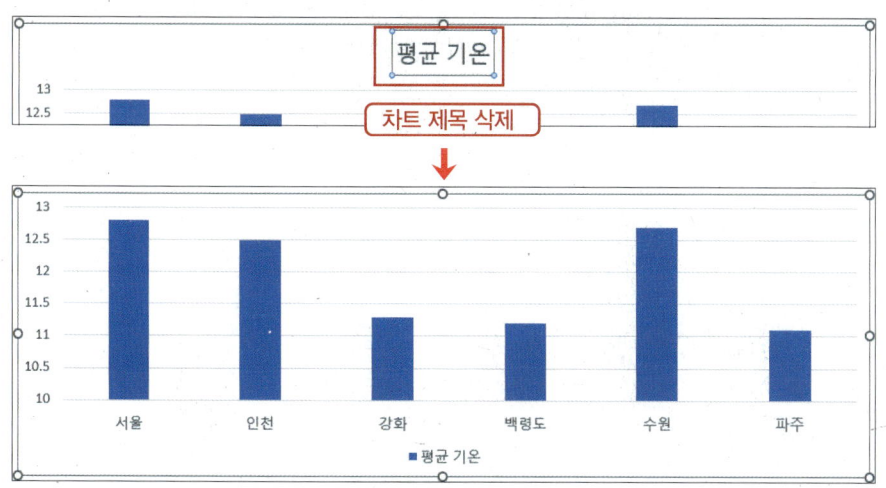

② [차트 디자인] 탭의 [차트 스타일] 그룹에서 색 변경( ) 단추를 클릭하고, 색상형의 '다양한 색상표 3'을 선택합니다.

③ 계속해서 [차트 스타일] 그룹에서 빠른 스타일( ) 단추를 클릭하고, '스타일 5'를 선택합니다.

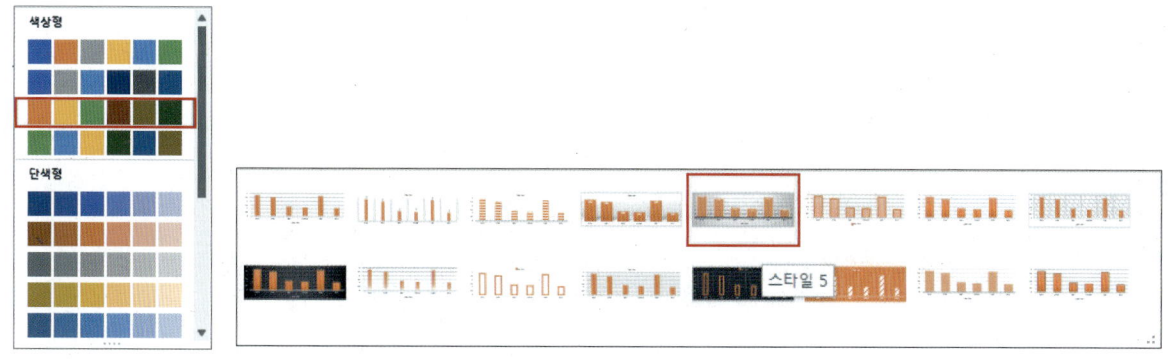

④ 데이터 계열을 선택한 후 [차트 디자인] 탭의 [차트 레이아웃] 그룹에서 차트 요소 추가( ) 단추를 클릭하고, [데이터 레이블]-[바깥쪽 끝에]를 선택합니다.

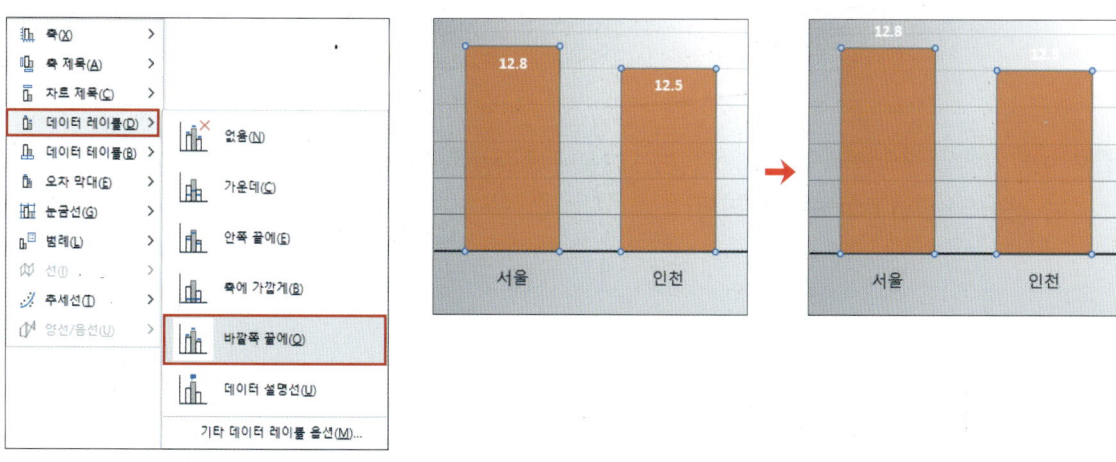

⑤ 다시 차트 전체를 선택한 후 [차트 디자인] 탭의 [차트 레이아웃] 그룹에서 차트 요소 추가( ) 단추를 클릭하고, [범례]-[위쪽]을 선택합니다.

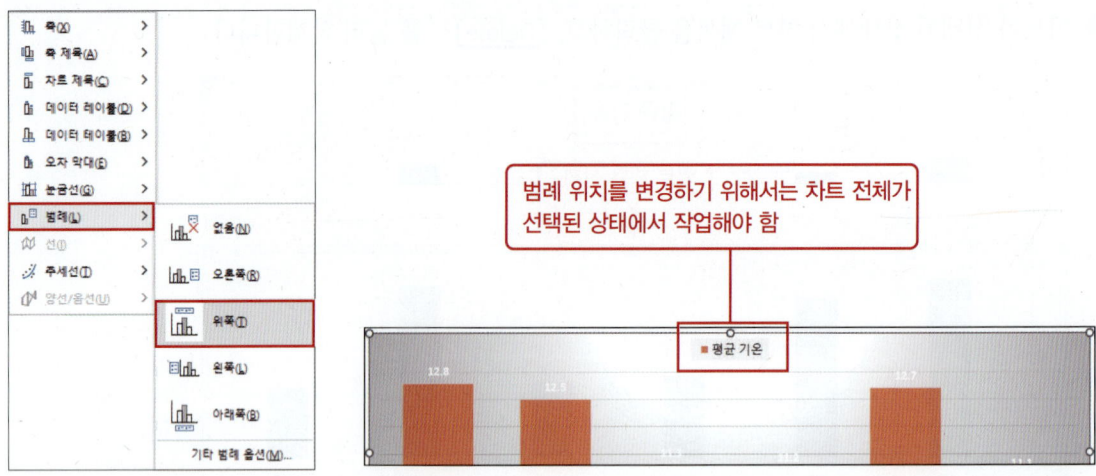

범례 위치를 변경하기 위해서는 차트 전체가 선택된 상태에서 작업해야 함

Tip 차트의 구성 요소

차트 요소 추가에 대한 문제를 해결하려면 차트의 구성 요소를 정확히 알고 있어야 합니다.

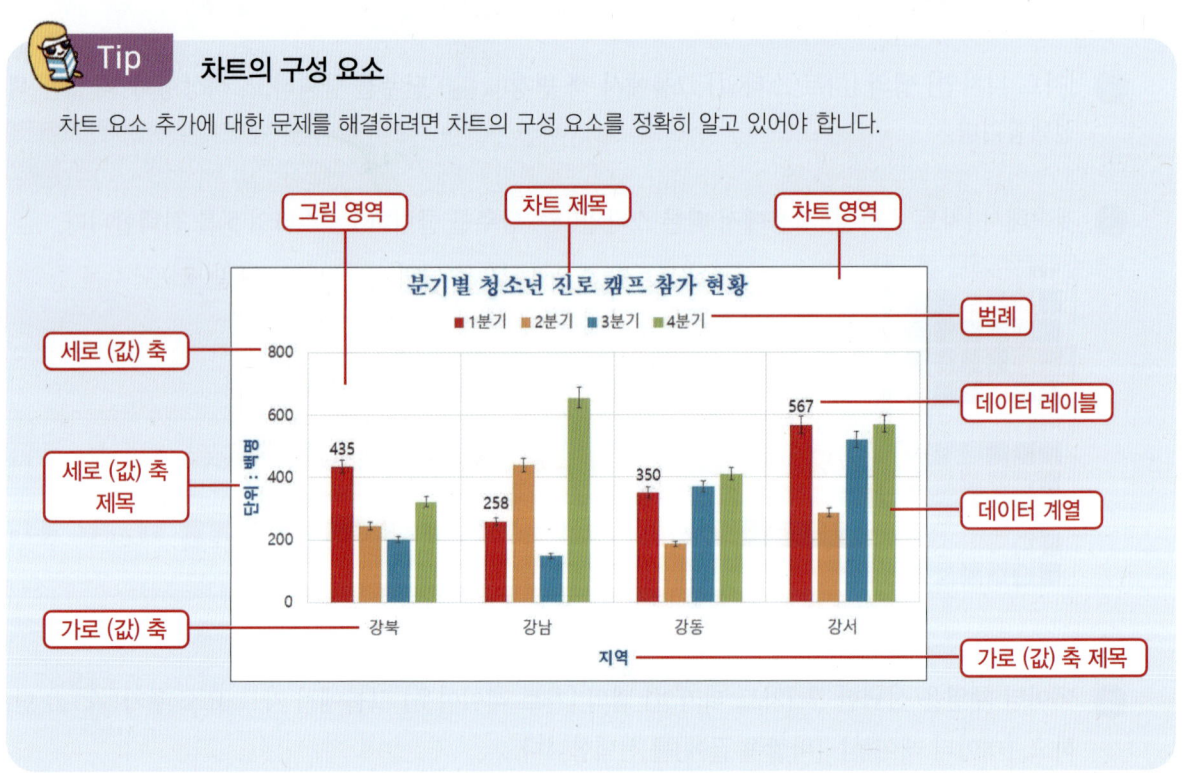

⑥ 차트 전체를 선택한 후 [홈] 탭의 [글꼴] 그룹에서 글꼴은 '돋움', 글꼴 크기는 '16', 글꼴 스타일은 '굵게', 글꼴 색은 '진한 파랑'을 각각 지정합니다.

❼ 다시 범례만을 선택한 후 [홈] 탭의 [글꼴] 그룹에서 글꼴은 '돋움', 글꼴 크기는 '16', 글꼴 스타일은 '굵게', '기울임꼴', 글꼴 색은 '진한 파랑'을 각각 지정합니다.

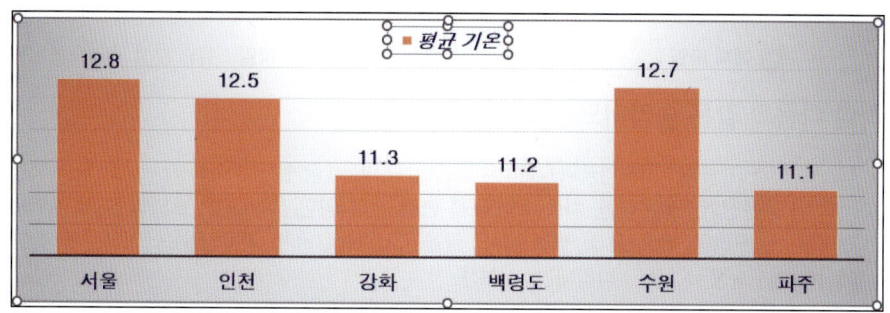

   **차트 글꼴**

차트 전체를 선택한 후 글꼴 서식을 변경하면 차트의 모든 글꼴을 한번에 변경할 수 있으므로 차트의 구성 요소 중 《작성 조건》에서 다른 글꼴 서식만 별도로 지정하면 됩니다. 지금의 경우 범례 서식에서 글꼴 스타일만 추가로 지정하면 됩니다.

유형잡기 03 차트 애니메이션 지정하기

❶ 차트를 선택한 후 [애니메이션] 탭의 [애니메이션] 그룹에서 애니메이션 스타일(▼) 단추를 클릭하고, [나타내기]-[밝기 변화]를 선택합니다.

❷ 차트에 애니메이션이 설정되면 해당 개체의 왼쪽 부분에 숫자 태그(1)가 표시됩니다.

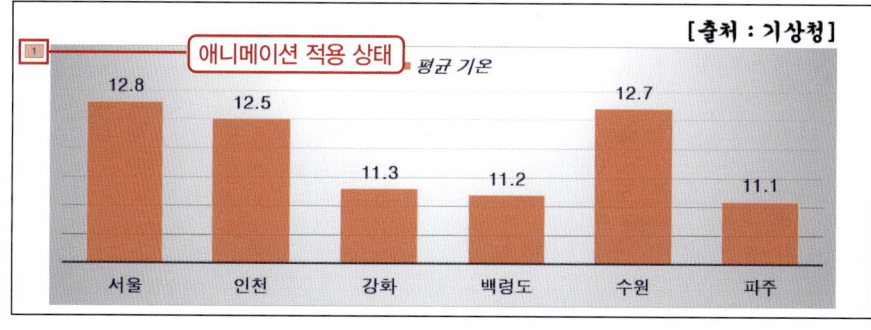

❸ 빠른 실행 도구 모음에서 저장(💾) 단추를 클릭하여 완성된 파일을 저장합니다.

출제 유형 문제

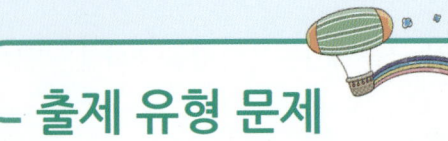

▶ 예제 파일 : 유형 분석 13₩유형 02_문제.pptx ▶ 완성 파일 : 유형 분석 13₩유형 02_완성.pptx

01 작성 조건을 이용하여 다음과 같은 슬라이드를 완성해 보세요.

작성 조건
- 텍스트 상자 2([출처 : 최저임금위원회]) ⇒ 글꼴(굴림, 18pt, 굵게)
- 차트 ⇒ 꺾은선형 : 꺾은선형, 차트 스타일(색 변경 – '다양한 색상표 3', 스타일 6), 축 서식/데이터 레이블 : 글꼴(바탕, 18pt, 굵게), 범례 서식 : 글꼴(궁서, 16pt, 굵게, 기울임꼴), 데이터는 표 참고
- 애니메이션 지정 ⇒ 차트 : 나타내기 – 회전

[Hint] Microsoft PowerPoint의 차트 창에서 표 데이터를 참조하여 가로축과 세로축 내용을 입력한 후 차트가 삽입되면 차트의 크기와 위치를 《출력형태》에 맞게 조절합니다.

▶ 예제 파일 : 유형 분석 13₩유형 03_문제.pptx ▶ 완성 파일 : 유형 분석 13₩유형 03_완성.pptx

02 작성 조건을 이용하여 다음과 같은 슬라이드를 완성해 보세요.

작성 조건
- 텍스트 상자 2([출처 : 산업통상자원부]) ⇒ 글꼴(맑은 고딕, 18pt, 굵게)
- 차트 ⇒ 꺾은선형 : 표식이 있는 꺾은선형, 차트 스타일(색 변경 – '다양한 색상표 4', 스타일 2), 축 서식/데이터 레이블 : 글꼴(돋움, 16pt, 굵게, 진한 파랑), 범례 서식 : 글꼴(돋움, 16pt, 굵게, 기울임꼴, 진한 파랑), 데이터는 표 참고
- 애니메이션 지정 ⇒ 차트 : 나타내기 – 바운드

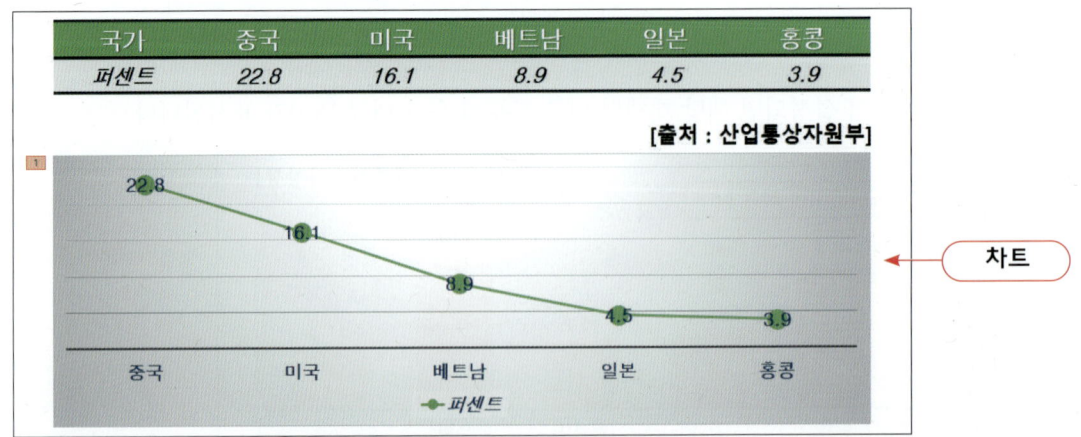

[Hint] 수치 데이터 내용을 입력할 때 소수점(.)과 천 단위 구분 기호(,)를 정확히 구분하여 입력하고, 차트 제목은 삭제합니다.

출제 유형 문제

예제 파일 : 유형 분석 13₩유형 04_문제.pptx   완성 파일 : 유형 분석 13₩유형 04_완성.pptx

03 작성 조건을 이용하여 다음과 같은 슬라이드를 완성해 보세요.

작성 조건
- 텍스트 상자 2([출처 : 농림축산검역본부]) ⇒ 글꼴(바탕, 18pt, 굵게, 기울임꼴)
- 차트 ⇒ 세로 막대형 : 묶은 세로 막대형, 차트 스타일(색 변경 – '다양한 색상표 2', 스타일 8), 축 서식/데이터 레이블 : 글꼴(돋움, 18pt, 굵게), 범례 서식 : 글꼴(궁서, 18pt, 굵게, 기울임꼴), 데이터는 표 참고
- 애니메이션 지정 ⇒ 차트 : 나타내기 – 나누기

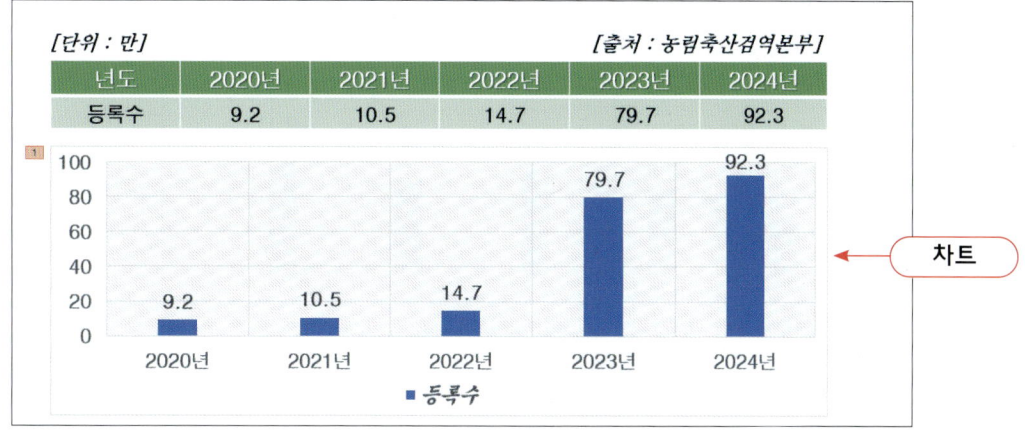

[Hint] 데이터 계열을 선택한 후 [차트 디자인] 탭의 [차트 레이아웃] 그룹에서 [차트 요소 추가] 단추를 클릭하고, [데이터 레이블]-[바깥쪽 끝에]를 선택합니다.

예제 파일 : 유형 분석 13₩유형 05_문제.pptx   완성 파일 : 유형 분석 13₩유형 05_완성.pptx

04 작성 조건을 이용하여 다음과 같은 슬라이드를 완성해 보세요.

작성 조건
- 텍스트 상자 2([출처 : 소방청]) ⇒ 글꼴(돋움체, 18pt, 굵게, 기울임꼴)
- 차트 ⇒ 세로 막대형 : 묶은 세로 막대형, 차트 스타일(색 변경 – '다양한 색상표 3', 스타일 15), 축 서식/데이터 레이블 : 글꼴(돋움, 18pt, 굵게), 범례 서식 : 글꼴(돋움, 18pt, 굵게, 기울임꼴), 데이터는 표 참고
- 애니메이션 지정 ⇒ 차트 : 나타내기 – 실선 무늬

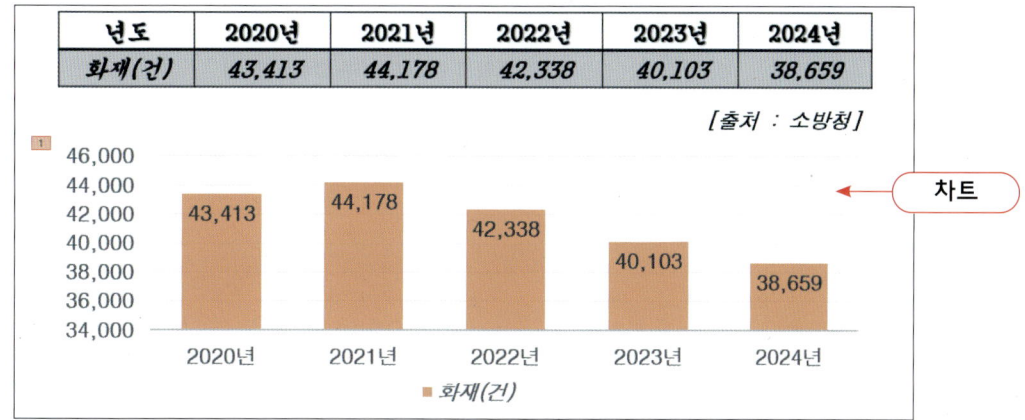

[Hint] 데이터 계열을 선택한 후 [차트 디자인] 탭의 [차트 레이아웃] 그룹에서 [차트 요소 추가] 단추를 클릭하고, [데이터 레이블]-[안쪽 끝에]를 선택합니다.

출제 유형 문제

▶ 예제 파일 : 유형 분석 13₩유형 06_문제.pptx   ▶ 완성 파일 : 유형 분석 13₩유형 06_완성.pptx

05 작성 조건을 이용하여 다음과 같은 슬라이드를 완성해 보세요.

작성 조건
- ▶ 텍스트 상자 2([출처 : 질병관리청]) ⇒ 글꼴(궁서, 18pt, 굵게, 기울임꼴)
- ▶ 차트 ⇒ 세로 막대형 : 묶은 세로 막대형, 차트 스타일(색 변경 – '다양한 색상표 1', 스타일 10), 축 서식/데이터 레이블 : 글꼴(돋움, 18pt, 굵게), 범례 서식 : 글꼴(돋움, 16pt, 굵게, 기울임꼴), 데이터는 표 참고
- ▶ 애니메이션 지정 ⇒ 차트 : 나타내기 – 밝기 변화

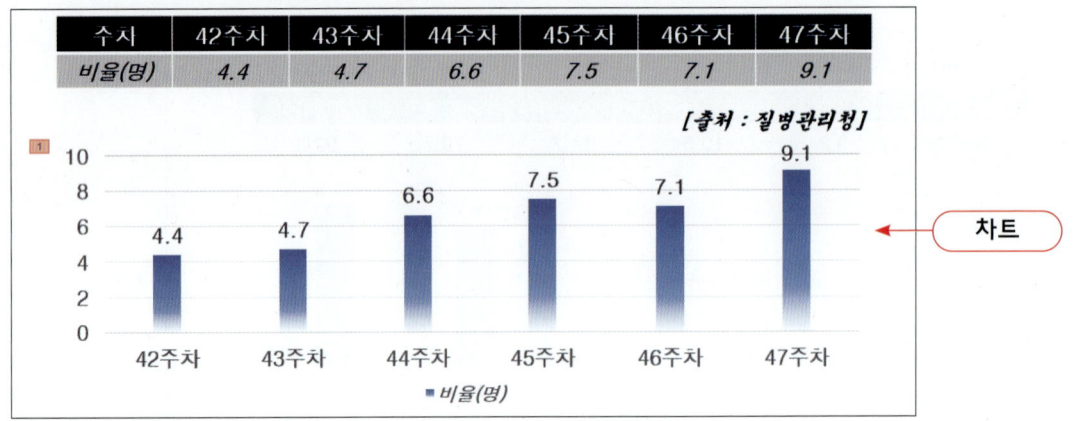

[Hint] [차트 디자인] 탭의 [차트 스타일] 그룹에서 [색 변경] 단추와 [빠른 스타일] 단추를 이용하여 주어진 차트 스타일을 각각 지정합니다.

▶ 예제 파일 : 유형 분석 13₩유형 07_문제.pptx   ▶ 완성 파일 : 유형 분석 13₩유형 07_완성.pptx

06 작성 조건을 이용하여 다음과 같은 슬라이드를 완성해 보세요.

작성 조건
- ▶ 텍스트 상자 2([출처 : 온실가스종합정보센터]) ⇒ 글꼴(굴림, 18pt, 굵게)
- ▶ 차트 ⇒ 꺾은선형 : 꺾은선형, 차트 스타일(색 변경 – '다양한 색상표 3', 스타일 4), 축 서식/데이터 레이블 : 글꼴(바탕, 18pt, 굵게), 범례 서식 : 글꼴(궁서, 16pt, 기울임꼴), 데이터는 표 참고
- ▶ 애니메이션 지정 ⇒ 차트 : 나타내기 – 도형

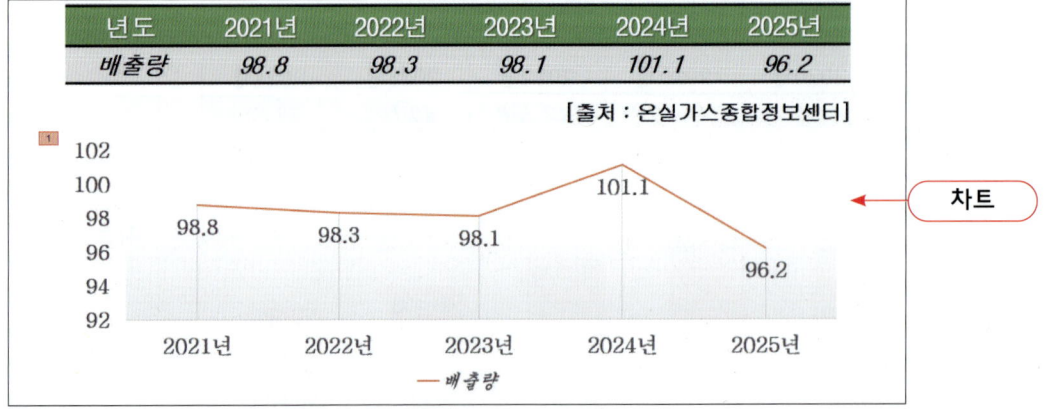

[Hint]
- 차트 전체와 범례를 각각 선택한 후 [홈] 탭의 [글꼴] 그룹에서 주어진 글꼴 서식을 지정합니다.
- 차트를 선택한 후 [애니메이션] 탭의 [애니메이션] 그룹에서 [애니메이션 스타일] 단추를 이용하여 주어진 애니메이션 효과를 지정합니다.

유형분석 14

슬라이드3 - 배경 지정

핵심만 쏙쏙 배경 서식 / 그림 파일 삽입

슬라이드 배경에 주어진 그림을 삽입하기 위하여 배경 서식을 선택하고, 《작성조건》에 맞게 현재 슬라이드에만 배경 그림을 적용하는 방법에 대하여 알아봅니다.

▶ 예제 파일 : 유형 분석 14₩유형 01_문제.pptx   ▶ 완성 파일 : 유형 분석 14₩유형 01_완성.pptx

 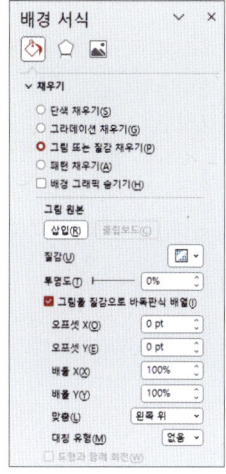

▲ 배경 서식 : 슬라이드의 빈 공간에서 마우스 오른쪽 버튼을 클릭

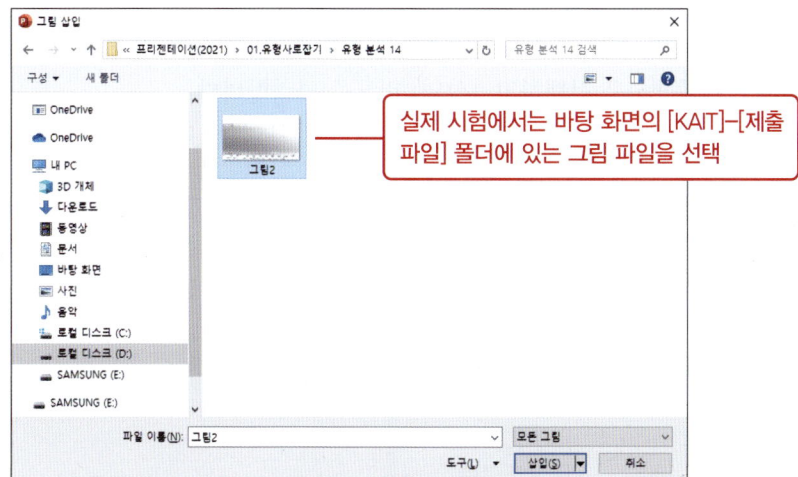

실제 시험에서는 바탕 화면의 [KAIT]-[제출 파일] 폴더에 있는 그림 파일을 선택

▲ 그림 삽입 : 배경 서식 작업 창에서 '채우기-그림 또는 질감 채우기'-그림 원본의 [삽입] 버튼

클래스 업

- 슬라이드 배경 서식을 지정하기 위하여 바로 가기 메뉴를 이용합니다.
- 《작성조건》에서 지정한 그림 파일을 슬라이드 배경에 삽입합니다.

유형잡기 01 슬라이드 배경 지정하기

① [파일]-[열기]-[찾아보기]를 차례로 선택하고, [열기] 대화 상자에서 '유형 분석 14₩유형 01_문제.pptx'를 불러오기 합니다.

② '슬라이드 3'으로 이동한 후 빈 공간에서 마우스 오른쪽 버튼을 클릭하고, [배경 서식]을 선택합니다.

③ 배경 서식 작업 창에서 '채우기-그림 또는 질감 채우기'를 선택한 후 그림 원본의 [삽입] 버튼을 클릭합니다.

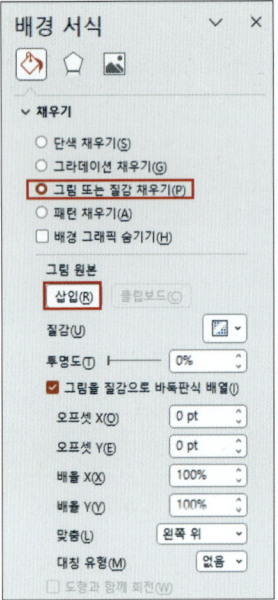

④ 그림 삽입 창이 나타나면 '파일에서'를 선택한 후 [그림 삽입] 대화 상자에서 찾는 위치(01.유형사로잡기₩유형 분석 14)와 파일 이름(그림2.jpg)을 선택하고, [삽입] 버튼을 클릭합니다.

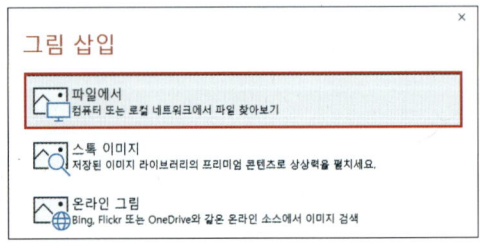
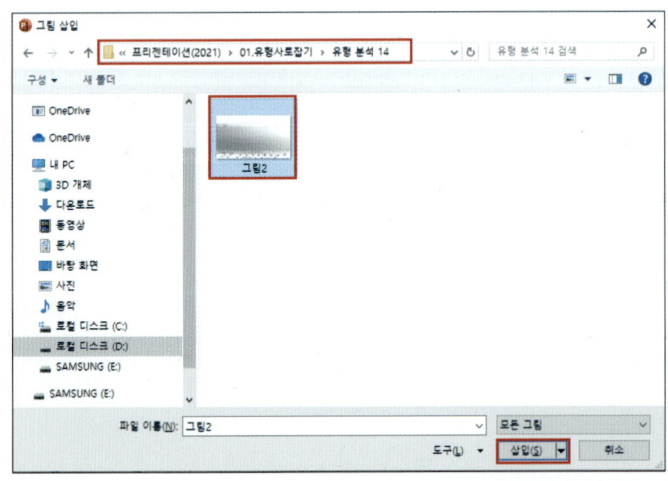

 **Tip** 그림 삽입

- 실제 시험에서는 답안 전송 프로그램을 설치한 후 바탕 화면의 [KAIT]-[제출파일] 폴더에 있는 그림 파일을 선택합니다.
- 슬라이드 배경의 그림 삽입은 《작성조건》에 따라 현재 슬라이드(슬라이드 3)에만 적용합니다.

❺ 슬라이드 배경에 그림 파일이 삽입되면 배경 서식 작업 창에서 닫기(×) 단추를 클릭합니다.

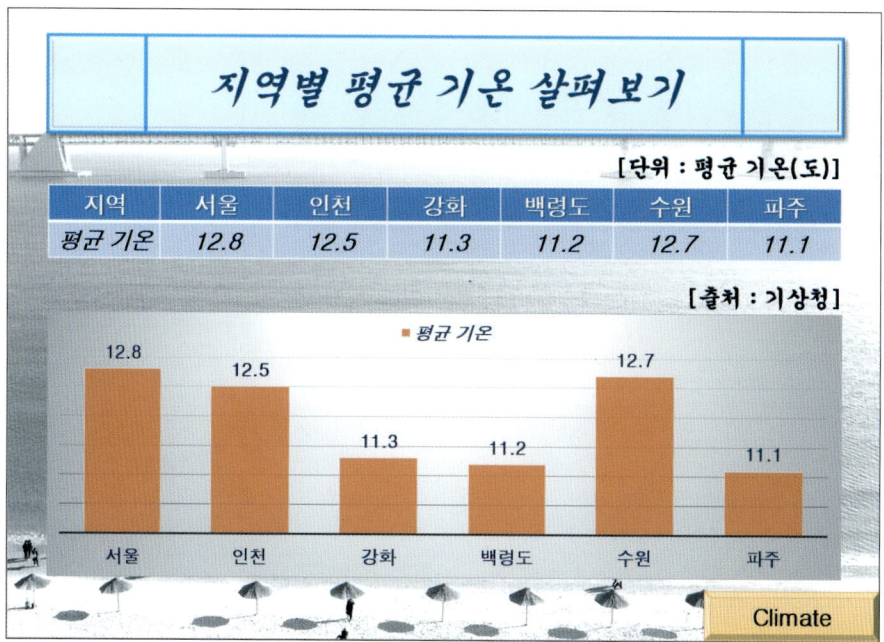

❻ 빠른 실행 도구 모음에서 저장(🖫) 단추를 클릭하여 완성된 파일을 저장합니다.

출제 유형 문제

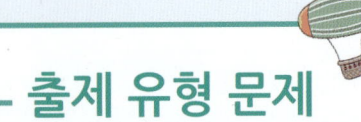

▶ 예제 파일 : 유형 분석 14₩유형 02_문제.pptx   ▶ 완성 파일 : 유형 분석 14₩유형 02_완성.pptx

01 작성 조건을 이용하여 다음과 같은 슬라이드를 완성해 보세요.

작성 조건 ▶ 배경 ⇒ 배경 서식(채우기 - 그림 또는 질감 채우기)에서 그림 3 삽입(현재 슬라이드만 적용)

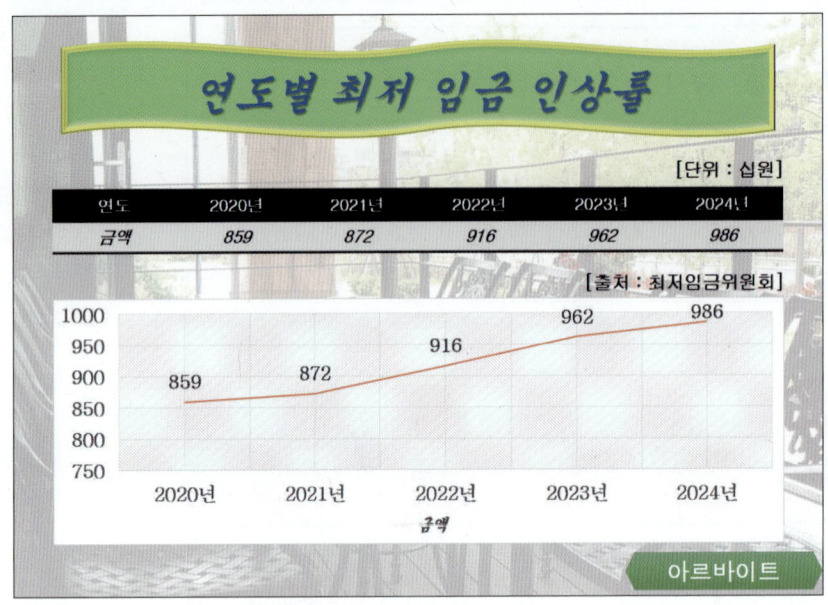

[Hint] 슬라이드의 빈 공간에서 마우스 오른쪽 버튼을 클릭하고, [배경 서식]을 선택합니다.

▶ 예제 파일 : 유형 분석 14₩유형 03_문제.pptx   ▶ 완성 파일 : 유형 분석 14₩유형 03_완성.pptx

02 작성 조건을 이용하여 다음과 같은 슬라이드를 완성해 보세요.

작성 조건 ▶ 배경 ⇒ 배경 서식(채우기 - 그림 또는 질감 채우기)에서 그림 4 삽입(현재 슬라이드만 적용)

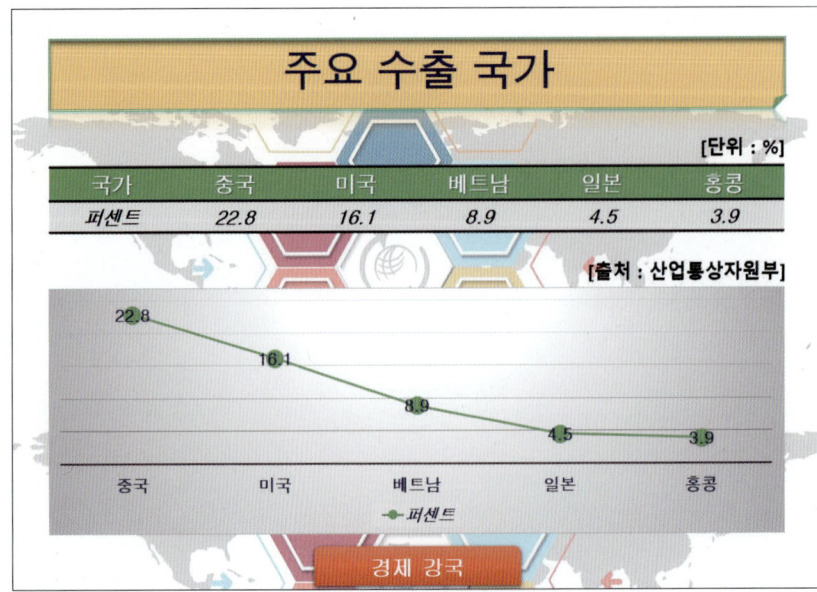

[Hint] 배경 서식 작업 창에서 '채우기-그림 또는 질감 채우기'를 선택한 후 그림 원본의 [삽입] 버튼을 클릭합니다.

출제 유형 문제

▶ 예제 파일 : 유형 분석 14₩유형 04_문제.pptx   ▶ 완성 파일 : 유형 분석14₩유형 04_완성.pptx

03 작성 조건을 이용하여 다음과 같은 슬라이드를 완성해 보세요.

작성 조건
▶ 배경 ⇒ 배경 서식(채우기 - 그림 또는 질감 채우기)에서 그림 5 삽입(현재 슬라이드만 적용)

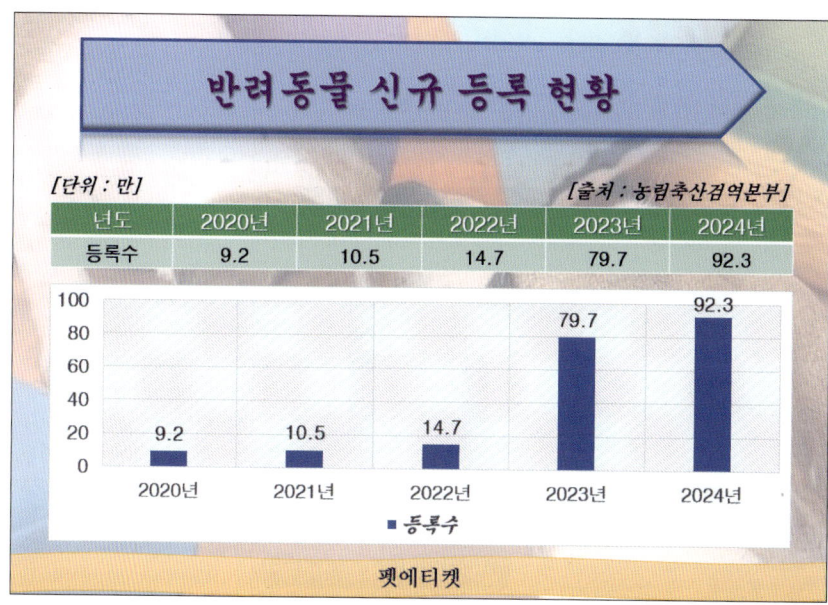

[Hint] [그림 삽입] 대화 상자에서 찾는 위치(01. 유형사로잡기₩유형 분석 14)와 파일 이름(그림 5.jpg)을 선택하고, [삽입] 버튼을 클릭합니다.

▶ 예제 파일 : 유형 분석14₩유형 05_문제.pptx   ▶ 완성 파일 : 유형 분석 14₩유형 05_완성.pptx

04 작성 조건을 이용하여 다음과 같은 슬라이드를 완성해 보세요.

작성 조건
▶ 배경 ⇒ 배경 서식(채우기 - 그림 또는 질감 채우기)에서 그림 6 삽입(현재 슬라이드만 적용)

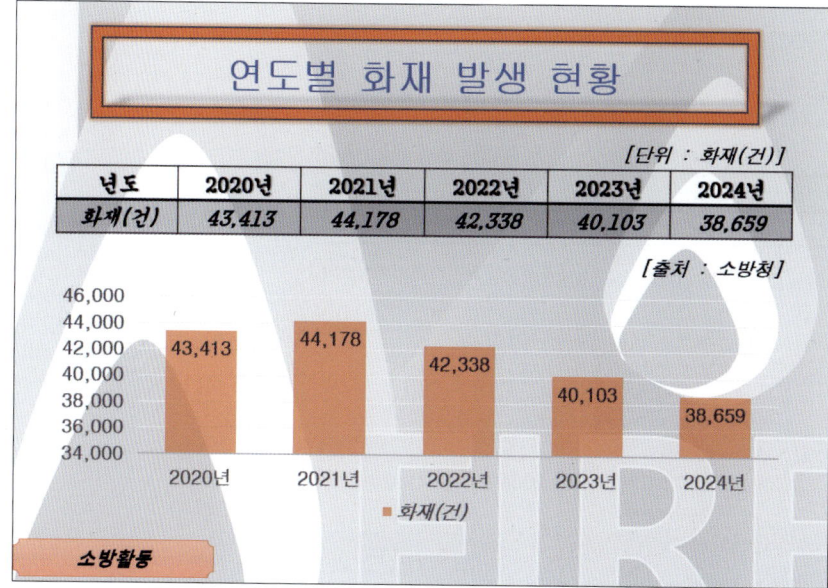

[Hint] 슬라이드 배경에 그림 파일이 삽입되면 배경 서식 작업 창에서 [닫기] 단추를 클릭합니다.

출제 유형 문제

▶ 예제 파일 : 유형 분석 14₩유형 06_문제.pptx ▶ 완성 파일 : 유형 분석 14₩유형 06_완성.pptx

05 작성 조건을 이용하여 다음과 같은 슬라이드를 완성해 보세요.

작성 조건 ▶ 배경 ⇒ 배경 서식(채우기 – 그림 또는 질감 채우기)에서 그림 7 삽입(현재 슬라이드만 적용)

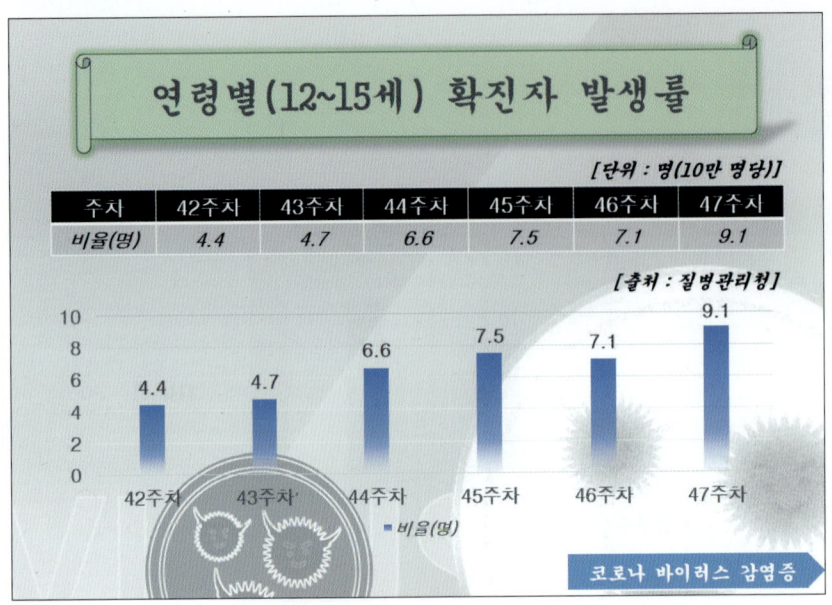

▶ 예제 파일 : 유형 분석 14₩유형 07_문제.pptx ▶ 완성 파일 : 유형 분석 14₩유형 07_완성.pptx

06 작성 조건을 이용하여 다음과 같은 슬라이드를 완성해 보세요.

작성 조건 ▶ 배경 ⇒ 배경 서식(채우기 – 그림 또는 질감 채우기)에서 그림 8 삽입(현재 슬라이드만 적용)

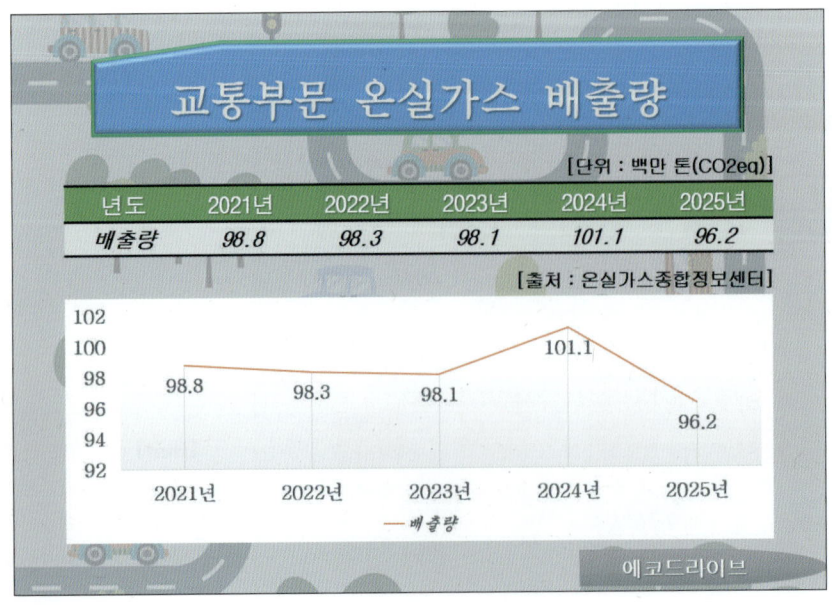

유형분석 15

슬라이드4 - 도형 그림 삽입

핵심만 쏙쏙 본문 도형 편집 / 도형에 그림 파일 삽입 / 도형 그림 편집

슬라이드 본문에 여러 개의 도형을 삽입한 후 《작성조건》에 맞게 도형을 편집하고, 마지막 도형에는 주어진 그림 파일을 삽입하는 방법에 대하여 알아봅니다.

핵심 짚어보기

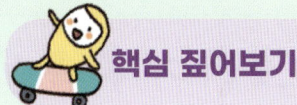 예제 파일 : 유형 분석 15₩유형 01_문제.pptx   완성 파일 : 유형 분석 15₩유형 01_완성.pptx

 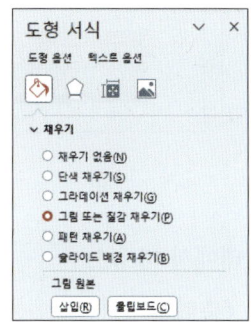

▲ 도형 서식 : 도형 위에서 마우스 오른쪽 버튼을 클릭

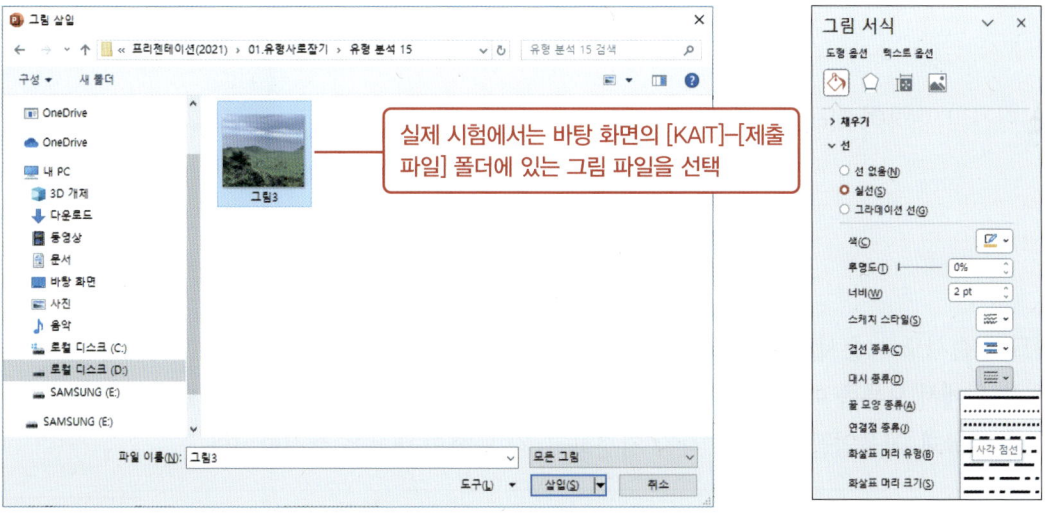

실제 시험에서는 바탕 화면의 [KAIT]-[제출 파일] 폴더에 있는 그림 파일을 선택

▲ 그림 삽입 : 도형 서식 작업 창에서 '채우기-그림 또는 질감 채우기'-그림 원본의 [삽입] 버튼
▲ 그림 서식 : 그림 서식 작업 창에서 [선]-[실선]

클래스 업

- 슬라이드에 도형을 삽입한 후 《작성조건》에 맞게 편집하고, 동일한 도형을 복사합니다.
- 마지막 도형에는 《작성조건》에서 지정한 그림 파일을 삽입하고, 그림 서식을 지정합니다.

유형잡기 01 본문 도형 편집하기

① [파일]-[열기]-[찾아보기]를 차례로 선택하고, [열기] 대화 상자에서 '유형 분석 15₩유형 01_문제.pptx'를 불러오기 합니다.

② '슬라이드 4'를 선택한 후 블록 화살표 – 화살표: 오각형(▷)을 슬라이드에 삽입하고, 도형 채우기(질감 – 파피루스), 도형 윤곽선(윤곽선 없음), 도형 효과(입체 효과 – 각지게), 글꼴(굴림체, 20pt, 굵게, 진한 빨강)을 각각 지정합니다.

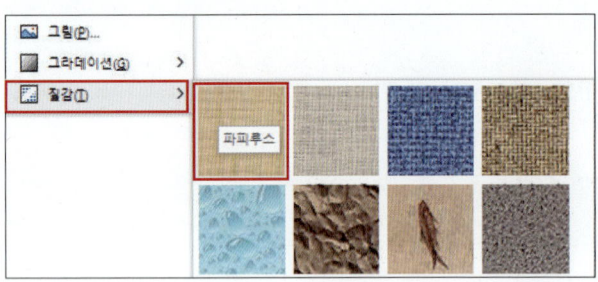 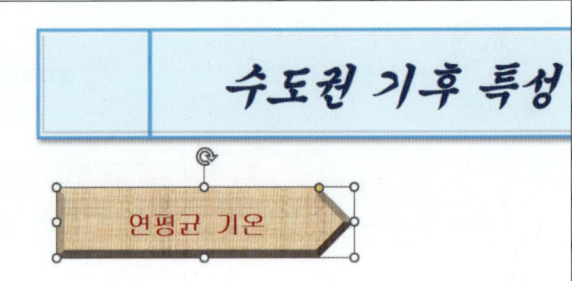

③ 첫 번째 도형을 선택한 후 Ctrl+Shift 키를 누른 상태에서 마우스를 아래쪽으로 드래그하여 다음과 같이 복사하고, 《출력형태》를 참고하여 각 도형의 내용을 수정합니다.

④ 슬라이드에 순서도 – 순서도: 문서(▭)를 삽입한 후 도형 채우기(연한 파랑, 밝은 그라데이션 – '선형 대각선 – 왼쪽 위에서 오른쪽 아래로'), 도형 윤곽선(윤곽선 없음), 도형 효과(그림자 – 안쪽 – 안쪽: 왼쪽), 글꼴(궁서, 20pt, 굵게, 기울임꼴, 자주)을 각각 지정하고, 각 도형의 내용을 수정합니다.

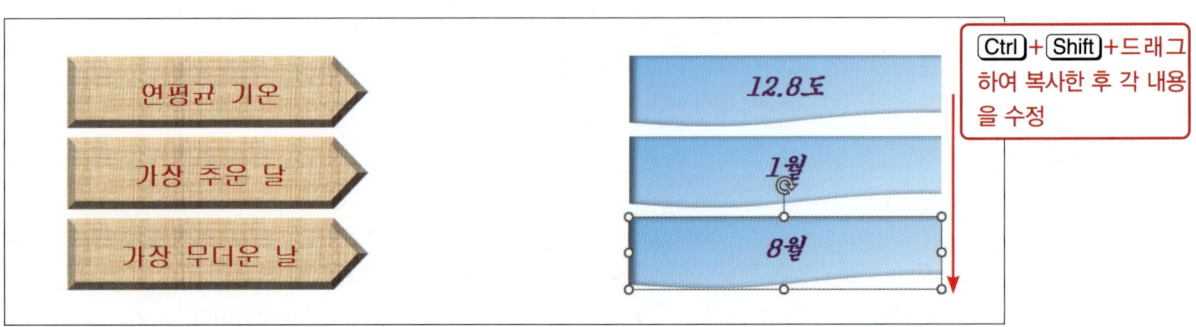

⑤ 슬라이드에 블록 화살표 – 화살표: 톱니 모양의 오른쪽(⇨)을 삽입한 후 도형 채우기('흰색, 배경 1, 50% 더 어둡게', 밝은 그라데이션 – 선형 아래쪽), 도형 윤곽선(윤곽선 없음), 도형 효과(반사 변형 – '1/2 반사: 8pt 오프셋')를 각각 지정합니다.

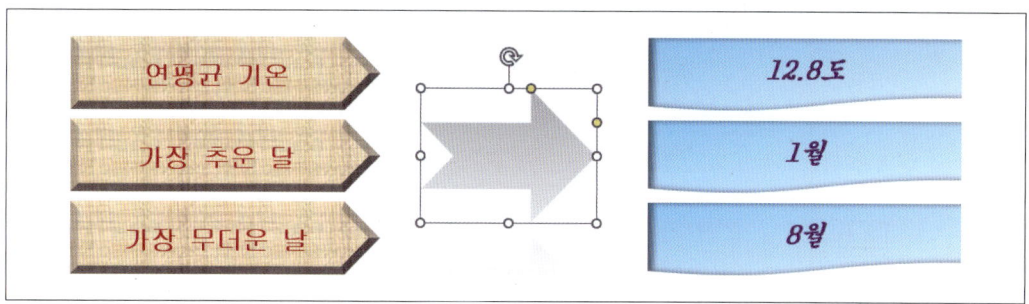

유형잡기 02 도형에 그림 삽입하기

① 슬라이드에 기본 도형 – 육각형(⬡)을 삽입한 후 도형 위에서 마우스 오른쪽 버튼을 클릭하고, [도형 서식]을 선택합니다.

② 도형 서식 작업 창에서 '채우기-그림 또는 질감 채우기'를 선택한 후 그림 원본의 [삽입] 버튼을 클릭합니다.

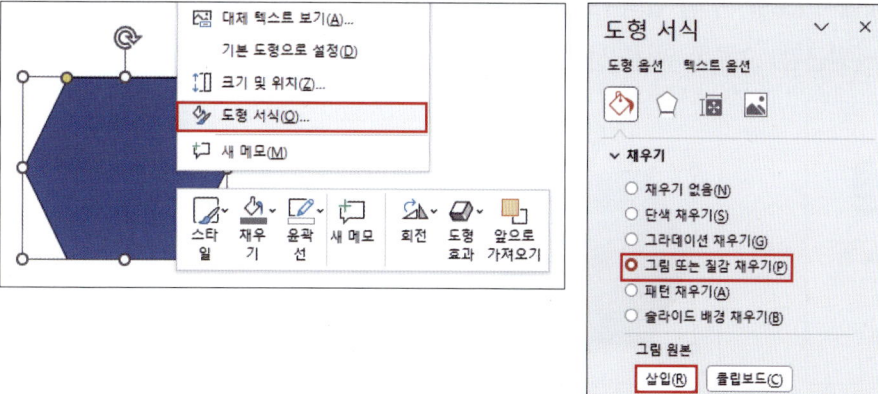

③ 그림 삽입 창이 나타나면 '파일에서'를 선택한 후 [그림 삽입] 대화 상자에서 찾는 위치(01.유형사로잡기₩유형 분석 15)와 파일 이름(그림3.jpg)을 선택하고, [삽입] 버튼을 클릭합니다.

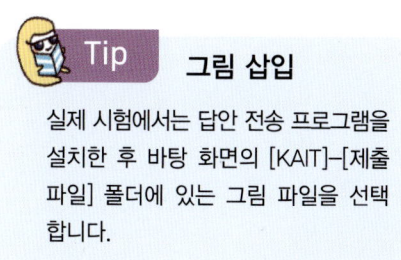

Tip 그림 삽입

실제 시험에서는 답안 전송 프로그램을 설치한 후 바탕 화면의 [KAIT]–[제출 파일] 폴더에 있는 그림 파일을 선택합니다.

④ 그림 서식 작업 창에서 '선-실선'을 선택한 후 색(주황), 너비(2 pt), 겹선 종류(단순형), 대시 종류(사각 점선)를 각각 지정하고, 작업 창의 닫기(☒) 단추를 클릭합니다.

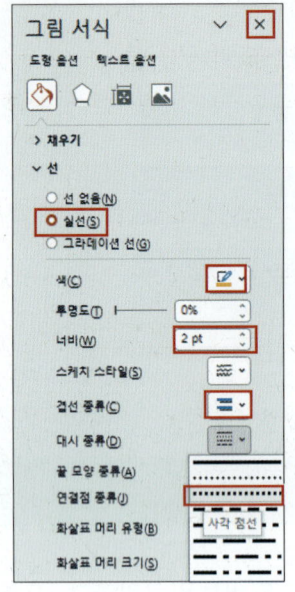

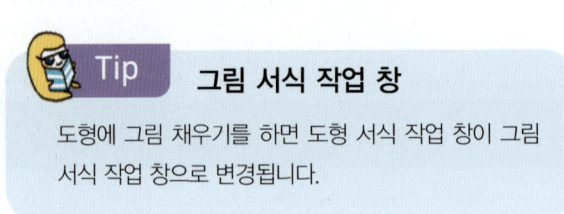

Tip 그림 서식 작업 창

도형에 그림 채우기를 하면 도형 서식 작업 창이 그림 서식 작업 창으로 변경됩니다.

⑤ 도형이 선택된 상태에서 [도형 서식] 탭의 [도형 스타일] 그룹에서 도형 효과(도형 효과 ˅) 단추를 클릭하고, [그림자]-[원근감]-[원근감: 오른쪽 위]를 선택합니다.

⑥ 빠른 실행 도구 모음에서 저장(🖫) 단추를 클릭하여 완성된 파일을 저장합니다.

출제 유형 문제

> 예제 파일 : 유형 분석 15₩유형 02_문제.pptx   > 완성 파일 : 유형 분석 15₩유형 02_완성.pptx

01 작성 조건을 이용하여 다음과 같은 슬라이드를 완성해 보세요.

작성 조건

▶ 도형 2~4 ⇒ 블록 화살표 : '화살표: 오각형', 도형 채우기(질감 : 꽃다발), 선 없음, 도형 효과(반사 변형 – '1/2 반사: 터치'), 글꼴(돋움체, 24pt, 굵게, 자주)
▶ 도형 5~7 ⇒ 순서도 : '순서도: 대체 처리', 도형 채우기(연한 파랑, 밝은 그라데이션 – 선형 오른쪽), 선 없음, 도형 효과(입체 효과 – 디벗), 글꼴(바탕, 20pt, 굵게, 기울임꼴, 진한 파랑)
▶ 도형 8 ⇒ 기본 도형 : 하트, 도형 채우기(녹색, 밝은 그라데이션 – 선형 위쪽), 선 없음, 도형 효과(네온 변형 – '네온: 8pt, 황금색, 강조색 4')
▶ 도형 9 ⇒ 기본 도형 : 눈물 방울, 도형 채우기(그림 또는 질감 채우기) 기능을 사용하여 그림 4 삽입, 도형 윤곽선(실선, 색 : 연한 녹색, 너비 : 3pt, 겹선 종류 : 단순형, 대시 종류 : 사각 점선), 도형 효과(그림자 – 바깥쪽 – 오프셋: 가운데)
▶ 지시사항이 없는 부분은 《출력형태》와 동일하게 작성하시오.

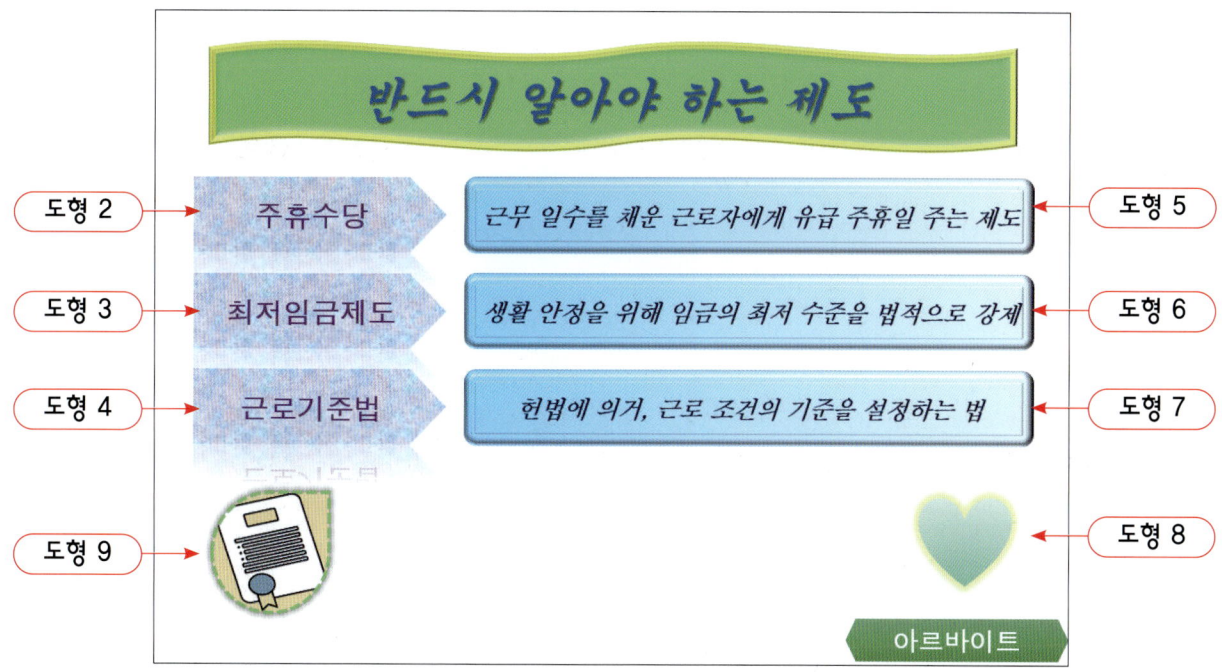

[Hint] 첫 번째 도형을 선택한 후 Ctrl+Shift 키를 누른 상태에서 마우스를 아래쪽으로 드래그하여 그림과 같이 복사하고, 《출력형태》를 참고하여 각 도형의 내용을 수정합니다.

출제 유형 문제

▶ 예제 파일 : 유형 분석 15₩유형 03_문제.pptx ▶ 완성 파일 : 유형 분석 15₩유형 03_완성.pptx

02 작성 조건을 이용하여 다음과 같은 슬라이드를 완성해 보세요.

작성 조건
- ▶ 도형 2~4 ⇒ 기본 도형 : 다이아몬드, 도형 채우기(질감 : 파랑 박엽지), 선 없음, 도형 효과(네온 변형 – '네온: 11pt, 황금색, 강조색 4'), 글꼴(굴림체, 24pt, 굵게, 진한 파랑)
- ▶ 도형 5~7 ⇒ 사각형 : '사각형: 둥근 한쪽 모서리', 도형 채우기(자주, 밝은 그라데이션 – 선형 위쪽), 선 없음, 도형 효과(입체 효과 – 딱딱한 가장자리), 글꼴(바탕, 20pt, 굵게, 기울임꼴, 진한 빨강)
- ▶ 도형 8 ⇒ 별 및 현수막 : 물결, 도형 채우기('밝은 회색, 배경 2, 10% 더 어둡게', 그라데이션 – 변형 – 가운데에서), 선 없음, 도형 효과(반사 변형 – '근접 반사: 4pt 오프셋')
- ▶ 도형 9 ⇒ 순서도 : '순서도: 종속 처리', 도형 채우기(그림 또는 질감 채우기) 기능을 사용하여 그림 5 삽입, 도형 윤곽선(실선, 색 : 연한 녹색, 너비 : 3pt, 겹선 종류 : 이중, 대시 종류 : 둥근 점선), 도형 효과(그림자 – 바깥쪽 – 오프셋: 가운데)
- ▶ 지시사항이 없는 부분은 《출력형태》와 동일하게 작성하시오.

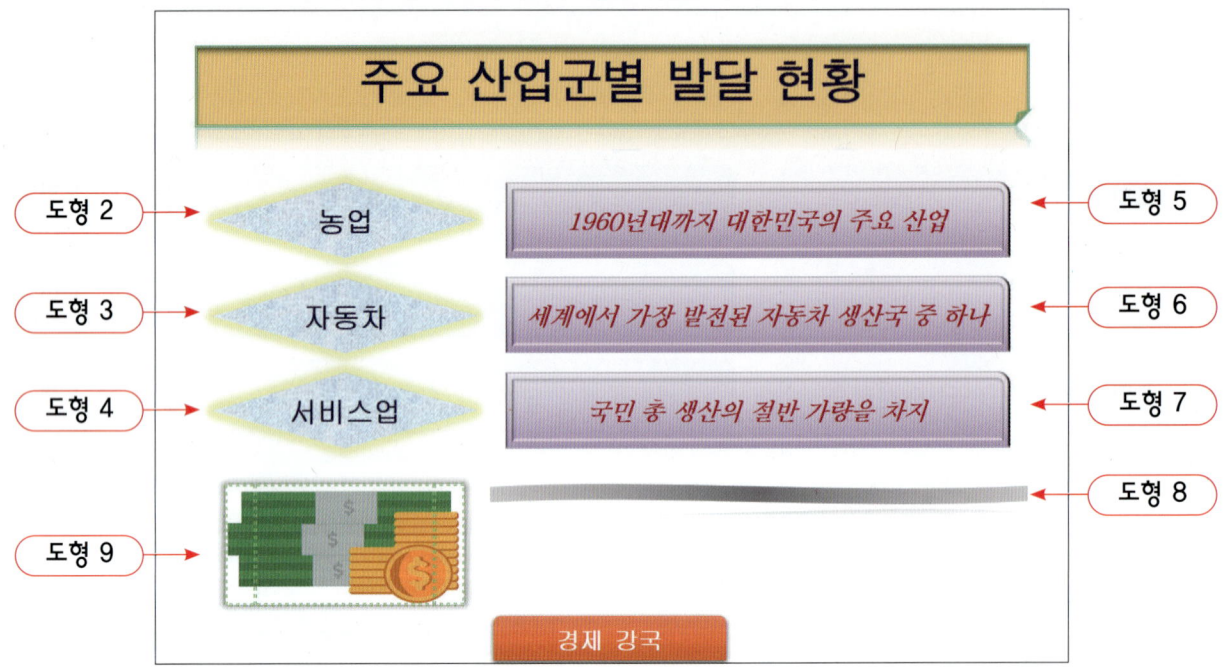

[Hint] 도형 2~8은 《작성조건》에 따라 해당 도형을 삽입한 후 [도형 서식] 탭의 [도형 스타일] 그룹에서 [도형 채우기], [도형 윤곽선], [도형 효과]를 각각 지정합니다. 여기에서 '선 없음'은 '윤곽선 없음'으로 처리합니다.

출제 유형 문제

▶ 예제 파일 : 유형 분석 15₩유형 04_문제.pptx   ▶ 완성 파일 : 유형 분석 15₩유형 04_완성.pptx

03 작성 조건을 이용하여 다음과 같은 슬라이드를 완성해 보세요.

작성 조건

▶ 도형 2~4 ⇒ 순서도 : '순서도: 다른 페이지 연결선', 도형 채우기(질감 : 흰색 대리석), 선 없음, 도형 효과(그림자 – 안쪽 – 안쪽: 가운데), 글꼴(궁서체, 22pt, 굵게, '검정, 텍스트 1')

▶ 도형 5~7 ⇒ 순서도 : '순서도: 문서', 도형 채우기('주황, 강조 2', 밝은 그라데이션 – '선형 대각선 – 오른쪽 아래에서 왼쪽 위'), 선 없음, 도형 효과(그림자 – 안쪽 – 안쪽: 오른쪽 아래), 글꼴(바탕체, 20pt, 굵게, 기울임꼴, '청회색, 텍스트 2')

▶ 도형 8 ⇒ 기본 도형 : 웃는 얼굴, 도형 채우기(노랑, 밝은 그라데이션 – 오른쪽 위 모서리에서), 선 없음, 도형 효과(입체 효과 – 볼록하게)

▶ 도형 9 ⇒ 순서도 : '순서도: 순차적 액세스 저장소', 도형 채우기(그림 또는 질감 채우기) 기능을 사용하여 그림 6 삽입, 도형 윤곽선(실선, 색 : 자주, 너비 : 4pt, 겹선 종류 : 단순형, 대시 종류 : 파선), 도형 효과(그림자 – 원근감 – 원근감: 오른쪽 위)

▶ 지시사항이 없는 부분은 《출력형태》와 동일하게 작성하시오.

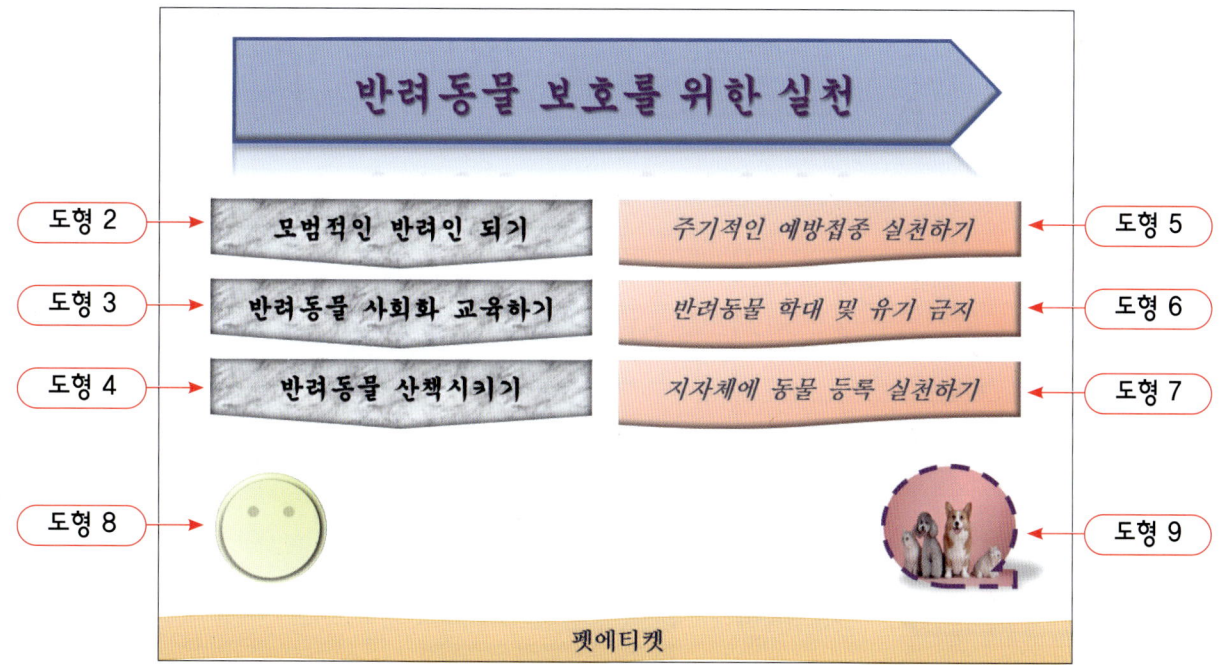

[Hint]
- 도형 9는 도형 서식 작업 창에서 '채우기–그림 또는 질감 채우기'를 선택한 후 그림 원본의 [삽입] 버튼을 클릭합니다.
- 그림 서식 작업 창에서 '선–실선'을 선택한 후 색, 너비, 겹선 종류, 대시 종류를 각각 지정하고, 작업 창의 [닫기] 단추를 클릭합니다.

유형분석 16

슬라이드4 - WordArt 삽입

핵심만 쏙쏙 WordArt 삽입 / WordArt 글꼴 서식 / WordArt 위치 변경

슬라이드에 주어진 스타일의 WordArt를 삽입한 후 《작성조건》에 맞게 글꼴 서식을 변경하고, WordArt의 위치를 조절하는 방법에 대하여 알아봅니다.

핵심 짚어보기

▶ 예제 파일 : 유형 분석 16₩유형 01_문제.pptx   ▶ 완성 파일 : 유형 분석 16₩유형 01_완성.pptx

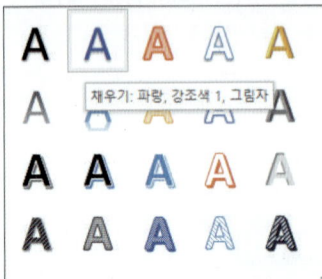

▲ WordArt 삽입 : [삽입] 탭-[텍스트] 그룹-[WordArt] 단추

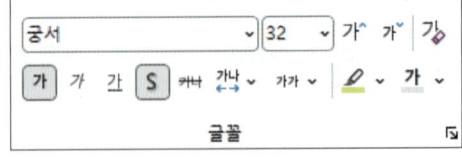
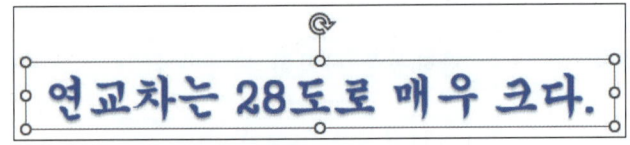

▲ 글꼴 서식 : [홈] 탭-[글꼴] 그룹

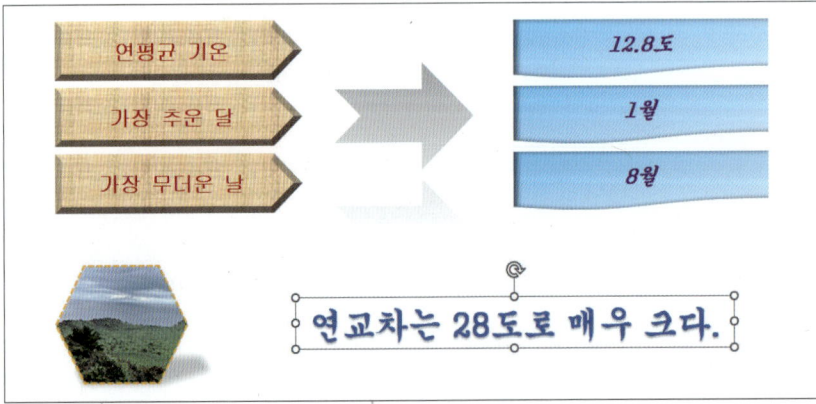

◀ WordArt 위치 : 마우스를 드래그 하거나 방향키를 이용

클래스 업

- 슬라이드에 주어진 스타일의 WordArt를 삽입합니다.
- 《출력형태》를 참고하여 WordArt 내용을 입력하고, 글꼴 서식을 지정한 후 WordArt 위치를 변경합니다.

유형잡기 01 WordArt 삽입하기

① [파일]-[열기]-[찾아보기]를 차례로 선택하고, [열기] 대화 상자에서 '유형 분석 16₩유형 01_문제.pptx'를 불러오기 합니다.

② '슬라이드 4'를 선택한 후 [삽입] 탭의 [텍스트] 그룹에서 WordArt( ) 단추를 클릭하고, '채우기: 파랑, 강조색 1, 그림자'를 선택합니다.

③ 슬라이드에 선택한 WordArt가 나타나면 《출력형태》에 있는 내용을 입력합니다.

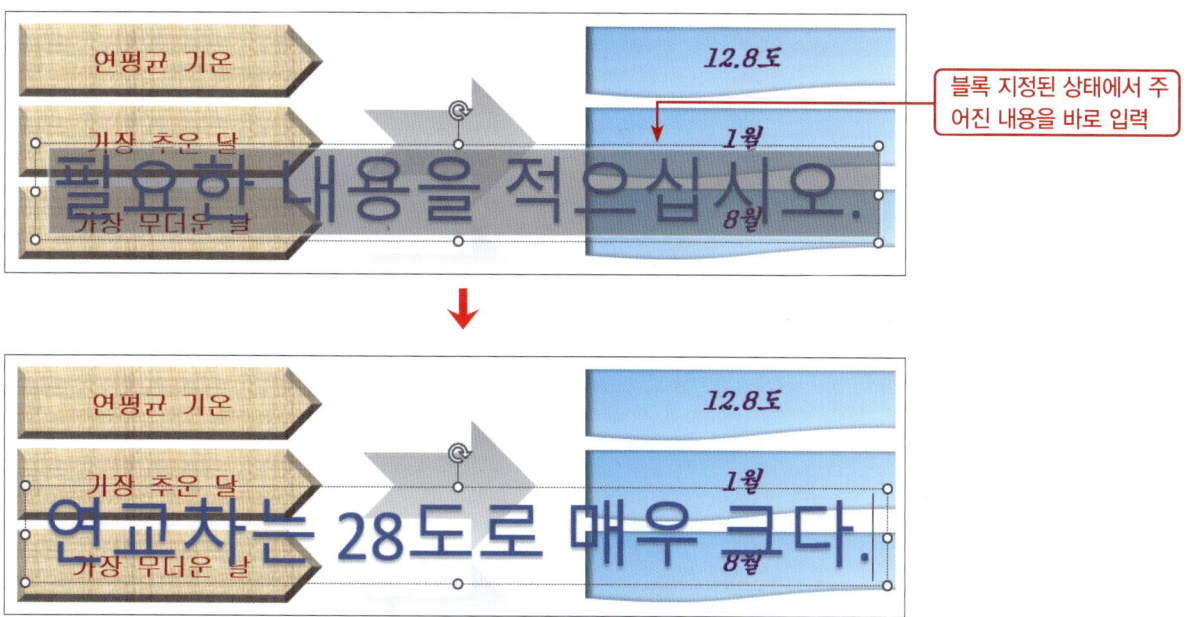

블록 지정된 상태에서 주어진 내용을 바로 입력

유형잡기 02 WordArt 글꼴 서식과 위치 조정하기

① WordArt가 선택된 상태에서 [홈] 탭의 [글꼴] 그룹에 있는 글꼴(궁서), 글꼴 크기(32), 글꼴 스타일(굵게, 텍스트 그림자)을 각각 지정합니다.

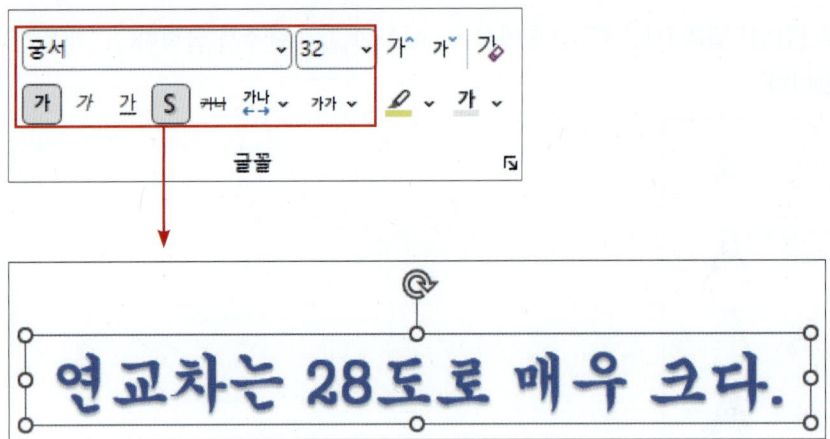

② 글꼴 서식이 변경되면 WordArt의 테두리를 드래그하여 《출력형태》와 같이 위치를 조절합니다.

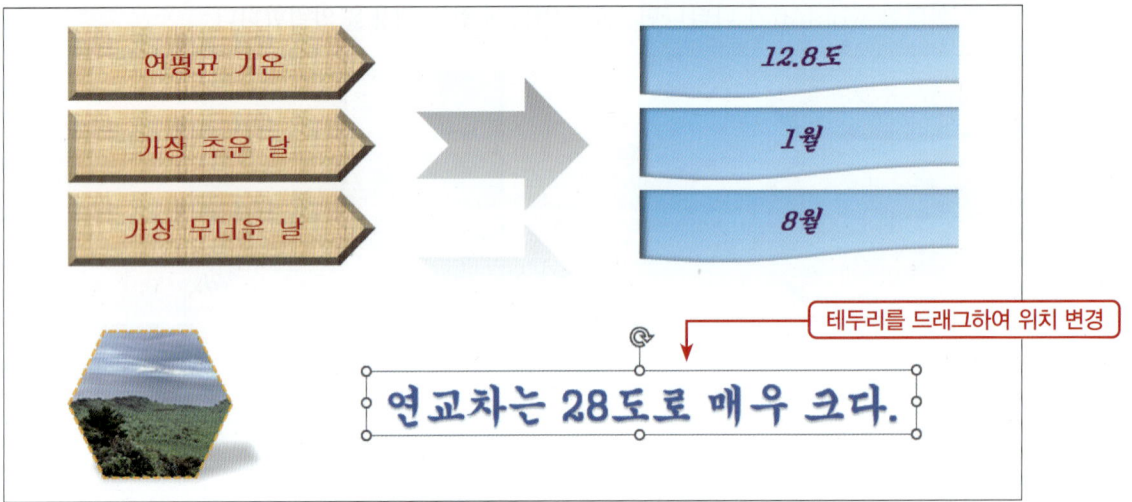

 **Tip** **WordArt의 위치 이동**
WordArt를 이동할 경우 WordArt 테두리에서 마우스 포인터가 ✥ 모양으로 변경되면 원하는 위치로 드래그합니다.

③ 빠른 실행 도구 모음에서 저장(🖫) 단추를 클릭하여 완성된 파일을 저장합니다.

출제 유형 문제

▶ 예제 파일 : 유형 분석 16₩유형 02_문제.pptx   ▶ 완성 파일 : 유형 분석 16₩유형 02_완성.pptx

01 작성 조건을 이용하여 다음과 같은 슬라이드를 완성해 보세요.

작성 조건
▶ WordArt 삽입(근로계약서도 반드시 작성하자!)
  ⇒ WordArt 스타일('그라데이션 채우기: 파랑, 강조색 5, 반사'), 글꼴(궁서, 32pt, 굵게, 텍스트 그림자)

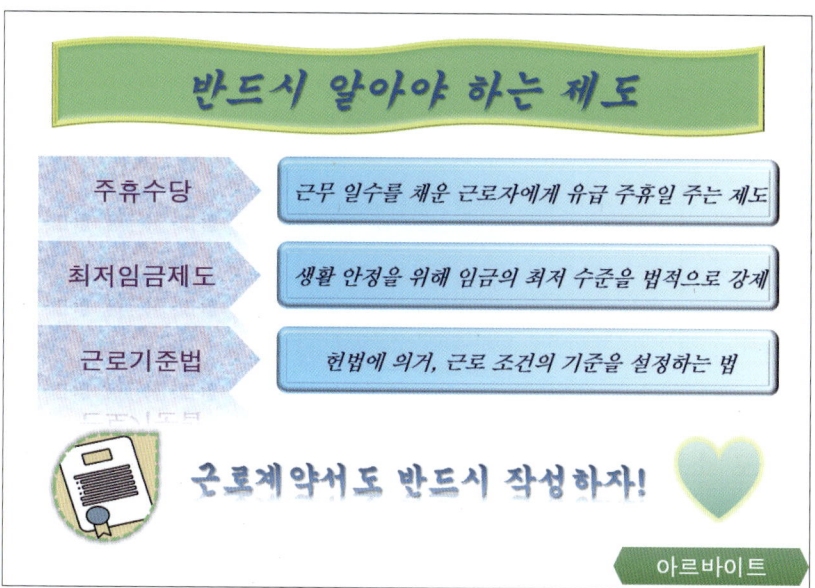

[Hint] [삽입] 탭의 [텍스트] 그룹에서 [WordArt] 단추를 클릭하고, 주어진 WordArt 스타일을 선택합니다.

▶ 예제 파일 : 유형 분석 16₩유형 03_문제.pptx   ▶ 완성 파일 : 유형 분석 16₩유형 03_완성.pptx

02 작성 조건을 이용하여 다음과 같은 슬라이드를 완성해 보세요.

작성 조건
▶ WordArt 삽입(한강의 기적이라 불리는 대한민국 경제)
  ⇒ WordArt 스타일('채우기: 주황, 강조색 2, 윤곽선: 주황, 강조색 2'), 글꼴(돋움체, 24pt, 굵게, 텍스트 그림자)

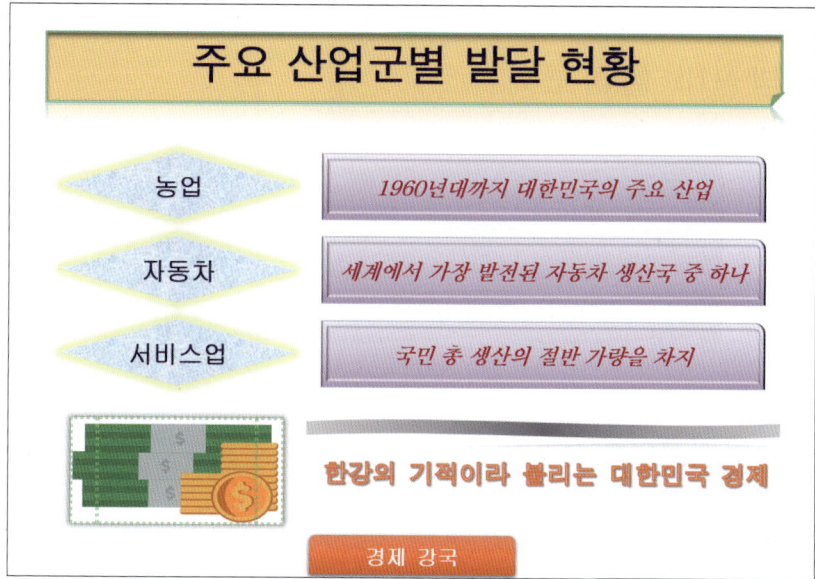

[Hint] 슬라이드에 선택한 WordArt가 나타나면 《출력 형태》에 있는 내용을 입력합니다.

출제 유형 문제

> 예제 파일 : 유형 분석 16₩유형 04_문제.pptx > 완성 파일 : 유형 분석 16₩유형 04_완성.pptx

03 작성 조건을 이용하여 다음과 같은 슬라이드를 완성해 보세요.

작성 조건
▶ WordArt 삽입(반려동물도 소중한 우리의 가족)
  ⇒ WordArt 스타일('채우기: 파랑, 강조색 1, 그림자'), 글꼴(맑은 고딕, 30pt, 굵게, 밑줄)

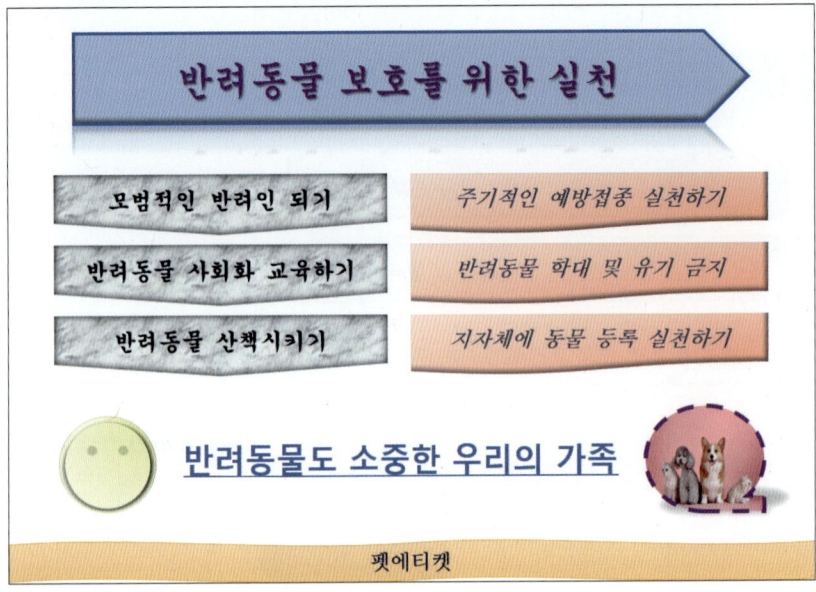

[Hint] [홈] 탭의 [글꼴] 그룹에서 글꼴, 글꼴 크기, 글꼴 스타일을 각각 지정합니다. 이때, 글꼴 크기를 선택할 수 없는 경우는 글꼴 크기 입력란에 직접 입력합니다.

> 예제 파일 : 유형 분석 16₩유형 05_문제.pptx > 완성 파일 : 유형 분석 16₩유형 05_완성.pptx

04 작성 조건을 이용하여 다음과 같은 슬라이드를 완성해 보세요.

작성 조건
▶ WordArt 삽입(소중한 가족과 재산을 지켜줍니다.)
  ⇒ WordArt 스타일('채우기: 검정, 텍스트 색 1, 그림자'), 글꼴(굴림, 28pt, 굵게, 기울임꼴)

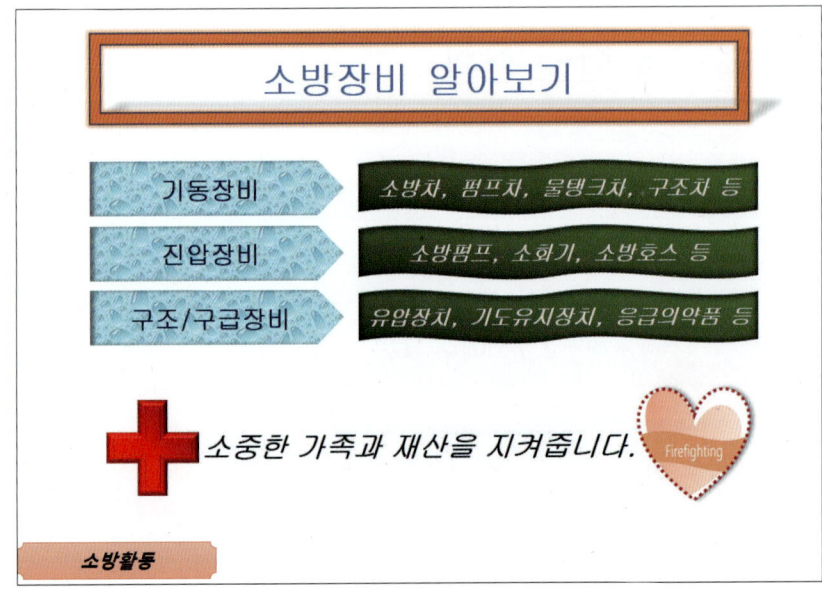

[Hint] 글꼴 서식이 변경되면 WordArt의 테두리를 드래그하여 《출력형태》와 같이 위치를 조절합니다.

출제 유형 문제

▶ 예제 파일 : 유형 분석 16₩유형 06_문제.pptx ▶ 완성 파일 : 유형 분석 16₩유형 06_완성.pptx

05 작성 조건을 이용하여 다음과 같은 슬라이드를 완성해 보세요.

작성 조건
▶ WordArt 삽입(일상 회복, 안전하고 건강한 학교생활)
⇒ WordArt 스타일('채우기: 회색, 강조색 3, 선명한 입체'), 글꼴(굴림, 24pt, 굵게, 밑줄)

▶ 예제 파일 : 유형 분석 16₩유형 07_문제.pptx ▶ 완성 파일 : 유형 분석 16₩유형 07_완성.pptx

06 작성 조건을 이용하여 다음과 같은 슬라이드를 완성해 보세요.

작성 조건
▶ WordArt 삽입(잘못된 운전 습관 바꾸기!)
⇒ WordArt 스타일('무늬 채우기: 파랑, 강조색 1, 50%, 진한 그림자: 파랑, 강조색 1'), 글꼴(궁서, 40pt, 텍스트 그림자)

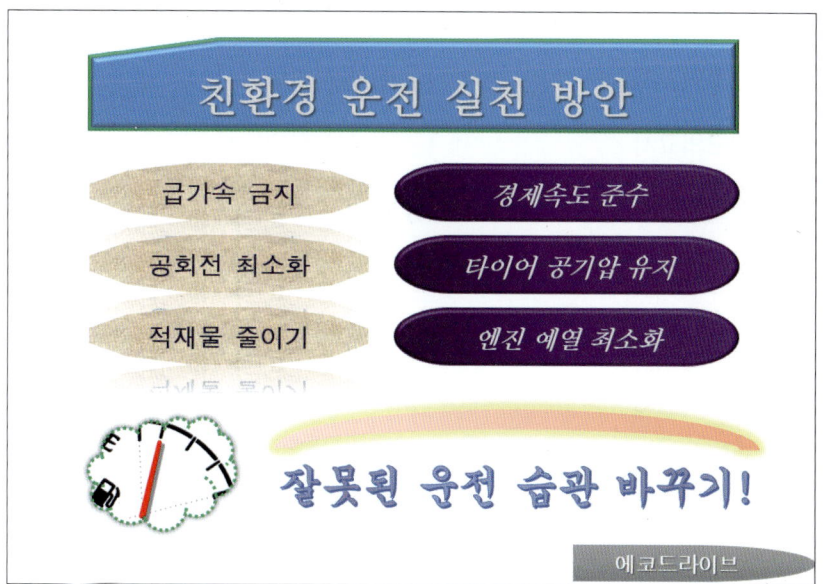

PART 02

실전모의고사

제 **01** 회 실전모의고사
제 **02** 회 실전모의고사
제 **03** 회 실전모의고사
제 **04** 회 실전모의고사
제 **05** 회 실전모의고사
제 **06** 회 실전모의고사
제 **07** 회 실전모의고사
제 **08** 회 실전모의고사
제 **09** 회 실전모의고사
제 **10** 회 실전모의고사
제 **11** 회 실전모의고사
제 **12** 회 실전모의고사
제 **13** 회 실전모의고사
제 **14** 회 실전모의고사
제 **15** 회 실전모의고사

제 01 회 실전모의고사

MS Office 2021 버전용

◎ 시험과목 : 프리젠테이션(파워포인트)
◎ 시험일자 : 20○○. ○○. ○○.(X)
◎ 응시자 기재사항 및 감독위원 확인

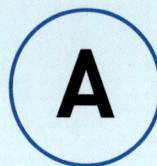

수검번호	DIP - 0000 -	감독위원 확인
성 명		

응시자 유의사항

1. 응시자는 신분증을 지참하여야 시험에 응시할 수 있으며, 시험이 종료될 때까지 신분증을 제시하지 못 할 경우 해당 시험은 0점 처리됩니다.
2. 시스템(PC작동여부, 네트워크 상태 등)의 이상여부를 반드시 확인하여야 하며, 시스템 이상이 있을 시 감독위원에게 조치를 받으셔야 합니다.
3. 시험 중 부주의 또는 고의로 시스템을 파손한 경우는 응시자 부담으로 합니다.
4. 답안 전송 프로그램을 통해 다운로드 받은 파일을 이용하여 답안파일을 작성하시기 바랍니다.
5. 작성한 답안 파일은 답안 전송 프로그램을 통하여 전송됩니다. 감독위원의 지시에 따라 주시기 바랍니다.
6. 다음 사항의 경우 실격(0점) 혹은 부정행위 처리됩니다.
   1) 답안파일을 저장하지 않았거나, 저장한 파일이 손상되었을 경우
   2) 답안파일을 지정된 폴더(바탕화면 – "KAIT" 폴더)에 저장하지 않았을 경우
      ※ 답안 전송 프로그램 로그인 시 바탕화면에 자동 생성됨
   3) 답안파일을 다른 보조기억장치(USB) 혹은 네트워크(메신저, 게시판 등)로 전송할 경우
   4) 휴대용 전화기 등 통신기기를 사용할 경우
7. 슬라이드는 반드시 순서대로 작성해야 하며, 순서가 다를 경우 "0"점 처리됩니다.
8. 시험지에 제시된 글꼴이 응시 프로그램에 없는 경우, 반드시 감독위원에게 해당 내용을 통보한 뒤 조치를 받아야 합니다.
9. 슬라이드 작성 시 도형의 그룹설정을 사용하는 경우, 채점에서 감점 처리됩니다.
10. 시험의 완료는 작성이 완료된 답안을 저장하고, 답안전송이 완료된 상태를 확인한 것으로 합니다. 답안전송 확인 후 문제지는 감독위원에게 제출한 후 퇴실하여야 합니다.
11. 답안전송을 완료한 경우는 수정 또는 정정이 불가합니다.
12. 시험 시행 후 합격자 발표는 홈페이지(www.ihd.or.kr)에서 확인하시기를 바랍니다.
    ※ 합격자 발표 : 20○○. ○○. ○○.(X)

| 디지털정보활용능력 | 프리젠테이션(파워포인트) | [시험시간 : 40분] | 1/4 |

유의사항
- 《작성조건》을 준수하여 반드시 프리젠테이션 슬라이드로 작업합니다.
- 글꼴 및 기타 사항에 대해 별도의 지시사항이 없는 경우, 슬라이드 크기와 전체적인 균형을 고려하여 임의로 작성하되, 도형은 그룹으로 설정하지 않습니다.
- 모든 슬라이드 크기(A4), 방향(가로), 디자인 테마(Office 테마)로 지정합니다.
    ▶ 슬라이드 크기, 방향 조정 시 '맞춤 확인'으로 지정하여야 합니다.
- 공통적용사항(슬라이드 마스터)
    ▶ 도형 ⇒ 기본 도형 : 육각형, 도형 스타일('미세 효과 – 주황, 강조 2'), 글꼴(굴림체, 20pt, 굵게)
- 그림 삽입 시 다운로드 한 그림 파일을 반드시 사용하여야 합니다.
- ◯ 은 지시사항이므로 작성하지 않습니다.
- 슬라이드에 제시된 글자 및 숫자 오타는 감점 처리됩니다.

[슬라이드1] 아래의 작성조건 및 출력형태에 알맞게 첫 번째 슬라이드에 작업하시오. (30점)

《출력형태》

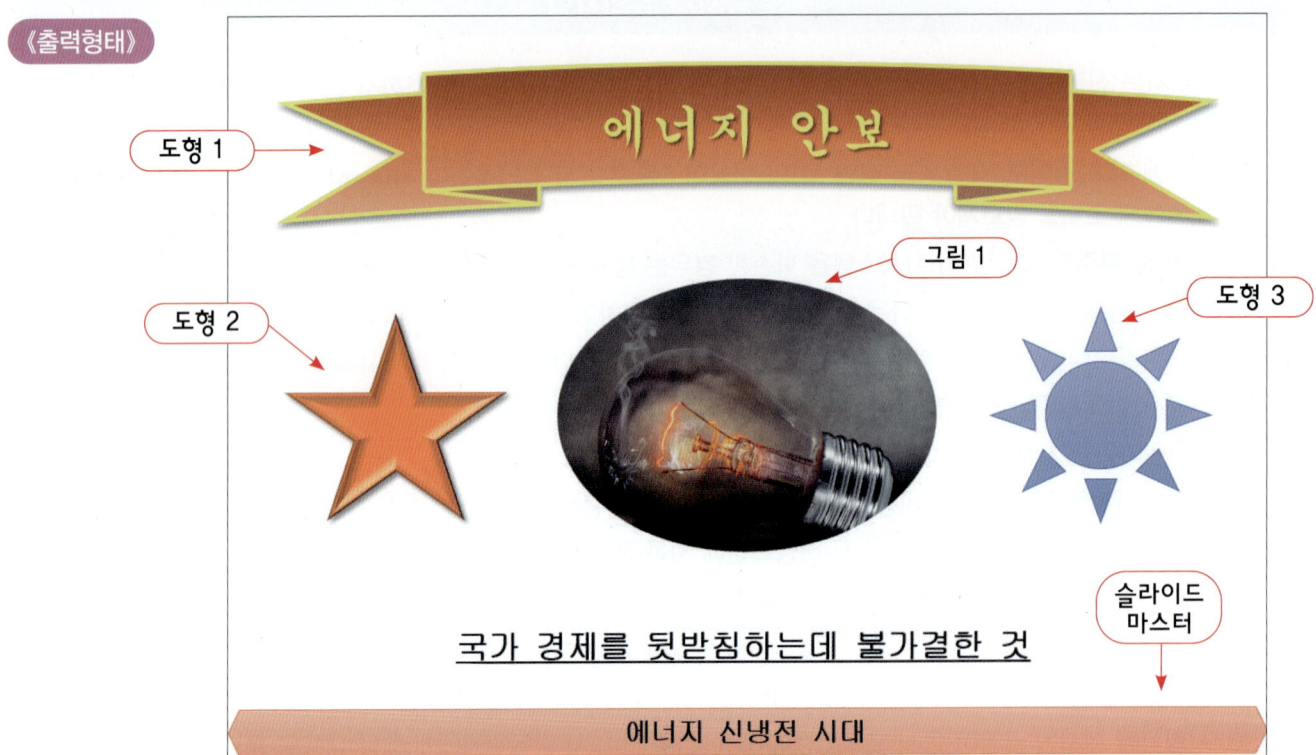

《작성조건》

▶ 도형 1 ⇒ 별 및 현수막 : '리본: 위로 구부러지고 기울어짐', 도형 채우기(그라데이션 : 미리 설정 – '가운데 그라데이션 – 강조 2', 종류 – 선형, 방향 – 선형 아래쪽), 도형 윤곽선(실선, 색 : 노랑, 너비 : 3pt, 겹선 종류 : 단순형), 도형 효과(그림자 – 바깥쪽 – 오프셋: 아래쪽), 글꼴(궁서체, 40pt, 텍스트 그림자, 노랑)
▶ 도형 2 ⇒ 별 및 현수막 : '별: 꼭짓점 5개', 도형 채우기('주황, 강조 2'), 선 없음,
    도형 효과(그림자 – 바깥쪽 – 오프셋: 오른쪽 아래, 입체 효과 – 부드럽게 둥글리기)
▶ 도형 3 ⇒ 기본 도형 : 해, 도형 스타일('미세 효과 – 파랑, 강조 5')
▶ 그림 삽입 ⇒ 그림 1 삽입, 크기(높이 : 7cm, 너비 : 10cm)
▶ 텍스트 상자(국가 경제를 뒷받침하는데 불가결한 것) ⇒ 글꼴(굴림체, 24pt, 굵게, 밑줄)
▶ 애니메이션 지정 ⇒ 도형 1 : 나타내기 – 날아오기
▶ 지시사항이 없는 부분은 《출력형태》와 동일하게 작성하시오.

[슬라이드2] 아래의 작성조건 및 출력형태에 알맞게 두 번째 슬라이드에 작업하시오. (50점)

《출력형태》

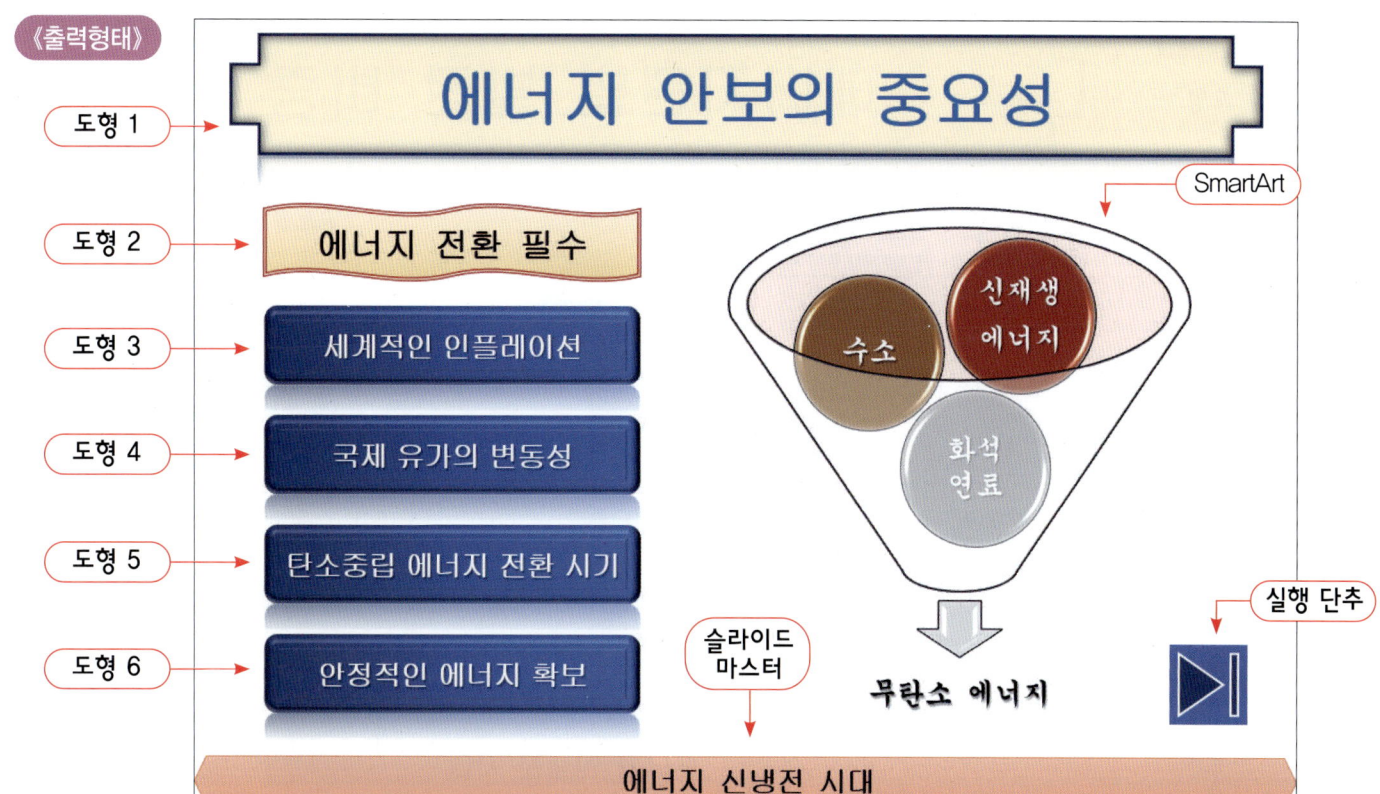

《작성조건》

(1) 제목
- 도형 1 ⇒ 기본 도형 : 십자형, 도형 채우기('황금색, 강조 4, 80% 더 밝게'), 도형 윤곽선(실선, 색 : 진한 파랑, 너비 : 2pt, 겹선 종류 : 단순형), 도형 효과(그림자 – 안쪽 – 안쪽: 가운데, 반사 – '근접 반사: 터치'), 글꼴(굴림체, 44pt, 굵게, 파랑)

(2) 본문
- 도형 2 ⇒ 별 및 현수막 : 이중 물결, 도형 채우기(주황, 밝은 그라데이션 – 선형 위쪽), 도형 윤곽선(실선, 색 : 진한 빨강, 너비 : 3pt, 겹선 종류 : 이중), 글꼴(굴림체, 24pt, 굵게, '검정, 텍스트 1')
- 도형 3~6 ⇒ 사각형 : '사각형: 둥근 모서리', 도형 채우기(파랑, 강조 5', 어두운 그라데이션 – 선형 오른쪽), 선 없음, 도형 효과(반사 – '근접 반사: 터치', 입체 효과 – 디벗), 글꼴(굴림, 20pt, 굵게, 텍스트 그림자)
- 실행 단추 ⇒ 실행 단추 : '실행 단추: 끝으로 이동', 하이퍼링크 : 마지막 슬라이드, 도형 스타일('밝은 색 1 윤곽선, 색 채우기 – 파랑, 강조 5')
- SmartArt 삽입 ⇒ 프로세스형 : 깔때기형, 글꼴(궁서체, 20pt, 텍스트 그림자, 가운데 맞춤), SmartArt 스타일(색 변경 – '색상형 범위 – 강조색 3 또는 4', 3차원 – 만화), (반드시 SmartArt 기능을 이용하여 작성할 것)
- 애니메이션 지정 ⇒ SmartArt : 나타내기 – 날아오기
- 지시사항이 없는 부분은 《출력형태》와 동일하게 작성하시오.

[슬라이드3] 아래의 작성조건 및 출력형태에 알맞게 세 번째 슬라이드에 작업하시오. (60점)

《출력형태》

《작성조건》

(1) 제목
- 도형 1 ⇒ 기본 도형 : 십자형, 도형 채우기('황금색, 강조 4, 80% 더 밝게'), 도형 윤곽선(실선, 색 : 진한 파랑, 너비 : 2pt, 겹선 종류 : 단순형), 도형 효과(그림자 – 안쪽 – 안쪽: 가운데, 반사 –'근접 반사: 터치'), 글꼴(굴림체, 44pt, 굵게, 파랑)

(2) 본문 (※ 차트 작성은 반드시 '차트삽입→데이터입력→차트스타일' 순으로 작성바랍니다.)
- 텍스트 상자 1([단위 : %]) ⇒ 글꼴(굴림, 18pt, 굵게, 기울임꼴)
- 표 ⇒ 표 스타일(밝게 – 밝은 스타일 2 – 강조 5), 가장 위의 행 : 글꼴(굴림, 20pt, 굵게, 텍스트 그림자, 가운데 맞춤), 나머지 행 : 글꼴(굴림, 18pt, 굵게, 가운데 맞춤)
- 텍스트 상자 2([출처 : 한국에너지협회]) ⇒ 글꼴(굴림, 18pt, 굵게, 기울임꼴)
- 차트 ⇒ 가로 막대형 : 묶은 가로 막대형, 차트 스타일(색 변경 – '단색 색상표 5', 스타일 5), 축 서식/데이터 레이블 : 글꼴(굴림, 16pt, 굵게), 범례 서식 : 글꼴(굴림, 16pt, 굵게, 기울임꼴), 데이터는 표 참고
- 배경 ⇒ 배경 서식(채우기 – 그림 또는 질감 채우기)에서 그림 2 삽입(현재 슬라이드만 적용)
- 애니메이션 지정 ⇒ 차트 : 나타내기 – 닦아내기
- 지시사항이 없는 부분은《출력형태》와 동일하게 작성하시오.

[슬라이드4] 아래의 작성조건 및 출력형태에 알맞게 네 번째 슬라이드에 작업하시오. (60점)

《출력형태》

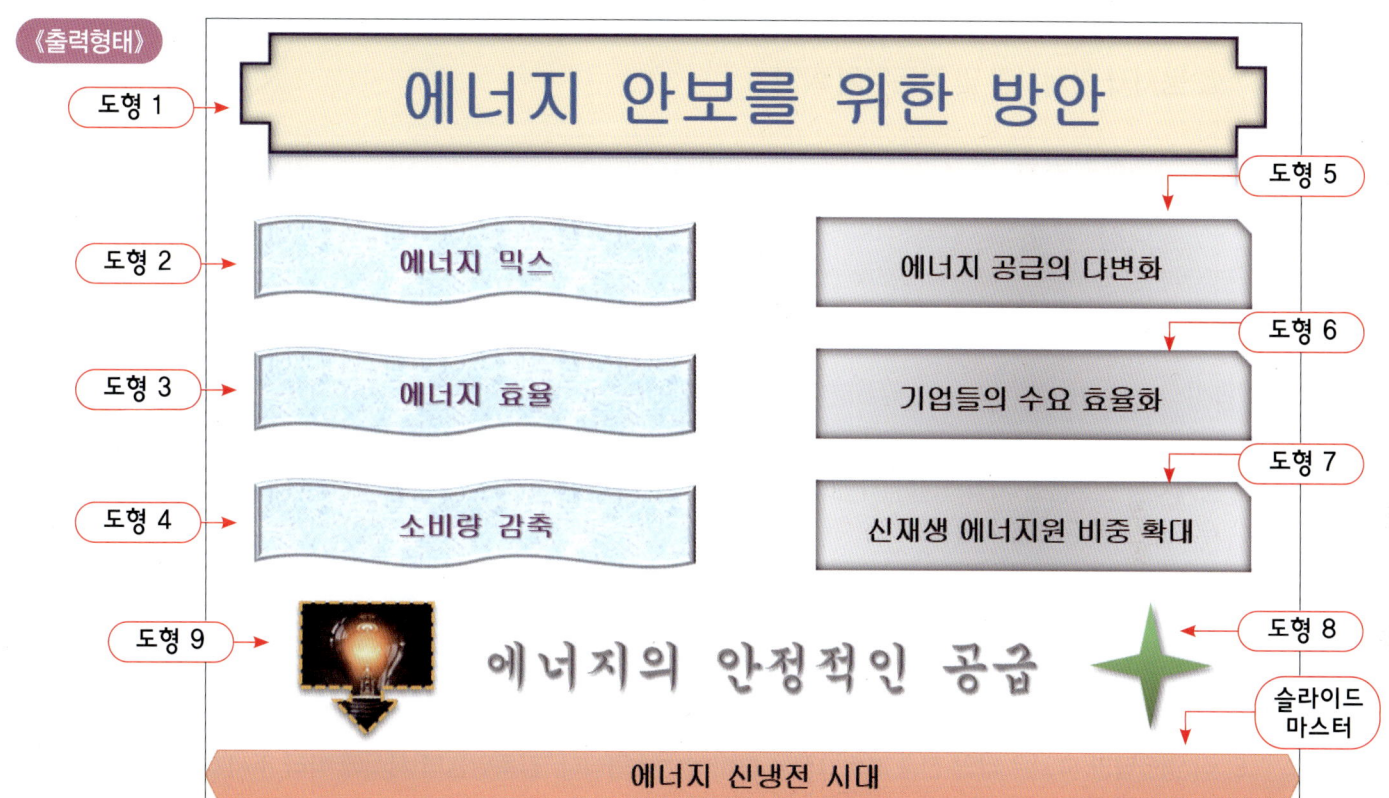

《작성조건》

(1) 제목

▶ 도형 1 ⇒ 기본 도형 : 십자형, 도형 채우기('황금색, 강조 4, 80% 더 밝게'), 도형 윤곽선(실선, 색 : 진한 파랑, 너비 : 2pt, 겹선 종류 : 단순형), 도형 효과(그림자 – 안쪽 – 안쪽: 가운데, 반사 –'근접 반사: 터치'), 글꼴(굴림체, 44pt, 굵게, 파랑)

(2) 본문

▶ 도형 2~4 ⇒ 별 및 현수막 : 이중 물결, 도형 채우기(질감 : 파랑 박엽지), 선 없음, 도형 효과(입체 효과 – 낮은 수준의 경사), 글꼴(굴림체, 20pt, 굵게, 텍스트 그림자, 자주)

▶ 도형 5~7 ⇒ 사각형 : '사각형: 잘린 한쪽 모서리', 도형 채우기('회색, 강조 3', 밝은 그라데이션 – 가운데에서), 선 없음, 도형 효과(그림자 – 안쪽 – 안쪽: 가운데), 글꼴(굴림, 20pt, 굵게, '검정, 텍스트 1')

▶ 도형 8 ⇒ 별 및 현수막 : '별: 꼭짓점 4개', 도형 채우기(연한 녹색, 어두운 그라데이션 – 선형 위쪽), 선 없음, 도형 효과(그림자 – 바깥쪽 – 오프셋: 오른쪽 아래)

▶ 도형 9 ⇒ 블록 화살표 : '설명선: 아래쪽 화살표', 도형 채우기(그림 또는 질감 채우기) 기능을 사용하여 그림 3 삽입, 도형 윤곽선(실선, 색 : 주황, 너비 : 2.5pt, 겹선 종류 : 단순형, 대시 종류 : 사각 점선), 도형 효과(그림자 – 바깥쪽 – 오프셋: 아래쪽)

▶ WordArt 삽입(에너지의 안정적인 공급)
⇒ WordArt 스타일('채우기: 회색, 강조색 3, 선명한 입체'), 글꼴(궁서체, 36pt, 텍스트 그림자)

▶ 지시사항이 없는 부분은 《출력형태》와 동일하게 작성하시오.

제 02 회 실전모의고사

MS Office 2021 버전용

◎ 시험과목 : 프리젠테이션(파워포인트)
◎ 시험일자 : 20○○. ○○. ○○.(X)
◎ 응시자 기재사항 및 감독위원 확인

B

수검번호	DIP - 0000 -	감독위원 확인
성 명		

응시자 유의사항

1. 응시자는 신분증을 지참하여야 시험에 응시할 수 있으며, 시험이 종료될 때까지 신분증을 제시하지 못 할 경우 해당 시험은 0점 처리됩니다.
2. 시스템(PC작동여부, 네트워크 상태 등)의 이상여부를 반드시 확인하여야 하며, 시스템 이상이 있을 시 감독위원에게 조치를 받으셔야 합니다.
3. 시험 중 부주의 또는 고의로 시스템을 파손한 경우는 응시자 부담으로 합니다.
4. 답안 전송 프로그램을 통해 다운로드 받은 파일을 이용하여 답안파일을 작성하시기 바랍니다.
5. 작성한 답안 파일은 답안 전송 프로그램을 통하여 전송됩니다. 감독위원의 지시에 따라 주시기 바랍니다.
6. 다음 사항의 경우 실격(0점) 혹은 부정행위 처리됩니다.
   1) 답안파일을 저장하지 않았거나, 저장한 파일이 손상되었을 경우
   2) 답안파일을 지정된 폴더(바탕화면 – "KAIT" 폴더)에 저장하지 않았을 경우
      ※ 답안 전송 프로그램 로그인 시 바탕화면에 자동 생성됨
   3) 답안파일을 다른 보조기억장치(USB) 혹은 네트워크(메신저, 게시판 등)로 전송할 경우
   4) 휴대용 전화기 등 통신기기를 사용할 경우
7. 슬라이드는 반드시 순서대로 작성해야 하며, 순서가 다를 경우 "0"점 처리됩니다.
8. 시험지에 제시된 글꼴이 응시 프로그램에 없는 경우, 반드시 감독위원에게 해당 내용을 통보한 뒤 조치를 받아야 합니다.
9. 슬라이드 작성 시 도형의 그룹설정을 사용하는 경우, 채점에서 감점 처리됩니다.
10. 시험의 완료는 작성이 완료된 답안을 저장하고, 답안전송이 완료된 상태를 확인한 것으로 합니다. 답안전송 확인 후 문제지는 감독위원에게 제출한 후 퇴실하여야 합니다.
11. 답안전송을 완료한 경우는 수정 또는 정정이 불가합니다.
12. 시험 시행 후 합격자 발표는 홈페이지(www.ihd.or.kr)에서 확인하시기를 바랍니다.
    ※ 합격자 발표 : 20○○. ○○. ○○.(X)

식별CODE

| 디지털정보활용능력 | 프리젠테이션(파워포인트) | [시험시간 : 40분] | 1/4 |

유의사항
- 《작성조건》을 준수하여 반드시 프리젠테이션 슬라이드로 작업합니다.
- 글꼴 및 기타 사항에 대해 별도의 지시사항이 없는 경우, 슬라이드 크기와 전체적인 균형을 고려하여 임의로 작성하되, 도형은 그룹으로 설정하지 않습니다.
- 모든 슬라이드 크기(A4), 방향(가로), 디자인 테마(Office 테마)로 지정합니다.
  ▶ 슬라이드 크기, 방향 조정 시 '맞춤 확인'으로 지정하여야 합니다.
- 공통적용사항(슬라이드 마스터)
  ▶ 도형 ⇒ 기본 도형 : '사각형: 모서리가 접힌 도형', 도형 스타일('미세 효과 – 황금색, 강조 4'), 글꼴(굴림체, 20pt, 굵게)
- 그림 삽입 시 다운로드 한 그림 파일을 반드시 사용하여야 합니다.
- ⬚⟶ 은 지시사항이므로 작성하지 않습니다.
- 슬라이드에 제시된 글자 및 숫자 오타는 감점 처리됩니다.

[슬라이드1] 아래의 작성조건 및 출력형태에 알맞게 첫 번째 슬라이드에 작업하시오. (30점)

《출력형태》

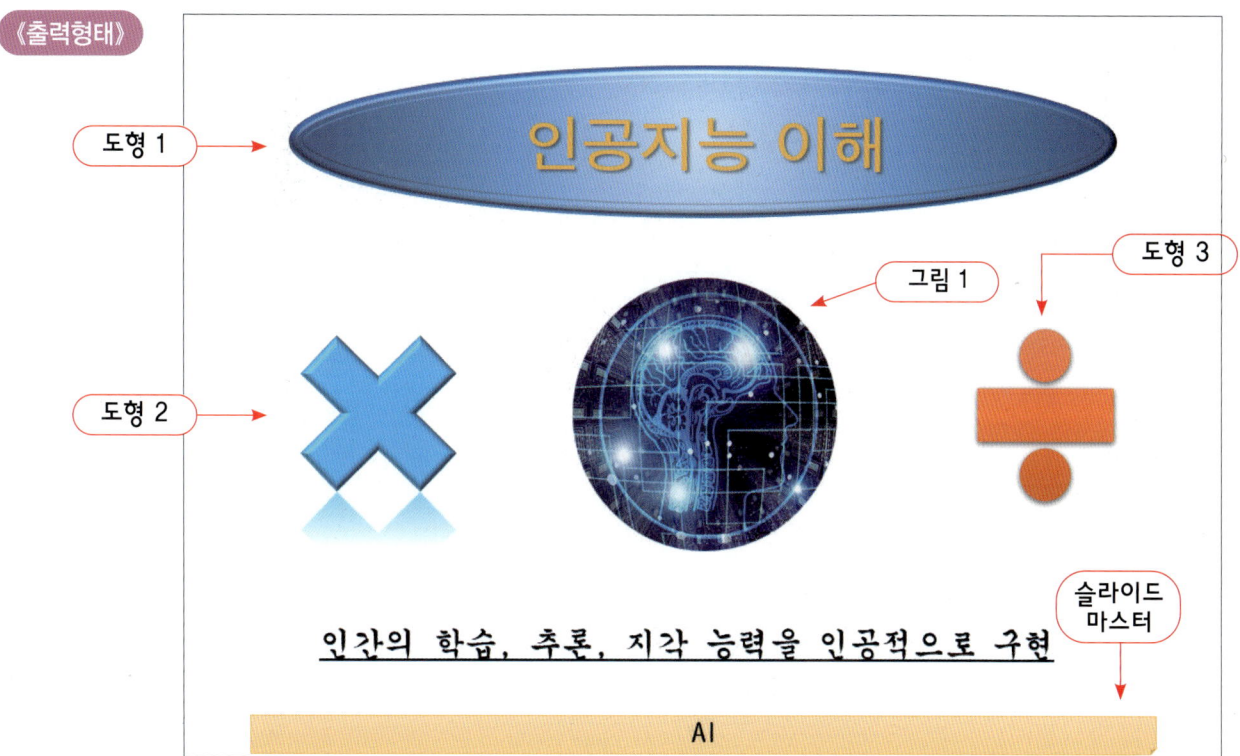

《작성조건》

▶ 도형 1 ⇒ 기본 도형 : 타원, 도형 채우기(그라데이션 : 미리 설정 – '아래쪽 스포트라이트 – 강조 1', 종류 – 방사형, 방향 – 가운데에서), 도형 윤곽선(실선, 색 : 파랑, 너비 : 3pt, 겹선 종류 : 단순형), 도형 효과(입체 효과 – 디벗), 글꼴(돋움, 44pt, 굵게, 텍스트 그림자, 주황)
▶ 도형 2 ⇒ 수식 도형 : 곱하기 기호, 도형 채우기(연한 파랑), 선 없음, 도형 효과(반사 – '근접 반사: 터치', 입체 효과 – 둥글게)
▶ 도형 3 ⇒ 수식 도형 : 나누기 기호, 도형 스타일('강한 효과 – 주황, 강조 2')
▶ 그림 삽입 ⇒ 그림 1 삽입, 크기(높이 : 7cm, 너비 : 7cm)
▶ 텍스트 상자(인간의 학습, 추론, 지각 능력을 인공적으로 구현) ⇒ 글꼴(궁서체, 24pt, 밑줄)
▶ 애니메이션 지정 ⇒ 도형 1 : 나타내기 – 도형
▶ 지시사항이 없는 부분은 《출력형태》와 동일하게 작성하시오.

[슬라이드2] 아래의 작성조건 및 출력형태에 알맞게 두 번째 슬라이드에 작업하시오. (50점)

《출력형태》

《작성조건》

(1) 제목
- 도형 1 ⇒ 기본 도형 : 배지, 도형 채우기(자주, 밝은 그라데이션 – 선형 위쪽), 도형 윤곽선(실선, 색 : '청회색, 텍스트 2', 너비 : 2.5pt, 겹선 종류 : 단순형), 도형 효과(그림자 – 바깥쪽 – 오프셋: 아래쪽, 입체 효과 – 둥글게), 글꼴(궁서체, 36pt, 굵게, 진한 파랑)

(2) 본문
- 도형 2 ⇒ 블록 화살표 : '화살표: 오각형', 도형 채우기(연한 녹색, 어두운 그라데이션 – 선형 위쪽), 도형 윤곽선(실선, 색 : 자주, 너비 : 3pt, 겹선 종류 : 이중), 글꼴(굴림체, 24pt, 굵게, 노랑)
- 도형 3~6 ⇒ 사각형 : '사각형: 둥근 위쪽 모서리', 도형 채우기('황금색, 강조 4', 밝은 그라데이션 – 선형 아래쪽), 선 없음, 도형 효과(입체 효과 – 볼록하게), 글꼴(굴림체, 20pt, 굵게, 기울임꼴, 자주)
- 실행 단추 ⇒ 실행 단추 : '실행 단추: 뒤로 또는 앞으로 이동', 하이퍼링크 : 이전 슬라이드, 도형 스타일('미세 효과 – 황금색, 강조 4')
- SmartArt 삽입 ⇒ 목록형 – 세로 상자 목록형, 글꼴(돋움체, 20pt, 텍스트 그림자, 가운데 맞춤), SmartArt 스타일(색 변경 – '색 윤곽선 – 강조 3', 3차원 – 경사), (반드시 SmartArt 기능을 이용하여 작성할 것)
- 애니메이션 지정 ⇒ SmartArt : 나타내기 – 시계 방향 회전
- 지시사항이 없는 부분은 《출력형태》와 동일하게 작성하시오.

| 디지털정보활용능력 | 프리젠테이션(파워포인트) | [시험시간 : 40분] | 3/4 |

[슬라이드3] 아래의 작성조건 및 출력형태에 알맞게 세 번째 슬라이드에 작업하시오. (60점)

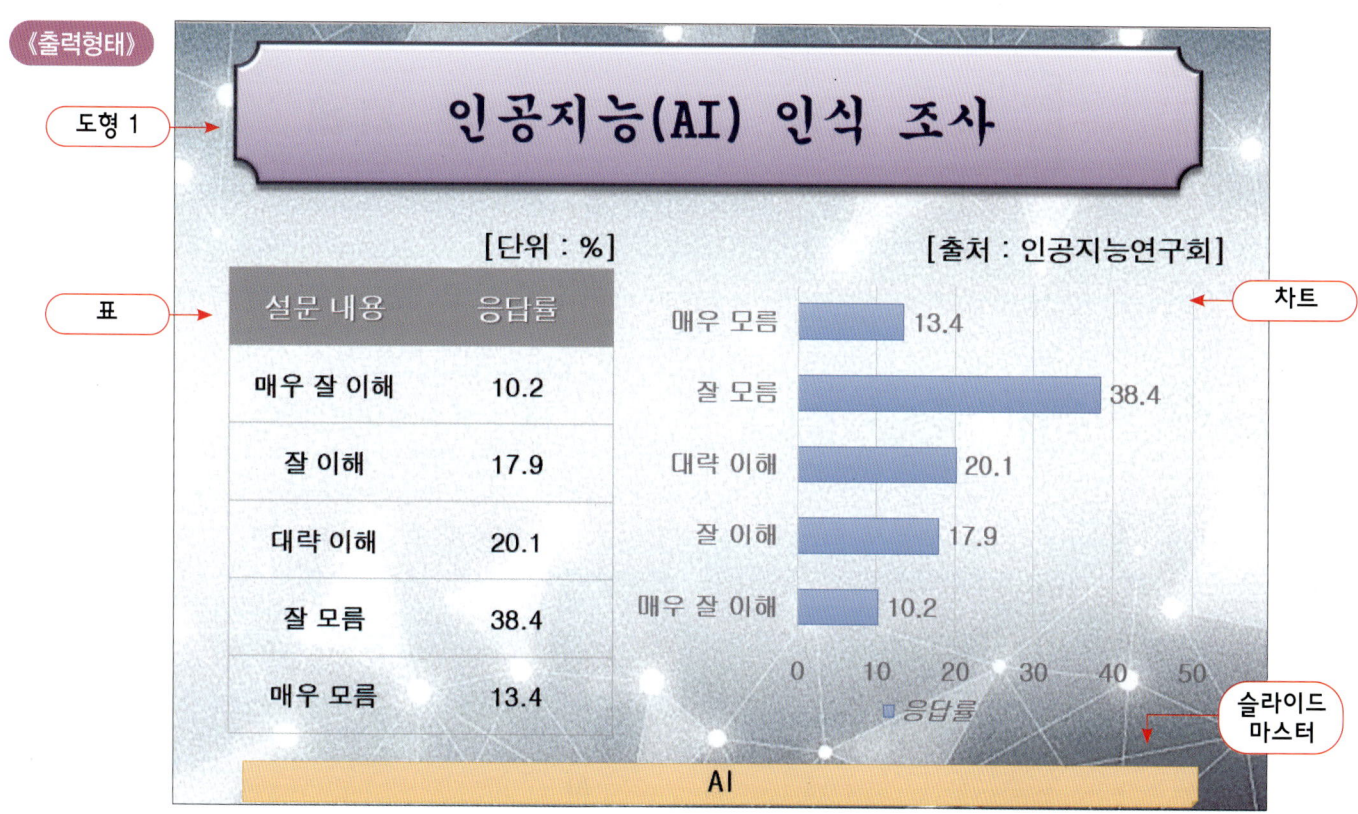

《작성조건》

(1) 제목
- 도형 1 ⇒ 기본 도형 : 배지, 도형 채우기(자주, 밝은 그라데이션 – 선형 위쪽), 도형 윤곽선(실선, 색 : '청회색, 텍스트 2', 너비 : 2.5pt, 겹선 종류 : 단순형), 도형 효과(그림자 – 바깥쪽 – 오프셋: 아래쪽, 입체 효과 – 둥글게), 글꼴(궁서체, 36pt, 굵게, 진한 파랑)

(2) 본문 (※ 차트 작성은 반드시 '차트삽입→데이터입력→차트스타일' 순으로 작성바랍니다.)
- 텍스트 상자 1([단위 : %]) ⇒ 글꼴(돋움, 20pt, 굵게)
- 표 ⇒ 표 스타일(밝게 – 밝은 스타일 2 – 강조 3), 가장 위의 행 : 글꼴(돋움, 20pt, 굵게, 텍스트 그림자, 가운데 맞춤), 나머지 행 : 글꼴(돋움, 18pt, 굵게, 가운데 맞춤)
- 텍스트 상자 2([출처 : 인공지능연구회]) ⇒ 글꼴(돋움, 20pt, 굵게)
- 차트 ⇒ 가로 막대형 : 묶은 가로 막대형, 차트 스타일(색 변경 – '다양한 색상표 2', 스타일 4), 축 서식/데이터 레이블 : 글꼴(굴림, 18pt, 굵게), 범례 서식 : 글꼴(굴림, 18pt, 굵게, 기울임꼴), 데이터는 표 참고
- 배경 ⇒ 배경 서식(채우기 – 그림 또는 질감 채우기)에서 그림 2 삽입(현재 슬라이드만 적용)
- 애니메이션 지정 ⇒ 차트 : 나타내기 – 올라오기
- 지시사항이 없는 부분은《출력형태》와 동일하게 작성하시오.

| 디지털정보활용능력 | 프리젠테이션(파워포인트) | [시험시간 : 40분] | 4/4 |

[슬라이드4] 아래의 작성조건 및 출력형태에 알맞게 네 번째 슬라이드에 작업하시오. (60점)

《출력형태》

《작성조건》

(1) 제목
- 도형 1 ⇒ 기본 도형 : 배지, 도형 채우기(자주, 밝은 그라데이션 – 선형 위쪽), 도형 윤곽선(실선, 색 : '청회색, 텍스트 2', 너비 : 2.5pt, 겹선 종류 : 단순형), 도형 효과(그림자 – 바깥쪽 – 오프셋: 아래쪽, 입체 효과 – 둥글게), 글꼴(궁서체, 36pt, 굵게, 진한 파랑)

(2) 본문
- 도형 2~4 ⇒ 블록 화살표 : '화살표: 갈매기형 수장', 도형 채우기(질감 : 편지지), 선 없음, 도형 효과(그림자 – 바깥쪽 – 오프셋: 왼쪽), 글꼴(바탕, 22pt, 굵게, 빨강)
- 도형 5~7 ⇒ 사각형 : '사각형: 잘린 대각선 방향 모서리', 도형 채우기('주황, 강조 2', 밝은 그라데이션 – 가운데에서), 선 없음, 도형 효과(네온 – '네온: 8pt, 파랑, 강조색 1'), 글꼴(바탕, 20pt, 굵게, 기울임꼴, '검정, 텍스트 1')
- 도형 8 ⇒ 기본 도형 : 하트, 도형 채우기(빨강, 어두운 그라데이션 – 선형 왼쪽), 선 없음, 도형 효과(반사 – '1/2 반사: 4pt 오프셋')
- 도형 9 ⇒ 별 및 현수막 : '별: 꼭짓점 8개', 도형 채우기(그림 또는 질감 채우기) 기능을 사용하여 그림 3 삽입, 도형 윤곽선(실선, 색 : 빨강, 너비 : 3pt, 겹선 종류 : 단순형, 대시 종류 : 둥근 점선), 도형 효과(그림자 – 원근감 – 원근감: 왼쪽 위)
- WordArt 삽입(인간을 이롭게 하는 인공지능)
  ⇒ WordArt 스타일('채우기: 흰색, 윤곽선: 주황, 강조색 2, 진한 그림자: 주황, 강조색 2'), 글꼴(궁서, 30pt, 굵게, 텍스트 그림자)
- 지시사항이 없는 부분은《출력형태》와 동일하게 작성하시오.

제 03 회 실전모의고사

◎ 시험과목 : 프리젠테이션(파워포인트)
◎ 시험일자 : 20○○. ○○. ○○.(X)
◎ 응시자 기재사항 및 감독위원 확인

MS Office 2021 버전용

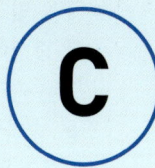

수검번호	DIP - 0000 -	감독위원 확인
성 명		

응시자 유의사항

1. 응시자는 신분증을 지참하여야 시험에 응시할 수 있으며, 시험이 종료될 때까지 신분증을 제시하지 못 할 경우 해당 시험은 0점 처리됩니다.
2. 시스템(PC작동여부, 네트워크 상태 등)의 이상여부를 반드시 확인하여야 하며, 시스템 이상이 있을 시 감독위원에게 조치를 받으셔야 합니다.
3. 시험 중 부주의 또는 고의로 시스템을 파손한 경우는 응시자 부담으로 합니다.
4. 답안 전송 프로그램을 통해 다운로드 받은 파일을 이용하여 답안파일을 작성하시기 바랍니다.
5. 작성한 답안 파일은 답안 전송 프로그램을 통하여 전송됩니다. 감독위원의 지시에 따라 주시기 바랍니다.
6. 다음 사항의 경우 실격(0점) 혹은 부정행위 처리됩니다.
   1) 답안파일을 저장하지 않았거나, 저장한 파일이 손상되었을 경우
   2) 답안파일을 지정된 폴더(바탕화면 – "KAIT" 폴더)에 저장하지 않았을 경우
      ※ 답안 전송 프로그램 로그인 시 바탕화면에 자동 생성됨
   3) 답안파일을 다른 보조기억장치(USB) 혹은 네트워크(메신저, 게시판 등)로 전송할 경우
   4) 휴대용 전화기 등 통신기기를 사용할 경우
7. 슬라이드는 반드시 순서대로 작성해야 하며, 순서가 다를 경우 "0"점 처리됩니다.
8. 시험지에 제시된 글꼴이 응시 프로그램에 없는 경우, 반드시 감독위원에게 해당 내용을 통보한 뒤 조치를 받아야 합니다.
9. 슬라이드 작성 시 도형의 그룹설정을 사용하는 경우, 채점에서 감점 처리됩니다.
10. 시험의 완료는 작성이 완료된 답안을 저장하고, 답안전송이 완료된 상태를 확인한 것으로 합니다. 답안전송 확인 후 문제지는 감독위원에게 제출한 후 퇴실하여야 합니다.
11. 답안전송을 완료한 경우는 수정 또는 정정이 불가합니다.
12. 시험 시행 후 합격자 발표는 홈페이지(www.ihd.or.kr)에서 확인하시기를 바랍니다.

   ※ 합격자 발표 : 20○○. ○○. ○○.(X)

디지털정보활용능력 — 프리젠테이션(파워포인트) [시험시간 : 40분]

유의사항

- 《작성조건》을 준수하여 반드시 프리젠테이션 슬라이드로 작업합니다.
- 글꼴 및 기타 사항에 대해 별도의 지시사항이 없는 경우, 슬라이드 크기와 전체적인 균형을 고려하여 임의로 작성하되, 도형은 그룹으로 설정하지 않습니다.
- 모든 슬라이드 크기(A4), 방향(가로), 디자인 테마(Office 테마)로 지정합니다.
  ▶ 슬라이드 크기, 방향 조정 시 '맞춤 확인'으로 지정하여야 합니다.
- 공통적용사항(슬라이드 마스터)
  ▶ 도형 ⇒ 기본 도형 : 직각 삼각형, 도형 스타일('강한 효과 - 황금색, 강조 4'), 글꼴(궁서, 24pt, 굵게, 밑줄, 진한 파랑)
- 그림 삽입 시 다운로드 한 그림 파일을 반드시 사용하여야 합니다.
- ⬚ 은 지시사항이므로 작성하지 않습니다.
- 슬라이드에 제시된 글자 및 숫자 오타는 감점 처리됩니다.

[슬라이드1] 아래의 작성조건 및 출력형태에 알맞게 첫 번째 슬라이드에 작업하시오. (30점)

《출력형태》

《작성조건》

▶ 도형 1 ⇒ 순서도 : '순서도: 데이터', 도형 채우기(그라데이션 : 미리 설정 - '가운데 그라데이션 - 강조 2', 종류 - 선형, 방향 - 선형 오른쪽), 도형 윤곽선(실선, 색 : 자주, 너비 : 2pt, 겹선 종류 : 단순형), 도형 효과(그림자 - 안쪽 - 안쪽: 위쪽), 글꼴(굴림, 44pt, 굵게, 기울임꼴, 텍스트 그림자, 노랑)
▶ 도형 2 ⇒ 기본 도형 : 하트, 도형 채우기('녹색, 강조 6'), 선 없음, 도형 효과(그림자 - 바깥쪽 - 오프셋: 가운데, 반사 - '전체 반사: 8pt 오프셋')
▶ 도형 3 ⇒ 기본 도형 : 해, 도형 스타일('강한 효과 - 파랑, 강조 5')
▶ 그림 삽입 ⇒ 그림 1 삽입, 크기(높이 : 7cm, 너비 : 10cm)
▶ 텍스트 상자(산악 사고를 예방하는 안전한 산행) ⇒ 글꼴(바탕, 24pt, 굵게, 밑줄)
▶ 애니메이션 지정 ⇒ 도형 1 : 나타내기 - 실선 무늬
▶ 지시사항이 없는 부분은《출력형태》와 동일하게 작성하시오.

[슬라이드2] 아래의 작성조건 및 출력형태에 알맞게 두 번째 슬라이드에 작업하시오. (50점)

《출력형태》

《작성조건》

(1) 제목
- 도형 1 ⇒ 순서도 : '순서도: 카드', 도형 채우기(파랑, 어두운 그라데이션 – 선형 아래쪽), 도형 윤곽선(실선, 색 : 연한 파랑, 너비 : 3pt, 겹선 종류 : 단순형), 도형 효과(반사 – '근접 반사: 터치', 입체 효과 – 각지게), 글꼴(바탕체, 44pt, 굵게, 텍스트 그림자, '밝은 회색, 배경 2')

(2) 본문
- 도형 2 ⇒ 기본 도형 : 타원, 도형 채우기(자주, 어두운 그라데이션 – 선형 오른쪽), 도형 윤곽선(실선, 색 : '황금색, 강조 4', 너비 : 4pt, 겹선 종류 : 이중), 글꼴(바탕, 24pt, 굵게, 텍스트 그림자, 노랑)
- 도형 3~6 ⇒ 순서도 : '순서도: 수행의 시작/종료', 도형 채우기(주황, 밝은 그라데이션 – 오른쪽 위 모서리에서), 선 없음, 도형 효과(입체 효과 – 둥글게), 글꼴(굴림체, 22pt, 굵게, 기울임꼴, 진한 파랑)
- 실행 단추 ⇒ 실행 단추 : '실행 단추: 앞으로 또는 다음으로 이동', 하이퍼링크 : 다음 슬라이드, 도형 스타일('미세 효과 – 녹색, 강조 6')
- SmartArt 삽입 ⇒ 관계형 : 선형 벤형, 글꼴(굴림, 20pt, 굵게, 가운데 맞춤), SmartArt 스타일(색 변경 – '색상형 – 강조색', 3차원 – 경사), (반드시 SmartArt 기능을 이용하여 작성할 것)
- 애니메이션 지정 ⇒ SmartArt : 나타내기 – 날아오기
- 지시사항이 없는 부분은 《출력형태》와 동일하게 작성하시오.

[슬라이드3] 아래의 작성조건 및 출력형태에 알맞게 세 번째 슬라이드에 작업하시오. (60점)

《출력형태》

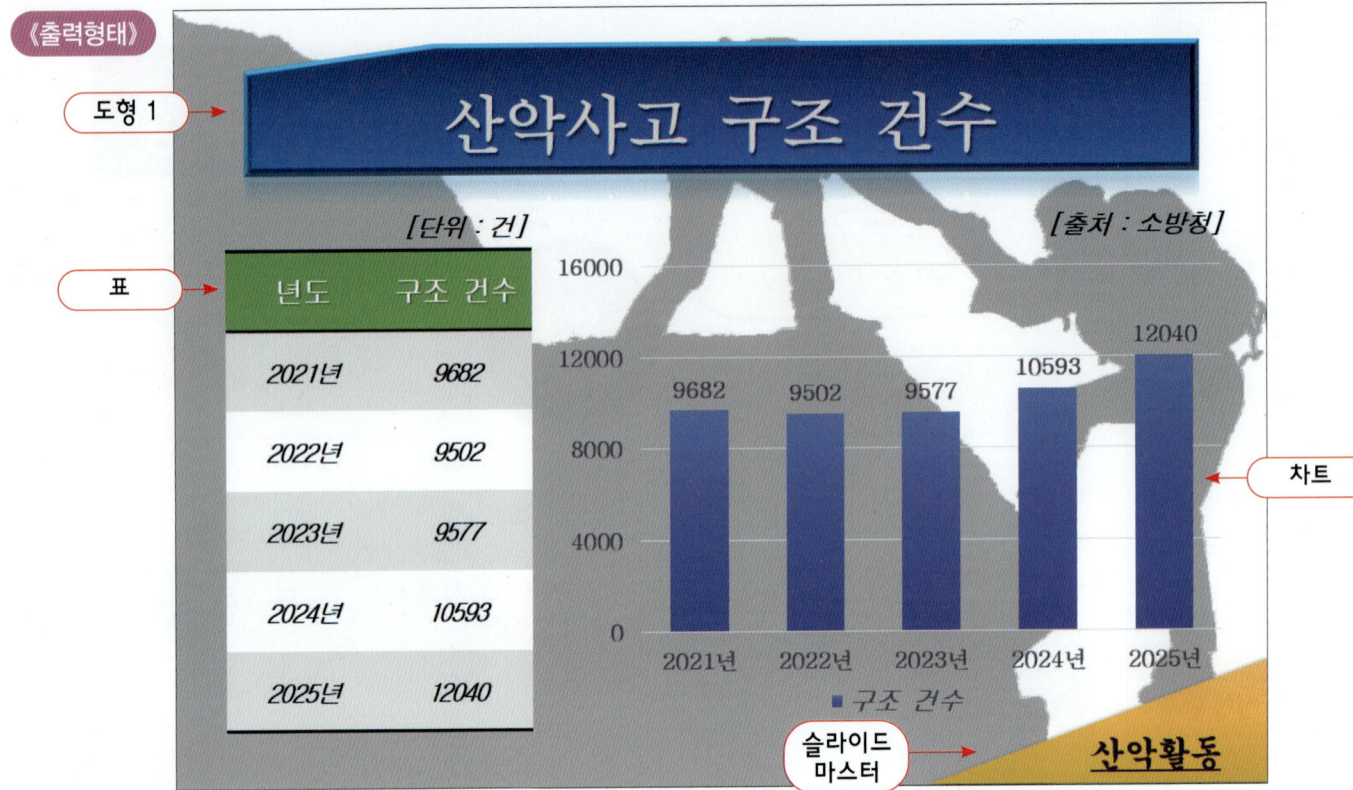

《작성조건》

(1) 제목
 ▶ 도형 1 ⇒ 순서도 : '순서도: 카드', 도형 채우기(파랑, 어두운 그라데이션 - 선형 아래쪽), 도형 윤곽선(실선, 색 : 연한 파랑, 너비 : 3pt, 겹선 종류 : 단순형), 도형 효과(반사 - '근접 반사: 터치', 입체 효과 - 각지게), 글꼴(바탕체, 44pt, 굵게, 텍스트 그림자, '밝은 회색, 배경 2')

(2) 본문 (※ 차트 작성은 반드시 '차트삽입→데이터입력→차트스타일' 순으로 작성바랍니다.)
 ▶ 텍스트 상자 1([단위 : 건]) ⇒ 글꼴(돋움, 18pt, 굵게, 기울임꼴)
 ▶ 표 ⇒ 표 스타일(중간 - 보통 스타일 3 - 강조 6), 가장 위의 행 : 글꼴(굴림체, 20pt, 굵게, 텍스트 그림자, 가운데 맞춤), 나머지 행 : 글꼴(굴림체, 18pt, 굵게, 기울임꼴, 가운데 맞춤)
 ▶ 텍스트 상자 2([출처 : 소방청]) ⇒ 글꼴(돋움, 18pt, 굵게, 기울임꼴)
 ▶ 차트 ⇒ 세로 막대형 : 묶은 세로 막대형, 차트 스타일(색 변경 - '단색 색상표 5', 스타일 7),
    축 서식/데이터 레이블 : 글꼴(바탕, 16pt, 굵게),
    범례 서식 : 글꼴(굴림체, 18pt, 굵게, 기울임꼴), 데이터는 표 참고
 ▶ 배경 ⇒ 배경 서식(채우기 - 그림 또는 질감 채우기)에서 그림 2 삽입(현재 슬라이드만 적용)
 ▶ 애니메이션 지정 ⇒ 차트 : 나타내기 - 닦아내기
 ▶ 지시사항이 없는 부분은 《출력형태》와 동일하게 작성하시오.

디지털정보활용능력 — 프리젠테이션(파워포인트) [시험시간 : 40분]

[슬라이드4] 아래의 작성조건 및 출력형태에 알맞게 네 번째 슬라이드에 작업하시오. (60점)

《출력형태》

《작성조건》

(1) 제목
- 도형 1 ⇒ 순서도 : '순서도: 카드', 도형 채우기(파랑, 어두운 그라데이션 – 선형 아래쪽), 도형 윤곽선(실선, 색 : 연한 파랑, 너비 : 3pt, 겹선 종류 : 단순형), 도형 효과(반사 – '근접 반사: 터치', 입체 효과 – 각지게), 글꼴(바탕체, 44pt, 굵게, 텍스트 그림자, '밝은 회색, 배경 2')

(2) 본문
- 도형 2~4 ⇒ 블록 화살표 : '화살표: 오각형', 도형 채우기(질감 : 흰색 대리석), 선 없음, 도형 효과(입체 효과 – 기울기), 글꼴(궁서체, 24pt, 굵게, 파랑)
- 도형 5~7 ⇒ 기본 도형 : '사각형: 빗면', 도형 채우기(연한 녹색, 밝은 그라데이션 – 선형 왼쪽), 선 없음, 도형 효과(그림자 – 안쪽 – 안쪽: 가운데), 글꼴(굴림체, 24pt, 굵게, 기울임꼴, 진한 파랑)
- 도형 8 ⇒ 블록 화살표 : '화살표: 왼쪽/오른쪽', 도형 채우기('녹색, 강조 6', 어두운 그라데이션 – 선형 아래쪽), 선 없음, 도형 효과(네온 – '네온: 8pt, 녹색, 강조색 6')
- 도형 9 ⇒ 기본 도형 : 배지, 도형 채우기(그림 또는 질감 채우기) 기능을 사용하여 그림 3 삽입, 도형 윤곽선(실선, 색 : 진한 빨강, 너비 : 3pt, 겹선 종류 : 단순형, 대시 종류 : 사각 점선), 도형 효과(반사 – '1/2 반사: 터치')
- WordArt 삽입(안전하고 즐거운 산행 준비!)
  ⇒ WordArt 스타일('채우기: 황금색, 강조색 4, 부드러운 입체'), 글꼴(굴림체, 32pt, 굵게, 밑줄)
- 지시사항이 없는 부분은《출력형태》와 동일하게 작성하시오.

제 04 회 실전모의고사

MS Office 2021 버전용

◎ 시험과목 : 프리젠테이션(파워포인트)
◎ 시험일자 : 20○○. ○○. ○○.(X)
◎ 응시자 기재사항 및 감독위원 확인

D

수검번호	DIP - 0000 -	감독위원 확인
성 명		

응시자 유의사항

1. 응시자는 신분증을 지참하여야 시험에 응시할 수 있으며, 시험이 종료될 때까지 신분증을 제시하지 못 할 경우 해당 시험은 0점 처리됩니다.
2. 시스템(PC작동여부, 네트워크 상태 등)의 이상여부를 반드시 확인하여야 하며, 시스템 이상이 있을 시 감독위원에게 조치를 받으셔야 합니다.
3. 시험 중 부주의 또는 고의로 시스템을 파손한 경우는 응시자 부담으로 합니다.
4. 답안 전송 프로그램을 통해 다운로드 받은 파일을 이용하여 답안파일을 작성하시기 바랍니다.
5. 작성한 답안 파일은 답안 전송 프로그램을 통하여 전송됩니다. 감독위원의 지시에 따라 주시기 바랍니다.
6. 다음 사항의 경우 실격(0점) 혹은 부정행위 처리됩니다.
    1) 답안파일을 저장하지 않았거나, 저장한 파일이 손상되었을 경우
    2) 답안파일을 지정된 폴더(바탕화면 – "KAIT" 폴더)에 저장하지 않았을 경우
        ※ 답안 전송 프로그램 로그인 시 바탕화면에 자동 생성됨
    3) 답안파일을 다른 보조기억장치(USB) 혹은 네트워크(메신저, 게시판 등)로 전송할 경우
    4) 휴대용 전화기 등 통신기기를 사용할 경우
7. 슬라이드는 반드시 순서대로 작성해야 하며, 순서가 다를 경우 "0"점 처리됩니다.
8. 시험지에 제시된 글꼴이 응시 프로그램에 없는 경우, 반드시 감독위원에게 해당 내용을 통보한 뒤 조치를 받아야 합니다.
9. 슬라이드 작성 시 도형의 그룹설정을 사용하는 경우, 채점에서 감점 처리됩니다.
10. 시험의 완료는 작성이 완료된 답안을 저장하고, 답안전송이 완료된 상태를 확인한 것으로 합니다. 답안전송 확인 후 문제지는 감독위원에게 제출한 후 퇴실하여야 합니다.
11. 답안전송을 완료한 경우는 수정 또는 정정이 불가합니다.
12. 시험 시행 후 합격자 발표는 홈페이지(www.ihd.or.kr)에서 확인하시기를 바랍니다.
    ※ 합격자 발표 : 20○○. ○○. ○○.(X)

식별CODE

| 디지털정보활용능력 | 프리젠테이션(파워포인트) | [시험시간 : 40분] | 1/4 |

유의사항
- 《작성조건》을 준수하여 반드시 프리젠테이션 슬라이드로 작업합니다.
- 글꼴 및 기타 사항에 대해 별도의 지시사항이 없는 경우, 슬라이드 크기와 전체적인 균형을 고려하여 임의로 작성하되, 도형은 그룹으로 설정하지 않습니다.
- 모든 슬라이드 크기(A4), 방향(가로), 디자인 테마(Office 테마)로 지정합니다.
    ▶ 슬라이드 크기, 방향 조정 시 '맞춤 확인'으로 지정하여야 합니다.
- 공통적용사항(슬라이드 마스터)
    ▶ 도형 ⇒ 별 및 현수막 : 물결, 도형 스타일('강한 효과 - 녹색, 강조 6'), 글꼴(궁서체, 18pt, 굵게, 진한 빨강)
- 그림 삽입 시 다운로드 한 그림 파일을 반드시 사용하여야 합니다.
- ☐ ⇒ 은 지시사항이므로 작성하지 않습니다.
- 슬라이드에 제시된 글자 및 숫자 오타는 감점 처리됩니다.

[슬라이드1] 아래의 작성조건 및 출력형태에 알맞게 첫 번째 슬라이드에 작업하시오. (30점)

《출력형태》

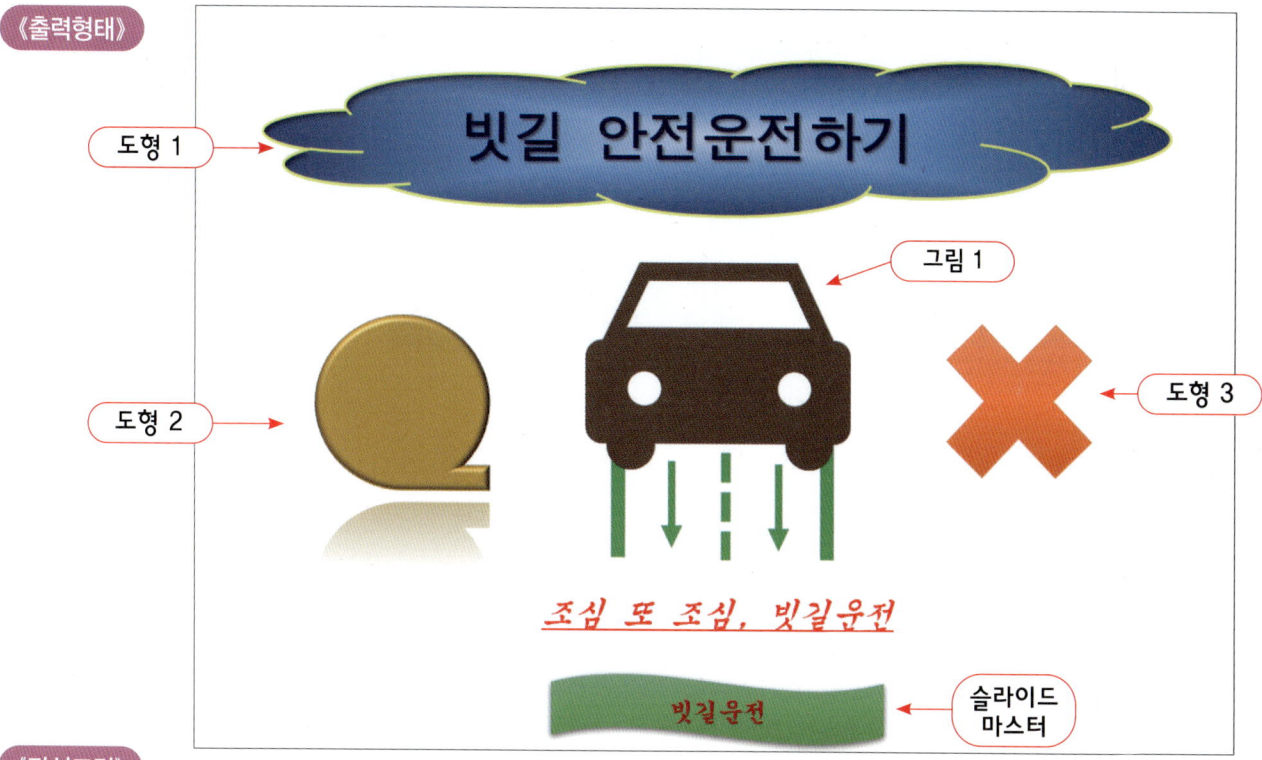

《작성조건》

▶ 도형 1 ⇒ 기본 도형 : 구름, 도형 채우기(그라데이션 : 미리 설정 - '아래쪽 스포트라이트 - 강조 1', 종류 - 사각형, 방향 - 가운데에서), 도형 윤곽선(실선, 색 : 노랑, 너비 : 2pt, 겹선 종류 : 단순형), 도형 효과(그림자 - 안쪽 - 안쪽: 왼쪽 위), 글꼴(돋움체, 40pt, 굵게, 텍스트 그림자, 진한 파랑)
▶ 도형 2 ⇒ 순서도 : '순서도: 순차적 액세스 저장소', 도형 채우기('황금색, 강조 4, 25% 더 어둡게'), 선 없음, 도형 효과(반사 - '근접 반사: 8pt 오프셋', 입체 효과 - 둥글게)
▶ 도형 3 ⇒ 수식 도형 : 곱하기 기호, 도형 스타일('보통 효과 - 주황, 강조 2')
▶ 그림 삽입 ⇒ 그림 1 삽입, 크기(높이 : 8cm, 너비 : 7cm)
▶ 텍스트 상자(조심 또 조심, 빗길운전) ⇒ 글꼴(궁서체, 24pt, 기울임꼴, 밑줄, 빨강)
▶ 애니메이션 지정 ⇒ 도형 1 : 나타내기 - 바운드
▶ 지시사항이 없는 부분은 《출력형태》와 동일하게 작성하시오.

[슬라이드2] 아래의 작성조건 및 출력형태에 알맞게 두 번째 슬라이드에 작업하시오. (50점)

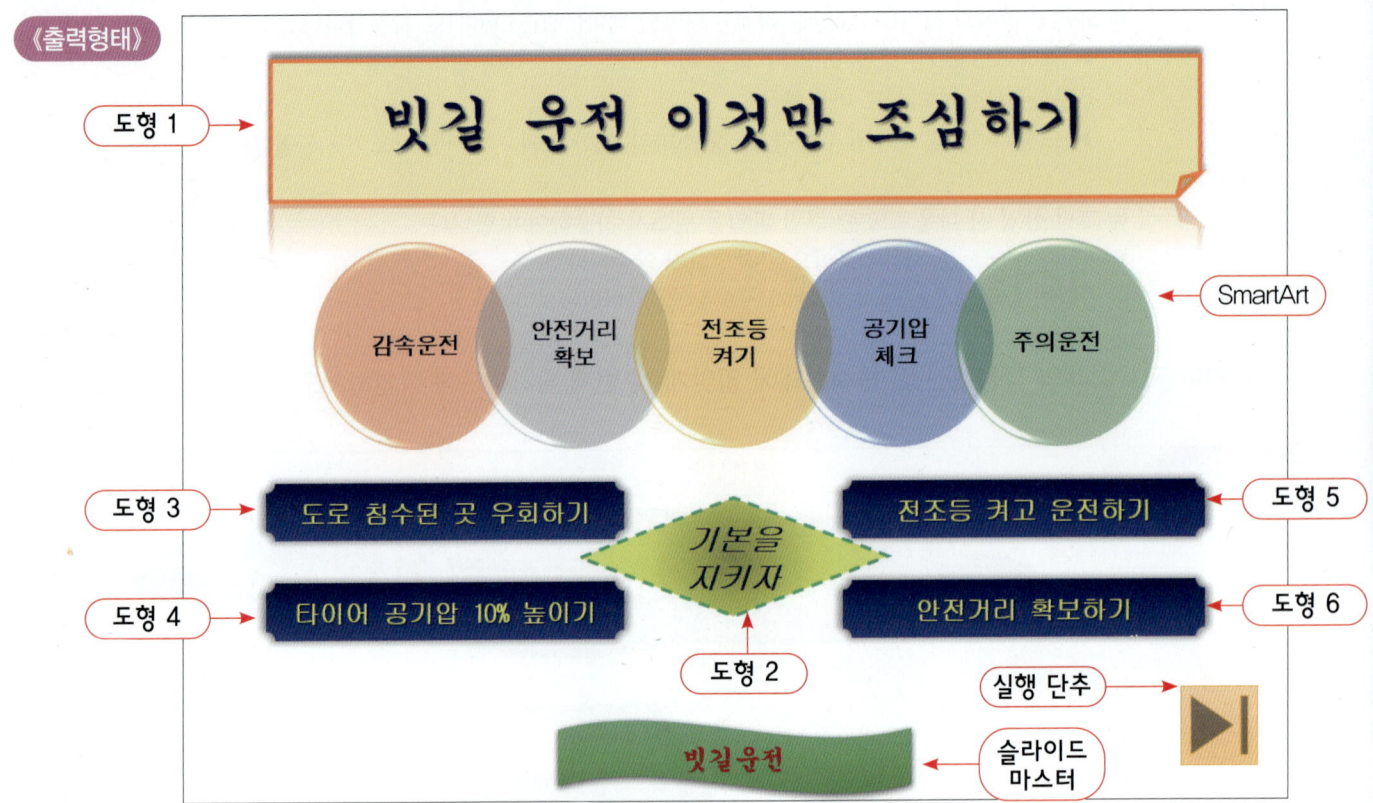

《작성조건》

(1) 제목
- 도형 1 ⇒ 기본 도형 : '사각형: 모서리가 접힌 도형', 도형 채우기('황금색, 강조 4, 60% 더 밝게'), 도형 윤곽선(실선, 색 : '주황, 강조 2', 너비 : 3pt, 겹선 종류 : 단순형), 도형 효과(그림자 – 바깥쪽 – 오프셋: 위쪽, 반사 – '근접 반사: 터치'), 글꼴(궁서체, 40pt, 텍스트 그림자, 진한 파랑)

(2) 본문
- 도형 2 ⇒ 기본 도형 : 다이아몬드, 도형 채우기(노랑, 어두운 그라데이션 – 가운데에서), 도형 윤곽선(실선, 색 : 녹색, 너비 : 2pt, 겹선 종류 : 단순형, 대시 종류 : 파선), 글꼴(굴림체, 22pt, 굵게, 기울임꼴, 진한 파랑)
- 도형 3~6 ⇒ 기본 도형 : 배지, 도형 채우기('파랑, 강조 5, 25% 더 어둡게', 어두운 그라데이션 – 선형 아래쪽), 선 없음, 도형 효과(그림자 – 바깥쪽 – 오프셋: 가운데), 글꼴(굴림체, 18pt, 굵게, 텍스트 그림자, 노랑)
- 실행 단추 ⇒ 실행 단추 : '실행 단추: 끝으로 이동', 하이퍼링크 : 마지막 슬라이드, 도형 스타일('미세 효과 – 황금색, 강조 4')
- SmartArt 삽입 ⇒ 관계형 : 선형 벤형, 글꼴(돋움, 16pt, 굵게, 가운데 맞춤), SmartArt 스타일(색 변경 – '색상형 – 강조색', 3차원 – 광택 처리), (반드시 SmartArt 기능을 이용하여 작성할 것)
- 애니메이션 지정 ⇒ SmartArt : 나타내기 – 시계 방향 회전
- 지시사항이 없는 부분은 《출력형태》와 동일하게 작성하시오.

[슬라이드3] 아래의 작성조건 및 출력형태에 알맞게 세 번째 슬라이드에 작업하시오. (60점)

《출력형태》

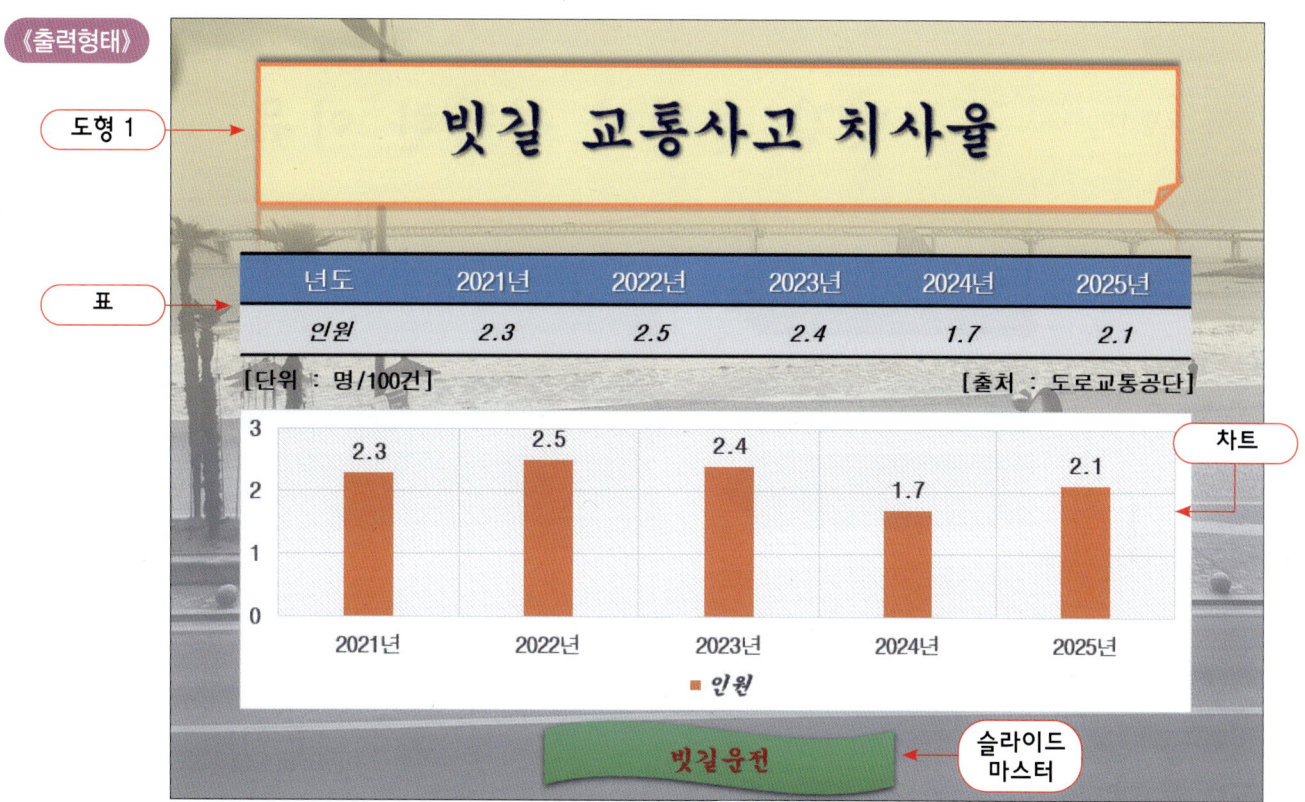

《작성조건》

(1) 제목
▶ 도형 1 ⇒ 기본 도형 : '사각형: 모서리가 접힌 도형', 도형 채우기('황금색, 강조 4, 60% 더 밝게'), 도형 윤곽선(실선, 색 : '주황, 강조 2', 너비 : 3pt, 겹선 종류 : 단순형), 도형 효과(그림자 – 바깥쪽 – 오프셋: 위쪽, 반사 – '근접 반사: 터치'), 글꼴(궁서체, 40pt, 텍스트 그림자, 진한 파랑)

(2) 본문 (※ 차트 작성은 반드시 '차트삽입→데이터입력→차트스타일' 순으로 작성바랍니다.)
▶ 텍스트 상자 1([단위 : 명/100건]) ⇒ 글꼴(돋움체, 16pt, 굵게)
▶ 표 ⇒ 표 스타일(중간 – 보통 스타일 3 – 강조 1), 가장 위의 행 : 글꼴(돋움체, 18pt, 굵게, 텍스트 그림자, 가운데 맞춤), 나머지 행 : 글꼴(돋움체, 16pt, 굵게, 기울임꼴, 가운데 맞춤)
▶ 텍스트 상자 2([출처 : 도로교통공단]) ⇒ 글꼴(돋움체, 16pt, 굵게)
▶ 차트 ⇒ 세로 막대형 : 묶은 세로 막대형, 차트 스타일(색 변경 – '다양한 색상표 3', 스타일 8), 축 서식/데이터 레이블 서식 : 글꼴(돋움체, 16pt, 굵게), 범례 서식 : 글꼴(궁서체, 16pt, 굵게, 기울임꼴), 데이터는 표 참고
▶ 배경 ⇒ 배경 서식(채우기 – 그림 또는 질감 채우기)에서 그림 2 삽입(현재 슬라이드만 적용)
▶ 애니메이션 지정 ⇒ 차트 : 나타내기 – 날아오기
▶ 지시사항이 없는 부분은 《출력형태》와 동일하게 작성하시오.

[슬라이드4] 아래의 작성조건 및 출력형태에 알맞게 네 번째 슬라이드에 작업하시오. (60점)

《출력형태》

《작성조건》

(1) 제목
- 도형 1 ⇒ 기본 도형 : '사각형: 모서리가 접힌 도형', 도형 채우기('황금색, 강조 4, 60% 더 밝게'), 도형 윤곽선(실선, 색 : '주황, 강조 2', 너비 : 3pt, 겹선 종류 : 단순형), 도형 효과(그림자 – 바깥쪽 – 오프셋: 위쪽, 반사 – '근접 반사: 터치'), 글꼴(궁서체, 40pt, 텍스트 그림자, 진한 파랑)

(2) 본문
- 도형 2~4 ⇒ 블록 화살표 : '화살표: 오각형', 도형 채우기(질감 : 월넛), 선 없음, 도형 효과(그림자 – 바깥쪽 – 오프셋: 왼쪽), 글꼴(돋움체, 22pt, 굵게, 텍스트 그림자, 주황)
- 도형 5~7 ⇒ 기본 도형 : 사다리꼴, 도형 채우기('황금색, 강조 4, 50% 더 어둡게', 어두운 그라데이션 – 선형 아래쪽), 선 없음, 도형 효과(반사 – '근접 반사: 터치'), 글꼴(돋움체, 20pt, 굵게, 기울임꼴, 노랑)
- 도형 8 ⇒ 블록 화살표 : '화살표: 왼쪽/오른쪽/위쪽/아래쪽', 도형 채우기(주황, 어두운 그라데이션 – 가운데에서), 선 없음, 도형 효과(입체 효과 – 둥글게 볼록)
- 도형 9 ⇒ 순서도 : '순서도: 연결자', 도형 채우기(그림 또는 질감 채우기) 기능을 사용하여 그림 3 삽입, 도형 윤곽선(실선, 색 : 녹색, 너비 : 3pt, 겹선 종류 : 단순형, 대시 종류 : 파선), 도형 효과(네온 – '네온: 5pt, 녹색, 강조색 6')
- WordArt 삽입(빗길 운전, 기본부터 시작하기!)
  ⇒ WordArt 스타일('채우기: 파랑, 강조색 1, 그림자'), 글꼴(궁서체, 28pt, 굵게, 텍스트 그림자)
- 지시사항이 없는 부분은 《출력형태》와 동일하게 작성하시오.

제 05 회 실전모의고사

◎ 시험과목 : 프리젠테이션(파워포인트)
◎ 시험일자 : 20○○.○○.○○.(X)
◎ 응시자 기재사항 및 감독위원 확인

MS Office 2021 버전용

E

수검번호	DIP - 0000 -	감독위원 확인
성 명		

응시자 유의사항

1. 응시자는 신분증을 지참하여야 시험에 응시할 수 있으며, 시험이 종료될 때까지 신분증을 제시하지 못 할 경우 해당 시험은 0점 처리됩니다.
2. 시스템(PC작동여부, 네트워크 상태 등)의 이상여부를 반드시 확인하여야 하며, 시스템 이상이 있을 시 감독위원에게 조치를 받으셔야 합니다.
3. 시험 중 부주의 또는 고의로 시스템을 파손한 경우는 응시자 부담으로 합니다.
4. 답안 전송 프로그램을 통해 다운로드 받은 파일을 이용하여 답안파일을 작성하시기 바랍니다.
5. 작성한 답안 파일은 답안 전송 프로그램을 통하여 전송됩니다. 감독위원의 지시에 따라 주시기 바랍니다.
6. 다음 사항의 경우 실격(0점) 혹은 부정행위 처리됩니다.
   1) 답안파일을 저장하지 않았거나, 저장한 파일이 손상되었을 경우
   2) 답안파일을 지정된 폴더(바탕화면 – "KAIT" 폴더)에 저장하지 않았을 경우
      ※ 답안 전송 프로그램 로그인 시 바탕화면에 자동 생성됨
   3) 답안파일을 다른 보조기억장치(USB) 혹은 네트워크(메신저, 게시판 등)로 전송할 경우
   4) 휴대용 전화기 등 통신기기를 사용할 경우
7. 슬라이드는 반드시 순서대로 작성해야 하며, 순서가 다를 경우 "0"점 처리됩니다.
8. 시험지에 제시된 글꼴이 응시 프로그램에 없는 경우, 반드시 감독위원에게 해당 내용을 통보한 뒤 조치를 받아야 합니다.
9. 슬라이드 작성 시 도형의 그룹설정을 사용하는 경우, 채점에서 감점 처리됩니다.
10. 시험의 완료는 작성이 완료된 답안을 저장하고, 답안전송이 완료된 상태를 확인한 것으로 합니다. 답안전송 확인 후 문제지는 감독위원에게 제출한 후 퇴실하여야 합니다.
11. 답안전송을 완료한 경우는 수정 또는 정정이 불가합니다.
12. 시험 시행 후 합격자 발표는 홈페이지(www.ihd.or.kr)에서 확인하시기를 바랍니다.
    ※ 합격자 발표 : 20○○.○○.○○.(X)

디지털정보활용능력 — 프리젠테이션(파워포인트) [시험시간 : 40분]

유의사항
- 《작성조건》을 준수하여 반드시 프리젠테이션 슬라이드로 작업합니다.
- 글꼴 및 기타 사항에 대해 별도의 지시사항이 없는 경우, 슬라이드 크기와 전체적인 균형을 고려하여 임의로 작성하되, 도형은 그룹으로 설정하지 않습니다.
- 모든 슬라이드 크기(A4), 방향(가로), 디자인 테마(Office 테마)로 지정합니다.
  ▶ 슬라이드 크기, 방향 조정 시 '맞춤 확인'으로 지정하여야 합니다.
- 공통적용사항(슬라이드 마스터)
  ▶ 도형 ⇒ 블록 화살표 : '화살표: 오각형', 도형 스타일('보통 효과 – 파랑, 강조 1'), 글꼴(돋움, 20pt, 굵게, 기울임꼴)
- 그림 삽입 시 다운로드 한 그림 파일을 반드시 사용하여야 합니다.
- ⬜ ➔ 은 지시사항이므로 작성하지 않습니다.
- 슬라이드에 제시된 글자 및 숫자 오타는 감점 처리됩니다.

[슬라이드1] 아래의 작성조건 및 출력형태에 알맞게 첫 번째 슬라이드에 작업하시오. (30점)

《출력형태》

《작성조건》

▶ 도형 1 ⇒ 기본 도형 : '사각형: 빗면', 도형 채우기(그라데이션 : 미리 설정 – '아래쪽 스포트라이트 – 강조 6', 종류 – 방사형, 방향 – 가운데에서), 도형 윤곽선(실선, 색 : '밝은 회색, 배경 2', 너비 : 3pt, 겹선 종류 : 단순형), 도형 효과(그림자 – 원근감 – 원근감: 오른쪽 위), 글꼴(궁서체, 44pt, 기울임꼴, 텍스트 그림자, 노랑)
▶ 도형 2 ⇒ 블록 화살표: '화살표: 오른쪽으로 구부러짐', 도형 채우기('주황, 강조 2'), 선 없음, 도형 효과(그림자 – 바깥쪽 – 오프셋: 오른쪽 아래, 반사 – '1/2 반사: 터치')
▶ 도형 3 ⇒ 기본 도형 : 구름, 도형 스타일('보통 효과 – 황금색, 강조 4')
▶ 그림 삽입 ⇒ 그림 1 삽입, 크기(높이 : 8cm, 너비 : 10cm)
▶ 텍스트 상자(치매를 일으키는 퇴행성 뇌질환) ⇒ 글꼴(굴림체, 24pt, 굵게, 밑줄)
▶ 애니메이션 지정 ⇒ 도형 1 : 나타내기 – 나누기
▶ 지시사항이 없는 부분은 《출력형태》와 동일하게 작성하시오.

[슬라이드2] 아래의 작성조건 및 출력형태에 알맞게 두 번째 슬라이드에 작업하시오. (50점)

《출력형태》

《작성조건》

(1) 제목
- 도형 1 ⇒ 기본 도형 : 십자형, 도형 채우기('주황, 강조 2, 40% 더 밝게'), 도형 윤곽선(실선, 색 : 진한 빨강, 너비 : 3pt, 겹선 종류 : 단순형), 도형 효과(그림자 – 안쪽 – 안쪽: 위쪽, 입체 효과 – 볼록하게), 글꼴(굴림체, 40pt, 굵게, 텍스트 그림자, 진한 파랑)

(2) 본문
- 도형 2 ⇒ 블록 화살표 : '설명선: 아래쪽 화살표', 도형 채우기('황금색, 강조 4', 밝은 그라데이션 – 선형 위쪽), 도형 윤곽선(실선, 색 : 주황, 너비 : 5pt, 겹선 종류 : 이중), 글꼴(궁서체, 24pt, 굵게, 녹색)
- 도형 3~6 ⇒ 기본 도형 : 눈물 방울, 도형 채우기('녹색, 강조 6', 밝은 그라데이션 – 왼쪽 아래 모서리에서), 선 없음, 도형 효과(입체 효과 – 낮은 수준의 경사), 글꼴(궁서, 20pt, 기울임꼴, 자주)
- 실행 단추 ⇒ 실행 단추 : '실행 단추: 끝으로 이동', 하이퍼링크 : 마지막 슬라이드, 도형 스타일('색 채우기 – 녹색, 강조 6')
- SmartArt 삽입 ⇒ 관계형 : 방사형 벤형, 글꼴(돋움, 20pt, 굵게, 텍스트 그림자, 가운데 맞춤), SmartArt 스타일 (색 변경 – '색상형 – 강조색', 3차원 – 벽돌), (반드시 SmartArt 기능을 이용하여 작성할 것)
- 애니메이션 지정 ⇒ SmartArt : 나타내기 – 회전
- 지시사항이 없는 부분은《출력형태》와 동일하게 작성하시오.

[슬라이드3] 아래의 작성조건 및 출력형태에 알맞게 세 번째 슬라이드에 작업하시오. (60점)

《출력형태》

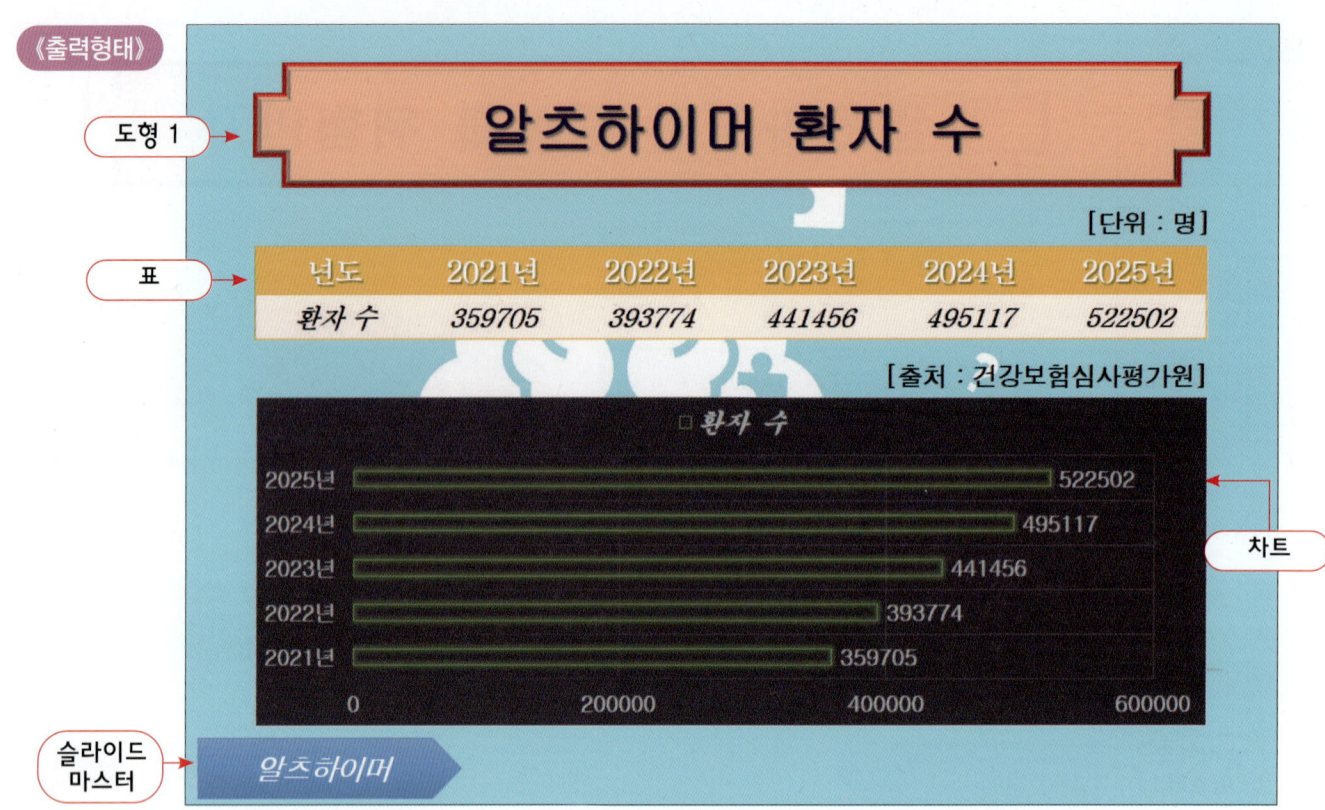

《작성조건》

(1) 제목
- 도형 1 ⇒ 기본 도형 : 십자형, 도형 채우기('주황, 강조 2, 40% 더 밝게'), 도형 윤곽선(실선, 색 : 진한 빨강, 너비 : 3pt, 겹선 종류 : 단순형), 도형 효과(그림자 - 안쪽 - 안쪽: 위쪽, 입체 효과 - 볼록하게), 글꼴(굴림체, 40pt, 굵게, 텍스트 그림자, 진한 파랑)

(2) 본문 (※ 차트 작성은 반드시 '차트삽입→데이터입력→차트스타일' 순으로 작성바랍니다.)
- 텍스트 상자 1([단위 : 명]) ⇒ 글꼴(돋움, 18pt, 굵게)
- 표 ⇒ 표 스타일(중간 - 보통 스타일 1 - 강조 4), 가장 위의 행 : 글꼴(바탕, 20pt, 굵게, 텍스트 그림자, 가운데 맞춤), 나머지 행 : 글꼴(바탕, 18pt, 굵게, 기울임꼴, 가운데 맞춤)
- 텍스트 상자 2([출처 : 건강보험심사평가원]) ⇒ 글꼴(돋움, 18pt, 굵게)
- 차트 ⇒ 가로 막대형 : 묶은 가로 막대형, 차트 스타일(색 변경 - '다양한 색상표 4', 스타일 11), 축 서식/데이터 레이블 : 글꼴(굴림, 16pt, 굵게), 범례 서식 : 글꼴(궁서체, 18pt, 굵게, 기울임꼴), 데이터는 표 참고
- 배경 ⇒ 배경 서식(채우기 - 그림 또는 질감 채우기)에서 그림 2 삽입(현재 슬라이드만 적용)
- 애니메이션 지정 ⇒ 차트 : 나타내기 - 날아오기
- 지시사항이 없는 부분은 《출력형태》와 동일하게 작성하시오.

[슬라이드4] 아래의 작성조건 및 출력형태에 알맞게 네 번째 슬라이드에 작업하시오. (60점)

《출력형태》

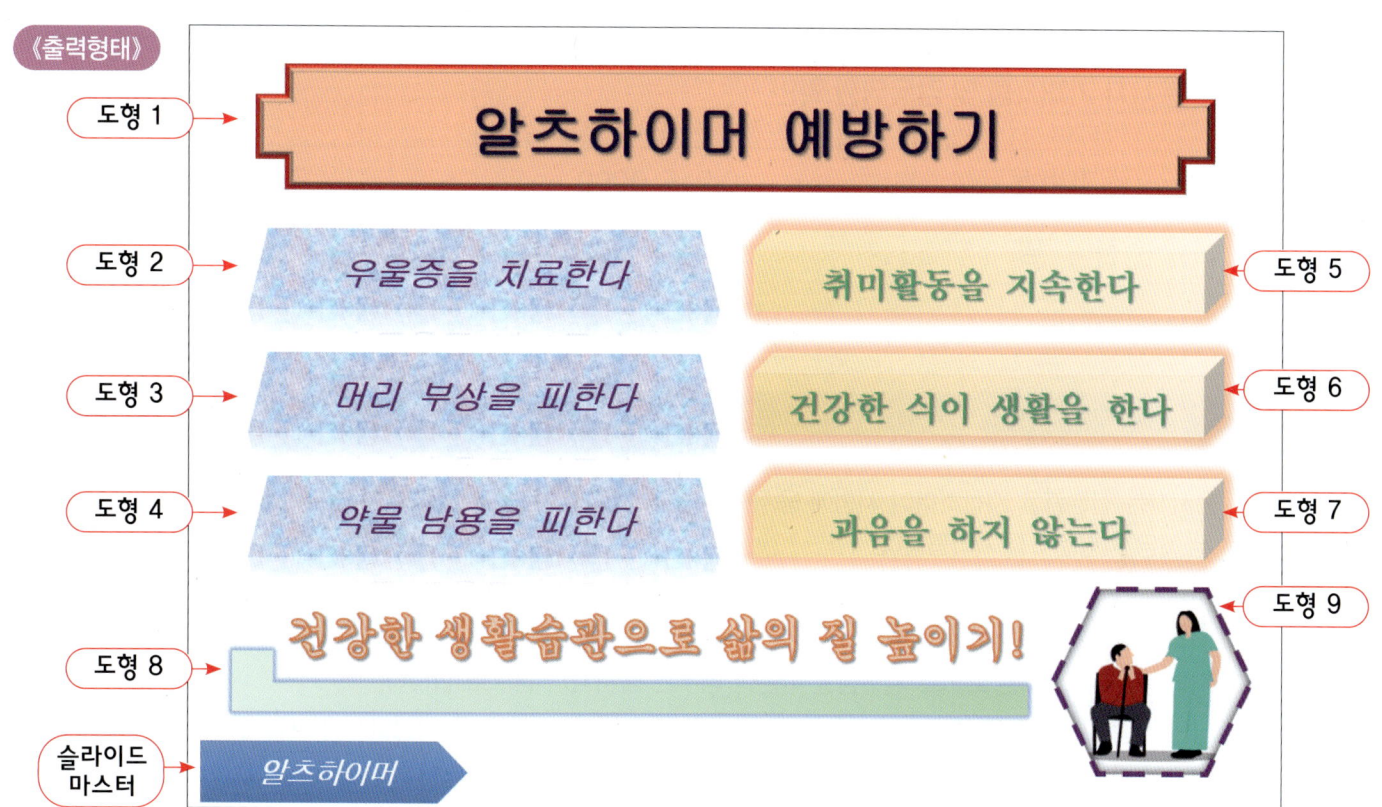

《작성조건》

(1) 제목
- 도형 1 ⇒ 기본 도형 : 십자형, 도형 채우기('주황, 강조 2, 40% 더 밝게'), 도형 윤곽선(실선, 색 : 진한 빨강, 너비 : 3pt, 겹선 종류 : 단순형), 도형 효과(그림자 – 안쪽 – 안쪽: 위쪽, 입체 효과 – 볼록하게), 글꼴(굴림체, 40pt, 굵게, 텍스트 그림자, 진한 파랑)

(2) 본문
- 도형 2~4 ⇒ 기본 도형 : 사다리꼴, 도형 채우기(질감 : 꽃다발), 선 없음, 도형 효과(반사 – '근접 반사: 터치'), 글꼴(굴림체, 24pt, 굵게, 기울임꼴, 자주)
- 도형 5~7 ⇒ 기본 도형 : 정육면체, 도형 채우기(주황, 밝은 그라데이션 – 왼쪽 아래 모서리에서), 선 없음, 도형 효과(네온 – '네온: 11pt, 주황, 강조색 2'), 글꼴(바탕체, 24pt, 굵게, 텍스트 그림자, 녹색)
- 도형 8 ⇒ 기본 도형 : L 도형, 도형 채우기(연한 녹색, 밝은 그라데이션 – 오른쪽 위 모서리에서), 선 없음, 도형 효과(네온 – '네온: 5pt, 파랑, 강조색 5')
- 도형 9 ⇒ 기본 도형 : 육각형, 도형 채우기(그림 또는 질감 채우기) 기능을 사용하여 그림 3 삽입, 도형 윤곽선(실선, 색 : 자주, 너비 : 4pt, 겹선 종류 : 단순형, 대시 종류 : 파선), 도형 효과(그림자 – 안쪽 – 안쪽: 가운데)
- WordArt 삽입(건강한 생활습관으로 삶의 질 높이기!)
  ⇒ WordArt 스타일('채우기: 주황, 강조색 2, 윤곽선: 주황, 강조색 2'), 글꼴(궁서, 32pt, 굵게, 텍스트 그림자)
- 지시사항이 없는 부분은《출력형태》와 동일하게 작성하시오.

제 06 회 실전모의고사

MS Office 2021 버전용

◎ 시험과목 : 프리젠테이션(파워포인트)
◎ 시험일자 : 20○○. ○○. ○○.(X)
◎ 응시자 기재사항 및 감독위원 확인

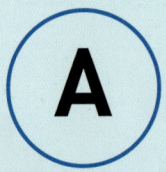
A

수검번호	DIP - 0000 -	감독위원 확인
성 명		

응시자 유의사항

1. 응시자는 신분증을 지참하여야 시험에 응시할 수 있으며, 시험이 종료될 때까지 신분증을 제시하지 못 할 경우 해당 시험은 0점 처리됩니다.
2. 시스템(PC작동여부, 네트워크 상태 등)의 이상여부를 반드시 확인하여야 하며, 시스템 이상이 있을 시 감독위원에게 조치를 받으셔야 합니다.
3. 시험 중 부주의 또는 고의로 시스템을 파손한 경우는 응시자 부담으로 합니다.
4. 답안 전송 프로그램을 통해 다운로드 받은 파일을 이용하여 답안파일을 작성하시기 바랍니다.
5. 작성한 답안 파일은 답안 전송 프로그램을 통하여 전송됩니다. 감독위원의 지시에 따라 주시기 바랍니다.
6. 다음 사항의 경우 실격(0점) 혹은 부정행위 처리됩니다.
   1) 답안파일을 저장하지 않았거나, 저장한 파일이 손상되었을 경우
   2) 답안파일을 지정된 폴더(바탕화면 – "KAIT" 폴더)에 저장하지 않았을 경우
      ※ 답안 전송 프로그램 로그인 시 바탕화면에 자동 생성됨
   3) 답안파일을 다른 보조기억장치(USB) 혹은 네트워크(메신저, 게시판 등)로 전송할 경우
   4) 휴대용 전화기 등 통신기기를 사용할 경우
7. 슬라이드는 반드시 순서대로 작성해야 하며, 순서가 다를 경우 "0"점 처리됩니다.
8. 시험지에 제시된 글꼴이 응시 프로그램에 없는 경우, 반드시 감독위원에게 해당 내용을 통보한 뒤 조치를 받아야 합니다.
9. 슬라이드 작성 시 도형의 그룹설정을 사용하는 경우, 채점에서 감점 처리됩니다.
10. 시험의 완료는 작성이 완료된 답안을 저장하고, 답안전송이 완료된 상태를 확인한 것으로 합니다. 답안전송 확인 후 문제지는 감독위원에게 제출한 후 퇴실하여야 합니다.
11. 답안전송을 완료한 경우는 수정 또는 정정이 불가합니다.
12. 시험 시행 후 합격자 발표는 홈페이지(www.ihd.or.kr)에서 확인하시기를 바랍니다.
    ※ 합격자 발표 : 20○○. ○○. ○○.(X)

디지털정보활용능력 — 프리젠테이션(파워포인트) [시험시간 : 40분]

유의사항
- 《작성조건》을 준수하여 반드시 프리젠테이션 슬라이드로 작업합니다.
- 글꼴 및 기타 사항에 대해 별도의 지시사항이 없는 경우, 슬라이드 크기와 전체적인 균형을 고려하여 임의로 작성하되, 도형은 그룹으로 설정하지 않습니다.
- 모든 슬라이드 크기(A4), 방향(가로), 디자인 테마(Office 테마)로 지정합니다.
  ▶ 슬라이드 크기, 방향 조정 시 '맞춤 확인'으로 지정하여야 합니다.
- 공통적용사항(슬라이드 마스터)
  ▶ 도형 ⇒ 기본 도형 : 타원, 도형 스타일('보통 효과 - 주황, 강조 2'), 글꼴(궁서, 18pt, 텍스트 그림자)
- 그림 삽입 시 다운로드 한 그림 파일을 반드시 사용하여야 합니다.
- ☐➔ 은 지시사항이므로 작성하지 않습니다.
- 슬라이드에 제시된 글자 및 숫자 오타는 감점 처리됩니다.

[슬라이드1] 아래의 작성조건 및 출력형태에 알맞게 첫 번째 슬라이드에 작업하시오. (30점)

《출력형태》

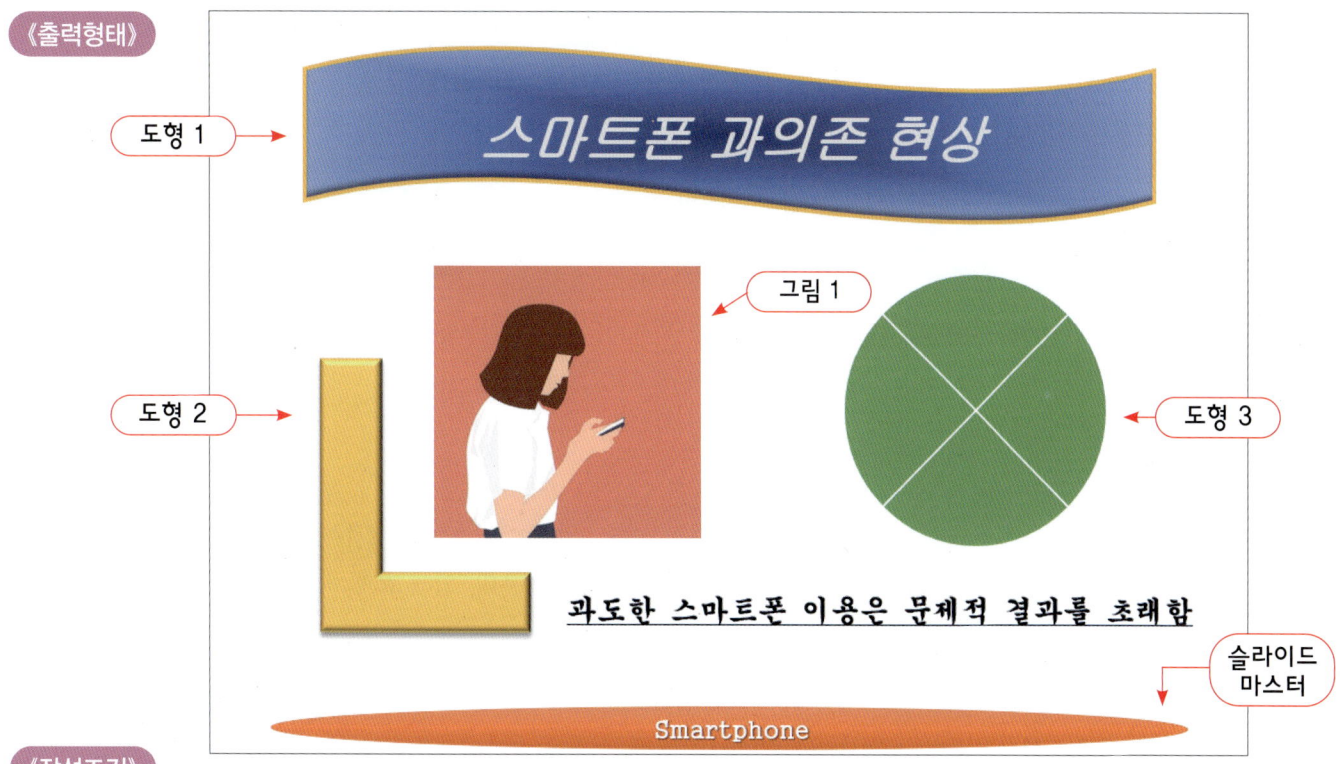

《작성조건》

▶ 도형 1 ⇒ 별 및 현수막 : 물결, 도형 채우기(그라데이션 : 미리 설정 - '가운데 그라데이션 - 강조 5', 종류 - 사각형, 방향 - 가운데에서), 도형 윤곽선(실선, 색 : 주황, 너비 : 3pt, 겹선 종류 : 단순형), 도형 효과(그림자 - 안쪽 - 안쪽: 아래쪽), 글꼴(굴림, 40pt, 굵게, 기울임꼴, '밝은 회색, 배경 2')
▶ 도형 2 ⇒ 기본 도형 : L 도형, 도형 채우기('황금색, 강조 4'), 선 없음, 도형 효과(그림자 - 바깥쪽 - 오프셋: 아래쪽, 입체 효과 - 둥글게)
▶ 도형 3 ⇒ 순서도 : '순서도: 가산 접합', 도형 스타일('밝은 색 1 윤곽선, 색 채우기 - 녹색, 강조 6')
▶ 그림 삽입 ⇒ 그림 1 삽입, 크기(높이 : 7cm, 너비 : 7cm)
▶ 텍스트 상자(과도한 스마트폰 이용은 문제적 결과를 초래함) ⇒ 글꼴(궁서체, 22pt, 굵게, 밑줄)
▶ 애니메이션 지정 ⇒ 도형 1 : 나타내기 - 닦아내기
▶ 지시사항이 없는 부분은 《출력형태》와 동일하게 작성하시오.

디지털정보활용능력 — 프리젠테이션(파워포인트)

[슬라이드2] 아래의 작성조건 및 출력형태에 알맞게 두 번째 슬라이드에 작업하시오. (50점)

《출력형태》

《작성조건》

(1) 제목
- 도형 1 ⇒ 블록 화살표 : '화살표: 오각형', 도형 채우기(연한 녹색), 도형 윤곽선(실선, 색 : 파랑, 너비 : 2pt, 겹선 종류 : 단순형), 도형 효과(그림자 – 바깥쪽 – 오프셋: 가운데, 입체 효과 – 기울기), 글꼴(돋움체, 36pt, 굵게, 기울임꼴, 진한 파랑)

(2) 본문
- 도형 2 ⇒ 기본 도형 : 육각형, 도형 채우기('파랑, 강조 5', 어두운 그라데이션 – 선형 아래쪽), 도형 윤곽선(실선, 색 : '황금색, 강조 4', 너비 : 3pt, 겹선 종류 : 얇고 굵음), 글꼴(궁서체, 24pt, 기울임꼴, 텍스트 그림자, '밝은 회색, 배경 2')
- 도형 3~6 ⇒ 기본 도형 : 눈물 방울, 도형 채우기(주황, 밝은 그라데이션 – 왼쪽 위 모서리에서), 선 없음, 도형 효과(입체 효과 – 리블렛), 글꼴(궁서, 24pt, 굵게, 파랑)
- 실행 단추 ⇒ 실행 단추 : '실행 단추: 홈으로 이동', 하이퍼링크 : 첫째 슬라이드, 도형 스타일('강한 효과 – 황금색, 강조 4')
- SmartArt 삽입 ⇒ 관계형 : 선형 벤형, 글꼴(굴림체, 18pt, 굵게, 텍스트 그림자, 가운데 맞춤), SmartArt 스타일(색 변경 – '색상형 – 강조색', 3차원 – 파우더), (반드시 SmartArt 기능을 이용하여 작성할 것)
- 애니메이션 지정 ⇒ SmartArt : 나타내기 – 밝기 변화
- 지시사항이 없는 부분은 《출력형태》와 동일하게 작성하시오.

| 디지털정보활용능력 | 프리젠테이션(파워포인트) | [시험시간 : 40분] | 3/4 |

[슬라이드3] 아래의 작성조건 및 출력형태에 알맞게 세 번째 슬라이드에 작업하시오. (60점)

《출력형태》

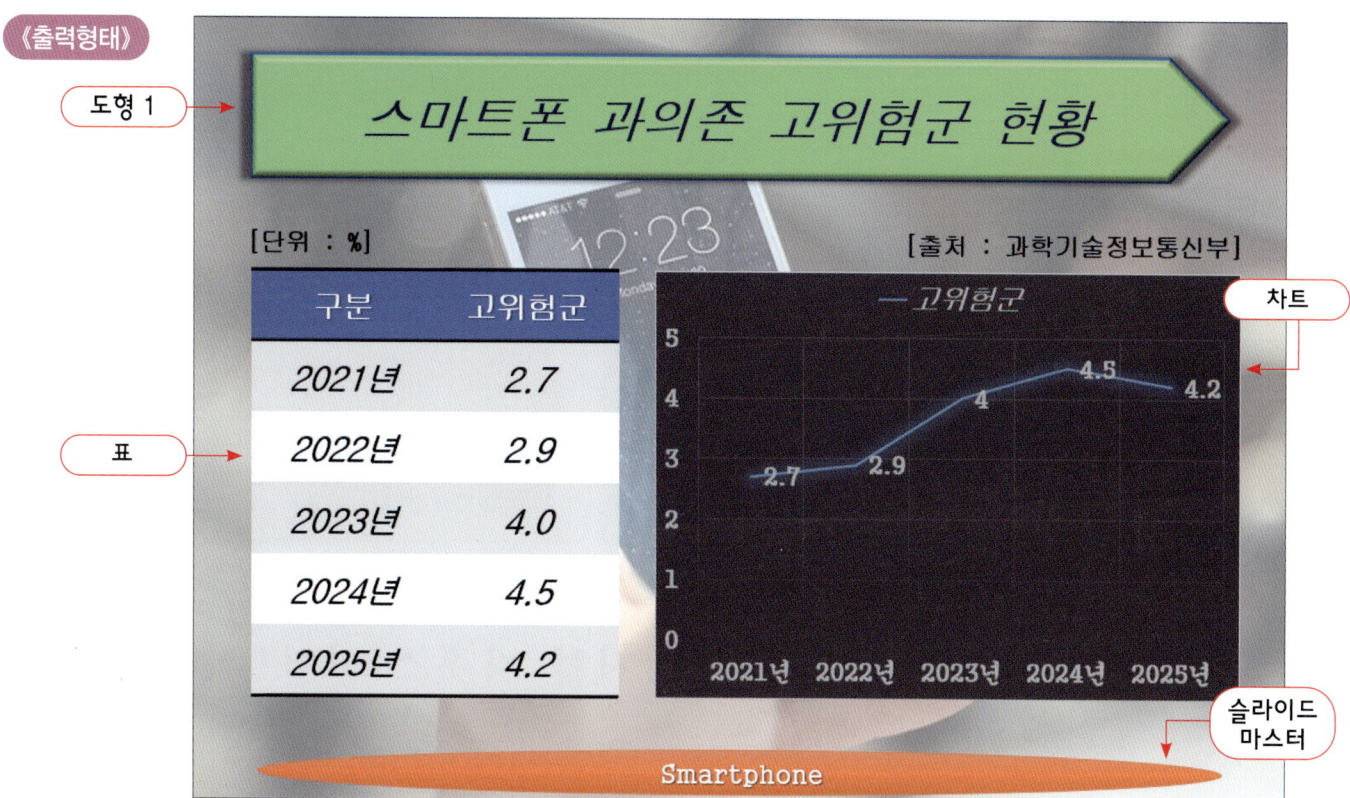

《작성조건》

(1) 제목
- 도형 1 ⇒ 블록 화살표 : '화살표: 오각형', 도형 채우기(연한 녹색), 도형 윤곽선(실선, 색 : 파랑, 너비 : 2pt, 겹선 종류 : 단순형), 도형 효과(그림자 – 바깥쪽 – 오프셋: 가운데, 입체 효과 – 기울기), 글꼴(돋움체, 36pt, 굵게, 기울임꼴, 진한 파랑)

(2) 본문 (※ 차트 작성은 반드시 '차트삽입→데이터입력→차트스타일' 순으로 작성바랍니다.)
- 텍스트 상자 1([단위 : %]) ⇒ 글꼴(굴림체, 18pt, 굵게)
- 표 ⇒ 표 스타일(중간 – 보통 스타일 3 – 강조 5), 가장 위의 행 : 글꼴(굴림, 22pt, 굵게, 텍스트 그림자, 가운데 맞춤), 나머지 행 : 글꼴(굴림, 24pt, 굵게, 기울임꼴, 가운데 맞춤)
- 텍스트 상자 2([출처 : 과학기술정보통신부]) ⇒ 글꼴(굴림체, 18pt, 굵게)
- 차트 ⇒ 꺾은선형 : 꺾은선형, 차트 스타일(색 변경 – '다양한 색상표 2', 스타일 10),
  축 서식/데이터 레이블 : 글꼴(궁서, 18pt, 굵게),
  범례 서식 : 글꼴(굴림체, 20pt, 굵게, 기울임꼴), 데이터는 표 참고
- 배경 ⇒ 배경 서식(채우기 – 그림 또는 질감 채우기)에서 그림 2 삽입(현재 슬라이드만 적용)
- 애니메이션 지정 ⇒ 차트 : 나타내기 – 밝기 변화
- 지시사항이 없는 부분은《출력형태》와 동일하게 작성하시오.

디지털정보활용능력 — 프리젠테이션(파워포인트) [시험시간 : 40분]

[슬라이드4] 아래의 작성조건 및 출력형태에 알맞게 네 번째 슬라이드에 작업하시오. (60점)

《출력형태》

《작성조건》

(1) 제목
- 도형 1 ⇒ 블록 화살표 : '화살표: 오각형', 도형 채우기(연한 녹색), 도형 윤곽선(실선, 색 : 파랑, 너비 : 2pt, 겹선 종류 : 단순형), 도형 효과(그림자 – 바깥쪽 – 오프셋: 가운데, 입체 효과 – 기울기), 글꼴(돋움체, 36pt, 굵게, 기울임꼴, 진한 파랑)

(2) 본문
- 도형 2~4 ⇒ 순서도 : '순서도: 다른 페이지 연결선', 도형 채우기(질감 : 편지지), 선 없음, 도형 효과(반사 – '1/2 반사: 터치'), 글꼴(바탕체, 22pt, 굵게, 기울임꼴, 진한 파랑)
- 도형 5~7 ⇒ 기본 도형 : 사다리꼴, 도형 채우기('황금색, 강조 4', 어두운 그라데이션 – 선형 왼쪽), 선 없음, 도형 효과(입체 효과 – 볼록하게), 글꼴(굴림, 20pt, 굵게, 텍스트 그림자, 자주)
- 도형 8 ⇒ 기본 도형 : 구름, 도형 채우기('청회색, 텍스트 2', 밝은 그라데이션 – 가운데에서), 선 없음, 도형 효과(네온 – '네온: 11pt, 주황, 강조색 2')
- 도형 9 ⇒ 기본 도형 : 하트, 도형 채우기(그림 또는 질감 채우기) 기능을 사용하여 그림 3 삽입, 도형 윤곽선(실선, 색 : 진한 빨강, 너비 : 3pt, 겹선 종류 : 단순형, 대시 종류 : 파선), 도형 효과(그림자 – 안쪽 – 안쪽: 위쪽)
- WordArt 삽입(스마트폰 디지털 디톡스 실천!)
  ⇒ WordArt 스타일('그라데이션 채우기, 회색'), 글꼴(궁서체, 32pt, 굵게)
- 지시사항이 없는 부분은《출력형태》와 동일하게 작성하시오.

제 07 회 실전모의고사

MS Office 2021 버전용

◎ 시험과목 : 프리젠테이션(파워포인트)
◎ 시험일자 : 20○○. ○○. ○○.(X)
◎ 응시자 기재사항 및 감독위원 확인

수검번호	DIP - 0000 -	감독위원 확인
성 명		

응시자 유의사항

1. 응시자는 신분증을 지참하여야 시험에 응시할 수 있으며, 시험이 종료될 때까지 신분증을 제시하지 못 할 경우 해당 시험은 0점 처리됩니다.
2. 시스템(PC작동여부, 네트워크 상태 등)의 이상여부를 반드시 확인하여야 하며, 시스템 이상이 있을 시 감독위원에게 조치를 받으셔야 합니다.
3. 시험 중 부주의 또는 고의로 시스템을 파손한 경우는 응시자 부담으로 합니다.
4. 답안 전송 프로그램을 통해 다운로드 받은 파일을 이용하여 답안파일을 작성하시기 바랍니다.
5. 작성한 답안 파일은 답안 전송 프로그램을 통하여 전송됩니다. 감독위원의 지시에 따라 주시기 바랍니다.
6. 다음 사항의 경우 실격(0점) 혹은 부정행위 처리됩니다.
   1) 답안파일을 저장하지 않았거나, 저장한 파일이 손상되었을 경우
   2) 답안파일을 지정된 폴더(바탕화면 – "KAIT" 폴더)에 저장하지 않았을 경우
      ※ 답안 전송 프로그램 로그인 시 바탕화면에 자동 생성됨
   3) 답안파일을 다른 보조기억장치(USB) 혹은 네트워크(메신저, 게시판 등)로 전송할 경우
   4) 휴대용 전화기 등 통신기기를 사용할 경우
7. 슬라이드는 반드시 순서대로 작성해야 하며, 순서가 다를 경우 "0"점 처리됩니다.
8. 시험지에 제시된 글꼴이 응시 프로그램에 없는 경우, 반드시 감독위원에게 해당 내용을 통보한 뒤 조치를 받아야 합니다.
9. 슬라이드 작성 시 도형의 그룹설정을 사용하는 경우, 채점에서 감점 처리됩니다.
10. 시험의 완료는 작성이 완료된 답안을 저장하고, 답안전송이 완료된 상태를 확인한 것으로 합니다. 답안전송 확인 후 문제지는 감독위원에게 제출한 후 퇴실하여야 합니다.
11. 답안전송을 완료한 경우는 수정 또는 정정이 불가합니다.
12. 시험 시행 후 합격자 발표는 홈페이지(www.ihd.or.kr)에서 확인하시기를 바랍니다.

   ※ 합격자 발표 : 20○○. ○○. ○○.(X)

식별CODE

디지털정보활용능력 프리젠테이션(파워포인트) [시험시간 : 40분]

유의사항
- 《작성조건》을 준수하여 반드시 프리젠테이션 슬라이드로 작업합니다.
- 글꼴 및 기타 사항에 대해 별도의 지시사항이 없는 경우, 슬라이드 크기와 전체적인 균형을 고려하여 임의로 작성하되, 도형은 그룹으로 설정하지 않습니다.
- 모든 슬라이드 크기(A4), 방향(가로), 디자인 테마(Office 테마)로 지정합니다.
  ▶ 슬라이드 크기, 방향 조정 시 '맞춤 확인'으로 지정하여야 합니다.
- 공통적용사항(슬라이드 마스터)
  ▶ 도형 ⇒ 순서도 : '순서도: 내부 저장소', 도형 스타일('밝은 색 1 윤곽선, 색 채우기 – 주황, 강조 2'), 글꼴(돋움체, 18pt, 굵게)
- 그림 삽입 시 다운로드 한 그림 파일을 반드시 사용하여야 합니다.
- ⬚ 은 지시사항이므로 작성하지 않습니다.
- 슬라이드에 제시된 글자 및 숫자 오타는 감점 처리됩니다.

[슬라이드1] 아래의 작성조건 및 출력형태에 알맞게 첫 번째 슬라이드에 작업하시오. (30점)

《출력형태》

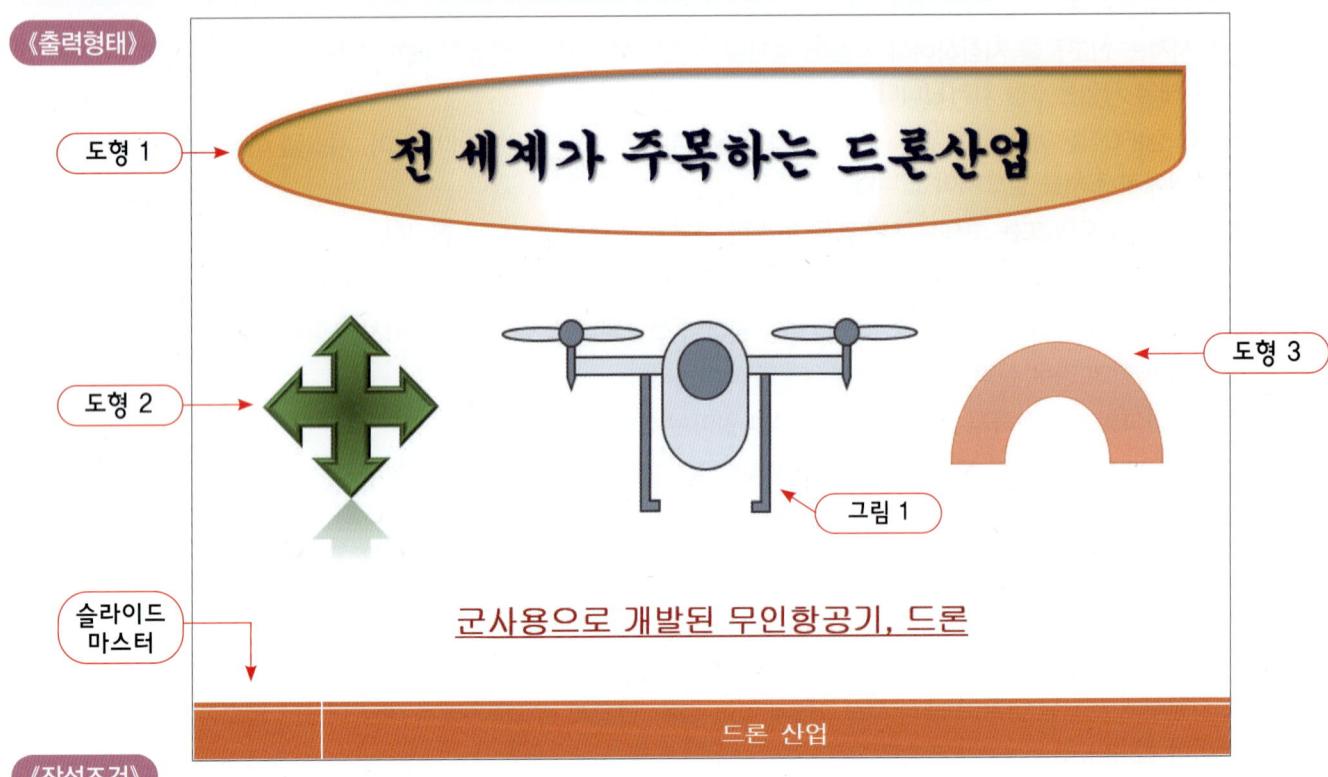

《작성조건》

▶ 도형 1 ⇒ 기본 도형 : 눈물 방울, 도형 채우기(그라데이션 : 미리 설정 – '위쪽 스포트라이트 강조 4', 종류 – 방사형, 방향 – 가운데에서), 도형 윤곽선(실선, 색 : '주황, 강조 2', 너비 : 3pt, 겹선 종류 : 단순형), 도형 효과(그림자 – 안쪽 – 안쪽: 위쪽), 글꼴(궁서, 38pt, 굵게, 텍스트 그림자, 진한 파랑)
▶ 도형 2 ⇒ 블록 화살표 : '화살표: 왼쪽/오른쪽/위쪽/아래쪽', 도형 채우기('녹색, 강조 6', 어두운 그라데이션 – 가운데에서), 선 없음, 도형 효과(반사 – '근접 반사: 터치', 입체 효과 – 낮은 수준의 경사)
▶ 도형 3 ⇒ 기본 도형 : 막힌 원호, 도형 스타일('미세 효과 – 주황, 강조 2')
▶ 그림 삽입 ⇒ 그림 1 삽입, 크기(높이 : 5cm, 너비 : 11cm)
▶ 텍스트 상자(군사용으로 개발된 무인항공기, 드론) ⇒ 글꼴(굴림, 24pt, 굵게, 밑줄, 진한 빨강)
▶ 애니메이션 지정 ⇒ 도형 1 : 나타내기 – 올라오기
▶ 지시사항이 없는 부분은《출력형태》와 동일하게 작성하시오.

| 디지털정보활용능력 | 프리젠테이션(파워포인트) | [시험시간 : 40분] |

[슬라이드2] 아래의 작성조건 및 출력형태에 알맞게 두 번째 슬라이드에 작업하시오. (50점)

《출력형태》

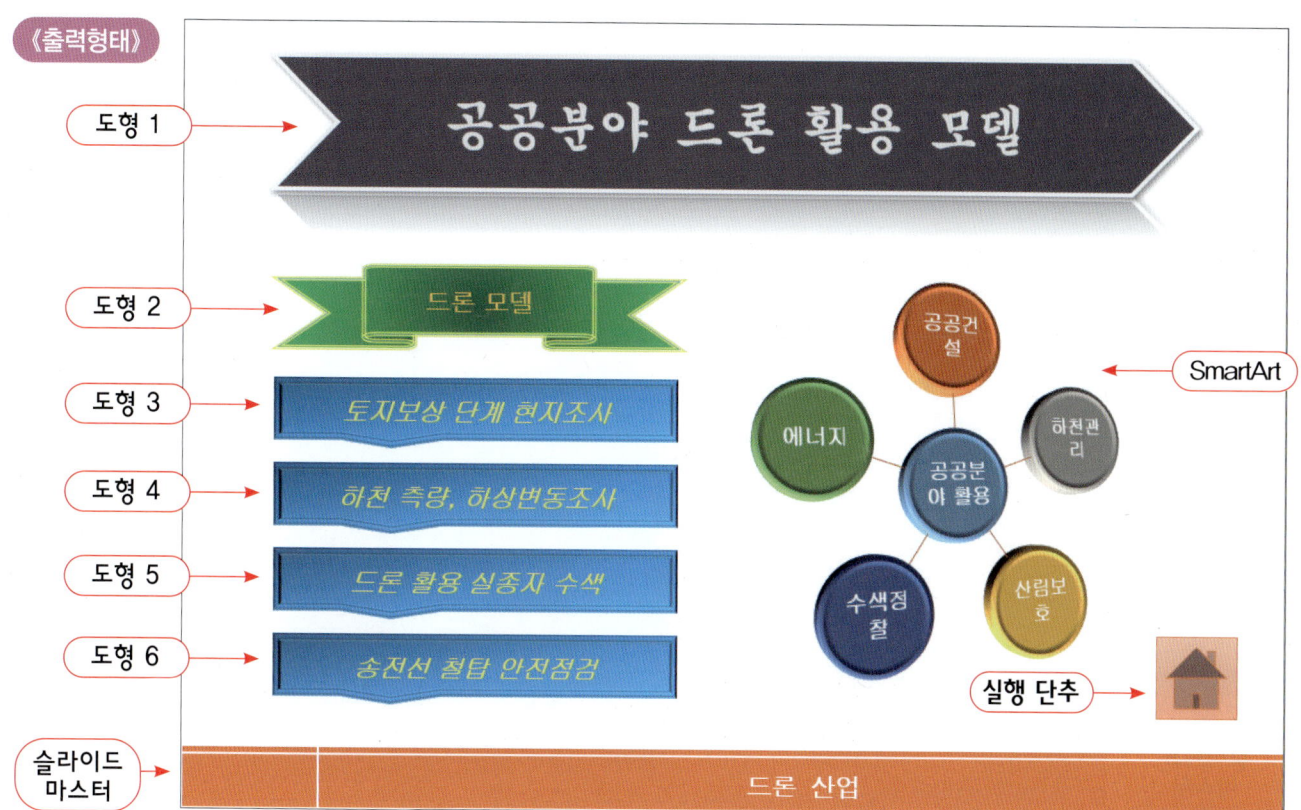

《작성조건》

(1) 제목

▶ 도형 1 ⇒ 블록 화살표 : '화살표: 갈매기형 수장', 도형 채우기('검정, 텍스트 1, 35% 더 밝게'), 도형 윤곽선(실선, 색 : '흰색, 배경 1, 5% 더 어둡게', 너비 : 3pt, 겹선 종류 : 단순형), 도형 효과(그림자 – 바깥쪽 – 오프셋: 오른쪽 아래, 반사 – '근접 반사: 터치'), 글꼴(궁서체, 36pt, 굵게, '밝은 회색, 배경 2')

(2) 본문

▶ 도형 2 ⇒ 별 및 현수막 : '리본: 위로 기울어짐', 도형 채우기(녹색, 어두운 그라데이션 – 가운데에서), 도형 윤곽선(실선, 색 : 노랑, 너비 : 3pt, 겹선 종류 : 이중), 글꼴(돋움, 18pt, 굵게, '황금색, 강조 4')
▶ 도형 3~6 ⇒ 설명선 : '말풍선: 사각형', 도형 채우기(연한 파랑, 어두운 그라데이션 – '선형 대각선 – 왼쪽 위에서 오른쪽 아래로'), 선 없음, 도형 효과(입체 효과 – 절단), 글꼴(굴림, 18pt, 굵게, 기울임꼴, 노랑)
▶ 실행 단추 ⇒ 실행 단추 : '실행 단추: 홈으로 이동', 하이퍼링크 : 첫째 슬라이드, 도형 스타일('미세 효과 – 주황, 강조 2')
▶ SmartArt 삽입 ⇒ 주기형 : 기본 방사형, 글꼴(굴림, 18pt, 굵게, 가운데 맞춤), SmartArt 스타일(색 변경 – '색상형 – 강조색', 3차원 – 일몰), (반드시 SmartArt 기능을 이용하여 작성할 것)
▶ 애니메이션 지정 ⇒ SmartArt : 나타내기 – 확대/축소
▶ 지시사항이 없는 부분은 《출력형태》와 동일하게 작성하시오.

[슬라이드3] 아래의 작성조건 및 출력형태에 알맞게 세 번째 슬라이드에 작업하시오. (60점)

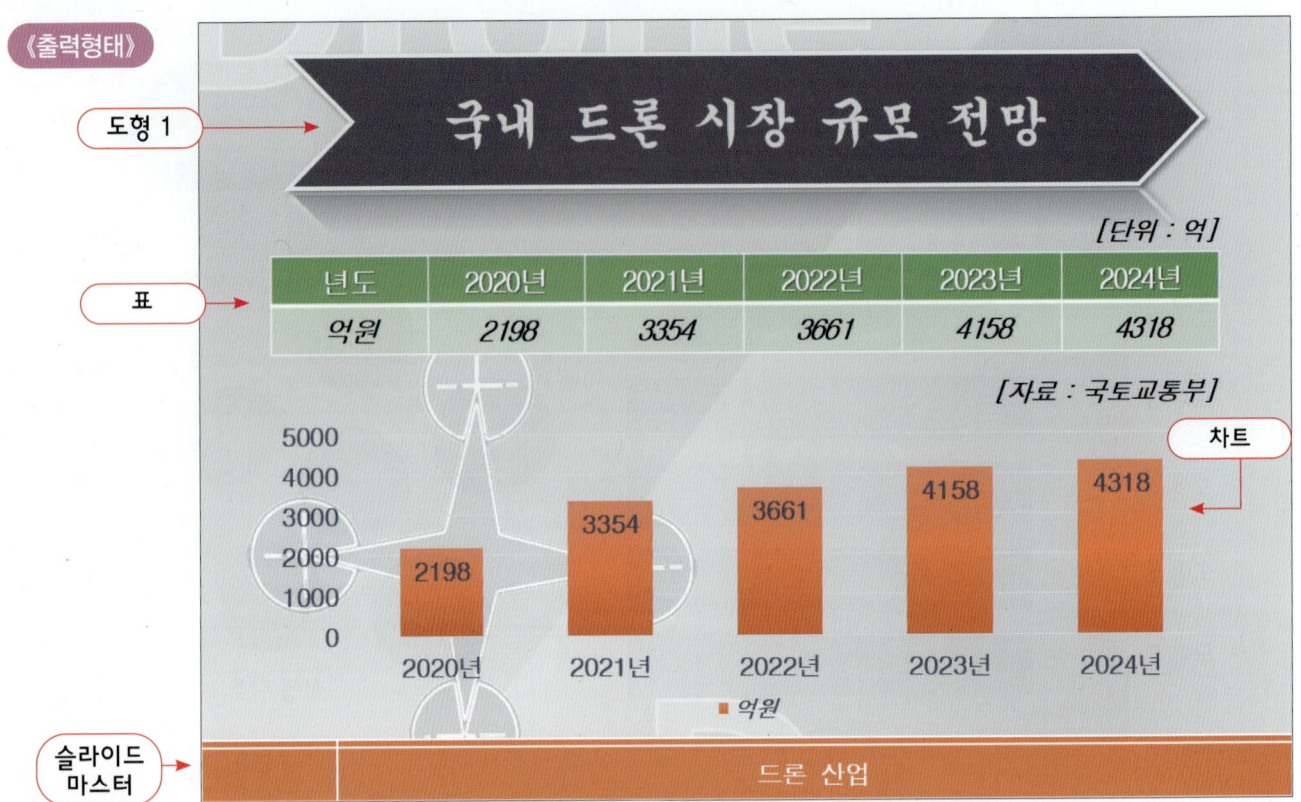

《작성조건》

(1) 제목
- 도형 1 ⇒ 블록 화살표 : '화살표: 갈매기형 수장', 도형 채우기('검정, 텍스트 1, 35% 더 밝게'), 도형 윤곽선(실선, 색 : '흰색, 배경 1, 5% 더 어둡게', 너비 : 3pt, 겹선 종류 : 단순형), 도형 효과(그림자 – 바깥쪽 – 오프셋: 오른쪽 아래, 반사 – '근접 반사: 터치'), 글꼴(궁서체, 36pt, 굵게, '밝은 회색, 배경 2')

(2) 본문 (※ 차트 작성은 반드시 '차트삽입→데이터입력→차트스타일' 순으로 작성바랍니다.)
- 텍스트 상자 1([단위 : 억]) ⇒ 글꼴(돋움, 18pt, 굵게, 기울임꼴)
- 표 ⇒ 표 스타일(중간 – 보통 스타일 2 – 강조 6), 가장 위의 행 : 글꼴(굴림체, 20pt, 굵게, 텍스트 그림자, 가운데 맞춤), 나머지 행 : 글꼴(굴림체, 20pt, 굵게, 기울임꼴, 가운데 맞춤)
- 텍스트 상자 2([자료 : 국토교통부]) ⇒ 글꼴(돋움, 18pt, 굵게, 기울임꼴)
- 차트 ⇒ 세로 막대형 : 묶은 세로 막대형, 차트 스타일(색 변경 – '다양한 색상표 3', 스타일 7), 축 서식/데이터 레이블 : 글꼴(돋움, 18pt, 굵게), 범례 서식 : 글꼴(돋움, 16pt, 굵게, 기울임꼴), 데이터는 표 참고
- 배경 ⇒ 배경 서식(채우기 – 그림 또는 질감 채우기)에서 그림 2 삽입(현재 슬라이드만 적용)
- 애니메이션 지정 ⇒ 차트 : 나타내기 – 밝기 변화
- 지시사항이 없는 부분은 《출력형태》와 동일하게 작성하시오.

[슬라이드4] 아래의 작성조건 및 출력형태에 알맞게 네 번째 슬라이드에 작업하시오. (60점)

《출력형태》

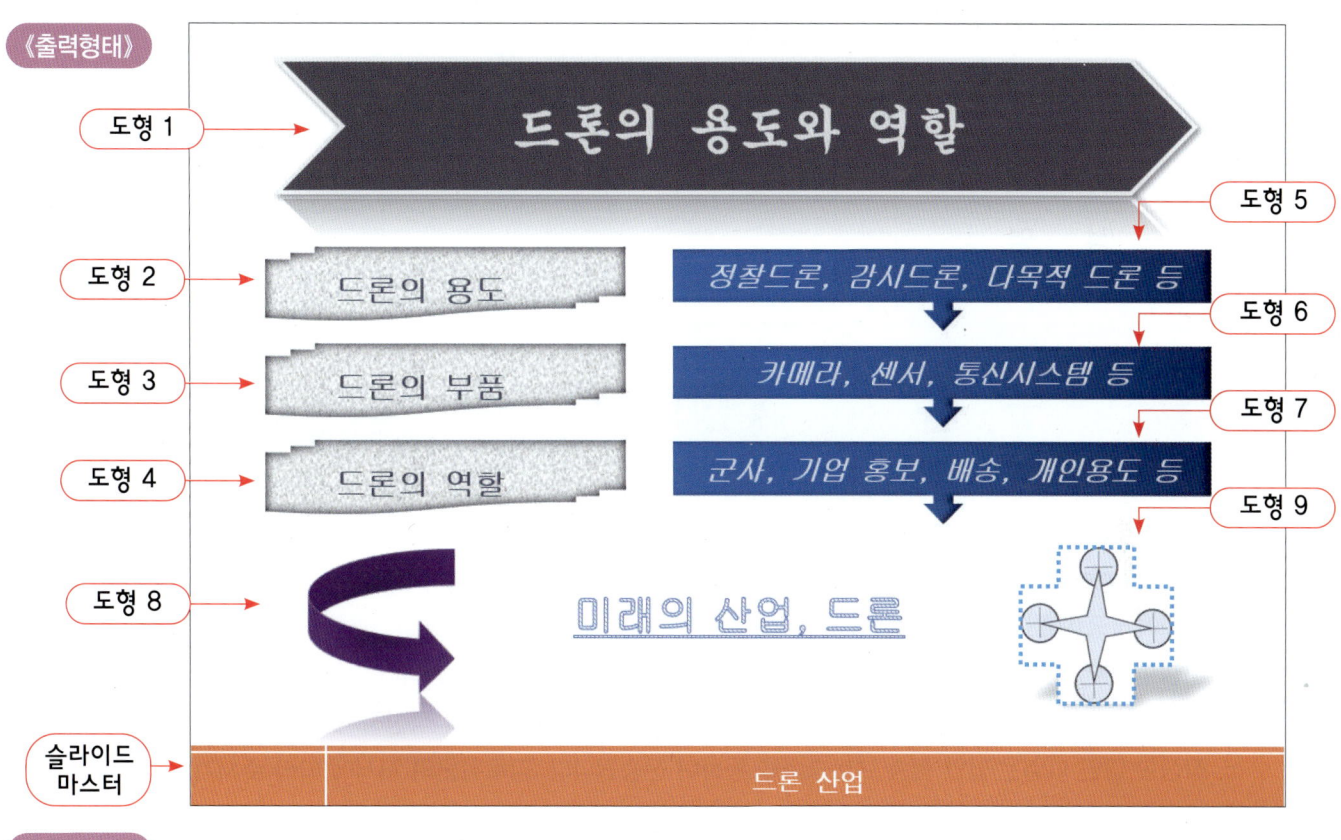

《작성조건》

(1) 제목
- 도형 1 ⇒ 블록 화살표 : '화살표: 갈매기형 수장', 도형 채우기('검정, 텍스트 1, 35% 더 밝게'), 도형 윤곽선(실선, 색 : '흰색, 배경 1, 5% 더 어둡게', 너비 : 3pt, 겹선 종류 : 단순형), 도형 효과(그림자 – 바깥쪽 – 오프셋: 오른쪽 아래, 반사 – '근접 반사: 터치'), 글꼴(궁서체, 36pt, 굵게, '밝은 회색, 배경 2')

(2) 본문
- 도형 2~4 ⇒ 순서도 : '순서도: 다중 문서', 도형 채우기(질감 : 신문 용지), 선 없음, 도형 효과(그림자 – 안쪽 – 안쪽: 가운데), 글꼴(굴림체, 22pt, 굵게, '청회색, 텍스트 2')
- 도형 5~7 ⇒ 블록 화살표 : '설명선: 아래쪽 화살표', 도형 채우기(파랑, 어두운 그라데이션 – 선형 왼쪽), 선 없음, 도형 효과(그림자 – 안쪽 – 안쪽: 오른쪽), 글꼴(굴림체, 20pt, 굵게, 기울임꼴, '파랑, 강조 5, 80% 더 밝게')
- 도형 8 ⇒ 블록 화살표 : '화살표: 오른쪽으로 구부러짐', 도형 채우기(자주, 어두운 그라데이션 – 가운데에서), 선 없음, 도형 효과(반사 – '근접 반사: 터치')
- 도형 9 ⇒ 기본 도형 : 십자형, 도형 채우기(그림 또는 질감 채우기) 기능을 사용하여 그림 3 삽입, 도형 윤곽선(실선, 색 : 연한 파랑, 너비 : 3pt, 겹선 종류 : 단순형, 대시 종류 : 둥근 점선), 도형 효과(그림자 – 원근감   원근감: 오른쪽 위)
- WordArt 삽입(미래의 산업, 드론)
  ⇒ WordArt 스타일('무늬 채우기: 파랑, 강조색 5, 연한 하향 대각선 줄무늬, 윤곽선: 파랑, 강조색 5'), 글꼴(굴림, 30pt, 굵게, 밑줄)
- 지시사항이 없는 부분은《출력형태》와 동일하게 작성하시오.

제 08 회 실전모의고사

MS Office 2021 버전용

◎ 시험과목 : 프리젠테이션(파워포인트)
◎ 시험일자 : 20○○. ○○. ○○.(X)
◎ 응시자 기재사항 및 감독위원 확인

C

수검번호	DIP - 0000 -	감독위원 확인
성 명		

응시자 유의사항

1. 응시자는 신분증을 지참하여야 시험에 응시할 수 있으며, 시험이 종료될 때까지 신분증을 제시하지 못 할 경우 해당 시험은 0점 처리됩니다.
2. 시스템(PC작동여부, 네트워크 상태 등)의 이상여부를 반드시 확인하여야 하며, 시스템 이상이 있을 시 감독위원에게 조치를 받으셔야 합니다.
3. 시험 중 부주의 또는 고의로 시스템을 파손한 경우는 응시자 부담으로 합니다.
4. 답안 전송 프로그램을 통해 다운로드 받은 파일을 이용하여 답안파일을 작성하시기 바랍니다.
5. 작성한 답안 파일은 답안 전송 프로그램을 통하여 전송됩니다. 감독위원의 지시에 따라 주시기 바랍니다.
6. 다음 사항의 경우 실격(0점) 혹은 부정행위 처리됩니다.
    1) 답안파일을 저장하지 않았거나, 저장한 파일이 손상되었을 경우
    2) 답안파일을 지정된 폴더(바탕화면 – "KAIT" 폴더)에 저장하지 않았을 경우
        ※ 답안 전송 프로그램 로그인 시 바탕화면에 자동 생성됨
    3) 답안파일을 다른 보조기억장치(USB) 혹은 네트워크(메신저, 게시판 등)로 전송할 경우
    4) 휴대용 전화기 등 통신기기를 사용할 경우
7. 슬라이드는 반드시 순서대로 작성해야 하며, 순서가 다를 경우 "0"점 처리됩니다.
8. 시험지에 제시된 글꼴이 응시 프로그램에 없는 경우, 반드시 감독위원에게 해당 내용을 통보한 뒤 조치를 받아야 합니다.
9. 슬라이드 작성 시 도형의 그룹설정을 사용하는 경우, 채점에서 감점 처리됩니다.
10. 시험의 완료는 작성이 완료된 답안을 저장하고, 답안전송이 완료된 상태를 확인한 것으로 합니다. 답안전송 확인 후 문제지는 감독위원에게 제출한 후 퇴실하여야 합니다.
11. 답안전송을 완료한 경우는 수정 또는 정정이 불가합니다.
12. 시험 시행 후 합격자 발표는 홈페이지(www.ihd.or.kr)에서 확인하시기를 바랍니다.
    ※ 합격자 발표 : 20○○. ○○. ○○.(X)

식별CODE

| 디지털정보활용능력 | 프리젠테이션(파워포인트) | [시험시간 : 40분] | 1/4 |

유의사항
- 《작성조건》을 준수하여 반드시 프리젠테이션 슬라이드로 작업합니다.
- 글꼴 및 기타 사항에 대해 별도의 지시사항이 없는 경우, 슬라이드 크기와 전체적인 균형을 고려하여 임의로 작성하되, 도형은 그룹으로 설정하지 않습니다.
- 모든 슬라이드 크기(A4), 방향(가로), 디자인 테마(Office 테마)로 지정합니다.
  ▶ 슬라이드 크기, 방향 조정 시 '맞춤 확인'으로 지정하여야 합니다.
- 공통적용사항(슬라이드 마스터)
  ▶ 도형 ⇒ 기본 도형 : 직각 삼각형, 도형 스타일('보통 효과 – 파랑, 강조 1'), 글꼴(돋움, 18pt, 굵게)
- 그림 삽입 시 다운로드 한 그림 파일을 반드시 사용하여야 합니다.
- ⬚ ➡ 은 지시사항이므로 작성하지 않습니다.
- 슬라이드에 제시된 글자 및 숫자 오타는 감점 처리됩니다.

[슬라이드1] 아래의 작성조건 및 출력형태에 알맞게 첫 번째 슬라이드에 작업하시오. (30점)

《출력형태》

《작성조건》

▶ 도형 1 ⇒ 순서도 : '순서도: 문서', 도형 채우기(그라데이션 : 미리 설정 – '가운데 그라데이션 – 강조 3', 종류 – 선형, 방향 – 선형 아래쪽), 도형 윤곽선(실선, 색 : 진한 파랑, 너비 : 3pt, 겹선 종류 : 단순형), 도형 효과(그림자 – 바깥쪽 – 오프셋: 가운데), 글꼴(굴림, 44pt, 굵게, 텍스트 그림자, 주황)
▶ 도형 2 ⇒ 기본 도형 : 막힌 원호, 도형 채우기('주황, 강조 2'), 선 없음, 도형 효과(입체 효과 – 딱딱한 가장자리, 반사 – '근접 반사: 8pt 오프셋')
▶ 도형 3 ⇒ 기본 도형 : 해, 도형 스타일('색 채우기 – 황금색, 강조 4')
▶ 그림 삽입 ⇒ 그림 1 삽입, 크기(높이 : 8cm, 너비 : 8cm)
▶ 텍스트 상자(도시와 농업의 지속 가능한 발전) ⇒ 글꼴(궁서체, 28pt, 기울임꼴, 밑줄)
▶ 애니메이션 지정 ⇒ 도형 1 : 나타내기 – 밝기 변화
▶ 지시사항이 없는 부분은 《출력형태》와 동일하게 작성하시오.

[슬라이드2] 아래의 작성조건 및 출력형태에 알맞게 두 번째 슬라이드에 작업하시오. (50점)

《출력형태》

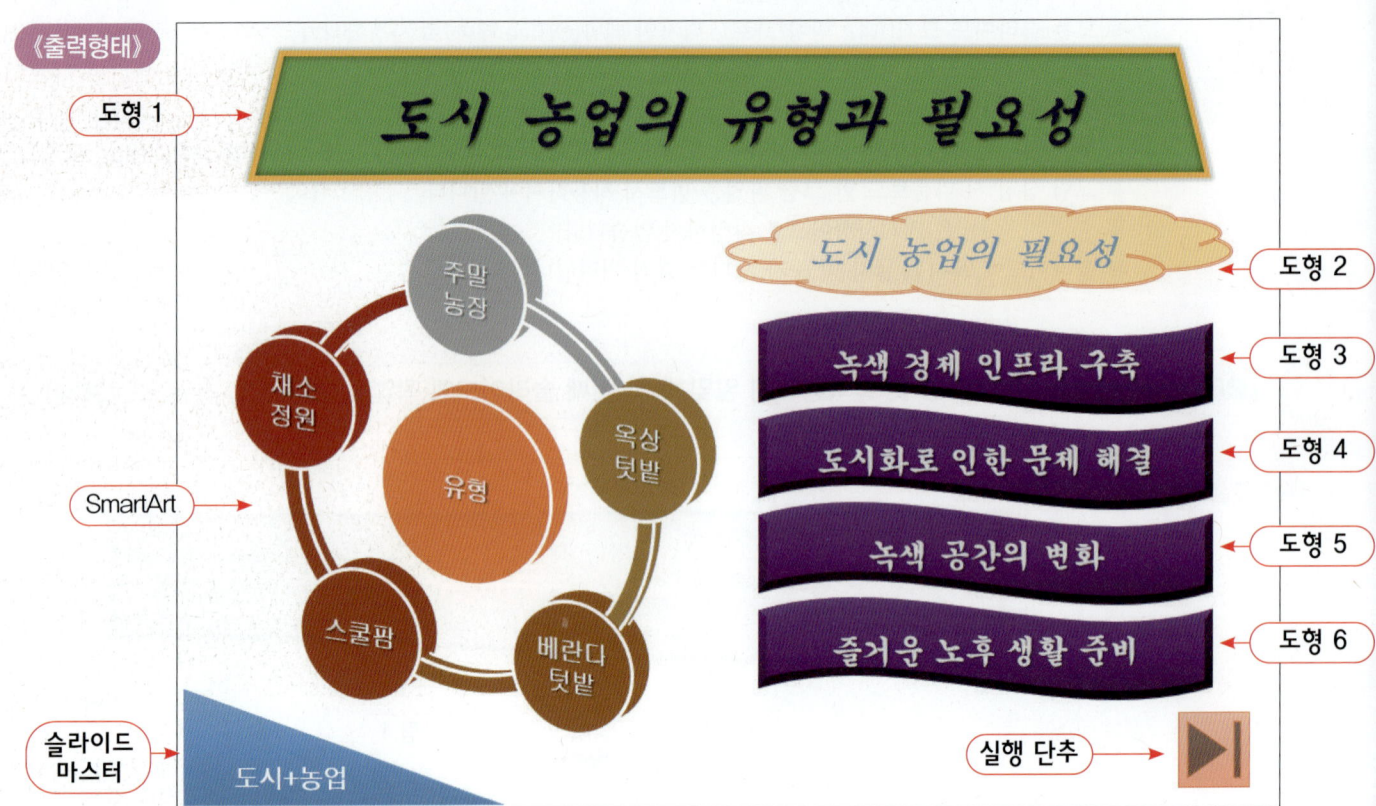

《작성조건》

(1) 제목
- 도형 1 ⇒ 기본 도형 : 사다리꼴, 도형 채우기('녹색, 강조 6'), 도형 윤곽선(실선, 색 : 주황, 너비 : 4pt, 겹선 종류 : 단순형), 도형 효과(그림자 - 안쪽 - 안쪽: 가운데, 네온 - '네온: 5pt, 회색, 강조색 3'), 글꼴(궁서체, 40pt, 기울임꼴, 텍스트 그림자, 진한 파랑)

(2) 본문
- 도형 2 ⇒ 기본 도형 : 구름, 도형 채우기(주황, 밝은 그라데이션 - 선형 왼쪽), 도형 윤곽선(실선, 색 : '주황, 강조 2', 너비 : 2pt, 겹선 종류 : 이중), 글꼴(바탕체, 24pt, 굵게, 기울임꼴, '파랑, 강조 1')
- 도형 3~6 ⇒ 별 및 현수막 : 물결, 도형 채우기(자주, 어두운 그라데이션 - 선형 위쪽), 선 없음, 도형 효과(입체 효과 - 각지게), 글꼴(궁서, 22pt, 굵게, 텍스트 그림자, '밝은 회색, 배경 2')
- 실행 단추 ⇒ 실행 단추 : '실행 단추: 끝으로 이동', 하이퍼링크 : 마지막 슬라이드, 도형 스타일('미세 효과 - 주황, 강조 2')
- SmartArt 삽입 ⇒ 관계형 : 방사 주기형, 글꼴(굴림체, 20pt, 굵게, 텍스트 그림자, 가운데 맞춤), SmartArt 스타일(색 변경 - '색상형 범위 - 강조색 3 또는 4', 3차원 - 벽돌), (반드시 SmartArt 기능을 이용하여 작성할 것)
- 애니메이션 지정 ⇒ SmartArt : 나타내기 - 회전
- 지시사항이 없는 부분은 《출력형태》와 동일하게 작성하시오.

[슬라이드3] 아래의 작성조건 및 출력형태에 알맞게 세 번째 슬라이드에 작업하시오. (60점)

《출력형태》

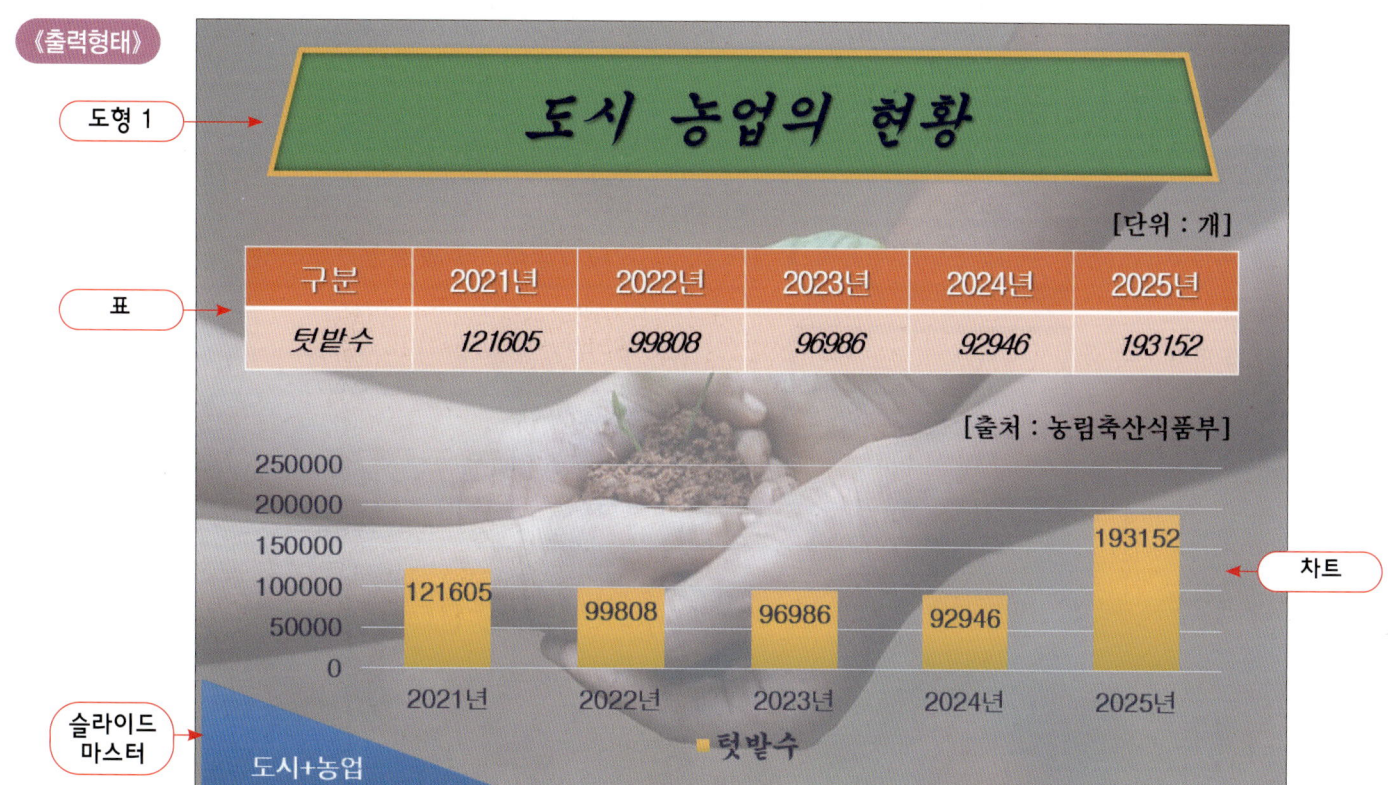

《작성조건》

(1) 제목
- 도형 1 ⇒ 기본 도형 : 사다리꼴, 도형 채우기('녹색, 강조 6'), 도형 윤곽선(실선, 색 : 주황, 너비 : 4pt, 겹선 종류 : 단순형), 도형 효과(그림자 – 안쪽 – 안쪽: 가운데, 네온 – '네온: 5pt, 회색, 강조색 3'), 글꼴(궁서체, 40pt, 기울임꼴, 텍스트 그림자, 진한 파랑)

(2) 본문 (※ 차트 작성은 반드시 '차트삽입→데이터입력→차트스타일' 순으로 작성바랍니다.)
- 텍스트 상자 1([단위 : 개]) ⇒ 글꼴(바탕, 18pt, 굵게)
- 표 ⇒ 표 스타일(중간 – 보통 스타일 2 – 강조 2), 가장 위의 행 : 글꼴(굴림체, 22pt, 굵게, 텍스트 그림자, 가운데 맞춤), 나머지 행 : 글꼴(굴림체, 20pt, 굵게, 기울임꼴, 가운데 맞춤)
- 텍스트 상자 2([출처 : 농림축산식품부]) ⇒ 글꼴(바탕, 18pt, 굵게)
- 차트 ⇒ 세로 막대형 : 묶은 세로 막대형, 차트 스타일(색 변경 – '단색 색상표 4', 스타일 7), 축 서식/데이터 레이블 : 글꼴(돋움, 18pt, 굵게), 범례 서식 : 글꼴(궁서, 20pt, 굵게), 데이터는 표 참고
- 배경 ⇒ 배경 서식(채우기 – 그림 또는 질감 채우기)에서 그림 2 삽입(현재 슬라이드만 적용)
- 애니메이션 지정 ⇒ 차트 : 나타내기 – 도형
- 지시사항이 없는 부분은 《출력형태》와 동일하게 작성하시오.

[슬라이드4] 아래의 작성조건 및 출력형태에 알맞게 네 번째 슬라이드에 작업하시오. (60점)

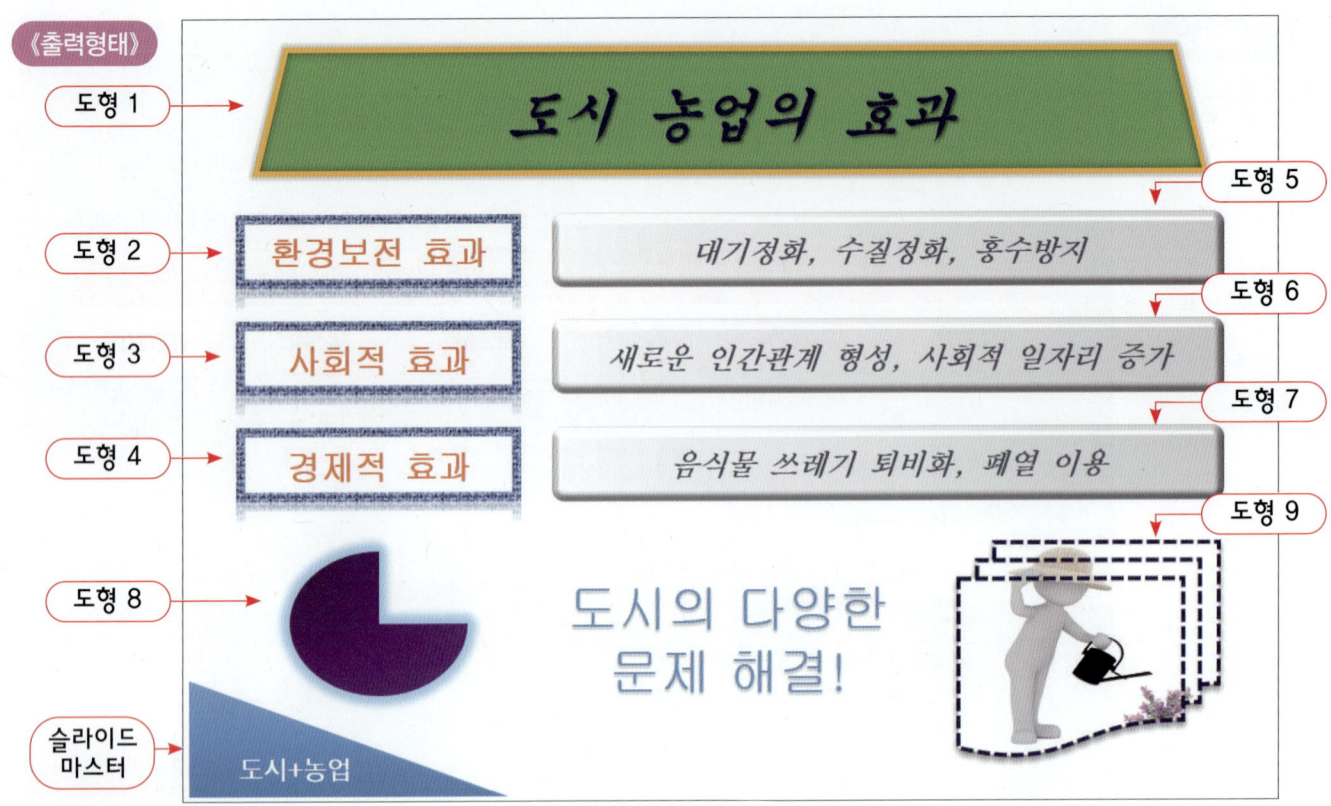

《작성조건》

(1) 제목

▶ 도형 1 ⇒ 기본 도형 : 사다리꼴, 도형 채우기('녹색, 강조 6'), 도형 윤곽선(실선, 색 : 주황, 너비 : 4pt, 겹선 종류 : 단순형), 도형 효과(그림자 – 안쪽 – 안쪽: 가운데, 네온 – '네온: 5pt, 회색, 강조색 3'), 글꼴(궁서체, 40pt, 기울임꼴, 텍스트 그림자, 진한 파랑)

(2) 본문

▶ 도형 2~4 ⇒ 기본 도형 : 액자, 도형 채우기(질감 : 데님), 선 없음, 도형 효과(반사 – '근접 반사: 터치'), 글꼴(굴림체, 24pt, 굵게, '주황, 강조 2')

▶ 도형 5~7 ⇒ 순서도 : '순서도: 대체 처리', 도형 채우기('회색, 강조 3', 밝은 그라데이션 – 오른쪽 위 모서리에서), 선 없음, 도형 효과(입체 효과 – 기울기), 글꼴(바탕체, 20pt, 굵게, 기울임꼴, '청회색, 텍스트 2')

▶ 도형 8 ⇒ 기본 도형 : 부분 원형, 도형 채우기(자주, 어두운 그라데이션 – 왼쪽 위 모서리에서), 선 없음, 도형 효과(네온 – '네온: 11pt, 파랑, 강조색 1')

▶ 도형 9 ⇒ 순서도 : '순서도: 다중 문서', 도형 채우기(그림 또는 질감 채우기) 기능을 사용하여 그림 3 삽입, 도형 윤곽선(실선, 색 : 진한 파랑, 너비 : 3pt, 겹선 종류 : 단순형, 대시 종류 : 사각 점선), 도형 효과(그림자 – 바깥쪽 – 오프셋: 아래쪽)

▶ WordArt 삽입(도시의 다양한 문제 해결!)
  ⇒ WordArt 스타일('채우기: 파랑, 강조색 1, 그림자'), 글꼴(굴림, 36pt, 텍스트 그림자)

▶ 지시사항이 없는 부분은 《출력형태》와 동일하게 작성하시오.

제 09 회 실전모의고사

`MS Office 2021 버전용`

◎ 시험과목 : 프리젠테이션(파워포인트)
◎ 시험일자 : 20○○. ○○. ○○.(X)
◎ 응시자 기재사항 및 감독위원 확인

수검번호	DIP - 0000 -	감독위원 확인
성 명		

응시자 유의사항

1. 응시자는 신분증을 지참하여야 시험에 응시할 수 있으며, 시험이 종료될 때까지 신분증을 제시하지 못 할 경우 해당 시험은 0점 처리됩니다.
2. 시스템(PC작동여부, 네트워크 상태 등)의 이상여부를 반드시 확인하여야 하며, 시스템 이상이 있을 시 감독위원에게 조치를 받으셔야 합니다.
3. 시험 중 부주의 또는 고의로 시스템을 파손한 경우는 응시자 부담으로 합니다.
4. 답안 전송 프로그램을 통해 다운로드 받은 파일을 이용하여 답안파일을 작성하시기 바랍니다.
5. 작성한 답안 파일은 답안 전송 프로그램을 통하여 전송됩니다. 감독위원의 지시에 따라 주시기 바랍니다.
6. 다음 사항의 경우 실격(0점) 혹은 부정행위 처리됩니다.
   1) 답안파일을 저장하지 않았거나, 저장한 파일이 손상되었을 경우
   2) 답안파일을 지정된 폴더(바탕화면 – "KAIT" 폴더)에 저장하지 않았을 경우
      ※ 답안 전송 프로그램 로그인 시 바탕화면에 자동 생성됨
   3) 답안파일을 다른 보조기억장치(USB) 혹은 네트워크(메신저, 게시판 등)로 전송할 경우
   4) 휴대용 전화기 등 통신기기를 사용할 경우
7. 슬라이드는 반드시 순서대로 작성해야 하며, 순서가 다를 경우 "0"점 처리됩니다.
8. 시험지에 제시된 글꼴이 응시 프로그램에 없는 경우, 반드시 감독위원에게 해당 내용을 통보한 뒤 조치를 받아야 합니다.
9. 슬라이드 작성 시 도형의 그룹설정을 사용하는 경우, 채점에서 감점 처리됩니다.
10. 시험의 완료는 작성이 완료된 답안을 저장하고, 답안전송이 완료된 상태를 확인한 것으로 합니다. 답안전송 확인 후 문제지는 감독위원에게 제출한 후 퇴실하여야 합니다.
11. 답안전송을 완료한 경우는 수정 또는 정정이 불가합니다.
12. 시험 시행 후 합격자 발표는 홈페이지(www.ihd.or.kr)에서 확인하시기를 바랍니다.
    ※ 합격자 발표 : 20○○. ○○. ○○.(X)

| 디지털정보활용능력 | 프리젠테이션(파워포인트) | [시험시간 : 40분] |

유의사항
- 《작성조건》을 준수하여 반드시 프리젠테이션 슬라이드로 작업합니다.
- 글꼴 및 기타 사항에 대해 별도의 지시사항이 없는 경우, 슬라이드 크기와 전체적인 균형을 고려하여 임의로 작성하되, 도형은 그룹으로 설정하지 않습니다.
- 모든 슬라이드 크기(A4), 방향(가로), 디자인 테마(Office 테마)로 지정합니다.
  ▶ 슬라이드 크기, 방향 조정 시 '맞춤 확인'으로 지정하여야 합니다.
- 공통적용사항(슬라이드 마스터)
  ▶ 도형 ⇒ 기본 도형 : 사다리꼴, 도형 스타일('미세 효과 – 황금색, 강조 4'), 글꼴(돋움, 18pt, 굵게)
- 그림 삽입 시 다운로드 한 그림 파일을 반드시 사용하여야 합니다.
- ⬚ → 은 지시사항이므로 작성하지 않습니다.
- 슬라이드에 제시된 글자 및 숫자 오타는 감점 처리됩니다.

[슬라이드1] 아래의 작성조건 및 출력형태에 알맞게 첫 번째 슬라이드에 작업하시오. (30점)

《출력형태》

《작성조건》

▶ 도형 1 ⇒ 기본 도형 : 팔각형, 도형 채우기(그라데이션 : 미리 설정 – '가운데 그라데이션 – 강조 2', 종류 – 선형, 방향 – 선형 아래쪽), 도형 윤곽선(실선, 색 : 주황, 너비 : 3pt, 겹선 종류 : 단순형), 도형 효과(그림자 – 바깥쪽 – 오프셋: 오른쪽 위), 글꼴(궁서체, 44pt, 기울임꼴, 텍스트 그림자, 노랑)
▶ 도형 2 ⇒ 기본 도형 : '원형: 비어 있음', 도형 채우기('파랑, 강조 1'), 선 없음,
  도형 효과(그림자 – 안쪽 – 안쪽: 가운데, 반사 – '근접 반사: 터치')
▶ 도형 3 ⇒ 기본 도형 : 하트, 도형 스타일('보통 효과 – 녹색, 강조 6')
▶ 그림 삽입 ⇒ 그림 1 삽입, 크기(높이 : 7cm, 너비 : 10cm)
▶ 텍스트 상자(고양이 전문 수의사가 만든 백과사전) ⇒ 글꼴(돋움체, 24pt, 굵게, 밑줄)
▶ 애니메이션 지정 ⇒ 도형 1 : 나타내기 – 밝기 변화
▶ 지시사항이 없는 부분은 《출력형태》와 동일하게 작성하시오.

[슬라이드2] 아래의 작성조건 및 출력형태에 알맞게 두 번째 슬라이드에 작업하시오. (50점)

《출력형태》

《작성조건》

(1) 제목
- 도형 1 ⇒ 기본 도형 : 평행 사변형, 도형 채우기('파랑, 강조 1, 80% 더 밝게'), 도형 윤곽선(실선, 색 : 진한 파랑, 너비 : 2.25pt, 겹선 종류 : 단순형), 도형 효과(그림자 – 안쪽 – 안쪽: 가운데, 네온 – '네온: 11pt, 파랑, 강조색 1'), 글꼴(궁서체, 36pt, 굵게, 텍스트 그림자, 진한 파랑)

(2) 본문
- 도형 2 ⇒ 기본 도형 : '사각형: 빗면', 도형 채우기(주황, 밝은 그라데이션 – 오른쪽 위 모서리에서), 도형 윤곽선(실선, 색 : '주황, 강조 2', 너비 : 3pt, 겹선 종류 : 이중), 글꼴(돋움체, 22pt, 굵게, 텍스트 그림자, '녹색, 강조 6')
- 도형 3~6 ⇒ 기본 도형 : 배지, 도형 채우기(자주, 밝은 그라데이션 – 선형 아래쪽), 선 없음, 도형 효과(입체 효과 – 각지게), 글꼴(돋움, 20pt, 굵게, 진한 파랑)
- 실행 단추 ⇒ 실행 단추 : '실행 단추: 앞으로 또는 다음으로 이동', 하이퍼링크 : 다음 슬라이드, 도형 스타일('강한 효과 – 황금색, 강조 4')
- SmartArt 삽입 ⇒ 목록형 : 교대 육각형, 글꼴(돋움체, 24pt, 굵게, 기울임꼴, 가운데 맞춤), SmartArt 스타일(색 변경 – '색상형 – 강조색', 3차원 – 광택 처리), (반드시 SmartArt 기능을 이용하여 작성할 것)
- 애니메이션 지정 ⇒ SmartArt : 나타내기 – 닦아내기
- 지시사항이 없는 부분은 《출력형태》와 동일하게 작성하시오.

[슬라이드3] 아래의 작성조건 및 출력형태에 알맞게 세 번째 슬라이드에 작업하시오. (60점)

《출력형태》

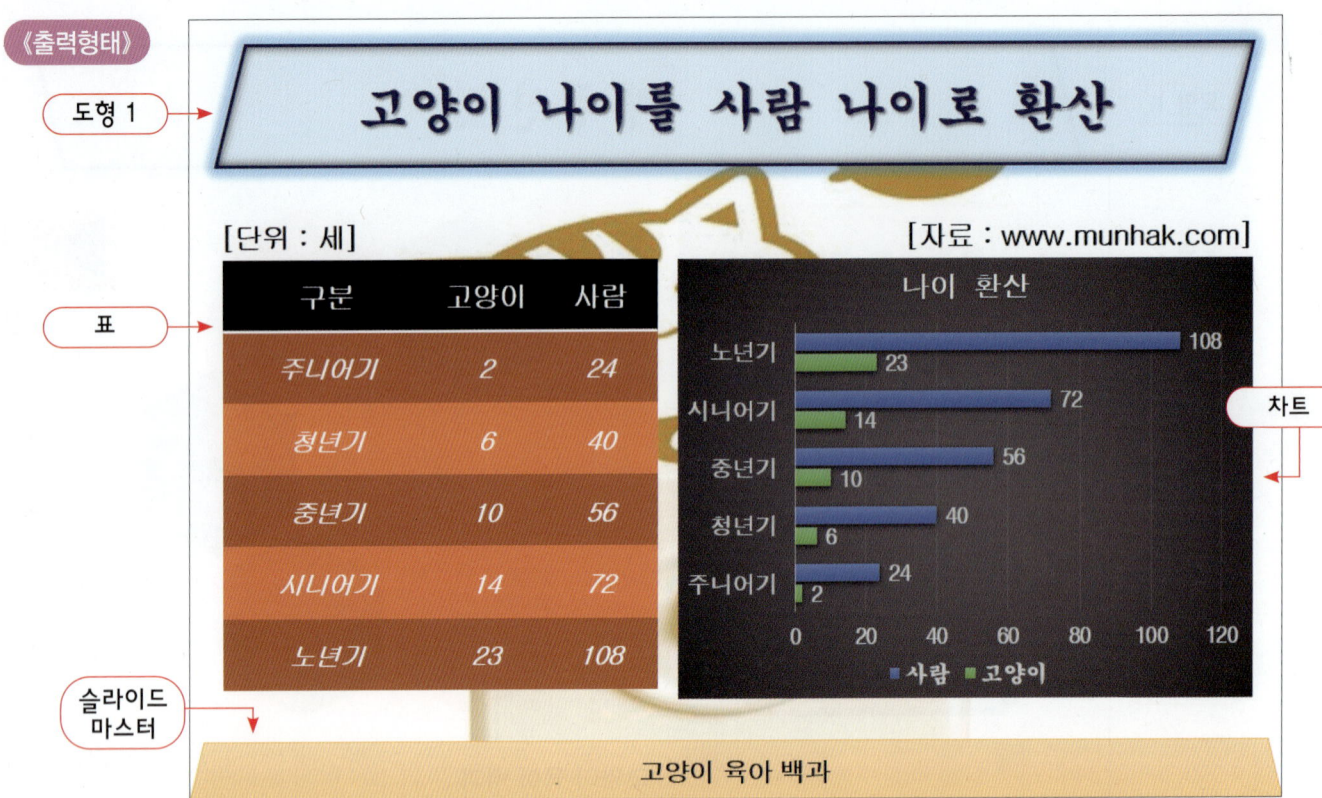

《작성조건》

(1) 제목
- 도형 1 ⇒ 기본 도형 : 평행 사변형, 도형 채우기('파랑, 강조 1, 80% 더 밝게'), 도형 윤곽선(실선, 색 : 진한 파랑, 너비 : 2.25pt, 겹선 종류 : 단순형), 도형 효과(그림자 – 안쪽 – 안쪽: 가운데, 네온 – '네온: 11pt, 파랑, 강조색 1'), 글꼴(궁서체, 36pt, 굵게, 텍스트 그림자, 진한 파랑)

(2) 본문 (※ 차트 작성은 반드시 '차트삽입→데이터입력→차트스타일' 순으로 작성바랍니다.)
- 텍스트 상자 1([단위 : 세]) ⇒ 글꼴(굴림, 20pt, 굵게)
- 표 ⇒ 표 스타일(어둡게 – 어두운 스타일 1 – 강조 2), 가장 위의 행 : 글꼴(굴림, 20pt, 굵게, 텍스트 그림자, 가운데 맞춤), 나머지 행 : 글꼴(굴림, 18pt, 굵게, 기울임꼴, 가운데 맞춤)
- 텍스트 상자 2([자료 : www.munhak.com]) ⇒ 글꼴(굴림, 20pt, 굵게)
- 차트 ⇒ 가로 막대형 : 묶은 가로 막대형, 차트 스타일(색 변경 – '다양한 색상표 4', 스타일 7), 축 서식/데이터 레이블 : 글꼴(돋움체, 16pt, 굵게), 범례 서식 : 글꼴(궁서체, 16pt, 굵게), 데이터는 표 참고
- 배경 ⇒ 배경 서식(채우기 – 그림 또는 질감 채우기)에서 그림 2 삽입(현재 슬라이드만 적용)
- 애니메이션 지정 ⇒ 차트 : 나타내기 – 도형
- 지시사항이 없는 부분은 《출력형태》와 동일하게 작성하시오.

[슬라이드4] 아래의 작성조건 및 출력형태에 알맞게 네 번째 슬라이드에 작업하시오. (60점)

《출력형태》

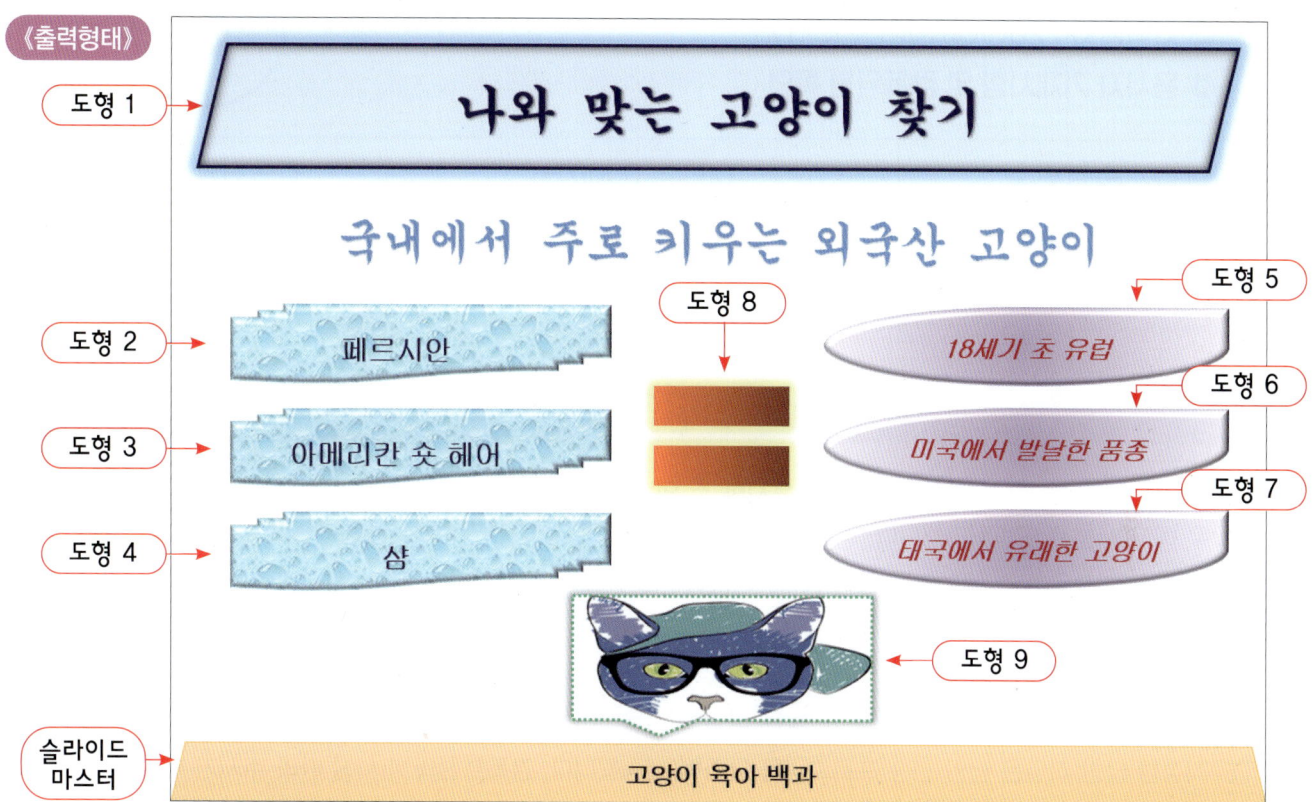

《작성조건》

(1) 제목

▶ 도형 1 ⇒ 기본 도형 : 평행 사변형, 도형 채우기('파랑, 강조 1, 80% 더 밝게'), 도형 윤곽선(실선, 색 : 진한 파랑, 너비 : 2.25pt, 겹선 종류 : 단순형), 도형 효과(그림자 – 안쪽 – 안쪽: 가운데, 네온 – '네온: 11pt, 파랑, 강조색 1'), 글꼴(궁서체, 36pt, 굵게, 텍스트 그림자, 진한 파랑)

(2) 본문

▶ 도형 2~4 ⇒ 순서도 : '순서도: 다중 문서', 도형 채우기(질감 : 작은 물방울), 선 없음, 도형 효과(입체 효과 – 둥글게), 글꼴(굴림, 20pt, 굵게, 진한 파랑)
▶ 도형 5~7 ⇒ 기본 도형 : 눈물 방울, 도형 채우기(자주, 밝은 그라데이션 – 가운데에서), 선 없음, 도형 효과(입체 효과 – 둥글게), 글꼴(굴림, 18pt, 굵게, 기울임꼴, 진한 빨강)
▶ 도형 8 ⇒ 수식 도형 : 같음 기호, 도형 채우기('주황, 강조 2', 어두운 그라데이션 – 선형 왼쪽), 선 없음, 도형 효과(네온 – '네온: 8pt, 황금색, 강조색 4')
▶ 도형 9 ⇒ 설명선 : '말풍선: 사각형', 도형 채우기(그림 또는 질감 채우기) 기능을 사용하여 그림 3 삽입, 도형 윤곽선(실선, 색 : 녹색, 너비 : 2pt, 겹선 종류 : 단순형, 대시 종류 : 둥근 점선), 도형 효과(그림자 – 바깥쪽 – 오프셋: 가운데)
▶ WordArt 삽입(국내에서 주로 키우는 외국산 고양이)
⇒ WordArt 스타일('채우기: 파랑, 강조색 1, 그림자'), 글꼴(궁서체, 32pt, 텍스트 그림자)
▶ 지시사항이 없는 부분은《출력형태》와 동일하게 작성하시오.

제 10 회 실전모의고사

MS Office 2021 버전용

◎ 시험과목 : 프리젠테이션(파워포인트)
◎ 시험일자 : 20○○. ○○. ○○.(X)
◎ 응시자 기재사항 및 감독위원 확인

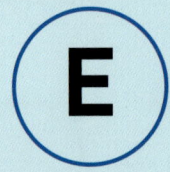

수검번호	DIP - 0000 -	감독위원 확인
성 명		

응시자 유의사항

1. 응시자는 신분증을 지참하여야 시험에 응시할 수 있으며, 시험이 종료될 때까지 신분증을 제시하지 못 할 경우 해당 시험은 0점 처리됩니다.
2. 시스템(PC작동여부, 네트워크 상태 등)의 이상여부를 반드시 확인하여야 하며, 시스템 이상이 있을 시 감독위원에게 조치를 받으셔야 합니다.
3. 시험 중 부주의 또는 고의로 시스템을 파손한 경우는 응시자 부담으로 합니다.
4. 답안 전송 프로그램을 통해 다운로드 받은 파일을 이용하여 답안파일을 작성하시기 바랍니다.
5. 작성한 답안 파일은 답안 전송 프로그램을 통하여 전송됩니다. 감독위원의 지시에 따라 주시기 바랍니다.
6. 다음 사항의 경우 실격(0점) 혹은 부정행위 처리됩니다.
    1) 답안파일을 저장하지 않았거나, 저장한 파일이 손상되었을 경우
    2) 답안파일을 지정된 폴더(바탕화면 - "KAIT" 폴더)에 저장하지 않았을 경우
        ※ 답안 전송 프로그램 로그인 시 바탕화면에 자동 생성됨
    3) 답안파일을 다른 보조기억장치(USB) 혹은 네트워크(메신저, 게시판 등)로 전송할 경우
    4) 휴대용 전화기 등 통신기기를 사용할 경우
7. 슬라이드는 반드시 순서대로 작성해야 하며, 순서가 다를 경우 "0"점 처리됩니다.
8. 시험지에 제시된 글꼴이 응시 프로그램에 없는 경우, 반드시 감독위원에게 해당 내용을 통보한 뒤 조치를 받아야 합니다.
9. 슬라이드 작성 시 도형의 그룹설정을 사용하는 경우, 채점에서 감점 처리됩니다.
10. 시험의 완료는 작성이 완료된 답안을 저장하고, 답안전송이 완료된 상태를 확인한 것으로 합니다. 답안전송 확인 후 문제지는 감독위원에게 제출한 후 퇴실하여야 합니다.
11. 답안전송을 완료한 경우는 수정 또는 정정이 불가합니다.
12. 시험 시행 후 합격자 발표는 홈페이지(www.ihd.or.kr)에서 확인하시기를 바랍니다.
    ※ 합격자 발표 : 20○○. ○○. ○○.(X)

디지털정보활용능력 — 프리젠테이션(파워포인트) [시험시간 : 40분]

유의사항
- 《작성조건》을 준수하여 반드시 프리젠테이션 슬라이드로 작업합니다.
- 글꼴 및 기타 사항에 대해 별도의 지시사항이 없는 경우, 슬라이드 크기와 전체적인 균형을 고려하여 임의로 작성하되, 도형은 그룹으로 설정하지 않습니다.
- 모든 슬라이드 크기(A4), 방향(가로), 디자인 테마(Office 테마)로 지정합니다.
  ▶ 슬라이드 크기, 방향 조정 시 '맞춤 확인'으로 지정하여야 합니다.
- 공통적용사항(슬라이드 마스터)
  ▶ 도형 ⇒ 순서도 : '순서도: 다중 문서', 도형 스타일('밝은 색 1 윤곽선, 색 채우기 – 회색, 강조 3'), 글꼴(돋움체, 18pt, 굵게)
- 그림 삽입 시 다운로드 한 그림 파일을 반드시 사용하여야 합니다.
- ⟶ 은 지시사항이므로 작성하지 않습니다.
- 슬라이드에 제시된 글자 및 숫자 오타는 감점 처리됩니다.

[슬라이드1] 아래의 작성조건 및 출력형태에 알맞게 첫 번째 슬라이드에 작업하시오. (30점)

《출력형태》

《작성조건》

▶ 도형 1 ⇒ 기본 도형 : '사각형: 빗면', 도형 채우기(그라데이션 : 미리 설정 – '밝은 그라데이션 – 강조 4', 종류 – 선형, 방향 – 선형 아래쪽), 도형 윤곽선(실선, 색 : '황금색, 강조 4', 너비 : 2pt, 겹선 종류 : 단순형), 도형 효과(그림자 – 바깥쪽 – 오프셋: 아래쪽), 글꼴(돋움, 44pt, 굵게, 텍스트 그림자, 진한 빨강)
▶ 도형 2 ⇒ 기본 도형 : 십자형, 도형 채우기('주황, 강조 2', 어두운 그라데이션 – 가운데에서), 선 없음, 도형 효과(반사 – '근접 반사: 터치', 입체 효과 – 둥글게 볼록)
▶ 도형 3 ⇒ 블록 화살표 : '화살표: 아래로 구부러짐', 도형 스타일('미세 효과 – 주황, 강조 2')
▶ 그림 삽입 ⇒ 그림 1 삽입, 크기(높이 : 7cm, 너비 : 7cm)
▶ 텍스트 상자(금리란, 원금에 이자를 비율로 표시한 것) ⇒ 글꼴(굴림, 24pt, 굵게, 밑줄, 녹색)
▶ 애니메이션 지정 ⇒ 도형 1 : 나타내기 – 나누기
▶ 지시사항이 없는 부분은《출력형태》와 동일하게 작성하시오.

디지털정보활용능력 — 프리젠테이션(파워포인트) [시험시간 : 40분]

[슬라이드2] 아래의 작성조건 및 출력형태에 알맞게 두 번째 슬라이드에 작업하시오. (50점)

《출력형태》

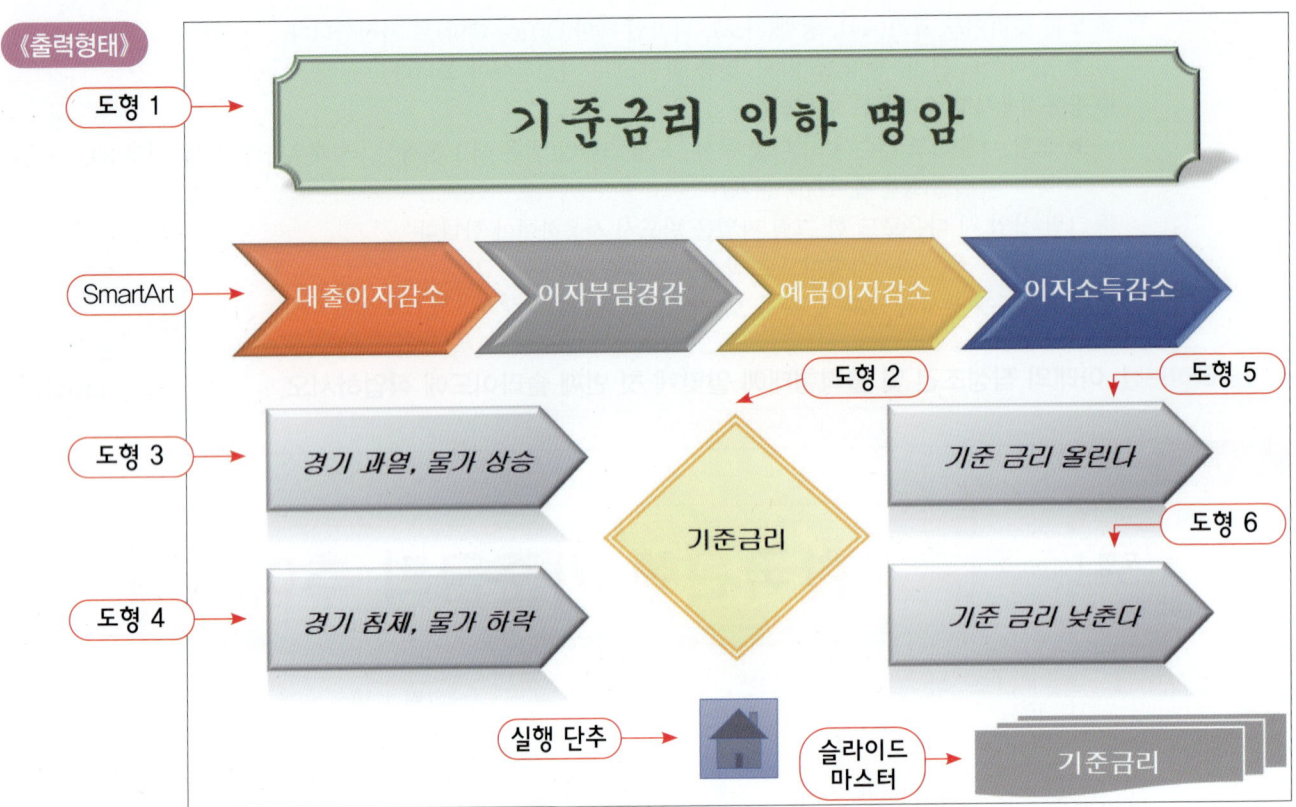

《작성조건》

(1) 제목

▶ 도형 1 ⇒ 기본 도형 : 배지, 도형 채우기('녹색, 강조 6, 60% 더 밝게'), 도형 윤곽선(실선, 색 : '녹색, 강조 6', 너비 : 1pt, 겹선 종류 : 단순형), 도형 효과(그림자 – 원근감 – 원근감: 오른쪽 위, 입체 효과 – 낮은 수준의 경사), 글꼴(궁서체, 36pt, 굵게, '녹색, 강조 6, 50% 더 어둡게')

(2) 본문

▶ 도형 2 ⇒ 기본 도형 : 다이아몬드, 도형 채우기(노랑, 밝은 그라데이션 – '선형 대각선 – 왼쪽 아래에서 오른쪽 위로'), 도형 윤곽선(실선, 색 : 주황, 너비 : 6pt, 겹선 종류 : 이중), 글꼴(굴림, 18pt, 굵게, '검정, 텍스트 1')

▶ 도형 3~6 ⇒ 블록 화살표 : '화살표: 오각형', 도형 채우기('청회색, 텍스트 2', 밝은 그라데이션 – '선형 대각선 – 오른쪽 아래에서 왼쪽 위로), 선 없음, 도형 효과(입체 효과 – 둥글게, 반사 – '근접 반사: 터치'), 글꼴(굴림, 18pt, 굵게, 기울임꼴, '검정, 텍스트 1')

▶ 실행 단추 ⇒ 실행 단추 : '실행 단추: 홈으로 이동', 하이퍼링크 : 첫째 슬라이드,
   도형 스타일('미세 효과 – 파랑, 강조 5')

▶ SmartArt 삽입 ⇒ 프로세스형 : 기본 갈매기형 수장 프로세스형, 글꼴(돋움, 18pt, 굵게, 가운데 맞춤),
   SmartArt 스타일(색 변경 – '색상형 – 강조색', 3차원 – 경사),
   (반드시 SmartArt 기능을 이용하여 작성할 것)

▶ 애니메이션 지정 ⇒ SmartArt : 나타내기 – 실선 무늬

▶ 지시사항이 없는 부분은 《출력형태》와 동일하게 작성하시오.

[슬라이드3] 아래의 작성조건 및 출력형태에 알맞게 세 번째 슬라이드에 작업하시오. (60점)

《출력형태》

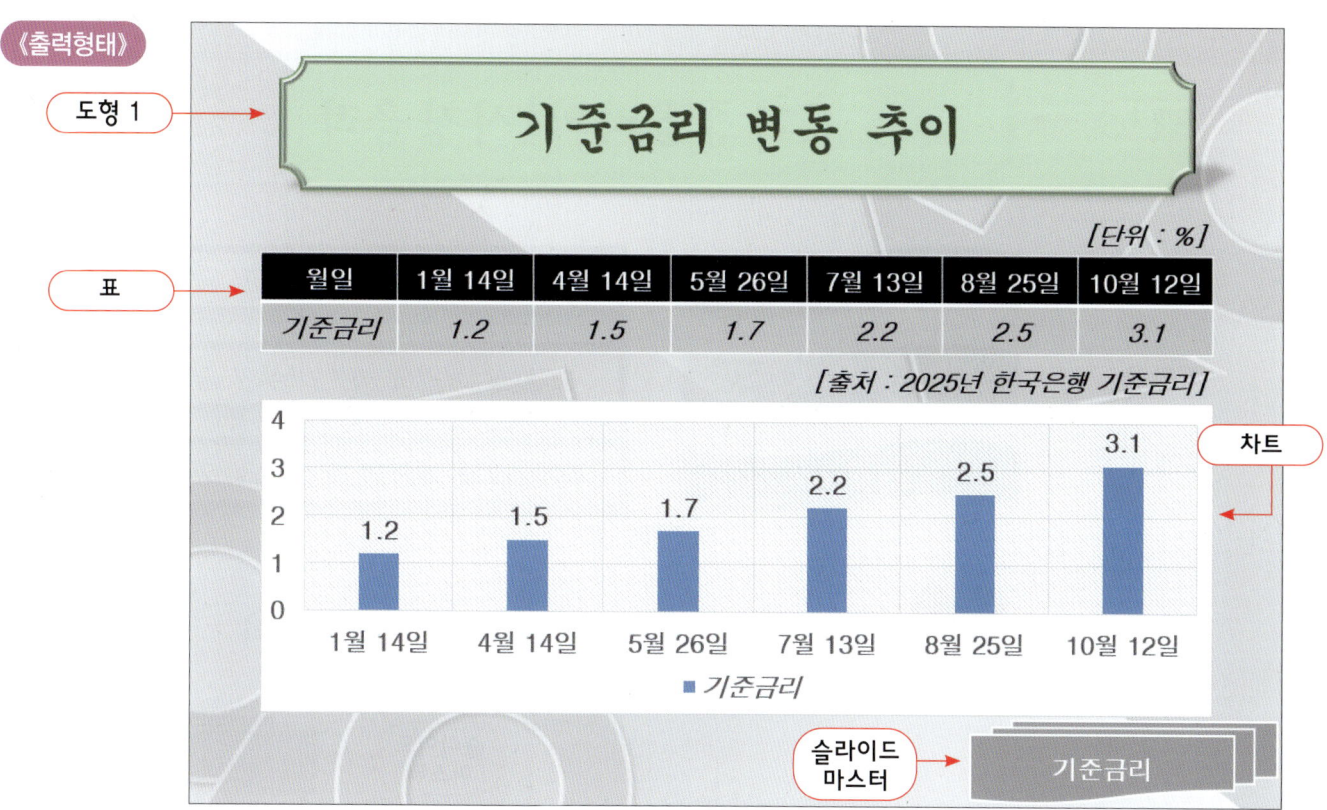

《작성조건》

(1) 제목
- 도형 1 ⇒ 기본 도형 : 배지, 도형 채우기('녹색, 강조 6, 60% 더 밝게'), 도형 윤곽선(실선, 색 : '녹색, 강조 6', 너비 : 1pt, 겹선 종류 : 단순형), 도형 효과(그림자 – 원근감 – 원근감: 오른쪽 위, 입체 효과 – 낮은 수준의 경사), 글꼴(궁서체, 36pt, 굵게, '녹색, 강조 6, 50% 더 어둡게')

(2) 본문 (※ 차트 작성은 반드시 '차트삽입→데이터입력→차트스타일' 순으로 작성바랍니다.)
- 텍스트 상자 1([단위 : %]) ⇒ 글꼴(돋움, 18pt, 굵게, 기울임꼴)
- 표 ⇒ 표 스타일(중간 – 보통 스타일 2), 가장 위의 행 : 글꼴(돋움, 18pt, 굵게, 텍스트 그림자, 가운데 맞춤), 나머지 행 : 글꼴(돋움, 18pt, 굵게, 기울임꼴, 가운데 맞춤)
- 텍스트 상자 2([출처 : 2025년 한국은행 기준금리]) ⇒ 글꼴(돋움, 18pt, 굵게, 기울임꼴)
- 차트 ⇒ 세로 막대형 : 묶은 세로 막대형, 차트 스타일(색 변경 – '다양한 색상표 2', 스타일 8), 축 서식/데이터 레이블 : 글꼴(돋움, 18pt, 굵게), 범례 서식 : 글꼴(돋움, 18pt, 굵게, 기울임꼴), 데이터는 표 참고
- 배경 ⇒ 배경 서식(채우기 – 그림 또는 질감 채우기)에서 그림 2 삽입(현재 슬라이드만 적용)
- 애니메이션 지정 ⇒ 차트 : 나타내기 – 올라오기
- 지시사항이 없는 부분은 《출력형태》와 동일하게 작성하시오.

| 디지털정보활용능력 | 프리젠테이션(파워포인트) | [시험시간 : 40분] |

[슬라이드4] 아래의 작성조건 및 출력형태에 알맞게 네 번째 슬라이드에 작업하시오. (60점)

《출력형태》

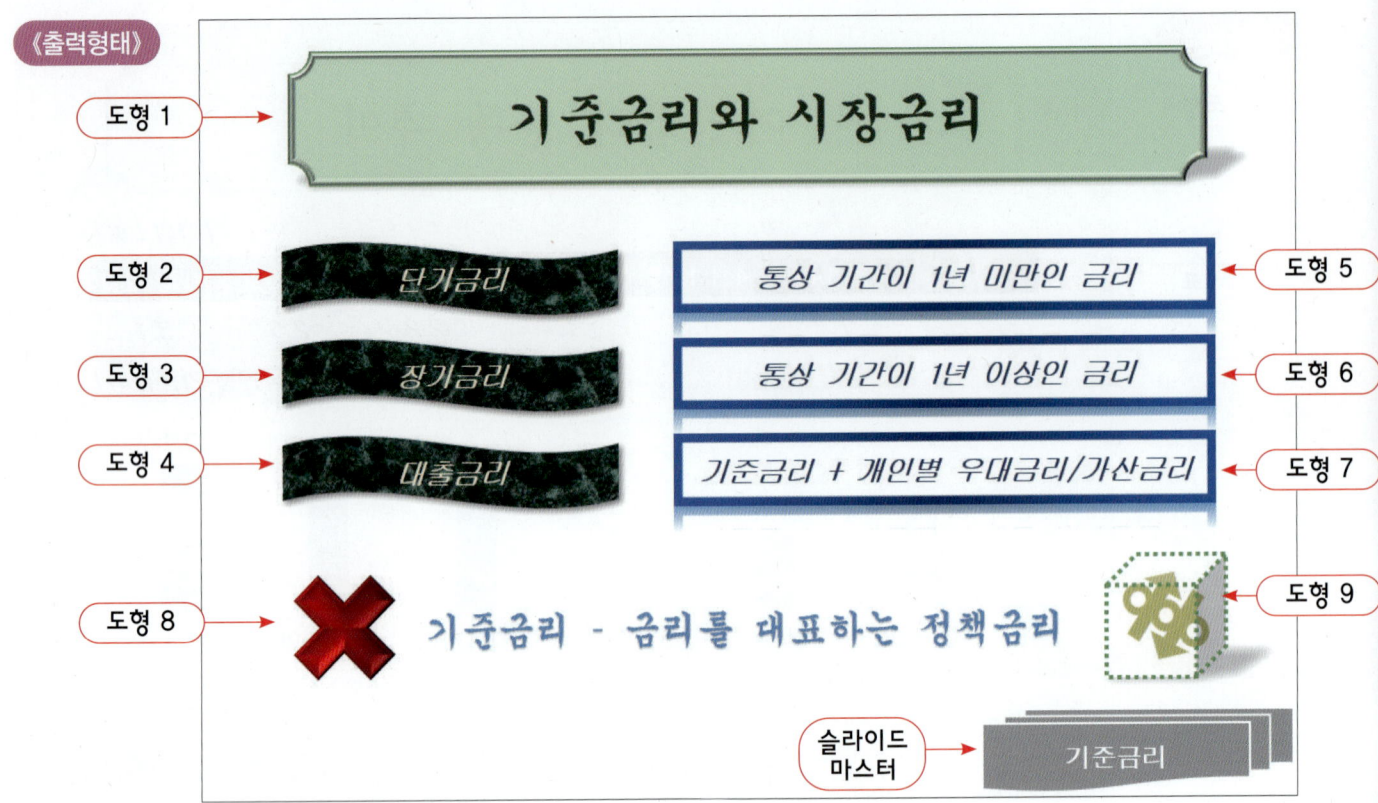

《작성조건》

(1) 제목
- 도형 1 ⇒ 기본 도형 : 배지, 도형 채우기('녹색, 강조 6, 60% 더 밝게'), 도형 윤곽선(실선, 색 : '녹색, 강조 6', 너비 : 1pt, 겹선 종류 : 단순형), 도형 효과(그림자 – 원근감 – 원근감: 오른쪽 위, 입체 효과 – 낮은 수준의 경사), 글꼴(궁서체, 36pt, 굵게, '녹색, 강조 6, 50% 더 어둡게')

(2) 본문
- 도형 2~4 ⇒ 별 및 현수막 : 물결, 도형 채우기(질감 : 녹색 대리석), 선 없음, 도형 효과(그림자 – 바깥쪽 – 오프셋: 오른쪽 아래), 글꼴(굴림체, 20pt, 굵게, 기울임꼴, '황금색, 강조 4, 80% 더 밝게')
- 도형 5~7 ⇒ 기본 도형 : 액자, 도형 채우기(파랑, 어두운 그라데이션 – 가운데에서), 선 없음, 도형 효과(반사 – '근접 반사: 터치'), 글꼴(굴림체, 20pt, 굵게, 기울임꼴, '파랑, 강조 1, 50% 더 어둡게')
- 도형 8 ⇒ 수식 도형 : 곱하기 기호, 도형 채우기(진한 빨강, 어두운 그라데이션 – 선형 왼쪽), 선 없음, 도형 효과(입체 효과 – 부드럽게 둥글리기)
- 도형 9 ⇒ 기본 도형 : 정육면체, 도형 채우기(그림 또는 질감 채우기) 기능을 사용하여 그림 3 삽입, 도형 윤곽선(실선, 색 : '녹색, 강조 6', 너비 : 3pt, 겹선 종류 : 단순형, 대시 종류 : 둥근 점선), 도형 효과(그림자 – 원근감 – 원근감: 오른쪽 위)
- WordArt 삽입(기준금리 – 금리를 대표하는 정책금리)
  ⇒ WordArt 스타일('채우기: 파랑, 강조색 1, 그림자'), 글꼴(궁서체, 26pt, 텍스트 그림자)
- 지시사항이 없는 부분은 《출력형태》와 동일하게 작성하시오.

제 11 회 실전모의고사

MS Office 2021 버전용

◎ 시험과목 : 프리젠테이션(파워포인트)
◎ 시험일자 : 20○○. ○○. ○○.(X)
◎ 응시자 기재사항 및 감독위원 확인

A

수검번호	DIP - 0000 -	감독위원 확인
성 명		

응시자 유의사항

1. 응시자는 신분증을 지참하여야 시험에 응시할 수 있으며, 시험이 종료될 때까지 신분증을 제시하지 못 할 경우 해당 시험은 0점 처리됩니다.
2. 시스템(PC작동여부, 네트워크 상태 등)의 이상여부를 반드시 확인하여야 하며, 시스템 이상이 있을 시 감독위원에게 조치를 받으셔야 합니다.
3. 시험 중 부주의 또는 고의로 시스템을 파손한 경우는 응시자 부담으로 합니다.
4. 답안 전송 프로그램을 통해 다운로드 받은 파일을 이용하여 답안파일을 작성하시기 바랍니다.
5. 작성한 답안 파일은 답안 전송 프로그램을 통하여 전송됩니다. 감독위원의 지시에 따라 주시기 바랍니다.
6. 다음 사항의 경우 실격(0점) 혹은 부정행위 처리됩니다.
    1) 답안파일을 저장하지 않았거나, 저장한 파일이 손상되었을 경우
    2) 답안파일을 지정된 폴더(바탕화면 – "KAIT" 폴더)에 저장하지 않았을 경우
        ※ 답안 전송 프로그램 로그인 시 바탕화면에 자동 생성됨
    3) 답안파일을 다른 보조기억장치(USB) 혹은 네트워크(메신저, 게시판 등)로 전송할 경우
    4) 휴대용 전화기 등 통신기기를 사용할 경우
7. 슬라이드는 반드시 순서대로 작성해야 하며, 순서가 다를 경우 "0"점 처리됩니다.
8. 시험지에 제시된 글꼴이 응시 프로그램에 없는 경우, 반드시 감독위원에게 해당 내용을 통보한 뒤 조치를 받아야 합니다.
9. 슬라이드 작성 시 도형의 그룹설정을 사용하는 경우, 채점에서 감점 처리됩니다.
10. 시험의 완료는 작성이 완료된 답안을 저장하고, 답안전송이 완료된 상태를 확인한 것으로 합니다. 답안전송 확인 후 문제지는 감독위원에게 제출한 후 퇴실하여야 합니다.
11. 답안전송을 완료한 경우는 수정 또는 정정이 불가합니다.
12. 시험 시행 후 합격자 발표는 홈페이지(www.ihd.or.kr)에서 확인하시기를 바랍니다.
    ※ 합격자 발표 : 20○○. ○○. ○○.(X)

| 디지털정보활용능력 | 프리젠테이션(파워포인트) | [시험시간 : 40분] |

유의사항
- 《작성조건》을 준수하여 반드시 프리젠테이션 슬라이드로 작업합니다.
- 글꼴 및 기타 사항에 대해 별도의 지시사항이 없는 경우, 슬라이드 크기와 전체적인 균형을 고려하여 임의로 작성하되, 도형은 그룹으로 설정하지 않습니다.
- 모든 슬라이드 크기(A4), 방향(가로), 디자인 테마(Office 테마)로 지정합니다.
  ▶ 슬라이드 크기, 방향 조정 시 '맞춤 확인'으로 지정하여야 합니다.
- 공통적용사항(슬라이드 마스터)
  ▶ 도형 ⇒ 별 및 현수막 : '별: 꼭짓점 8개', 도형 스타일('강한 효과 – 황금색, 강조 4'), 글꼴(궁서, 18pt, 굵게, 텍스트 그림자)
- 그림 삽입 시 다운로드 한 그림 파일을 반드시 사용하여야 합니다.
- ⎯⎯→ 은 지시사항이므로 작성하지 않습니다.
- 슬라이드에 제시된 글자 및 숫자 오타는 감점 처리됩니다.

[슬라이드1] 아래의 작성조건 및 출력형태에 알맞게 첫 번째 슬라이드에 작업하시오. (30점)

《출력형태》

《작성조건》

▶ 도형 1 ⇒ 별 및 현수막 : '두루마리 모양: 가로로 말림', 도형 채우기(그라데이션 : 미리 설정 – '밝은 그라데이션 – 강조 6', 종류 – 사각형, 방향 – 오른쪽 아래 모서리에서), 도형 윤곽선(실선, 색 : 녹색, 너비 : 3pt, 겹선 종류 : 단순형), 도형 효과(그림자 – 안쪽 – 안쪽: 아래쪽), 글꼴(굴림, 44pt, 굵게, 진한 파랑)
▶ 도형 2 ⇒ 수식 도형 : 곱하기 기호, 도형 채우기('파랑, 강조 5', 어두운 그라데이션 – 가운데에서), 선 없음, 도형 효과(반사 – '근접 반사: 터치', 입체 효과 – 둥글게 볼록)
▶ 도형 3 ⇒ 기본 도형 : 번개, 도형 스타일('미세 효과 – 주황, 강조 2')
▶ 그림 삽입 ⇒ 그림 1 삽입, 크기(높이 : 7cm, 너비 : 10cm)
▶ 텍스트 상자(건강하고 안심되는 일터 조성) ⇒ 글꼴(궁서, 26pt, 굵게, 밑줄, 진한 빨강)
▶ 애니메이션 지정 ⇒ 도형 1 : 나타내기 – 블라인드
▶ 지시사항이 없는 부분은 《출력형태》와 동일하게 작성하시오.

디지털정보활용능력 — 프리젠테이션(파워포인트) [시험시간 : 40분]

[슬라이드2] 아래의 작성조건 및 출력형태에 알맞게 두 번째 슬라이드에 작업하시오. (50점)

《출력형태》

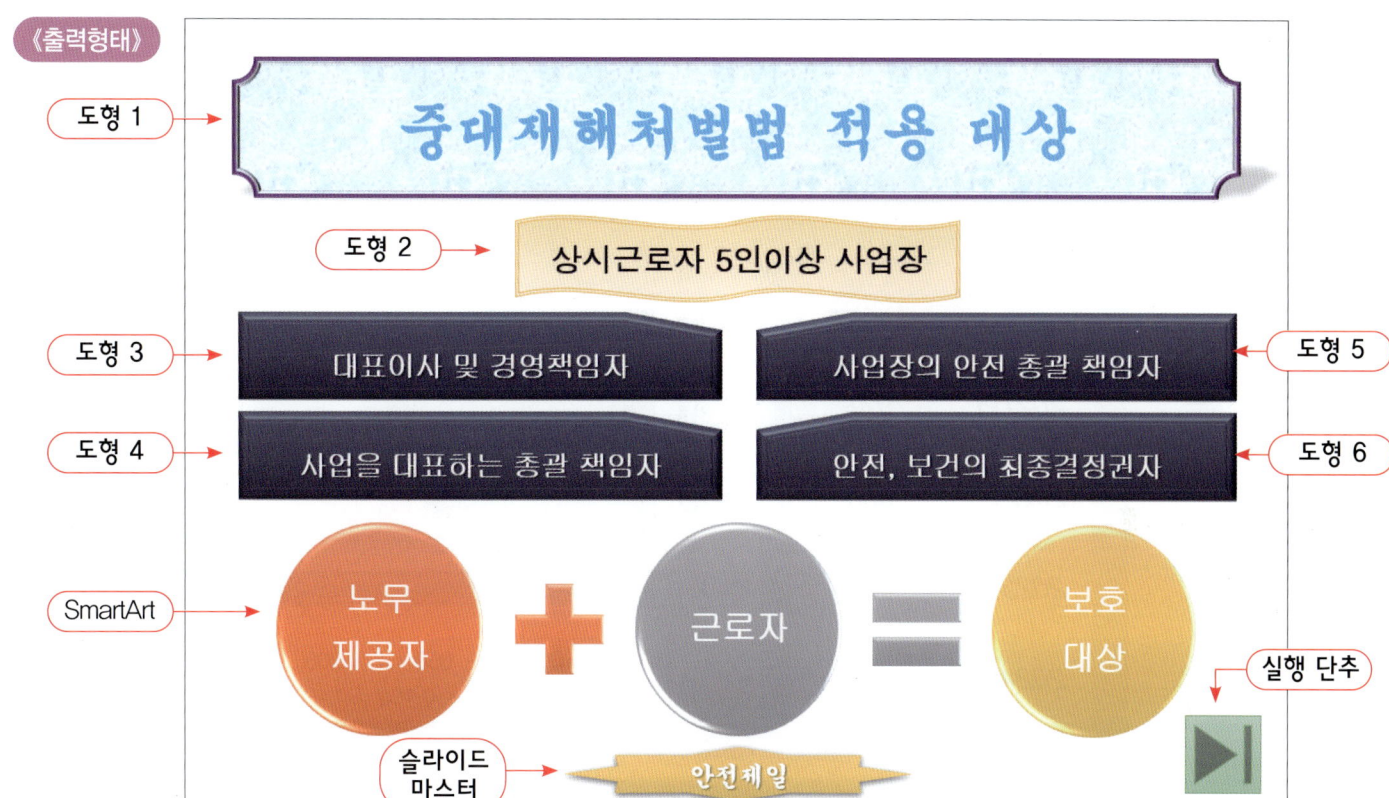

《작성조건》

(1) 제목

▶ 도형 1 ⇒ 기본 도형 : 배지, 도형 채우기(질감 : 파랑 박엽지), 도형 윤곽선(실선, 색 : 자주, 너비 : 3pt, 겹선 종류 : 단순형), 도형 효과(그림자 – 원근감 – 원근감: 오른쪽 위, 입체 효과 – 절단), 글꼴(궁서체, 40pt, 굵게, 연한 파랑)

(2) 본문

▶ 도형 2 ⇒ 별 및 현수막 : 이중 물결, 도형 채우기(주황, 밝은 그라데이션 – 선형 아래쪽), 도형 윤곽선(실선, 색 : 주황, 너비 : 3pt, 겹선 종류 : 이중), 글꼴(돋움, 22pt, 굵게, '검정, 텍스트 1')
▶ 도형 3~6 ⇒ 순서도 : '순서도: 카드', 도형 채우기('청회색, 텍스트 2', 어두운 그라데이션 – 선형 위쪽), 선 없음, 도형 효과(입체 효과 – 리블렛), 글꼴(굴림, 20pt, 굵게, 텍스트 그림자)
▶ 실행 단추 ⇒ 실행 단추 : '실행 단추: 끝으로 이동', 하이퍼링크 : 마지막 슬라이드, 도형 스타일('미세 효과 – 녹색, 강조 6')
▶ SmartArt 삽입 ⇒ 프로세스형 : 수식형, 글꼴(굴림, 24pt, 굵게, 가운데 맞춤), SmartArt 스타일(색 변경 – '색상형 – 강조색', 3차원 – 광택 처리), (반드시 SmartArt 기능을 이용하여 작성할 것)
▶ 애니메이션 지정 ⇒ SmartArt : 나타내기 – 도형
▶ 지시사항이 없는 부분은 《출력형태》와 동일하게 작성하시오.

[슬라이드3] 아래의 작성조건 및 출력형태에 알맞게 세 번째 슬라이드에 작업하시오. (60점)

《출력형태》

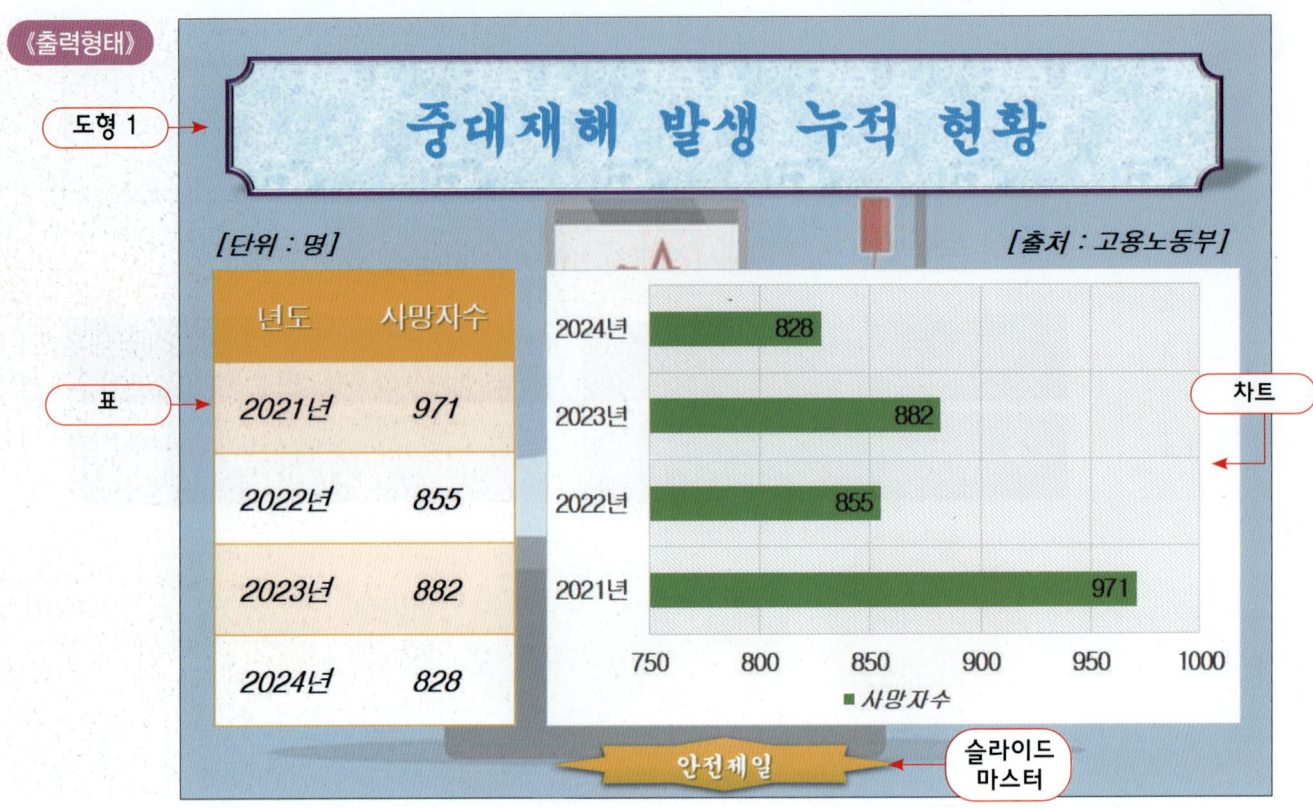

《작성조건》

(1) 제목
- 도형 1 ⇒ 기본 도형 : 배지, 도형 채우기(질감 : 파랑 박엽지), 도형 윤곽선(실선, 색 : 자주, 너비 : 3pt, 겹선 종류 : 단순형), 도형 효과(그림자 – 원근감 – 원근감: 오른쪽 위, 입체 효과 – 절단), 글꼴(궁서체, 40pt, 굵게, 연한 파랑)

(2) 본문 (※ 차트 작성은 반드시 '차트삽입→데이터입력→차트스타일' 순으로 작성바랍니다.)
- 텍스트 상자 1([단위 : 명]) ⇒ 글꼴(돋움, 18pt, 굵게, 기울임꼴)
- 표 ⇒ 표 스타일(중간 – 보통 스타일 1 – 강조 4), 가장 위의 행 : 글꼴(돋움, 20pt, 굵게, 텍스트 그림자, 가운데 맞춤), 나머지 행 : 글꼴(돋움, 20pt, 굵게, 기울임꼴, 가운데 맞춤)
- 텍스트 상자 2([출처 : 고용노동부]) ⇒ 글꼴(돋움, 18pt, 굵게, 기울임꼴)
- 차트 ⇒ 가로 막대형 : 누적 가로 막대형, 차트 스타일(색 변경 – '단색 색상표 6', 스타일 7), 축 서식/데이터 레이블 : 글꼴(굴림체, 18pt, 굵게), 범례 서식 : 글꼴(굴림체, 16pt, 굵게, 기울임꼴), 데이터는 표 참고
- 배경 ⇒ 배경 서식(채우기 – 그림 또는 질감 채우기)에서 그림 2 삽입(현재 슬라이드만 적용)
- 애니메이션 지정 ⇒ 차트 : 나타내기 – 나누기
- 지시사항이 없는 부분은 《출력형태》와 동일하게 작성하시오.

[슬라이드4] 아래의 작성조건 및 출력형태에 알맞게 네 번째 슬라이드에 작업하시오. (60점)

《출력형태》

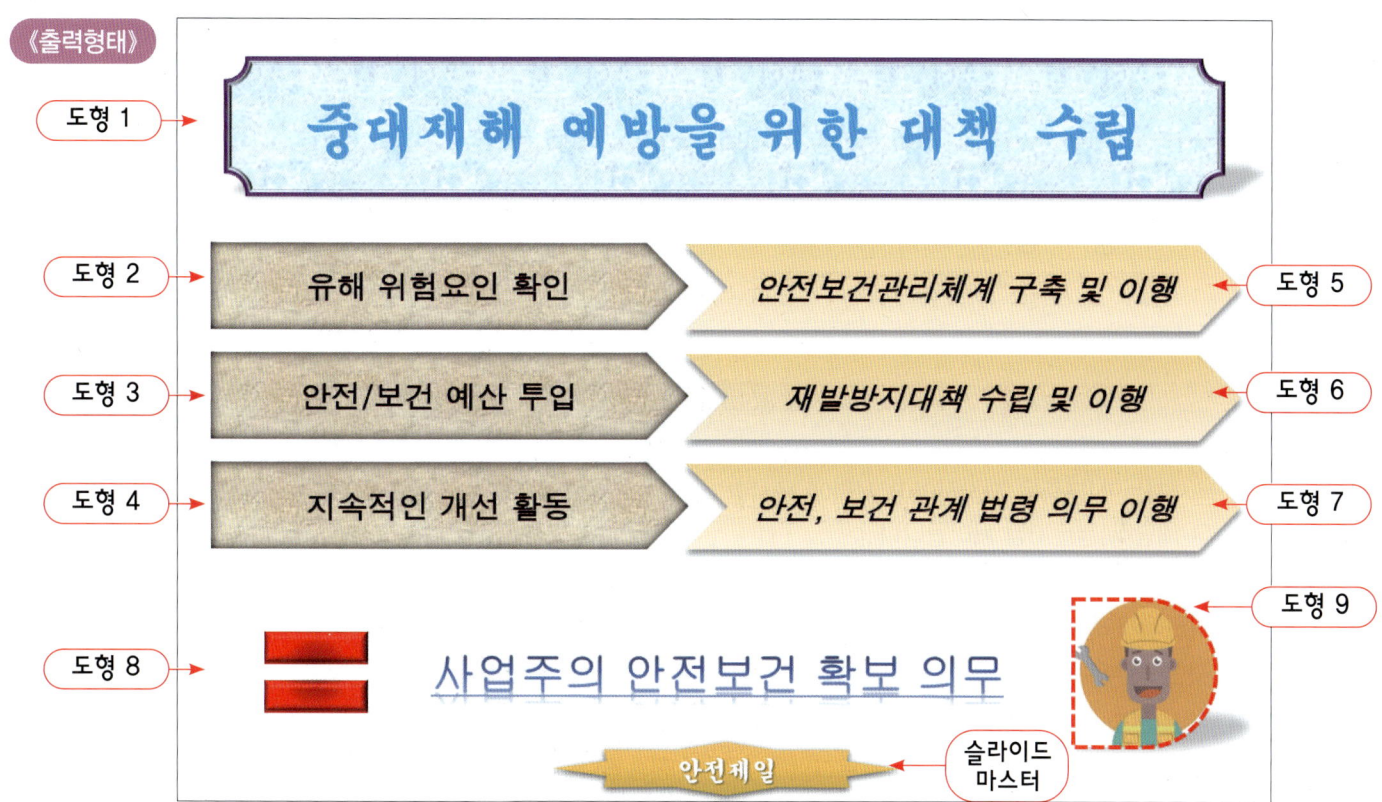

《작성조건》

(1) 제목
 ▶ 도형 1 ⇒ 기본 도형 : 배지, 도형 채우기(질감 : 파랑 박엽지), 도형 윤곽선(실선, 색 : 자주, 너비 : 3pt, 겹선 종류 : 단순형), 도형 효과(그림자 – 원근감 – 원근감: 오른쪽 위, 입체 효과 – 절단), 글꼴(궁서체, 40pt, 굵게, 연한 파랑)

(2) 본문
 ▶ 도형 2~4 ⇒ 블록 화살표 : '화살표: 오각형', 도형 채우기(질감 : 편지지), 선 없음,
  도형 효과(그림자 – 안쪽 – 안쪽: 가운데), 글꼴(돋움, 22pt, 굵게, '검정, 텍스트 1')
 ▶ 도형 5~7 ⇒ 블록 화살표 : '화살표: 갈매기형 수장', 도형 채우기(주황, 밝은 그라데이션 – 선형 아래쪽), 선 없음,
  도형 효과(그림자 – 바깥쪽 – 오프셋: 아래쪽), 글꼴(돋움, 22pt, 굵게, 기울임꼴, '검정, 텍스트 1')
 ▶ 도형 8 ⇒ 수식 도형 : 같음 기호, 도형 채우기(빨강, 어두운 그라데이션 – 가운데에서), 선 없음,
  도형 효과(입체 효과 – 둥글게)
 ▶ 도형 9 ⇒ 순서도 : '순서도: 지연', 도형 채우기(그림 또는 질감 채우기) 기능을 사용하여 그림 3 삽입,
  도형 윤곽선(실선, 색 : 빨강, 너비 : 3pt, 겹선 종류 : 단순형, 대시 종류 : 사각 점선),
  도형 효과(그림자 – 원근감 – 원근감: 오른쪽 위)
 ▶ WordArt 삽입(사업주의 안전보건 확보 의무)
  ⇒ WordArt 스타일('그라데이션 채우기: 파랑, 강조색 5, 반사'), 글꼴(굴림, 32pt, 굵게, 밑줄)
 ▶ 지시사항이 없는 부분은 《출력형태》와 동일하게 작성하시오.

제12회 실전모의고사

MS Office 2021 버전용

◎ 시험과목 : 프리젠테이션(파워포인트)
◎ 시험일자 : 20○○. ○○. ○○.(X)
◎ 응시자 기재사항 및 감독위원 확인

B

수검번호	DIP - 0000 -	감독위원 확인
성 명		

응시자 유의사항

1. 응시자는 신분증을 지참하여야 시험에 응시할 수 있으며, 시험이 종료될 때까지 신분증을 제시하지 못 할 경우 해당 시험은 0점 처리됩니다.
2. 시스템(PC작동여부, 네트워크 상태 등)의 이상여부를 반드시 확인하여야 하며, 시스템 이상이 있을 시 감독위원에게 조치를 받으셔야 합니다.
3. 시험 중 부주의 또는 고의로 시스템을 파손한 경우는 응시자 부담으로 합니다.
4. 답안 전송 프로그램을 통해 다운로드 받은 파일을 이용하여 답안파일을 작성하시기 바랍니다.
5. 작성한 답안 파일은 답안 전송 프로그램을 통하여 전송됩니다. 감독위원의 지시에 따라 주시기 바랍니다.
6. 다음 사항의 경우 실격(0점) 혹은 부정행위 처리됩니다.
   1) 답안파일을 저장하지 않았거나, 저장한 파일이 손상되었을 경우
   2) 답안파일을 지정된 폴더(바탕화면 – "KAIT" 폴더)에 저장하지 않았을 경우
      ※ 답안 전송 프로그램 로그인 시 바탕화면에 자동 생성됨
   3) 답안파일을 다른 보조기억장치(USB) 혹은 네트워크(메신저, 게시판 등)로 전송할 경우
   4) 휴대용 전화기 등 통신기기를 사용할 경우
7. 슬라이드는 반드시 순서대로 작성해야 하며, 순서가 다를 경우 "0"점 처리됩니다.
8. 시험지에 제시된 글꼴이 응시 프로그램에 없는 경우, 반드시 감독위원에게 해당 내용을 통보한 뒤 조치를 받아야 합니다.
9. 슬라이드 작성 시 도형의 그룹설정을 사용하는 경우, 채점에서 감점 처리됩니다.
10. 시험의 완료는 작성이 완료된 답안을 저장하고, 답안전송이 완료된 상태를 확인한 것으로 합니다. 답안전송 확인 후 문제지는 감독위원에게 제출한 후 퇴실하여야 합니다.
11. 답안전송을 완료한 경우는 수정 또는 정정이 불가합니다.
12. 시험 시행 후 합격자 발표는 홈페이지(www.ihd.or.kr)에서 확인하시기를 바랍니다.
    ※ 합격자 발표 : 20○○. ○○. ○○.(X)

| 디지털정보활용능력 | 프리젠테이션(파워포인트) | [시험시간 : 40분] | 1/4 |

유의사항
- 《작성조건》을 준수하여 반드시 프리젠테이션 슬라이드로 작업합니다.
- 글꼴 및 기타 사항에 대해 별도의 지시사항이 없는 경우, 슬라이드 크기와 전체적인 균형을 고려하여 임의로 작성하되, 도형은 그룹으로 설정하지 않습니다.
- 모든 슬라이드 크기(A4), 방향(가로), 디자인 테마(Office 테마)로 지정합니다.
  ▶ 슬라이드 크기, 방향 조정 시 '맞춤 확인'으로 지정하여야 합니다.
- 공통적용사항(슬라이드 마스터)
  ▶ 도형 ⇒ 설명선 : '생각 풍선: 구름 모양', 도형 스타일('색 채우기 – 녹색, 강조 6'),
      글꼴(궁서체, 18pt, 굵게, 노랑)
- 그림 삽입 시 다운로드 한 그림 파일을 반드시 사용하여야 합니다.
- ☐──→ 은 지시사항이므로 작성하지 않습니다.
- 슬라이드에 제시된 글자 및 숫자 오타는 감점 처리됩니다.

[슬라이드1] 아래의 작성조건 및 출력형태에 알맞게 첫 번째 슬라이드에 작업하시오. (30점)

《출력형태》

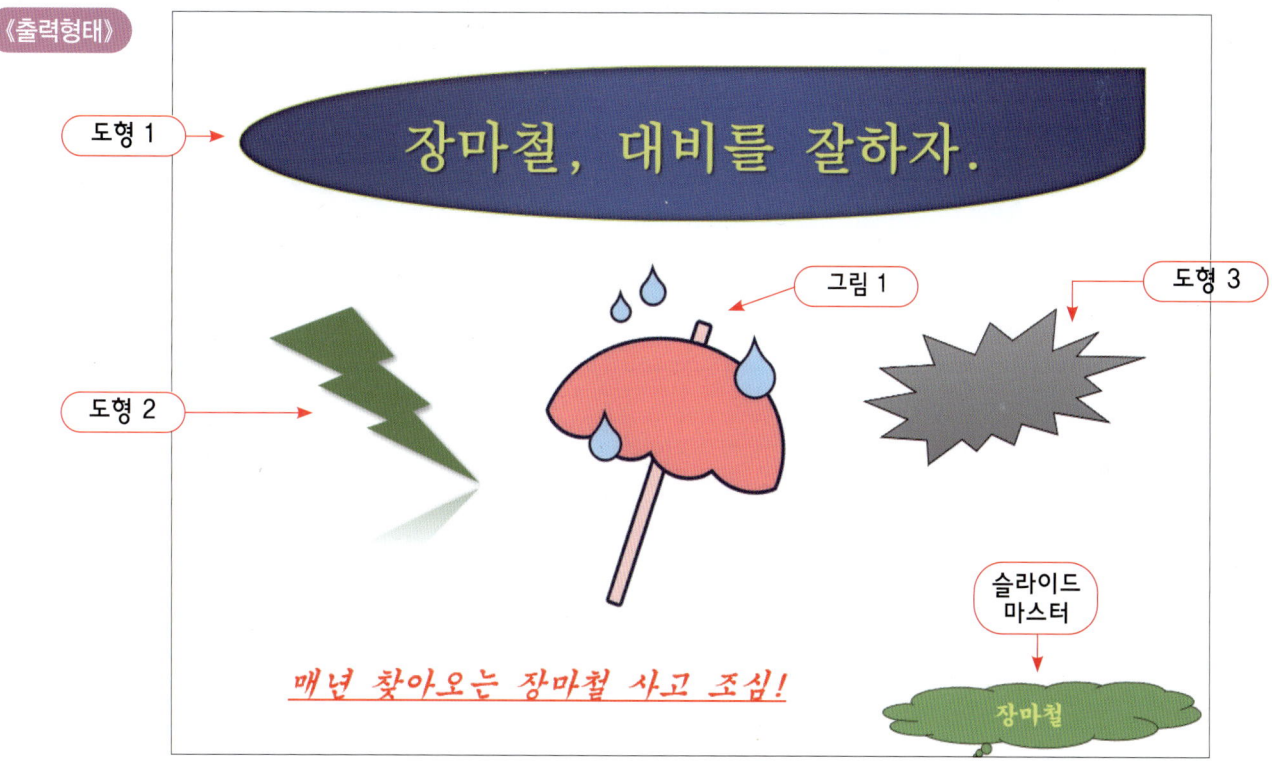

《작성조건》
▶ 도형 1 ⇒ 기본 도형 : 눈물 방울, 도형 채우기(그라데이션 : 미리 설정 – '방사형 그라데이션 – 강조 5', 종류 – 방사형, 방향 – 가운데에서), 도형 윤곽선(실선, 색 : 노랑, 너비 : 1pt, 겹선 종류 : 단순형), 도형 효과(그림자 – 안쪽 – 안쪽: 가운데), 글꼴(바탕체, 40pt, 굵게, 텍스트 그림자, 노랑)
▶ 도형 2 ⇒ 기본 도형 : 번개, 도형 채우기('녹색, 강조 6, 25% 더 어둡게'), 선 없음, 도형 효과(그림자 – 바깥쪽 – 오프셋: 오른쪽 아래, 반사 – '근접 반사: 4pt 오프셋')
▶ 도형 3 ⇒ 별 및 현수막 : '폭발: 14pt', 도형 스타일('미세 효과 – 검정, 어둡게 1')
▶ 그림 삽입 ⇒ 그림 1 삽입, 크기(높이 : 9cm, 너비 : 9cm)
▶ 텍스트 상자(매년 찾아오는 장마철 사고 조심!) ⇒ 글꼴(궁서체, 24pt, 기울임꼴, 밑줄, 빨강)
▶ 애니메이션 지정 ⇒ 도형 1 : 나타내기 – 실선 무늬
▶ 지시사항이 없는 부분은 《출력형태》와 동일하게 작성하시오.

[슬라이드2] 아래의 작성조건 및 출력형태에 알맞게 두 번째 슬라이드에 작업하시오. (50점)

《출력형태》

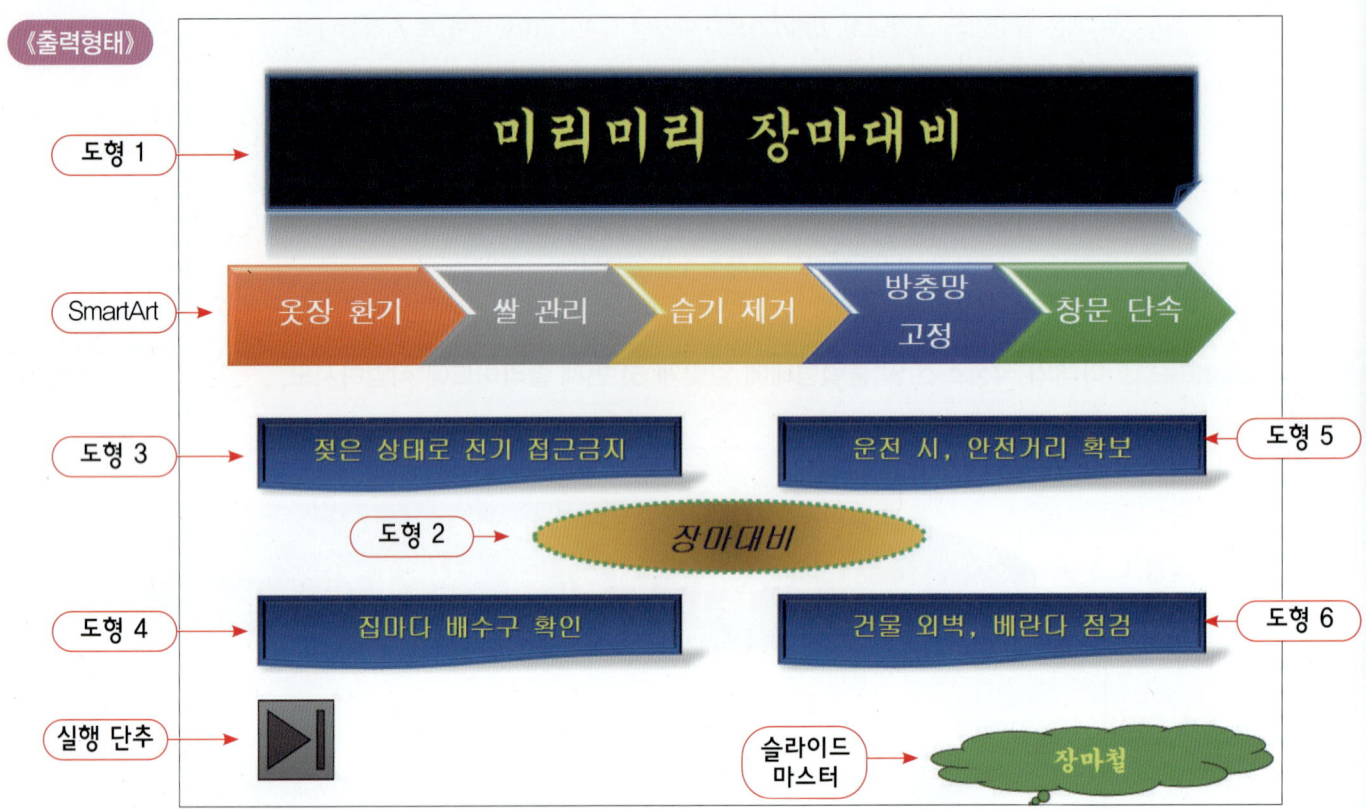

《작성조건》

(1) 제목

▶ 도형 1 ⇒ 기본 도형 : '사각형: 모서리가 접힌 도형', 도형 채우기('청회색, 텍스트 2, 50% 더 어둡게'), 도형 윤곽선(실선, 색 : 파랑, 너비 : 3pt, 겹선 종류 : 이중), 도형 효과(반사 – '근접 반사: 터치', 그림자 – 바깥쪽 – 오프셋: 위쪽), 글꼴(궁서체, 40pt, 텍스트 그림자, 노랑)

(2) 본문

▶ 도형 2 ⇒ 기본 도형 : 타원, 도형 채우기(주황, 어두운 그라데이션 – 가운데에서), 도형 윤곽선(실선, 색 : 녹색, 너비 : 3pt, 겹선 종류 : 단순형, 대시 종류 : 둥근 점선), 글꼴(굴림체, 22pt, 굵게, 기울임꼴, 진한 파랑)
▶ 도형 3~6 ⇒ 순서도 : '순서도: 문서', 도형 채우기(파랑, 어두운 그라데이션 – 선형 아래쪽), 선 없음, 도형 효과(그림자 – 원근감 – 원근감: 오른쪽 위, 입체 효과 – 절단), 글꼴(굴림체, 18pt, 굵게, 텍스트 그림자, 노랑)
▶ 실행 단추 ⇒ 실행 단추 : '실행 단추: 끝으로 이동', 하이퍼링크 : 마지막 슬라이드, 도형 스타일('미세 효과 – 검정, 어둡게 1')
▶ SmartArt 삽입 ⇒ 프로세스형 : 닫힌 갈매기형 수장 프로세스형, 글꼴(돋움체, 20pt, 굵게, 가운데 맞춤), SmartArt 스타일(색 변경 – '색상형 – 강조색', 3차원 – 광택 처리), (반드시 SmartArt 기능을 이용하여 작성할 것)
▶ 애니메이션 지정 ⇒ SmartArt : 나타내기 – 회전
▶ 지시사항이 없는 부분은 《출력형태》와 동일하게 작성하시오.

[슬라이드3] 아래의 작성조건 및 출력형태에 알맞게 세 번째 슬라이드에 작업하시오. (60점)

《출력형태》

《작성조건》

(1) 제목
- 도형 1 ⇒ 기본 도형 : '사각형: 모서리가 접힌 도형', 도형 채우기('청회색, 텍스트 2, 50% 더 어둡게'), 도형 윤곽선(실선, 색 : 파랑, 너비 : 3pt, 겹선 종류 : 이중), 도형 효과(반사 – '근접 반사: 터치', 그림자 – 바깥쪽 – 오프셋: 위쪽), 글꼴(궁서체, 40pt, 텍스트 그림자, 노랑)

(2) 본문 (※ 차트 작성은 반드시 '차트삽입→데이터입력→차트스타일' 순으로 작성바랍니다.)
- 텍스트 상자 1([단위 : 일]) ⇒ 글꼴(돋움체, 16pt, 굵게)
- 표 ⇒ 표 스타일(중간 – 보통 스타일 3 – 강조 5), 가장 위의 행 : 글꼴(돋움체, 16pt, 굵게, 텍스트 그림자, 가운데 맞춤), 나머지 행 : 글꼴(돋움체, 18pt, 굵게, 기울임꼴, 가운데 맞춤)
- 텍스트 상자 2([출처 : 기상청]) ⇒ 글꼴(돋움체, 16pt, 굵게)
- 차트 ⇒ 세로 막대형 : 묶은 세로 막대형, 차트 스타일(색 변경 – '단색 색상표 5', 스타일 8), 축 서식/데이터 레이블 서식 : 글꼴(돋움체, 14pt, 굵게), 범례 서식 : 글꼴(돋움체, 12pt, 굵게, 기울임꼴), 데이터는 표 참고
- 배경 ⇒ 배경 서식(채우기 – 그림 또는 질감 채우기)에서 그림 2 삽입(현재 슬라이드만 적용)
- 애니메이션 지정 ⇒ 차트 : 나타내기 – 도형
- 지시사항이 없는 부분은 《출력형태》와 동일하게 작성하시오.

디지털정보활용능력 — 프리젠테이션(파워포인트) [시험시간 : 40분]

[슬라이드4] 아래의 작성조건 및 출력형태에 알맞게 네 번째 슬라이드에 작업하시오. (60점)

《출력형태》

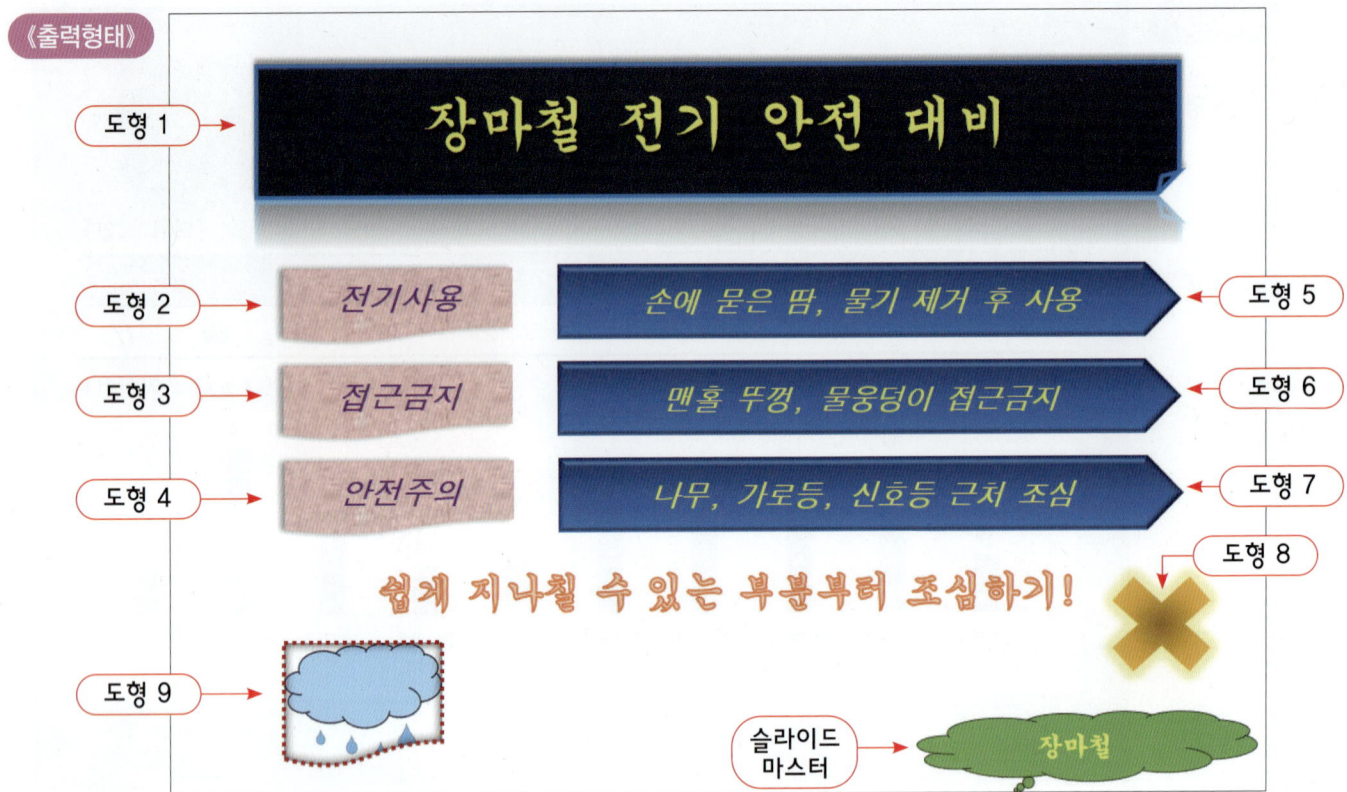

《작성조건》

(1) 제목
- 도형 1 ⇒ 기본 도형 : '사각형: 모서리가 접힌 도형', 도형 채우기('청회색, 텍스트 2, 50% 더 어둡게'), 도형 윤곽선(실선, 색 : 파랑, 너비 : 3pt, 겹선 종류 : 이중), 도형 효과(반사 – '근접 반사: 터치', 그림자 – 바깥쪽 – 오프셋: 위쪽), 글꼴(궁서체, 40pt, 텍스트 그림자, 노랑)

(2) 본문
- 도형 2~4 ⇒ 순서도 : '순서도: 문서', 도형 채우기(질감 : 분홍 박엽지), 선 없음, 도형 효과(그림자 – 바깥쪽 – 오프셋: 왼쪽), 글꼴(돋움체, 22pt, 굵게, 기울임꼴, 자주)
- 도형 5~7 ⇒ 블록 화살표 : '화살표: 오각형', 도형 채우기(파랑, 어두운 그라데이션 – 선형 아래쪽), 선 없음, 도형 효과(입체 효과 – 둥글게), 글꼴(돋움체, 20pt, 굵게, 기울임꼴, 노랑)
- 도형 8 ⇒ 수식 도형 : 곱하기 기호, 도형 채우기(주황, 어두운 그라데이션 – 가운데에서), 선 없음, 도형 효과(네온 – '네온: 11pt, 황금색, 강조색 4')
- 도형 9 ⇒ 순서도 : '순서도: 문서', 도형 채우기(그림 또는 질감 채우기) 기능을 사용하여 그림 3 삽입, 도형 윤곽선(실선, 색 : 진한 빨강, 너비 : 3pt, 겹선 종류 : 단순형, 대시 종류 : 둥근 점선), 도형 효과(그림자 – 안쪽 – 안쪽: 가운데)
- WordArt 삽입(쉽게 지나칠 수 있는 부분부터 조심하기!)
  ⇒ WordArt 스타일('채우기: 주황, 강조색 2, 윤곽선: 주황, 강조색 2'), 글꼴(궁서, 28pt, 굵게)
- 지시사항이 없는 부분은 《출력형태》와 동일하게 작성하시오.

제 13회 실전모의고사

MS Office 2021 버전용

◎ 시험과목 : 프리젠테이션(파워포인트)
◎ 시험일자 : 20○○. ○○. ○○.(X)
◎ 응시자 기재사항 및 감독위원 확인

수검번호	DIP - 0000 -	감독위원 확인
성 명		

응시자 유의사항

1. 응시자는 신분증을 지참하여야 시험에 응시할 수 있으며, 시험이 종료될 때까지 신분증을 제시하지 못 할 경우 해당 시험은 0점 처리됩니다.
2. 시스템(PC작동여부, 네트워크 상태 등)의 이상여부를 반드시 확인하여야 하며, 시스템 이상이 있을 시 감독위원에게 조치를 받으셔야 합니다.
3. 시험 중 부주의 또는 고의로 시스템을 파손한 경우는 응시자 부담으로 합니다.
4. 답안 전송 프로그램을 통해 다운로드 받은 파일을 이용하여 답안파일을 작성하시기 바랍니다.
5. 작성한 답안 파일은 답안 전송 프로그램을 통하여 전송됩니다. 감독위원의 지시에 따라 주시기 바랍니다.
6. 다음 사항의 경우 실격(0점) 혹은 부정행위 처리됩니다.
   1) 답안파일을 저장하지 않았거나, 저장한 파일이 손상되었을 경우
   2) 답안파일을 지정된 폴더(바탕화면 – "KAIT" 폴더)에 저장하지 않았을 경우
      ※ 답안 전송 프로그램 로그인 시 바탕화면에 자동 생성됨
   3) 답안파일을 다른 보조기억장치(USB) 혹은 네트워크(메신저, 게시판 등)로 전송할 경우
   4) 휴대용 전화기 등 통신기기를 사용할 경우
7. 슬라이드는 반드시 순서대로 작성해야 하며, 순서가 다를 경우 "0"점 처리됩니다.
8. 시험지에 제시된 글꼴이 응시 프로그램에 없는 경우, 반드시 감독위원에게 해당 내용을 통보한 뒤 조치를 받아야 합니다.
9. 슬라이드 작성 시 도형의 그룹설정을 사용하는 경우, 채점에서 감점 처리됩니다.
10. 시험의 완료는 작성이 완료된 답안을 저장하고, 답안전송이 완료된 상태를 확인한 것으로 합니다. 답안전송 확인 후 문제지는 감독위원에게 제출한 후 퇴실하여야 합니다.
11. 답안전송을 완료한 경우는 수정 또는 정정이 불가합니다.
12. 시험 시행 후 합격자 발표는 홈페이지(www.ihd.or.kr)에서 확인하시기를 바랍니다.
    ※ 합격자 발표 : 20○○. ○○. ○○.(X)

| 디지털정보활용능력 | 프리젠테이션(파워포인트) | [시험시간 : 40분] |

유의사항
- 《작성조건》을 준수하여 반드시 프리젠테이션 슬라이드로 작업합니다.
- 글꼴 및 기타 사항에 대해 별도의 지시사항이 없는 경우, 슬라이드 크기와 전체적인 균형을 고려하여 임의로 작성하되, 도형은 그룹으로 설정하지 않습니다.
- 모든 슬라이드 크기(A4), 방향(가로), 디자인 테마(Office 테마)로 지정합니다.
  ▶ 슬라이드 크기, 방향 조정 시 '맞춤 확인'으로 지정하여야 합니다.
- 공통적용사항(슬라이드 마스터)
  ▶ 도형 ⇒ 별 및 현수막 : 이중 물결, 도형 스타일('미세 효과 - 황금색, 강조 4'), 글꼴(돋움, 18pt, 굵게, 기울임꼴)
- 그림 삽입 시 다운로드 한 그림 파일을 반드시 사용하여야 합니다.
- ⬚ 은 지시사항이므로 작성하지 않습니다.
- 슬라이드에 제시된 글자 및 숫자 오타는 감점 처리됩니다.

[슬라이드1] 아래의 작성조건 및 출력형태에 알맞게 첫 번째 슬라이드에 작업하시오. (30점)

《출력형태》

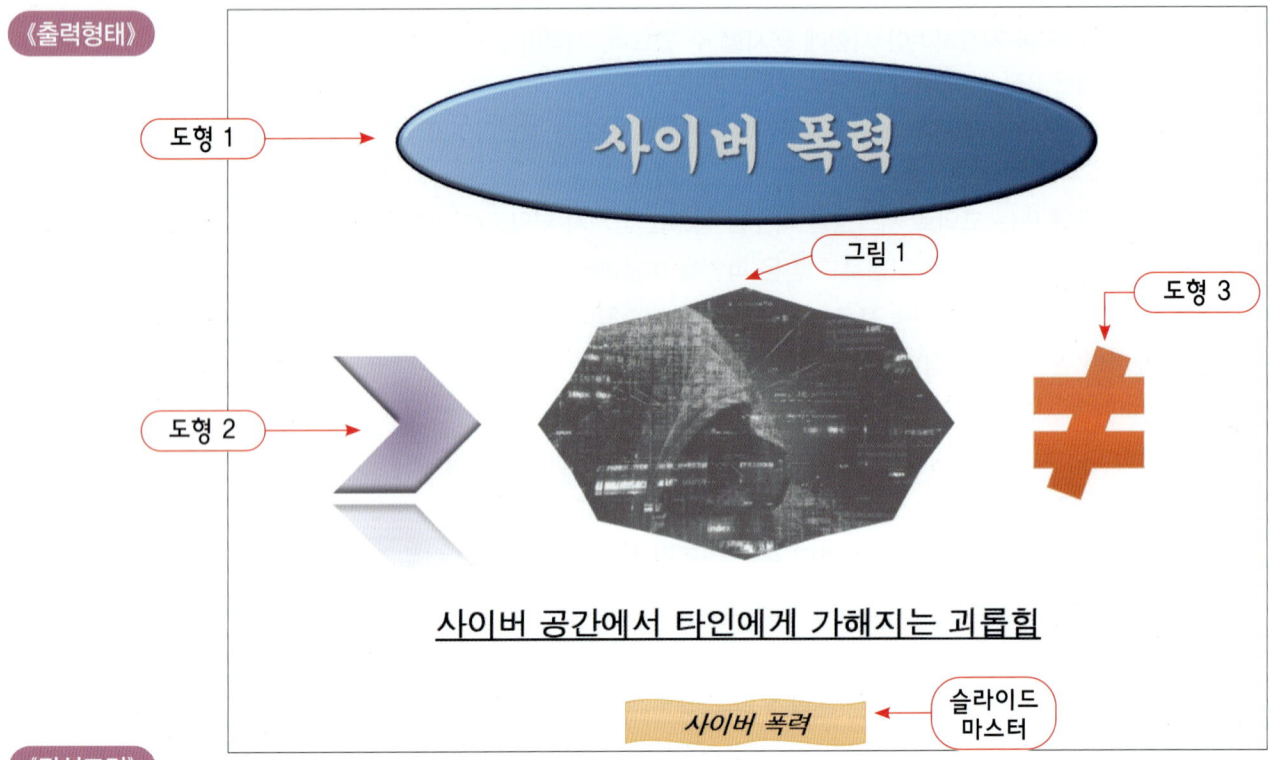

《작성조건》

▶ 도형 1 ⇒ 기본 도형 : 타원, 도형 채우기(그라데이션 : 미리 설정 - '가운데 그라데이션 - 강조 5', 종류 - 방사형, 방향 - 오른쪽 아래 모서리에서), 도형 윤곽선(실선, 색 : 진한 파랑, 너비 : 2pt, 겹선 종류 : 단순형), 도형 효과(입체 효과 - 기울기), 글꼴(궁서, 44pt, 굵게, 텍스트 그림자, '밝은 회색, 배경 2')
▶ 도형 2 ⇒ 블록 화살표 : '화살표: 갈매기형 수장', 도형 채우기(자주, 밝은 그라데이션 - 가운데에서), 선 없음, 도형 효과(그림자 - 안쪽 - 안쪽: 아래쪽, 반사 - '1/2 반사: 8pt 오프셋')
▶ 도형 3 ⇒ 수식 도형 : 부등호, 도형 스타일('보통 효과 - 주황, 강조 2')
▶ 그림 삽입 ⇒ 그림 1 삽입, 크기(높이 : 7cm, 너비 : 11cm)
▶ 텍스트 상자(사이버 공간에서 타인에게 가해지는 괴롭힘) ⇒ 글꼴(돋움, 24pt, 굵게, 밑줄)
▶ 애니메이션 지정 ⇒ 도형 1 : 나타내기 - 올라오기
▶ 지시사항이 없는 부분은 《출력형태》와 동일하게 작성하시오.

| 디지털정보활용능력 | 프리젠테이션(파워포인트) | [시험시간 : 40분] |

[슬라이드2] 아래의 작성조건 및 출력형태에 알맞게 두 번째 슬라이드에 작업하시오. (50점)

《출력형태》

《작성조건》

(1) 제목
- 도형 1 ⇒ 기본 도형 : 배지, 도형 채우기(연한 녹색, 어두운 그라데이션 : 선형 위쪽), 도형 윤곽선(실선, 색 : 주황, 너비 : 3pt, 겹선 종류 : 단순형), 도형 효과(그림자 - 원근감 - 원근감: 왼쪽 위, 입체 효과 - 리블랫), 글꼴(궁서, 36pt, 굵게, '검정, 텍스트 1')

(2) 본문
- 도형 2 ⇒ 순서도 : '순서도: 문서', 도형 채우기(주황, 밝은 그라데이션 - 가운데에서), 도형 윤곽선(실선, 색 : '주황, 강조 2', 너비 : 4pt, 겹선 종류 : 이중), 글꼴(굴림, 20pt, 굵게, '검정, 텍스트 1')
- 도형 3~6 ⇒ 블록 화살표 : '화살표: 오각형', 도형 채우기(주황, 어두운 그라데이션 - 선형 위쪽), 선 없음, 도형 효과(반사 - '근접 반사: 터치', 입체 효과 - 둥글게), 글꼴(굴림, 20pt, 굵게, 자주)
- 실행 단추 ⇒ 실행 단추 : '실행 단추: 홈으로 이동', 하이퍼링크 : 첫째 슬라이드, 도형 스타일('미세 효과 - 녹색, 강조 6')
- SmartArt 삽입 ⇒ 목록형 : 피라미드 목록형, 글꼴(궁서, 18pt, 굵게, 텍스트 그림자, 가운데 맞춤), SmartArt 스타일(색 변경 - '색상형 범위 - 강조색 2 또는 3', 3차원 - 경사), (반드시 SmartArt 기능을 이용하여 작성할 것)
- 애니메이션 지정 ⇒ SmartArt : 나타내기 - 실선 무늬
- 지시사항이 없는 부분은《출력형태》와 동일하게 작성하시오.

| 디지털정보활용능력 | 프리젠테이션(파워포인트) | [시험시간 : 40분] | 3/4 |

[슬라이드3] 아래의 작성조건 및 출력형태에 알맞게 세 번째 슬라이드에 작업하시오. (60점)

《출력형태》

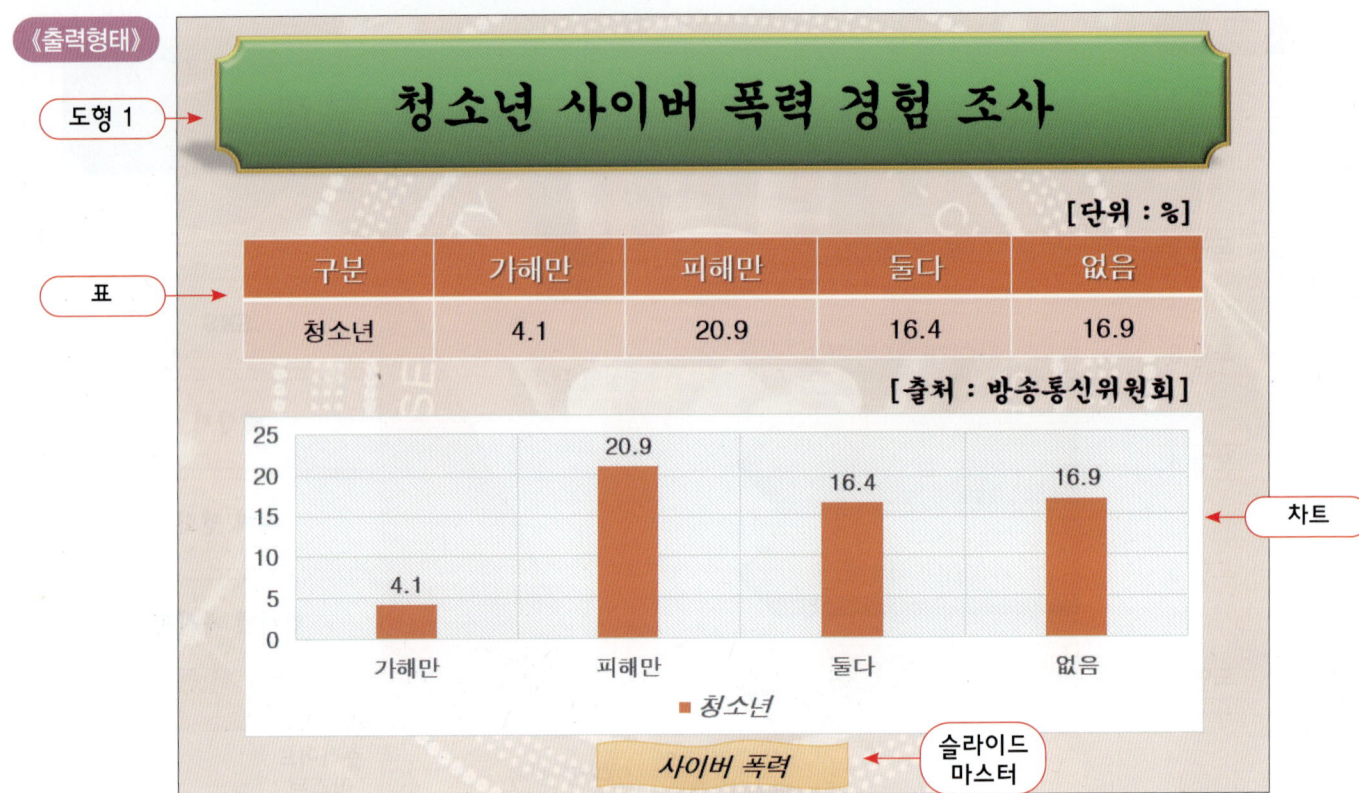

《작성조건》

(1) 제목
- 도형 1 ⇒ 기본 도형 : 배지, 도형 채우기(연한 녹색, 어두운 그라데이션 : 선형 위쪽), 도형 윤곽선(실선, 색 : 주황, 너비 : 3pt, 겹선 종류 : 단순형), 도형 효과(그림자 – 원근감 – 원근감: 왼쪽 위, 입체 효과 – 리블렛), 글꼴(궁서, 36pt, 굵게, '검정, 텍스트 1')

(2) 본문 (※ 차트 작성은 반드시 '차트삽입→데이터입력→차트스타일' 순으로 작성바랍니다.)
- 텍스트 상자 1([단위 : %]) ⇒ 글꼴(궁서, 20pt, 굵게)
- 표 ⇒ 표 스타일(중간 – 보통 스타일 2 – 강조 2), 가장 위의 행 : 글꼴(돋움, 20pt, 굵게, 텍스트 그림자, 가운데 맞춤), 나머지 행 : 글꼴(돋움, 18pt, 굵게, 가운데 맞춤)
- 텍스트 상자 2([출처 : 방송통신위원회]) ⇒ 글꼴(궁서, 20pt, 굵게)
- 차트 ⇒ 세로 막대형 : 묶은 세로 막대형, 차트 스타일(색 변경 – '단색 색상표 2', 스타일 8), 축 서식/데이터 레이블 : 글꼴(돋움, 16pt, 굵게), 범례 서식 : 글꼴(돋움, 18pt, 굵게, 기울임꼴), 데이터는 표 참고
- 배경 ⇒ 배경 서식(채우기 – 그림 또는 질감 채우기)에서 그림 2 삽입(현재 슬라이드만 적용)
- 애니메이션 지정 ⇒ 차트 : 나타내기 – 나누기
- 지시사항이 없는 부분은《출력형태》와 동일하게 작성하시오.

[슬라이드4] 아래의 작성조건 및 출력형태에 알맞게 네 번째 슬라이드에 작업하시오. (60점)

《출력형태》

《작성조건》

(1) 제목
- 도형 1 ⇒ 기본 도형 : 배지, 도형 채우기(연한 녹색, 어두운 그라데이션 : 선형 위쪽), 도형 윤곽선(실선, 색 : 주황, 너비 : 3pt, 겹선 종류 : 단순형), 도형 효과(그림자 – 원근감 – 원근감: 왼쪽 위, 입체 효과 – 리블렛), 글꼴(궁서, 36pt, 굵게, '검정, 텍스트 1')

(2) 본문
- 도형 2~4 ⇒ 기본 도형 : 십자형, 도형 채우기(질감 : 재생지), 선 없음, 도형 효과(입체 효과 – 둥글게), 글꼴(굴림체, 20pt, 굵게, '검정, 텍스트 1')
- 도형 5~7 ⇒ 순서도 : '순서도: 다른 페이지 연결선', 도형 채우기(연한 파랑, 밝은 그라데이션 – 가운데에서), 선 없음, 도형 효과(그림자 – 바깥쪽 – 오프셋: 왼쪽), 글꼴(궁서, 20pt, 굵게, 기울임꼴, '검정, 텍스트 1')
- 도형 8 ⇒ 기본 도형 : 하트, 도형 채우기(빨강, 어두운 그라데이션 – 선형 위쪽), 선 없음, 도형 효과(반사 – '1/2 반사: 8pt 오프셋')
- 도형 9 ⇒ 순서도 : '순서도: 종속 처리', 도형 채우기(그림 또는 질감 채우기) 기능을 사용하여 그림 3 삽입, 도형 윤곽선(실선, 색 : 주황, 너비 : 2pt, 겹선 종류 : 단순형, 대시 종류 : 사각 점선), 도형 효과(그림자 – 원근감 – 원근감: 오른쪽 위)
- WordArt 삽입(사이버 폭력은 잔인한 범죄)
  ⇒ WordArt 스타일('채우기: 파랑, 강조색 1, 그림자'), 글꼴(궁서, 32pt, 텍스트 그림자)
- 지시사항이 없는 부분은《출력형태》와 동일하게 작성하시오.

제 14 회 실전모의고사

MS Office 2021 버전용

◎ 시험과목 : 프리젠테이션(파워포인트)
◎ 시험일자 : 20○○. ○○. ○○.(X)
◎ 응시자 기재사항 및 감독위원 확인

수검번호	DIP - 0000 -	감독위원 확인
성 명		

응시자 유의사항

1. 응시자는 신분증을 지참하여야 시험에 응시할 수 있으며, 시험이 종료될 때까지 신분증을 제시하지 못 할 경우 해당 시험은 0점 처리됩니다.
2. 시스템(PC작동여부, 네트워크 상태 등)의 이상여부를 반드시 확인하여야 하며, 시스템 이상이 있을 시 감독위원에게 조치를 받으셔야 합니다.
3. 시험 중 부주의 또는 고의로 시스템을 파손한 경우는 응시자 부담으로 합니다.
4. 답안 전송 프로그램을 통해 다운로드 받은 파일을 이용하여 답안파일을 작성하시기 바랍니다.
5. 작성한 답안 파일은 답안 전송 프로그램을 통하여 전송됩니다. 감독위원의 지시에 따라 주시기 바랍니다.
6. 다음 사항의 경우 실격(0점) 혹은 부정행위 처리됩니다.
    1) 답안파일을 저장하지 않았거나, 저장한 파일이 손상되었을 경우
    2) 답안파일을 지정된 폴더(바탕화면 – "KAIT" 폴더)에 저장하지 않았을 경우
        ※ 답안 전송 프로그램 로그인 시 바탕화면에 자동 생성됨
    3) 답안파일을 다른 보조기억장치(USB) 혹은 네트워크(메신저, 게시판 등)로 전송할 경우
    4) 휴대용 전화기 등 통신기기를 사용할 경우
7. 슬라이드는 반드시 순서대로 작성해야 하며, 순서가 다를 경우 "0"점 처리됩니다.
8. 시험지에 제시된 글꼴이 응시 프로그램에 없는 경우, 반드시 감독위원에게 해당 내용을 통보한 뒤 조치를 받아야 합니다.
9. 슬라이드 작성 시 도형의 그룹설정을 사용하는 경우, 채점에서 감점 처리됩니다.
10. 시험의 완료는 작성이 완료된 답안을 저장하고, 답안전송이 완료된 상태를 확인한 것으로 합니다. 답안전송 확인 후 문제지는 감독위원에게 제출한 후 퇴실하여야 합니다.
11. 답안전송을 완료한 경우는 수정 또는 정정이 불가합니다.
12. 시험 시행 후 합격자 발표는 홈페이지(www.ihd.or.kr)에서 확인하시기를 바랍니다.
    ※ 합격자 발표 : 20○○. ○○. ○○.(X)

디지털정보활용능력
프리젠테이션(파워포인트) [시험시간 : 40분]

유의사항
- 《작성조건》을 준수하여 반드시 프리젠테이션 슬라이드로 작업합니다.
- 글꼴 및 기타 사항에 대해 별도의 지시사항이 없는 경우, 슬라이드 크기와 전체적인 균형을 고려하여 임의로 작성하되, 도형은 그룹으로 설정하지 않습니다.
- 모든 슬라이드 크기(A4), 방향(가로), 디자인 테마(Office 테마)로 지정합니다.
  ▶ 슬라이드 크기, 방향 조정 시 '맞춤 확인'으로 지정하여야 합니다.
- 공통적용사항(슬라이드 마스터)
  ▶ 도형 ⇒ 기본 도형 : 육각형, 도형 스타일('밝은 색 1 윤곽선, 색 채우기 – 파랑, 강조 1'), 글꼴(돋움체, 18pt, 굵게)
- 그림 삽입 시 다운로드 한 그림 파일을 반드시 사용하여야 합니다.
- ▭ ⟶ 은 지시사항이므로 작성하지 않습니다.
- 슬라이드에 제시된 글자 및 숫자 오타는 감점 처리됩니다.

[슬라이드1] 아래의 작성조건 및 출력형태에 알맞게 첫 번째 슬라이드에 작업하시오. (30점)

《출력형태》

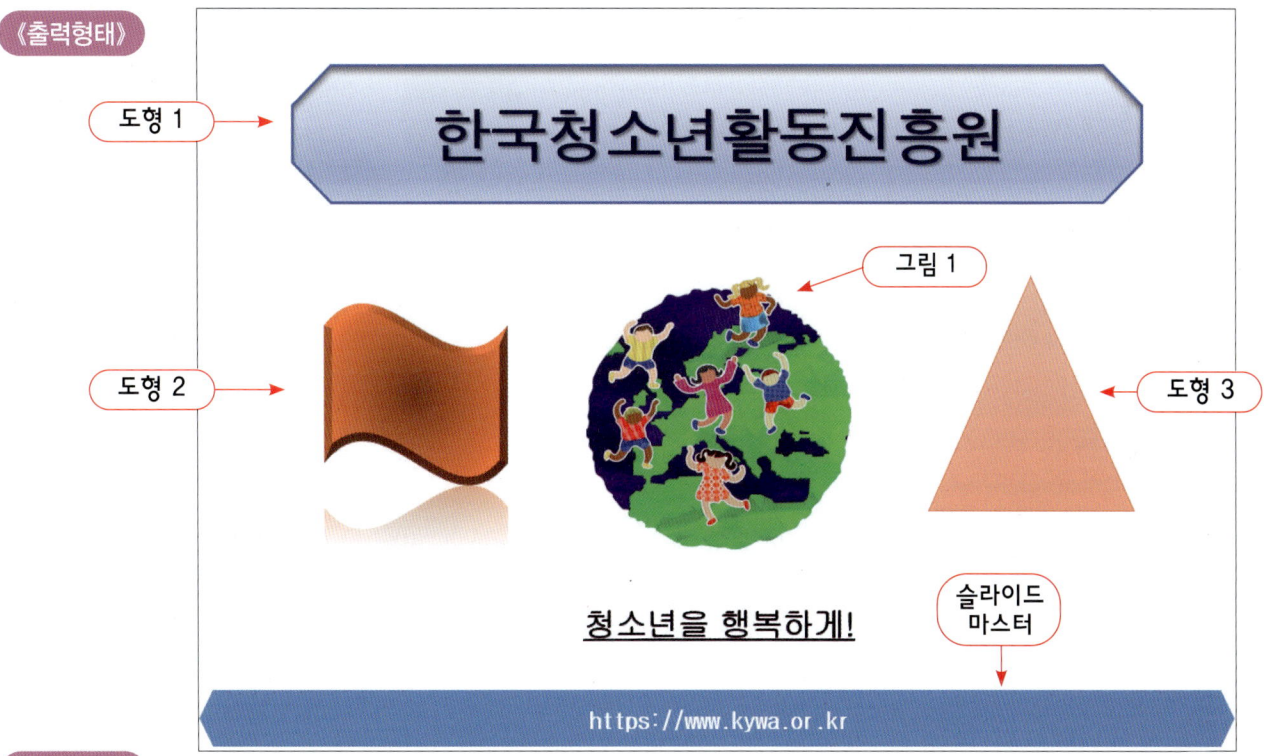

《작성조건》

▶ 도형 1 ⇒ 기본 도형 : 팔각형, 도형 채우기(그라데이션 : 미리 설정 – '밝은 그라데이션 – 강조 5', 종류 – 선형, 방향 – 선형 아래쪽), 도형 윤곽선(실선, 색 : '파랑, 강조 5', 너비 : 2pt, 겹선 종류 : 단순형), 도형 효과(그림자 – 안쪽 – 안쪽: 위쪽), 글꼴(돋움, 44pt, 굵게, 텍스트 그림자, 진한 파랑)
▶ 도형 2 ⇒ 별 및 현수막 : 물결, 도형 채우기('주황, 강조 2', 어두운 그라데이션 – 가운데에서), 선 없음, 도형 효과(반사 – '근접 반사: 터치', 입체 효과 – 각지게)
▶ 도형 3 ⇒ 기본 도형 : 이등변 삼각형, 도형 스타일('미세 효과 – 주황, 강조 2')
▶ 그림 삽입 ⇒ 그림 1 삽입, 크기(높이 : 7cm, 너비 : 7cm)
▶ 텍스트 상자(청소년을 행복하게!) ⇒ 글꼴(굴림, 24pt, 굵게, 밑줄)
▶ 애니메이션 지정 ⇒ 도형 1 : 나타내기 – 시계 방향 회전
▶ 지시사항이 없는 부분은 《출력형태》와 동일하게 작성하시오.

[슬라이드2] 아래의 작성조건 및 출력형태에 알맞게 두 번째 슬라이드에 작업하시오. (50점)

《출력형태》

《작성조건》

(1) 제목
- 도형 1 ⇒ 순서도 : '순서도: 자기 디스크', 도형 채우기('황금색, 강조 4, 40% 더 밝게'), 도형 윤곽선(실선, 색 : '검정, 텍스트 1', 너비 : 1pt, 겹선 종류 : 단순형), 도형 효과(그림자 – 원근감 – 원근감: 오른쪽 아래, 반사 – '1/2 반사: 터치'), 글꼴(궁서, 36pt, 굵게, '주황, 강조 2, 25% 더 어둡게')

(2) 본문
- 도형 2 ⇒ 기본 도형 : 사다리꼴, 도형 채우기(주황, 어두운 그라데이션 – 가운데에서), 도형 윤곽선(실선, 색 : 빨강, 너비 : 2pt, 겹선 종류 : 이중), 글꼴(돋움, 18pt, 굵게, 자주)
- 도형 3~6 ⇒ 기본 도형 : 배지, 도형 채우기('회색, 강조 3', 밝은 그라데이션 – 선형 위쪽), 선 없음, 도형 효과(입체 효과 – 둥글게), 글꼴(굴림, 18pt, 굵게, 텍스트 그림자, '검정, 텍스트 1')
- 실행 단추 ⇒ 실행 단추 : '실행 단추: 홈으로 이동', 하이퍼링크 : 첫째 슬라이드, 도형 스타일('미세 효과 – 녹색, 강조 6')
- SmartArt 삽입 ⇒ 주기형 : 기본 방사형, 글꼴(굴림체, 20pt, 굵게, 가운데 맞춤), SmartArt 스타일(색 변경 – '색상형 – 강조색', 3차원 – 광택 처리), (반드시 SmartArt 기능을 이용하여 작성할 것)
- 애니메이션 지정 ⇒ SmartArt : 나타내기 – 나누기
- 지시사항이 없는 부분은《출력형태》와 동일하게 작성하시오.

[슬라이드3] 아래의 작성조건 및 출력형태에 알맞게 세 번째 슬라이드에 작업하시오. (60점)

《출력형태》

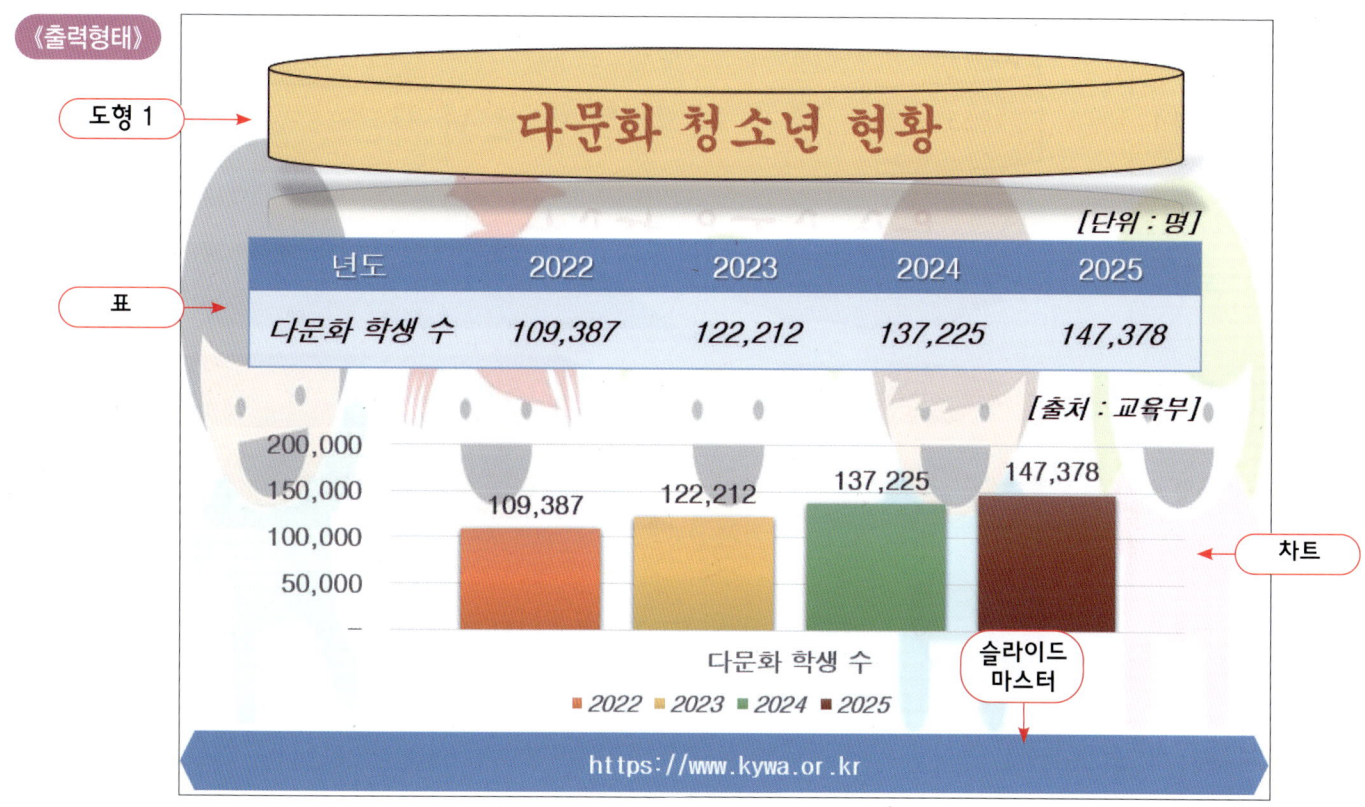

《작성조건》

(1) 제목
- 도형 1 ⇒ 순서도 : '순서도: 자기 디스크', 도형 채우기('황금색, 강조 4, 40% 더 밝게'), 도형 윤곽선(실선, 색 : '검정, 텍스트 1', 너비 : 1pt, 겹선 종류 : 단순형), 도형 효과(그림자 – 원근감 – 원근감: 오른쪽 아래, 반사 – '1/2 반사: 터치'), 글꼴(궁서, 36pt, 굵게, '주황, 강조 2, 25% 더 어둡게')

(2) 본문 (※ 차트 작성은 반드시 '차트삽입→데이터입력→차트스타일' 순으로 작성바랍니다.)
- 텍스트 상자 1([단위 : 명]) ⇒ 글꼴(돋움, 18pt, 굵게, 기울임꼴)
- 표 ⇒ 표 스타일(중간 – 보통 스타일 1 – 강조 1), 가장 위의 행 : 글꼴(돋움, 20pt, 굵게, 텍스트 그림자, 가운데 맞춤), 나머지 행 : 글꼴(돋움, 20pt, 굵게, 기울임꼴, 가운데 맞춤)
- 텍스트 상자 2([출처 : 교육부]) ⇒ 글꼴(돋움, 18pt, 굵게, 기울임꼴)
- 차트 ⇒ 세로 막대형 : 묶은 세로 막대형, 차트 스타일(색 변경 – '다양한 색상표 3', 스타일 14),
  축 서식/데이터 레이블 : 글꼴(돋움, 18pt, 굵게),
  범례 서식 : 글꼴(돋움, 16pt, 굵게, 기울임꼴), 데이터는 표 참고
- 배경 ⇒ 배경 서식(채우기 – 그림 또는 질감 채우기)에서 그림 2 삽입(현재 슬라이드만 적용)
- 애니메이션 지정 ⇒ 차트 : 나타내기 – 실선 무늬
- 지시사항이 없는 부분은 《출력형태》와 동일하게 작성하시오.

| 디지털정보활용능력 | 프리젠테이션(파워포인트) | [시험시간 : 40분] |

[슬라이드4] 아래의 작성조건 및 출력형태에 알맞게 네 번째 슬라이드에 작업하시오. (60점)

《출력형태》

《작성조건》

(1) 제목

▶ 도형 1 ⇒ 순서도 : '순서도: 자기 디스크', 도형 채우기('황금색, 강조 4, 40% 더 밝게'), 도형 윤곽선(실선, 색 : '검정, 텍스트 1', 너비 : 1pt, 겹선 종류 : 단순형), 도형 효과(그림자 – 원근감 – 원근감: 오른쪽 아래, 반사 – '1/2 반사: 터치'), 글꼴(궁서, 36pt, 굵게, '주황, 강조 2, 25% 더 어둡게')

(2) 본문

▶ 도형 2~4 ⇒ 별 및 현수막 : '별: 꼭짓점 10개', 도형 채우기(질감 : 분홍 박엽지), 선 없음, 도형 효과(그림자 – 안쪽 – 안쪽: 가운데), 글꼴(굴림체, 22pt, 굵게, '검정, 텍스트 1')
▶ 도형 5~7 ⇒ 순서도 : '순서도: 데이터', 도형 채우기(파랑, 어두운 그라데이션 – 선형 왼쪽), 선 없음, 도형 효과(그림자 – 안쪽 – 안쪽: 오른쪽 위), 글꼴(굴림체, 20pt, 굵게, 기울임꼴, '황금색, 강조 4, 80% 더 밝게')
▶ 도형 8 ⇒ 기본 도형 : 하트, 도형 채우기(빨강, 어두운 그라데이션 – 가운데에서), 선 없음, 도형 효과(입체 효과 – 딱딱한 가장자리)
▶ 도형 9 ⇒ 기본 도형 : 구름, 도형 채우기(그림 또는 질감 채우기) 기능을 사용하여 그림 3 삽입, 도형 윤곽선(실선, 색 : '파랑, 강조 1', 너비 : 3pt, 겹선 종류 : 단순형, 대시 종류 : 둥근 점선), 도형 효과(그림자 – 원근감 – 원근감: 오른쪽 위)
▶ WordArt 삽입(청소년활동정보서비스e청소년)
⇒ WordArt 스타일('그라데이션 채우기: 파랑, 강조색 5, 반사'), 글꼴(굴림, 30pt, 굵게)
▶ 지시사항이 없는 부분은 《출력형태》와 동일하게 작성하시오.

제 15 회 실전모의고사

MS Office 2021 버전용

◎ 시험과목 : 프리젠테이션 (파워포인트)
◎ 시험일자 : 20○○. ○○. ○○.(X)
◎ 응시자 기재사항 및 감독위원 확인

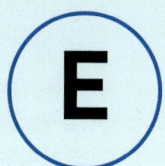
E

수검번호	DIP - 0000 -	감독위원 확인
성 명		

응시자 유의사항

1. 응시자는 신분증을 지참하여야 시험에 응시할 수 있으며, 시험이 종료될 때까지 신분증을 제시하지 못 할 경우 해당 시험은 0점 처리됩니다.
2. 시스템(PC작동여부, 네트워크 상태 등)의 이상여부를 반드시 확인하여야 하며, 시스템 이상이 있을 시 감독위원에게 조치를 받으셔야 합니다.
3. 시험 중 부주의 또는 고의로 시스템을 파손한 경우는 응시자 부담으로 합니다.
4. 답안 전송 프로그램을 통해 다운로드 받은 파일을 이용하여 답안파일을 작성하시기 바랍니다.
5. 작성한 답안 파일은 답안 전송 프로그램을 통하여 전송됩니다. 감독위원의 지시에 따라 주시기 바랍니다.
6. 다음 사항의 경우 실격(0점) 혹은 부정행위 처리됩니다.
   1) 답안파일을 저장하지 않았거나, 저장한 파일이 손상되었을 경우
   2) 답안파일을 지정된 폴더(바탕화면 – "KAIT" 폴더)에 저장하지 않았을 경우
      ※ 답안 전송 프로그램 로그인 시 바탕화면에 자동 생성됨
   3) 답안파일을 다른 보조기억장치(USB) 혹은 네트워크(메신저, 게시판 등)로 전송할 경우
   4) 휴대용 전화기 등 통신기기를 사용할 경우
7. 슬라이드는 반드시 순서대로 작성해야 하며, 순서가 다를 경우 "0"점 처리됩니다.
8. 시험지에 제시된 글꼴이 응시 프로그램에 없는 경우, 반드시 감독위원에게 해당 내용을 통보한 뒤 조치를 받아야 합니다.
9. 슬라이드 작성 시 도형의 그룹설정을 사용하는 경우, 채점에서 감점 처리됩니다.
10. 시험의 완료는 작성이 완료된 답안을 저장하고, 답안전송이 완료된 상태를 확인한 것으로 합니다. 답안전송 확인 후 문제지는 감독위원에게 제출한 후 퇴실하여야 합니다.
11. 답안전송을 완료한 경우는 수정 또는 정정이 불가합니다.
12. 시험 시행 후 합격자 발표는 홈페이지(www.ihd.or.kr)에서 확인하시기를 바랍니다.
    ※ 합격자 발표 : 20○○. ○○. ○○.(X)

| 디지털정보활용능력 | 프리젠테이션(파워포인트) | [시험시간 : 40분] | 1/4 |

유의사항
- 《작성조건》을 준수하여 반드시 프리젠테이션 슬라이드로 작업합니다.
- 글꼴 및 기타 사항에 대해 별도의 지시사항이 없는 경우, 슬라이드 크기와 전체적인 균형을 고려하여 임의로 작성하되, 도형은 그룹으로 설정하지 않습니다.
- 모든 슬라이드 크기(A4), 방향(가로), 디자인 테마(Office 테마)로 지정합니다.
  ▶ 슬라이드 크기, 방향 조정 시 '맞춤 확인'으로 지정하여야 합니다.
- 공통적용사항(슬라이드 마스터)
  ▶ 도형 ⇒ 순서도 : '순서도: 화면 표시', 도형 스타일('색 채우기 – 회색, 강조 3'), 글꼴(궁서, 18pt, 굵게)
- 그림 삽입 시 다운로드 한 그림 파일을 반드시 사용하여야 합니다.
- ⬚ 은 지시사항이므로 작성하지 않습니다.
- 슬라이드에 제시된 글자 및 숫자 오타는 감점 처리됩니다.

[슬라이드1] 아래의 작성조건 및 출력형태에 알맞게 첫 번째 슬라이드에 작업하시오. (30점)

《출력형태》

《작성조건》

▶ 도형 1 ⇒ 기본 도형 : 양쪽 중괄호, 도형 채우기(그라데이션 : 미리 설정 – '위쪽 스포트라이트 강조 4', 종류 – 방사형, 방향 – 오른쪽 아래 모서리에서), 도형 윤곽선(실선, 색 : '녹색, 강조 6', 너비 : 4pt, 겹선 종류 : 단순형), 도형 효과(그림자 – 바깥쪽 – 오프셋: 아래쪽), 글꼴(궁서, 36pt, 기울임꼴, 텍스트 그림자, 진한 파랑)
▶ 도형 2 ⇒ 기본 도형 : 액자, 도형 채우기('파랑, 강조 5'), 선 없음, 도형 효과(반사 – '근접 반사: 4pt 오프셋', 입체 효과 – 십자형으로)
▶ 도형 3 ⇒ 블록 화살표 : '화살표: 갈매기형 수장', 도형 스타일('강한 효과 – 주황, 강조 2')
▶ 그림 삽입 ⇒ 그림 1 삽입, 크기(높이 : 8cm, 너비 : 8cm)
▶ 텍스트 상자(무더운 날씨에 열로 발생하는 급성 질환) ⇒ 글꼴(바탕체, 24pt, 굵게, 기울임꼴)
▶ 애니메이션 지정 ⇒ 도형 1 : 나타내기 – 실선 무늬
▶ 지시사항이 없는 부분은《출력형태》와 동일하게 작성하시오.

디지털정보활용능력 — 프리젠테이션(파워포인트) [시험시간 : 40분]

[슬라이드2] 아래의 작성조건 및 출력형태에 알맞게 두 번째 슬라이드에 작업하시오. (50점)

《출력형태》

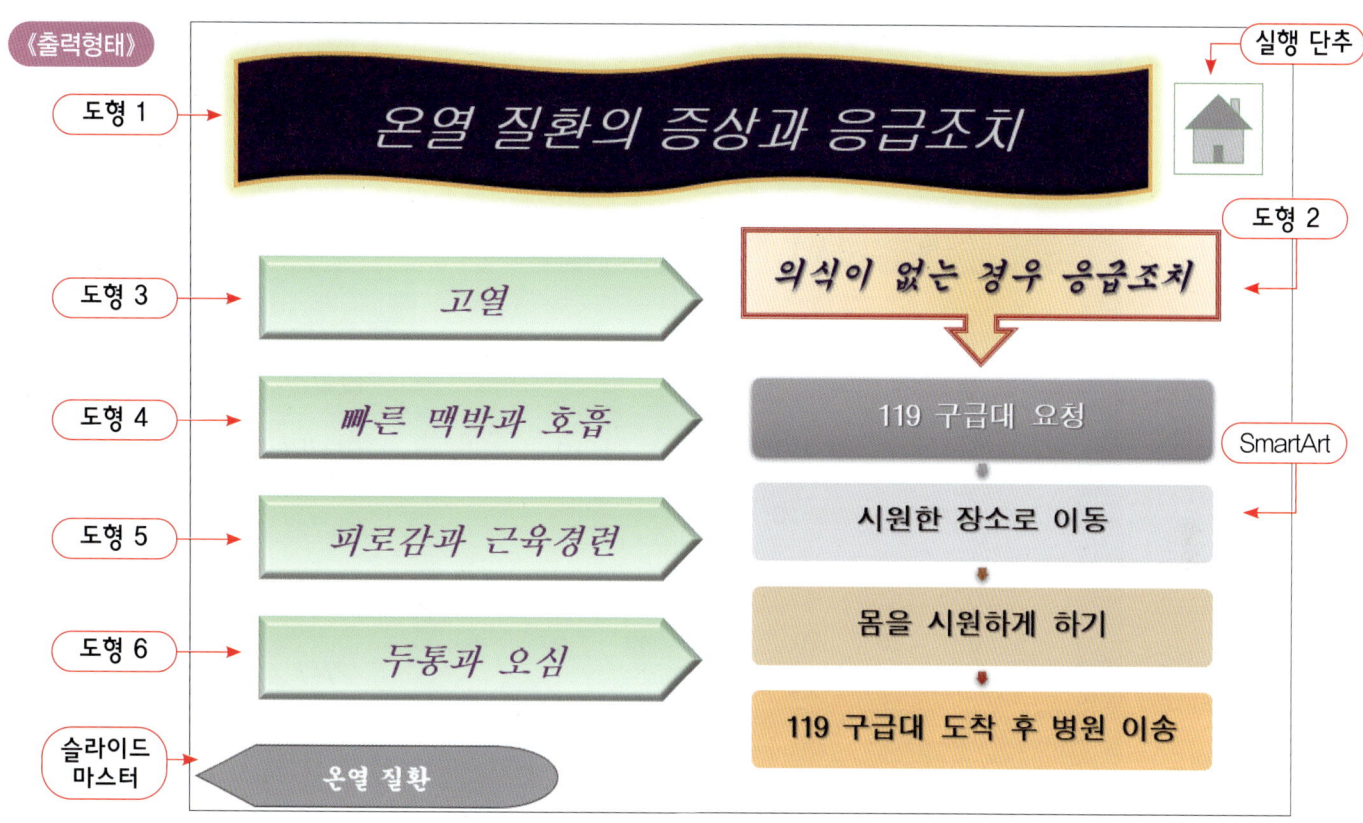

《작성조건》

(1) 제목
- 도형 1 ⇒ 별 및 현수막 : 이중 물결, 도형 채우기(진한 파랑), 도형 윤곽선(실선, 색 : '황금색, 강조 4', 너비 : 3pt, 겹선 종류 : 단순형), 도형 효과(그림자 – 안쪽 – 안쪽: 아래쪽, 네온 – '네온: 11pt, 황금색, 강조색 4'), 글꼴(굴림, 36pt, 굵게, 기울임꼴, '밝은 회색, 배경 2')

(2) 본문
- 도형 2 ⇒ 블록 화살표 : '설명선: 아래쪽 화살표', 도형 채우기('황금색, 강조 4', 밝은 그라데이션 – 가운데에서), 도형 윤곽선(실선, 색 : 진한 빨강, 너비 : 4pt, 겹선 종류 : 삼중), 글꼴(궁서체, 24pt, 기울임꼴, 텍스트 그림자, 진한 파랑)
- 도형 3~6 ⇒ 블록 화살표 : '화살표: 오각형', 도형 채우기(연한 녹색, 밝은 그라데이션 – 선형 아래쪽), 선 없음, 도형 효과(입체 효과 – 기울기), 글꼴(바탕체, 24pt, 굵게, 기울임꼴, 자주)
- 실행 단추 ⇒ 실행 단추 : '실행 단추: 홈으로 이동', 하이퍼링크 : 첫째 슬라이드, 도형 스타일('색 윤곽선 – 녹색, 강조 6')
- SmartArt 삽입 ⇒ 프로세스형 : 프로세스 목록형, 글꼴(돋움체, 20pt, 굵게, 텍스트 그림자, 가운데 맞춤), SmartArt 스타일(색 변경 – '색상형 범위 – 강조색 3 또는 4', 강한 효과), (반드시 SmartArt 기능을 이용하여 작성할 것)
- 애니메이션 지정 ⇒ SmartArt : 나타내기 – 밝기 변화
- 지시사항이 없는 부분은《출력형태》와 동일하게 작성하시오.

[슬라이드3] 아래의 작성조건 및 출력형태에 알맞게 세 번째 슬라이드에 작업하시오. (60점)

《출력형태》

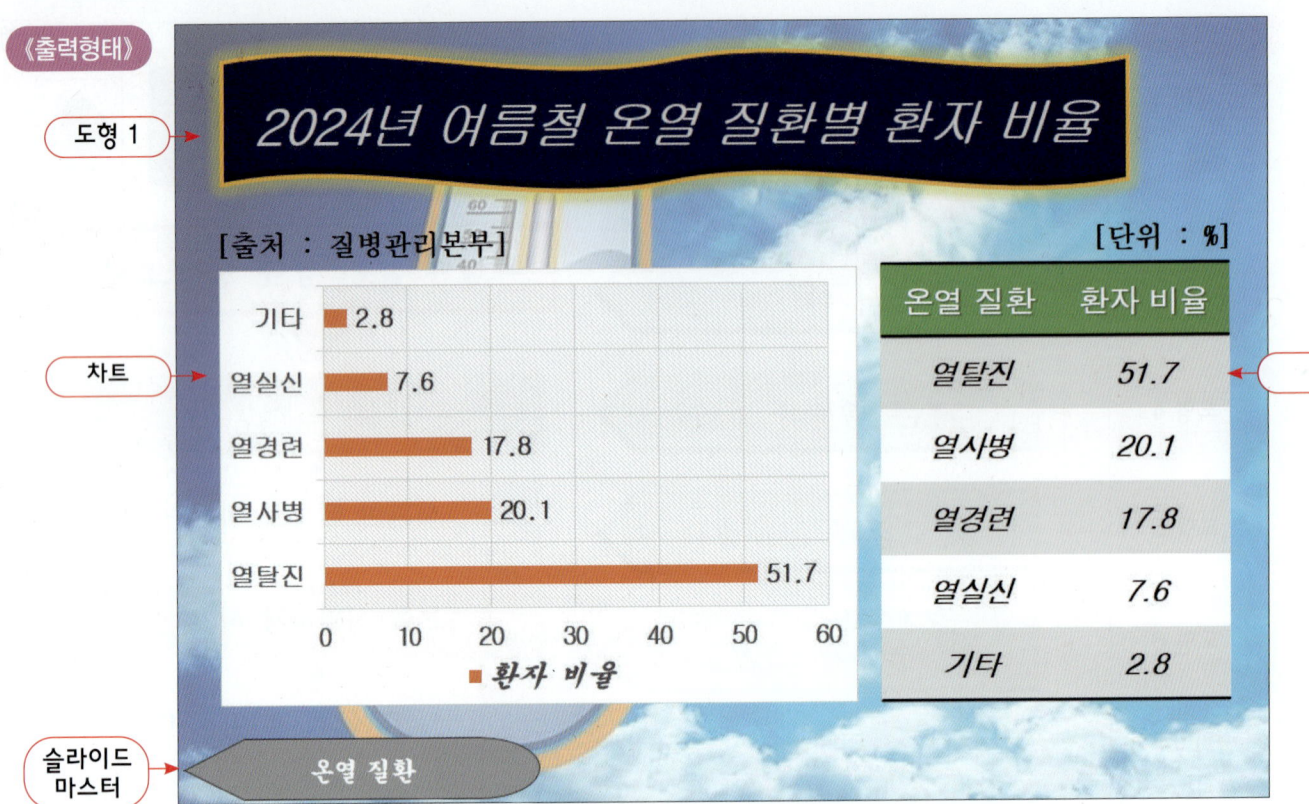

《작성조건》

(1) 제목
- 도형 1 ⇒ 별 및 현수막 : 이중 물결, 도형 채우기(진한 파랑), 도형 윤곽선(실선, 색 : '황금색, 강조 4', 너비 : 3pt, 겹선 종류 : 단순형), 도형 효과(그림자 - 안쪽 - 안쪽: 아래쪽, 네온 - '네온: 11pt, 황금색, 강조색 4'), 글꼴(굴림, 36pt, 굵게, 기울임꼴, '밝은 회색, 배경 2')

(2) 본문 (※ 차트 작성은 반드시 '차트삽입→데이터입력→차트스타일' 순으로 작성바랍니다.)
- 텍스트 상자 1([단위 : %]) ⇒ 글꼴(바탕체, 20pt, 굵게)
- 표 ⇒ 표 스타일(중간 - 보통 스타일 3 - 강조 6), 가장 위의 행 : 글꼴(돋움, 22pt, 굵게, 텍스트 그림자, 가운데 맞춤), 나머지 행 : 글꼴(돋움, 20pt, 굵게, 기울임꼴, 가운데 맞춤)
- 텍스트 상자 2([출처 : 질병관리본부]) ⇒ 글꼴(바탕체, 20pt, 굵게)
- 차트 ⇒ 가로 막대형 : 묶은 가로 막대형, 차트 스타일(색 변경 - '다양한 색상표 3', 스타일 6), 축 서식/데이터 레이블 : 글꼴(굴림체, 18pt, 굵게), 범례 서식 : 글꼴(궁서체, 20pt, 굵게, 기울임꼴), 데이터는 표 참고
- 배경 ⇒ 배경 서식(채우기 - 그림 또는 질감 채우기)에서 그림 2 삽입(현재 슬라이드만 적용)
- 애니메이션 지정 ⇒ 차트 : 나타내기 - 날아오기
- 지시사항이 없는 부분은 《출력형태》와 동일하게 작성하시오.

| 디지털정보활용능력 | 프리젠테이션(파워포인트) | [시험시간 : 40분] |

[슬라이드4] 아래의 작성조건 및 출력형태에 알맞게 네 번째 슬라이드에 작업하시오. (60점)

《출력형태》

《작성조건》

(1) 제목

▶ 도형 1 ⇒ 별 및 현수막 : 이중 물결, 도형 채우기(진한 파랑), 도형 윤곽선(실선, 색 : '황금색, 강조 4', 너비 : 3pt, 겹선 종류 : 단순형), 도형 효과(그림자 – 안쪽 – 안쪽: 아래쪽, 네온 – '네온: 11pt, 황금색, 강조색 4'), 글꼴(굴림, 36pt, 굵게, 기울임꼴, '밝은 회색, 배경 2')

(2) 본문

▶ 도형 2~4 ⇒ 블록 화살표 : '화살표: 오른쪽', 도형 채우기(질감 : 일반 목재), 선 없음, 도형 효과(그림자 – 원근감 – 원근감: 오른쪽 위), 글꼴(돋움체, 22pt, 굵게, 기울임꼴, '황금색, 강조 4, 80% 더 밝게')

▶ 도형 5~7 ⇒ 순서도 : '순서도: 카드', 도형 채우기('주황, 강조 2', 어두운 그라데이션 – 오른쪽 아래 모서리에서), 선 없음, 도형 효과(입체 효과 – 둥글게), 글꼴(바탕, 24pt, 굵게, '밝은 회색, 배경 2')

▶ 도형 8 ⇒ 기본 도형 : 1/2 액자, 도형 채우기('녹색, 강조 6', 어두운 그라데이션 – 선형 오른쪽), 선 없음, 도형 효과(네온 – '네온: 8pt, 녹색, 강조색 6')

▶ 도형 9 ⇒ 기본 도형 : 원통형, 도형 채우기(그림 또는 질감 채우기) 기능을 사용하여 그림 3 삽입, 도형 윤곽선(실선, 색 : 연한 녹색, 너비 : 4pt, 겹선 종류 : 단순형, 대시 종류 : 긴 파선), 도형 효과(그림자 – 바깥쪽 – 오프셋: 가운데)

▶ WordArt 삽입(폭염으로부터 건강 지키기!)
   ⇒ WordArt 스타일('채우기: 황금색, 강조색 4, 부드러운 입체'), 글꼴(궁서, 36pt, 굵게)

▶ 지시사항이 없는 부분은《출력형태》와 동일하게 작성하시오.

PART

03

최신기출유형

제 **01** 회 최신기출유형   제 **06** 회 최신기출유형

제 **02** 회 최신기출유형   제 **07** 회 최신기출유형

제 **03** 회 최신기출유형   제 **08** 회 최신기출유형

제 **04** 회 최신기출유형   제 **09** 회 최신기출유형

제 **05** 회 최신기출유형   제 **10** 회 최신기출유형

제 01 회 최신기출유형

MS Office 2021 버전용

◎ 시험과목 : 프리젠테이션(파워포인트)
◎ 시험일자 : 20○○. ○○. ○○.(X)
◎ 응시자 기재사항 및 감독위원 확인

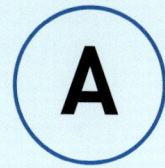

수검번호	DIP - 0000 -	감독위원 확인
성 명		

응시자 유의사항

1. 응시자는 신분증을 지참하여야 시험에 응시할 수 있으며, 시험이 종료될 때까지 신분증을 제시하지 못 할 경우 해당 시험은 0점 처리됩니다.
2. 시스템(PC작동여부, 네트워크 상태 등)의 이상여부를 반드시 확인하여야 하며, 시스템 이상이 있을 시 감독위원에게 조치를 받으셔야 합니다.
3. 시험 중 부주의 또는 고의로 시스템을 파손한 경우는 응시자 부담으로 합니다.
4. 답안 전송 프로그램을 통해 다운로드 받은 파일을 이용하여 답안파일을 작성하시기 바랍니다.
5. 작성한 답안 파일은 답안 전송 프로그램을 통하여 전송됩니다. 감독위원의 지시에 따라 주시기 바랍니다.
6. 다음 사항의 경우 실격(0점) 혹은 부정행위 처리됩니다.
   1) 답안파일을 저장하지 않았거나, 저장한 파일이 손상되었을 경우
   2) 답안파일을 지정된 폴더(바탕화면 – "KAIT" 폴더)에 저장하지 않았을 경우
      ※ 답안 전송 프로그램 로그인 시 바탕화면에 자동 생성됨
   3) 답안파일을 다른 보조기억장치(USB) 혹은 네트워크(메신저, 게시판 등)로 전송할 경우
   4) 휴대용 전화기 등 통신기기를 사용할 경우
7. 슬라이드는 반드시 순서대로 작성해야 하며, 순서가 다를 경우 "0"점 처리됩니다.
8. 시험지에 제시된 글꼴이 응시 프로그램에 없는 경우, 반드시 감독위원에게 해당 내용을 통보한 뒤 조치를 받아야 합니다.
9. 슬라이드 작성 시 도형의 그룹설정을 사용하는 경우, 채점에서 감점 처리됩니다.
10. 시험의 완료는 작성이 완료된 답안을 저장하고, 답안전송이 완료된 상태를 확인한 것으로 합니다. 답안전송 확인 후 문제지는 감독위원에게 제출한 후 퇴실하여야 합니다.
11. 답안전송을 완료한 경우는 수정 또는 정정이 불가합니다.
12. 시험 시행 후 합격자 발표는 홈페이지(www.ihd.or.kr)에서 확인하시기를 바랍니다.
   ※ 합격자 발표 : 20○○. ○○. ○○.(X)

디지털정보활용능력 — 프리젠테이션(파워포인트) [시험시간 : 40분]

유의사항
- 《작성조건》을 준수하여 반드시 프리젠테이션 슬라이드로 작업합니다.
- 글꼴 및 기타 사항에 대해 별도의 지시사항이 없는 경우, 슬라이드 크기와 전체적인 균형을 고려하여 임의로 작성하되, 도형은 그룹으로 설정하지 않습니다.
- 모든 슬라이드 크기(A4), 방향(가로), 디자인 테마(Office 테마)로 지정합니다.
  ▶ 슬라이드 크기, 방향 조정 시 '맞춤 확인'으로 지정하여야 합니다.
- 공통적용사항(슬라이드 마스터)
  ▶ 도형 ⇒ 기본 도형 : 육각형, 도형 스타일('보통 효과 – 파랑, 강조 5'), 글꼴(돋움체, 20pt, 굵게)
- 그림 삽입 시 다운로드 한 그림 파일을 반드시 사용하여야 합니다.
- ⬜ ➔ 은 지시사항이므로 작성하지 않습니다.
- 슬라이드에 제시된 글자 및 숫자 오타는 감점 처리됩니다.

[슬라이드1] 아래의 작성조건 및 출력형태에 알맞게 첫 번째 슬라이드에 작업하시오. (30점)

《출력형태》

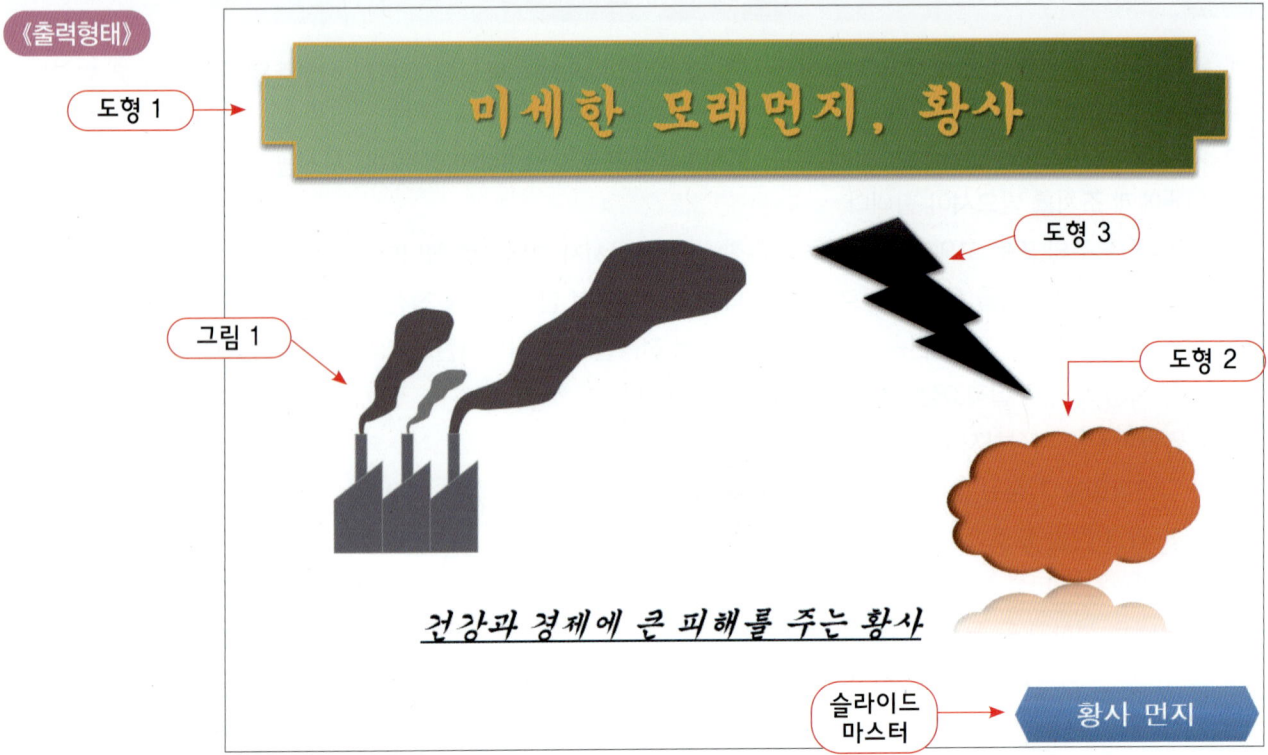

《작성조건》
▶ 도형 1 ⇒ 기본 도형 : 십자형, 도형 채우기(그라데이션 : 미리 설정 – '가운데 그라데이션 – 강조 6', 종류 – 선형, 방향 – 선형 왼쪽), 도형 윤곽선(실선, 색 : 주황, 너비 : 2pt, 겹선 종류 : 단순형), 도형 효과(그림자 – 바깥쪽 – 오프셋: 아래쪽), 글꼴(궁서체, 40pt, 굵게, 텍스트 그림자, 주황)
▶ 도형 2 ⇒ 기본 도형 : 구름, 도형 채우기('주황, 강조 2'), 선 없음, 도형 효과(그림자 – 안쪽 – 안쪽: 왼쪽, 반사 – '근접 반사: 터치')
▶ 도형 3 ⇒ 기본 도형 : 번개, 도형 스타일('강한 효과 – 검정, 어둡게 1')
▶ 그림 삽입 ⇒ 그림 1 삽입, 크기(높이 : 8cm, 너비 : 11cm)
▶ 텍스트 상자(건강과 경제에 큰 피해를 주는 황사) ⇒ 글꼴(궁서, 24pt, 기울임꼴, 밑줄)
▶ 애니메이션 지정 ⇒ 도형 1 : 나타내기 – 실선 무늬
▶ 지시사항이 없는 부분은 《출력형태》와 동일하게 작성하시오.

| 디지털정보활용능력 | 프리젠테이션(파워포인트) | [시험시간 : 40분] |

[슬라이드2] 아래의 작성조건 및 출력형태에 알맞게 두 번째 슬라이드에 작업하시오. (50점)

《출력형태》

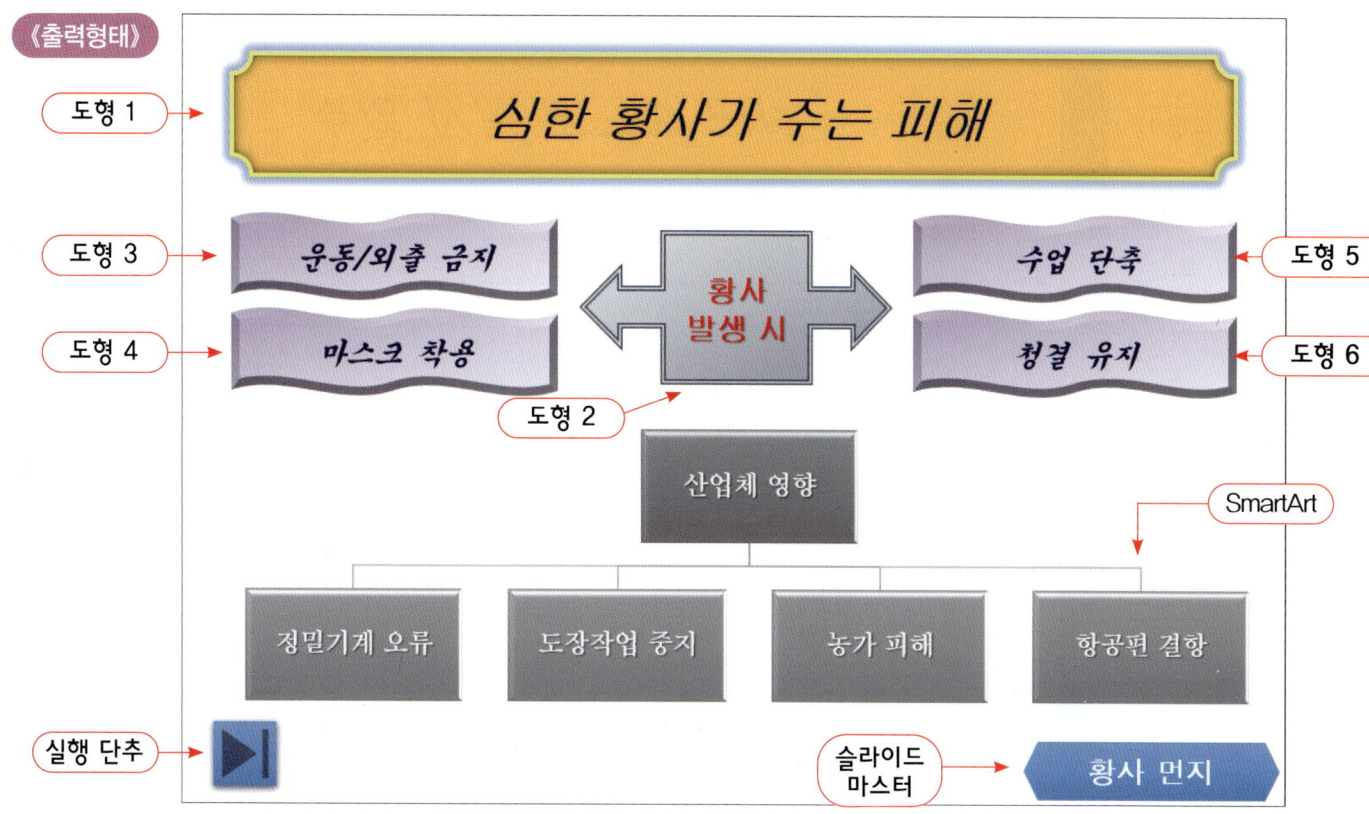

《작성조건》

(1) 제목
- 도형 1 ⇒ 기본 도형 : 배지, 도형 채우기(주황), 도형 윤곽선(실선, 색 : 노랑, 너비 : 3pt, 겹선 종류 : 단순형), 도형 효과(그림자 – 안쪽 – 안쪽: 가운데, 네온 – '네온: 8pt, 파랑, 강조색 1'), 글꼴(굴림, 36pt, 굵게, 기울임꼴, 진한 파랑)

(2) 본문
- 도형 2 ⇒ 블록 화살표 – '설명선: 왼쪽/오른쪽 화살표', 도형 채우기(진한 파랑, 그라데이션 – '선형 대각선 – 오른쪽 아래에서 왼쪽 위로'), 도형 윤곽선(실선, 색 : '청회색, 텍스트 2', 너비 : 4pt, 겹선 종류 : 이중), 글꼴(굴림, 22pt, 굵게, 텍스트 그림자, 빨강)
- 도형 3~6 ⇒ 별 및 현수막 : 이중 물결, 도형 채우기(자주, 밝은 그라데이션 – '선형 대각선 – 왼쪽 위에서 오른쪽 아래로'), 선 없음, 도형 효과(입체 효과 – 각지게), 글꼴(궁서체, 20pt, 굵게, 기울임꼴, 진한 파랑)
- 실행 단추 ⇒ 실행 단추 : '실행 단추: 끝으로 이동', 하이퍼링크 : 마지막 슬라이드, 도형 스타일('강한 효과 – 파랑, 강조 5')
- SmartArt 삽입 ⇒ 계층 구조형 : 조직도형, 글꼴(바탕, 18pt, 굵게, 텍스트 그림자, 가운데 맞춤), SmartArt 스타일(색 변경 – 강조 3 – '그라데이션 반복 – 강조 3', 3차원 – 광택 처리), (반드시 SmartArt 기능을 이용하여 작성할 것)
- 애니메이션 지정 ⇒ SmartArt : 나타내기 – 도형
- 지시사항이 없는 부분은 《출력형태》와 동일하게 작성하시오.

| 디지털정보활용능력 | 프리젠테이션(파워포인트) | [시험시간 : 40분] |

[슬라이드3] 아래의 작성조건 및 출력형태에 알맞게 세 번째 슬라이드에 작업하시오. (60점)

《출력형태》

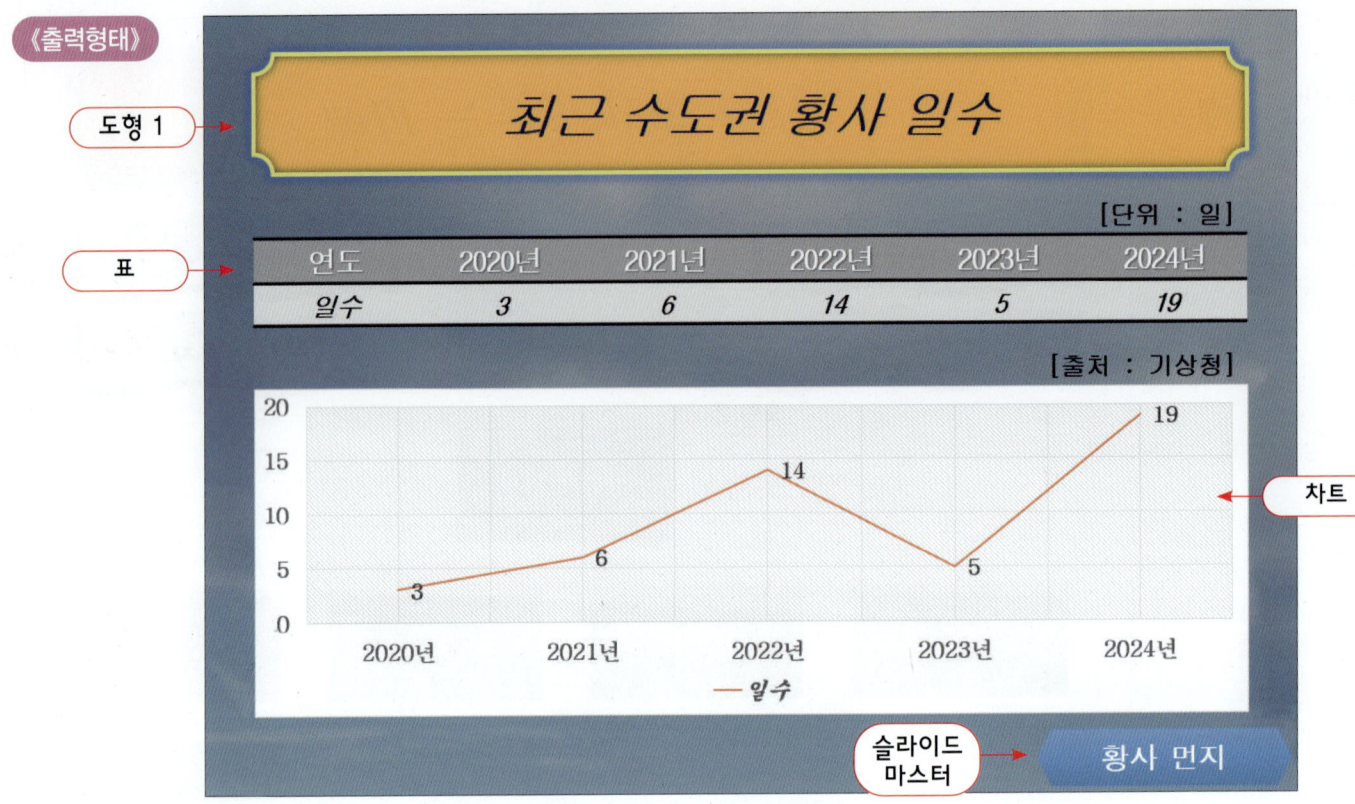

《작성조건》

(1) 제목

▶ 도형 1 ⇒ 기본 도형 : 배지, 도형 채우기(주황), 도형 윤곽선(실선, 색 : 노랑, 너비 : 3pt, 겹선 종류 : 단순형), 도형 효과(그림자 – 안쪽 – 안쪽: 가운데, 네온 – '네온: 8pt, 파랑, 강조색 1'), 글꼴(굴림, 36pt, 굵게, 기울임꼴, 진한 파랑)

(2) 본문 (※ 차트 작성은 반드시 '차트삽입→데이터입력→차트스타일' 순으로 작성바랍니다.)

▶ 텍스트 상자 1([단위 : 일]) ⇒ 글꼴(굴림체, 18pt, 굵게)
▶ 표 ⇒ 표 스타일(중간 – '보통 스타일 3 – 강조 3'), 가장 위의 행 : 글꼴(돋움체, 20pt, 굵게, 텍스트 그림자, 가운데 맞춤), 나머지 행 : 글꼴(돋움체, 18pt, 굵게, 기울임꼴, 가운데 맞춤)
▶ 텍스트 상자 2([출처 : 기상청]) ⇒ 글꼴(굴림체, 18pt, 굵게)
▶ 차트 ⇒ 꺾은선형 : 꺾은선형, 차트 스타일(색 변경 – '다양한 색상표 3', 스타일 6), 축 서식/데이터 레이블 : 글꼴(바탕, 16pt, 굵게), 범례 서식 : 글꼴(궁서, 16pt, 굵게, 기울임꼴), 데이터는 표 참고
▶ 배경 ⇒ 배경 서식(채우기 – 그림 또는 질감 채우기)에서 그림 2 삽입(현재 슬라이드만 적용)
▶ 애니메이션 지정 ⇒ 차트 : 나타내기 – 바운드
▶ 지시사항이 없는 부분은 《출력형태》와 동일하게 작성하시오.

| 디지털정보활용능력 | 프리젠테이션(파워포인트) | [시험시간 : 40분] | 4/4 |

[슬라이드4] 아래의 작성조건 및 출력형태에 알맞게 네 번째 슬라이드에 작업하시오. (60점)

《출력형태》

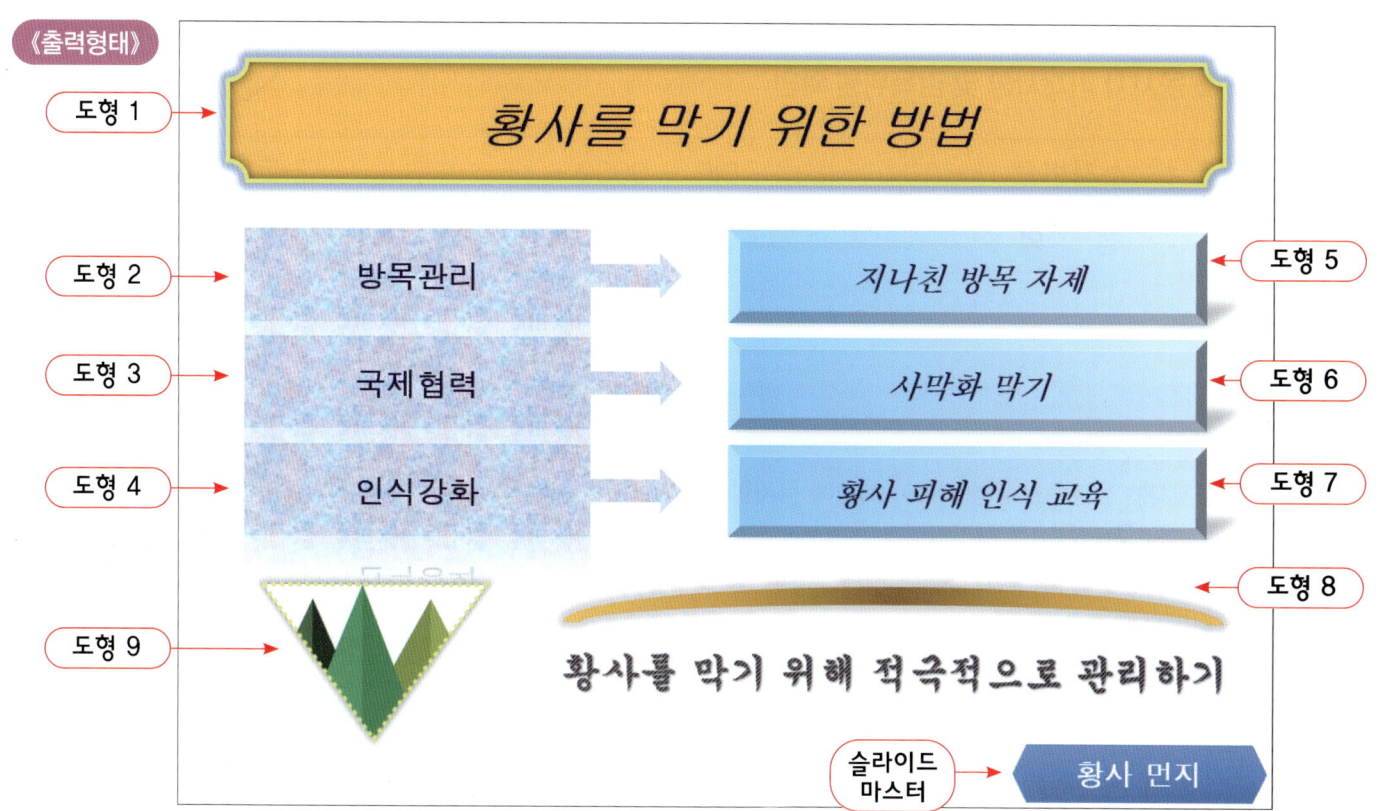

《작성조건》

(1) 제목
- 도형 1 ⇒ 기본 도형 : 배지, 도형 채우기(주황), 도형 윤곽선(실선, 색 : 노랑, 너비 : 3pt, 겹선 종류 : 단순형), 도형 효과(그림자 – 안쪽 – 안쪽: 가운데, 네온 – '네온: 8pt, 파랑, 강조색 1'), 글꼴(굴림, 36pt, 굵게, 기울임꼴, 진한 파랑)

(2) 본문
- 도형 2~4 ⇒ 블록 화살표 – '설명선: 오른쪽 화살표', 도형 채우기(질감 : 꽃다발), 선 없음, 도형 효과(반사 – '1/2 반사: 터치'), 글꼴(돋움체, 22pt, 굵게, 진한 파랑)
- 도형 5~7 ⇒ 기본 도형 – '사각형: 빗면', 도형 채우기(연한 파랑, 밝은 그라데이션 – 선형 오른쪽), 선 없음, 도형 효과(그림자 – 원근감 – '원근감: 오른쪽 위'), 글꼴(바탕, 22pt, 굵게, 기울임꼴, '파랑, 강조 1, 50% 더 어둡게')
- 도형 8 ⇒ 기본 도형 : 막힌 원호, 도형 채우기('황금색, 강조 4', 어두운 그라데이션 – '가운데에서'), 선 없음, 도형 효과(네온 – '네온: 8pt, 회색, 강조색 3')
- 도형 9 ⇒ 순서도 – '순서도: 병합', 도형 채우기(그림 또는 질감 채우기) 기능을 사용하여 그림 3 삽입, 도형 윤곽선(실선, 색 : 노랑, 너비 : 3pt, 겹선 종류 : 단순형, 대시 종류 : 둥근 점선), 도형 효과(그림자 – 바깥쪽 – 오프셋: 가운데)
- WordArt 삽입(황사를 막기 위해 적극적으로 관리하기)
  ⇒ WordArt 스타일('무늬 채우기: 흰색, 어두운 상향 대각선 줄무늬, 그림자'), 글꼴(궁서, 28pt, 굵게, 텍스트 그림자)
- 지시사항이 없는 부분은 《출력형태》와 동일하게 작성하시오.

제 02 회 최신기출유형

MS Office 2021 버전용

◎ 시험과목 : 프리젠테이션(파워포인트)
◎ 시험일자 : 20○○. ○○. ○○.(X)
◎ 응시자 기재사항 및 감독위원 확인

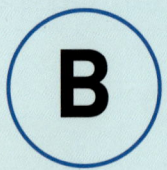

수검번호	DIP - 0000 -	감독위원 확인
성 명		

응시자 유의사항

1. 응시자는 신분증을 지참하여야 시험에 응시할 수 있으며, 시험이 종료될 때까지 신분증을 제시하지 못 할 경우 해당 시험은 0점 처리됩니다.
2. 시스템(PC작동여부, 네트워크 상태 등)의 이상여부를 반드시 확인하여야 하며, 시스템 이상이 있을 시 감독위원에게 조치를 받으셔야 합니다.
3. 시험 중 부주의 또는 고의로 시스템을 파손한 경우는 응시자 부담으로 합니다.
4. 답안 전송 프로그램을 통해 다운로드 받은 파일을 이용하여 답안파일을 작성하시기 바랍니다.
5. 작성한 답안 파일은 답안 전송 프로그램을 통하여 전송됩니다. 감독위원의 지시에 따라 주시기 바랍니다.
6. 다음 사항의 경우 실격(0점) 혹은 부정행위 처리됩니다.
    1) 답안파일을 저장하지 않았거나, 저장한 파일이 손상되었을 경우
    2) 답안파일을 지정된 폴더(바탕화면 - "KAIT" 폴더)에 저장하지 않았을 경우
       ※ 답안 전송 프로그램 로그인 시 바탕화면에 자동 생성됨
    3) 답안파일을 다른 보조기억장치(USB) 혹은 네트워크(메신저, 게시판 등)로 전송할 경우
    4) 휴대용 전화기 등 통신기기를 사용할 경우
7. 슬라이드는 반드시 순서대로 작성해야 하며, 순서가 다를 경우 "0"점 처리됩니다.
8. 시험지에 제시된 글꼴이 응시 프로그램에 없는 경우, 반드시 감독위원에게 해당 내용을 통보한 뒤 조치를 받아야 합니다.
9. 슬라이드 작성 시 도형의 그룹설정을 사용하는 경우, 채점에서 감점 처리됩니다.
10. 시험의 완료는 작성이 완료된 답안을 저장하고, 답안전송이 완료된 상태를 확인한 것으로 합니다. 답안전송 확인 후 문제지는 감독위원에게 제출한 후 퇴실하여야 합니다.
11. 답안전송을 완료한 경우는 수정 또는 정정이 불가합니다.
12. 시험 시행 후 합격자 발표는 홈페이지(www.ihd.or.kr)에서 확인하시기를 바랍니다.
    ※ 합격자 발표 : 20○○. ○○. ○○.(X)

| 디지털정보활용능력 | 프리젠테이션(파워포인트) | [시험시간 : 40분] | 1/4 |

유의사항
- 《작성조건》을 준수하여 반드시 프리젠테이션 슬라이드로 작업합니다.
- 글꼴 및 기타 사항에 대해 별도의 지시사항이 없는 경우, 슬라이드 크기와 전체적인 균형을 고려하여 임의로 작성하되, 도형은 그룹으로 설정하지 않습니다.
- 모든 슬라이드 크기(A4), 방향(가로), 디자인 테마(Office 테마)로 지정합니다.
  ▶ 슬라이드 크기, 방향 조정 시 '맞춤 확인'으로 지정하여야 합니다.
- 공통적용사항(슬라이드 마스터)
  ▶ 도형 ⇒ 기본 도형 : 구름, 도형 스타일('보통 효과 – 주황, 강조 2'), 글꼴(바탕체, 20pt, 굵게)
- 그림 삽입 시 다운로드 한 그림 파일을 반드시 사용하여야 합니다.
- ⬜ ➔ 은 지시사항이므로 작성하지 않습니다.
- 슬라이드에 제시된 글자 및 숫자 오타는 감점 처리됩니다.

[슬라이드1] 아래의 작성조건 및 출력형태에 알맞게 첫 번째 슬라이드에 작업하시오. (30점)

《출력형태》

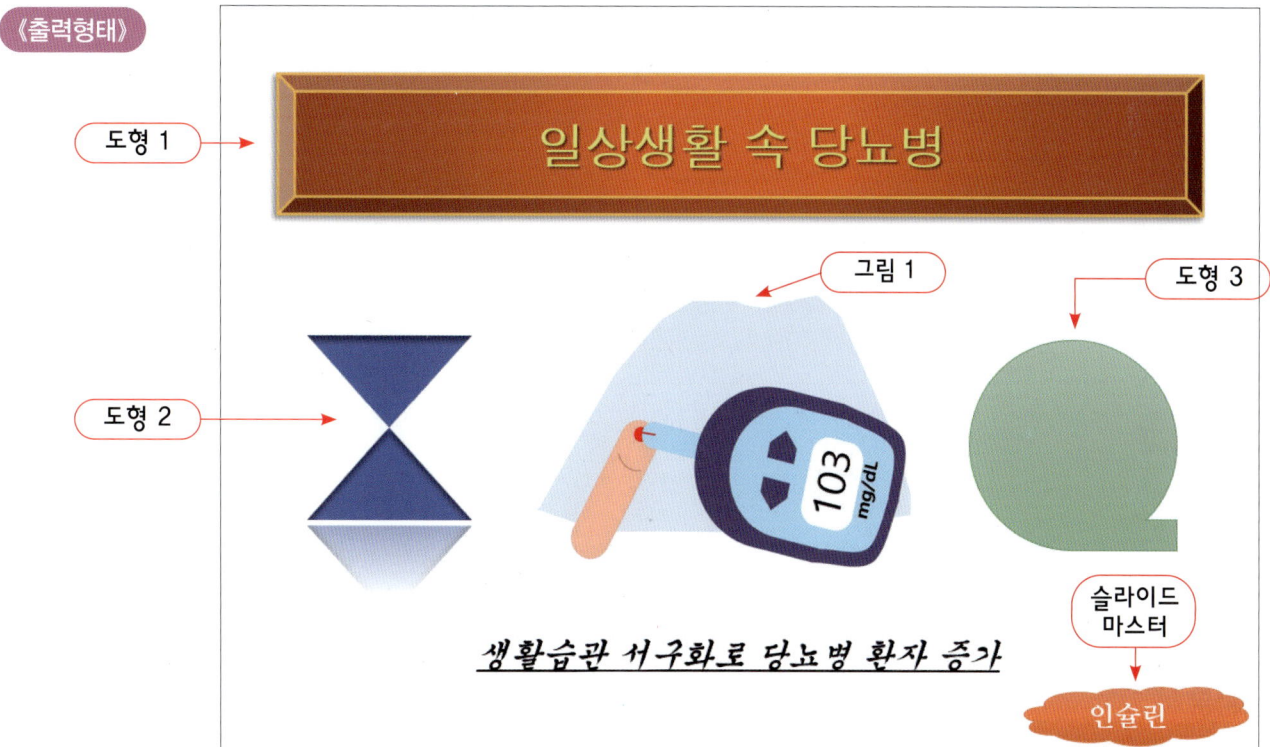

《작성조건》

▶ 도형 1 ⇒ 기본 도형 : '사각형: 빗면', 도형 채우기(그라데이션 : 미리 설정 – '방사형 그라데이션 – 강조 2', 종류 – 방사형, 방향 – 가운데에서), 도형 윤곽선(실선, 색 : 주황, 너비 : 2pt, 겹선 종류 : 단순형), 도형 효과(그림자 – 바깥쪽 – 오프셋: 왼쪽 아래), 글꼴(돋움, 36pt, 굵게, 텍스트 그림자, 노랑)
▶ 도형 2 ⇒ 순서도 : '순서도: 대조', 도형 채우기(파랑, 강조 5), 선 없음, 도형 효과(그림자 – 안쪽 – 안쪽: 위쪽, 반사 – '근접 반사: 4pt 오프셋')
▶ 도형 3 ⇒ 순서도 : '순서도: 순차적 액세스 저장소', 도형 스타일('미세 효과 – 녹색, 강조 6')
▶ 그림 삽입 ⇒ 그림 1 삽입, 크기(높이 : 7cm, 너비 : 10cm)
▶ 텍스트 상자(생활습관 서구화로 당뇨병 환자 증가) ⇒ 글꼴(궁서, 24pt, 기울임꼴, 밑줄)
▶ 애니메이션 지정 ⇒ 도형 1 : 나타내기 – 확대/축소
▶ 지시사항이 없는 부분은 《출력형태》와 동일하게 작성하시오.

| 디지털정보활용능력 | 프리젠테이션(파워포인트) | [시험시간 : 40분] | 2/4 |

[슬라이드2] 아래의 작성조건 및 출력형태에 알맞게 두 번째 슬라이드에 작업하시오. (50점)

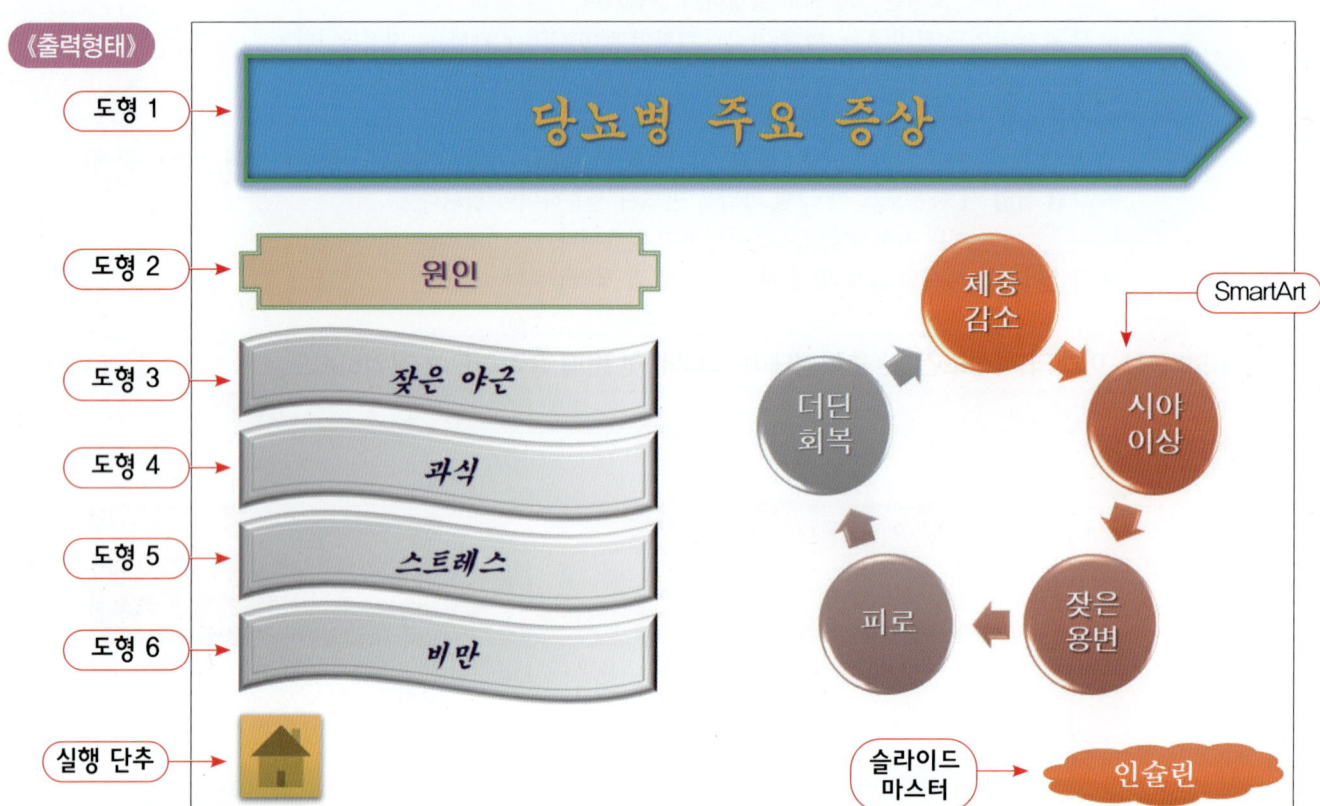

《작성조건》

(1) 제목

▶ 도형 1 ⇒ 블록 화살표 : '화살표: 오각형', 도형 채우기(연한 파랑), 도형 윤곽선(실선, 색 : 녹색, 너비 : 3pt, 겹선 종류 : 단순형), 도형 효과(그림자 – 안쪽 – 안쪽: 가운데, 네온 – '네온: 8pt, 파랑, 강조색 5'), 글꼴(궁서체, 36pt, 굵게, 텍스트 그림자, '황금색, 강조 4')

(2) 본문

▶ 도형 2 ⇒ 기본 도형 : 십자형, 도형 채우기('황금색, 강조 4, 25% 더 어둡게', 밝은 그라데이션 – 선형 오른쪽), 도형 윤곽선(실선, 색 : '녹색, 강조 6', 너비 : 3pt, 겹선 종류 : 이중), 글꼴(굴림, 22pt, 굵게, 텍스트 그림자, 자주)

▶ 도형 3~6 ⇒ 별 및 현수막 : 물결, 도형 채우기('회색, 강조 3, 25% 더 어둡게', 밝은 그라데이션 – 왼쪽 아래 모서리에서), 선 없음, 도형 효과(입체 효과 – 디벗), 글꼴(궁서체, 20pt, 굵게, 기울임꼴, 진한 파랑)

▶ 실행 단추 ⇒ 실행 단추 : '실행 단추: 홈으로 이동', 하이퍼링크 : 첫째 슬라이드, 도형 스타일('강한 효과 – 황금색, 강조 4')

▶ SmartArt 삽입 ⇒ 주기형 : 기본 주기형, 글꼴(돋움, 20pt, 굵게, 텍스트 그림자, 가운데 맞춤), SmartArt 스타일(색 변경 – '색상형 범위 – 강조색 2 또는 3', 3차원 – 광택 처리), (반드시 SmartArt 기능을 이용하여 작성할 것)

▶ 애니메이션 지정 ⇒ SmartArt : 나타내기 – 바운드

▶ 지시사항이 없는 부분은 《출력형태》와 동일하게 작성하시오.

[슬라이드3] 아래의 작성조건 및 출력형태에 알맞게 세 번째 슬라이드에 작업하시오. (60점)

《출력형태》

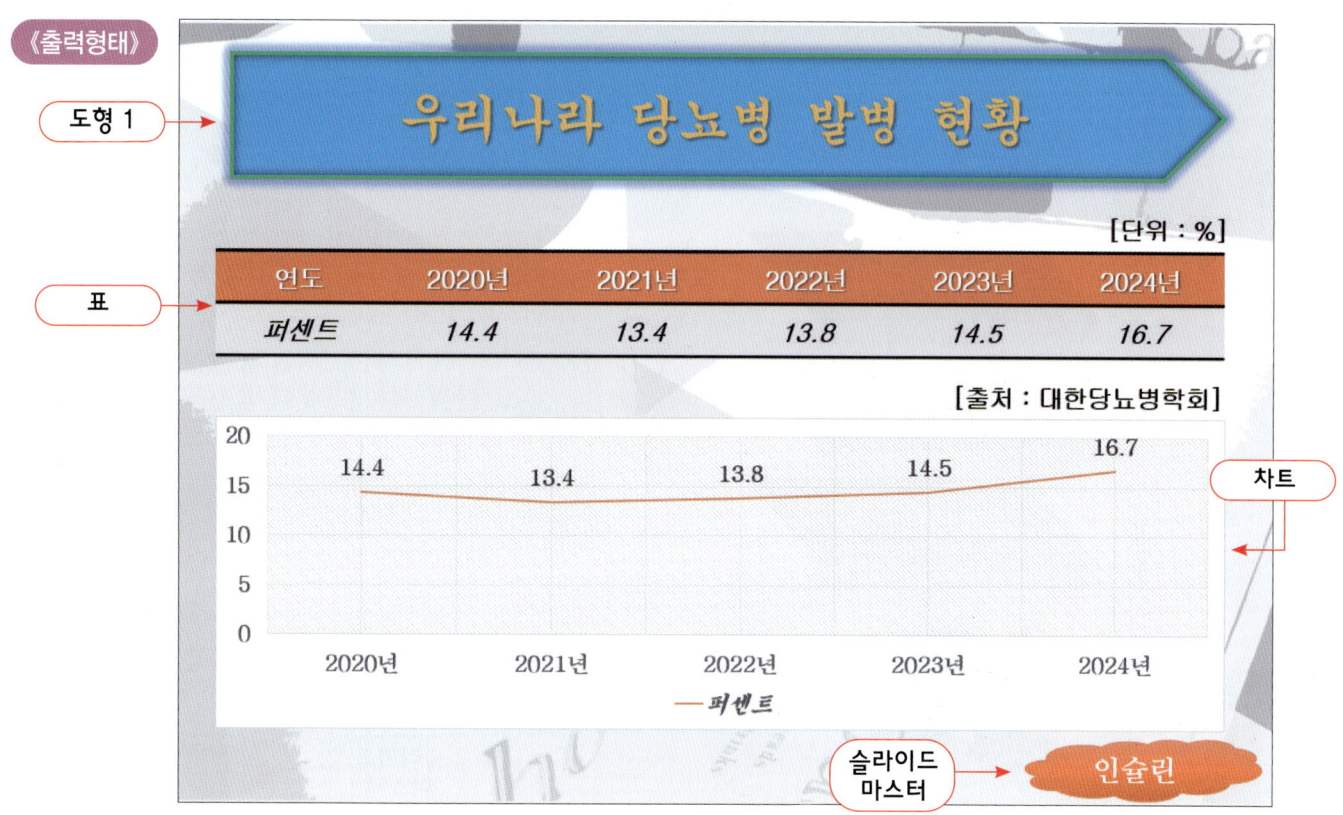

《작성조건》

(1) 제목

▶ 도형 1 ⇒ 블록 화살표 : '화살표: 오각형', 도형 채우기(연한 파랑), 도형 윤곽선(실선, 색 : 녹색, 너비 : 3pt, 겹선 종류 : 단순형), 도형 효과(그림자 – 안쪽 – 안쪽: 가운데, 네온 – '네온: 8pt, 파랑, 강조색 5'), 글꼴(궁서체, 36pt, 굵게, 텍스트 그림자, '황금색, 강조 4')

(2) 본문 (※ 차트 작성은 반드시 '차트삽입→데이터입력→차트스타일' 순으로 작성바랍니다.)

▶ 텍스트 상자 1([단위 : %]) ⇒ 글꼴(굴림, 18pt, 굵게)
▶ 표 ⇒ 표 스타일(중간 – '보통 스타일 3 – 강조 2'), 가장 위의 행 : 글꼴(돋움, 18pt, 굵게, 텍스트 그림자, 가운데 맞춤), 나머지 행 : 글꼴(돋움, 18pt, 굵게, 기울임꼴, 가운데 맞춤)
▶ 텍스트 상자 2([출처 : 대한당뇨병학회]) ⇒ 글꼴(굴림, 18pt, 굵게)
▶ 차트 ⇒ 꺾은선형 : 꺾은선형, 차트 스타일(색 변경 – '다양한 색상표 3', 스타일 6), 축 서식/데이터 레이블 : 글꼴 (바탕, 16pt, 굵게), 범례 서식 : 글꼴(궁서, 16pt, 굵게, 기울임꼴), 데이터는 표 참고
▶ 배경 ⇒ 배경 서식(채우기 – 그림 또는 질감 채우기)에서 그림 2 삽입(현재 슬라이드만 적용)
▶ 애니메이션 지정 ⇒ 차트 : 나타내기 – 실선 무늬
▶ 지시사항이 없는 부분은 《출력형태》와 동일하게 작성하시오.

| 디지털정보활용능력 | 프리젠테이션(파워포인트) | [시험시간 : 40분] | 4/4 |

[슬라이드4] 아래의 작성조건 및 출력형태에 알맞게 네 번째 슬라이드에 작업하시오. (60점)

《출력형태》

《작성조건》

(1) 제목
- 도형 1 ⇒ 블록 화살표 : '화살표: 오각형', 도형 채우기(연한 파랑), 도형 윤곽선(실선, 색 : 녹색, 너비 : 3pt, 겹선 종류 : 단순형), 도형 효과(그림자 – 안쪽 – 안쪽: 가운데, 네온 – '네온: 8pt, 파랑, 강조색 5'), 글꼴(궁서체, 36pt, 굵게, 텍스트 그림자, '황금색, 강조 4')

(2) 본문
- 도형 2~4 ⇒ 순서도 : '순서도: 데이터', 도형 채우기(질감 : 밤색 대리석), 선 없음, 도형 효과(반사 – '1/2 반사: 터치'), 글꼴(돋움체, 24pt, 굵게, 노랑)
- 도형 5~7 ⇒ 순서도 : '순서도: 대체 처리', 도형 채우기('녹색, 강조 6', 밝은 그라데이션 – 선형 아래쪽), 선 없음, 도형 효과(그림자 – 원근감 – 원근감: 오른쪽 위), 글꼴(바탕, 20pt, 굵게, 기울임꼴, '파랑, 강조 5, 50% 더 어둡게')
- 도형 8 ⇒ 블록 화살표 : '화살표: 톱니 모양의 오른쪽', 도형 채우기(진한 빨강, 밝은 그라데이션 – '선형 대각선 – 오른쪽 아래에서 왼쪽 위로'), 선 없음, 도형 효과(네온 – '네온: 8pt, 황금색, 강조색 4')
- 도형 9 ⇒ 별 및 현수막 : '폭발: 14pt', 도형 채우기(그림 또는 질감 채우기) 기능을 사용하여 그림 3 삽입, 도형 윤곽선(실선, 색 : 연한 파랑, 너비 : 3pt, 겹선 종류 : 단순형, 대시 종류 : 사각 점선), 도형 효과(그림자 – 바깥쪽 – 오프셋: 가운데)
- WordArt 삽입(생활습관 교정을 통해 예방 가능)
 ⇒ WordArt 스타일('채우기: 파랑, 강조색 1, 그림자'), 글꼴(궁서, 30pt, 굵게, 텍스트 그림자)
- 지시사항이 없는 부분은 《출력형태》와 동일하게 작성하시오.

제 **03** 회 최신기출유형

MS Office 2021 버전용

◎ 시험과목 : 프리젠테이션(파워포인트)
◎ 시험일자 : 20○○. ○○. ○○.(X)
◎ 응시자 기재사항 및 감독위원 확인

수검번호	DIP - 0000 -	감독위원 확인
성 명		

응시자 유의사항

1. 응시자는 신분증을 지참하여야 시험에 응시할 수 있으며, 시험이 종료될 때까지 신분증을 제시하지 못 할 경우 해당 시험은 0점 처리됩니다.
2. 시스템(PC작동여부, 네트워크 상태 등)의 이상여부를 반드시 확인하여야 하며, 시스템 이상이 있을 시 감독위원에게 조치를 받으셔야 합니다.
3. 시험 중 부주의 또는 고의로 시스템을 파손한 경우는 응시자 부담으로 합니다.
4. 답안 전송 프로그램을 통해 다운로드 받은 파일을 이용하여 답안파일을 작성하시기 바랍니다.
5. 작성한 답안 파일은 답안 전송 프로그램을 통하여 전송됩니다. 감독위원의 지시에 따라 주시기 바랍니다.
6. 다음 사항의 경우 실격(0점) 혹은 부정행위 처리됩니다.
   1) 답안파일을 저장하지 않았거나, 저장한 파일이 손상되었을 경우
   2) 답안파일을 지정된 폴더(바탕화면 – "KAIT" 폴더)에 저장하지 않았을 경우
      ※ 답안 전송 프로그램 로그인 시 바탕화면에 자동 생성됨
   3) 답안파일을 다른 보조기억장치(USB) 혹은 네트워크(메신저, 게시판 등)로 전송할 경우
   4) 휴대용 전화기 등 통신기기를 사용할 경우
7. 슬라이드는 반드시 순서대로 작성해야 하며, 순서가 다를 경우 "0"점 처리됩니다.
8. 시험지에 제시된 글꼴이 응시 프로그램에 없는 경우, 반드시 감독위원에게 해당 내용을 통보한 뒤 조치를 받아야 합니다.
9. 슬라이드 작성 시 도형의 그룹설정을 사용하는 경우, 채점에서 감점 처리됩니다.
10. 시험의 완료는 작성이 완료된 답안을 저장하고, 답안전송이 완료된 상태를 확인한 것으로 합니다. 답안전송 확인 후 문제지는 감독위원에게 제출한 후 퇴실하여야 합니다.
11. 답안전송을 완료한 경우는 수정 또는 정정이 불가합니다.
12. 시험 시행 후 합격자 발표는 홈페이지(www.ihd.or.kr)에서 확인하시기를 바랍니다.
    ※ 합격자 발표 : 20○○. ○○. ○○.(X)

디지털정보활용능력

프리젠테이션(파워포인트)   [시험시간 : 40분]   1/4

유의사항

- 《작성조건》을 준수하여 반드시 프리젠테이션 슬라이드로 작업합니다.
- 글꼴 및 기타 사항에 대해 별도의 지시사항이 없는 경우, 슬라이드 크기와 전체적인 균형을 고려하여 임의로 작성하되, 도형은 그룹으로 설정하지 않습니다.
- 모든 슬라이드 크기(A4), 방향(가로), 디자인 테마(Office 테마)로 지정합니다.
  - ▶ 슬라이드 크기, 방향 조정 시 '맞춤 확인'으로 지정하여야 합니다.
- 공통적용사항(슬라이드 마스터)
  - ▶ 도형 ⇒ 사각형 : '사각형: 둥근 위쪽 모서리', 도형 스타일('보통 효과 – 파랑, 강조 1'), 글꼴(굴림, 18pt, 굵게, 기울임꼴)
- 그림 삽입 시 다운로드 한 그림 파일을 반드시 사용하여야 합니다.
- ⬚ ➞ 은 지시사항이므로 작성하지 않습니다.
- 슬라이드에 제시된 글자 및 숫자 오타는 감점 처리됩니다.

[슬라이드1] 아래의 작성조건 및 출력형태에 알맞게 첫 번째 슬라이드에 작업하시오.   (30점)

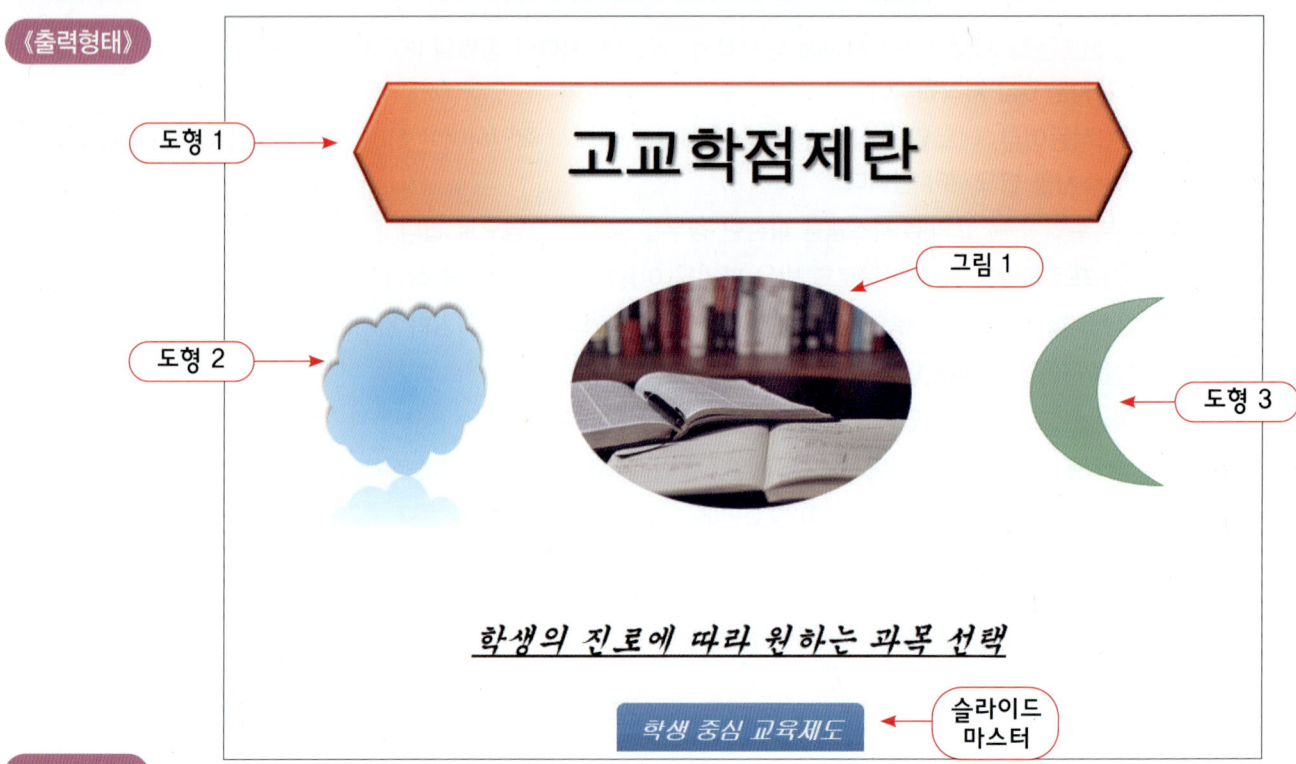

《작성조건》

- ▶ 도형 1 ⇒ 기본 도형 : 육각형, 도형 채우기(그라데이션 : 미리 설정 – '위쪽 스포트라이트 강조 2', 종류 – 방사형, 방향 – 가운데에서), 도형 윤곽선(실선, 색 : 빨강, 너비 : 2pt, 겹선 종류 : 단순형), 도형 효과(입체 효과 – 둥글게), 글꼴(돋움체, 44pt, 굵게, 텍스트 그림자, '검정, 텍스트 1')
- ▶ 도형 2 ⇒ 기본 도형 : 구름, 도형 채우기(연한 파랑, 밝은 그라데이션 – 가운데에서), 선 없음, 도형 효과(그림자 – 바깥쪽 – 오프셋: 위쪽, 반사 – '근접 반사: 터치')
- ▶ 도형 3 ⇒ 기본 도형 : 달, 도형 스타일('미세 효과 – 녹색, 강조 6')
- ▶ 그림 삽입 ⇒ 그림 1 삽입, 크기(높이 : 6cm, 너비 : 9cm)
- ▶ 텍스트 상자(학생의 진로에 따라 원하는 과목 선택) ⇒ 글꼴(궁서, 24pt, 기울임꼴, 밑줄)
- ▶ 애니메이션 지정 ⇒ 도형 1 : 나타내기 – 나누기
- ▶ 지시사항이 없는 부분은《출력형태》와 동일하게 작성하시오.

[슬라이드2] 아래의 작성조건 및 출력형태에 알맞게 두 번째 슬라이드에 작업하시오. (50점)

《출력형태》

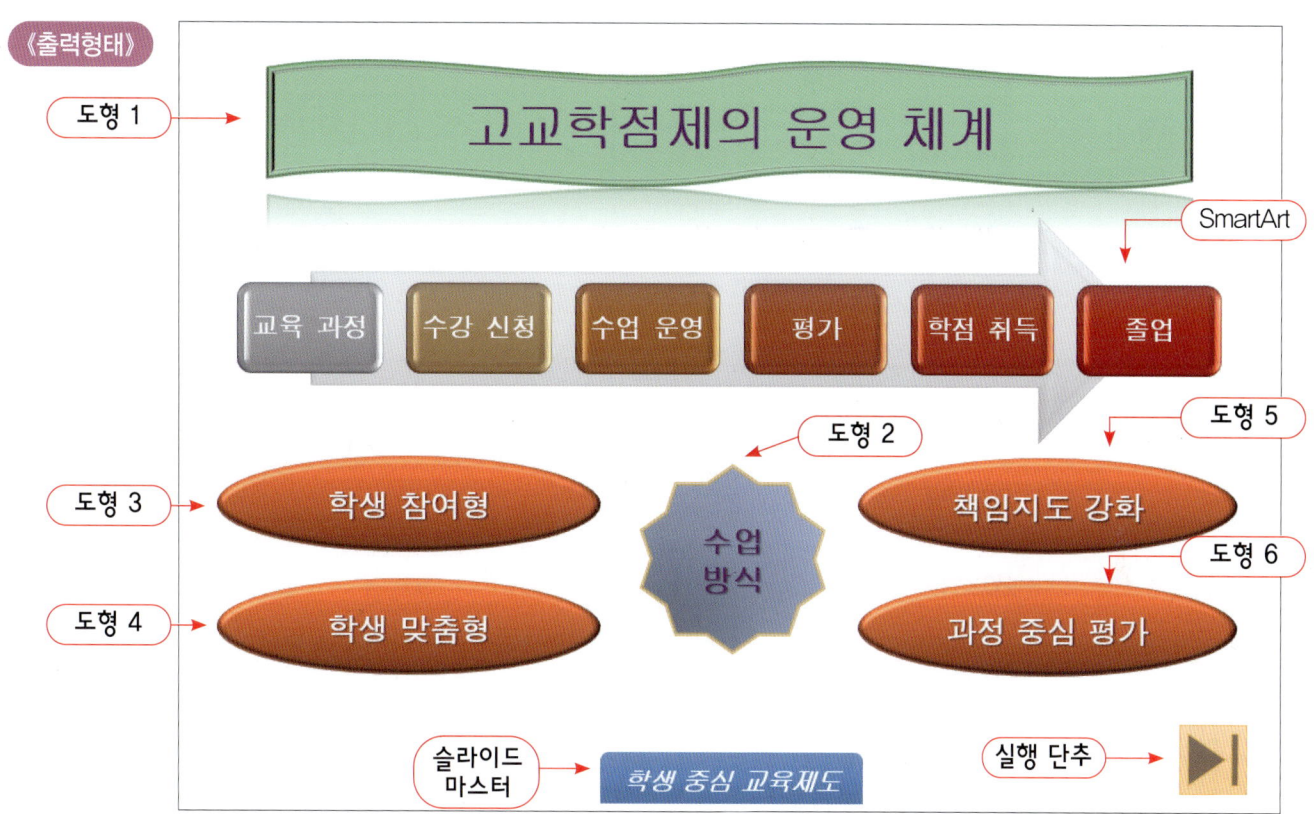

《작성조건》

(1) 제목

▶ 도형 1 ⇒ 별 및 현수막 : 이중 물결, 도형 채우기('녹색, 강조 6, 40% 더 밝게'), 도형 윤곽선(실선, 색 : '녹색, 강조 6', 너비 : 2pt, 겹선 종류 : 단순형), 도형 효과(반사 – '근접 반사: 터치', 입체 효과 – 절단), 글꼴(굴림, 36pt, 굵게, 자주)

(2) 본문

▶ 도형 2 ⇒ 별 및 현수막 : '별: 꼭짓점 10개', 도형 채우기('파랑, 강조 5, 60% 더 밝게', 그라데이션 – 왼쪽 아래 모서리에서), 도형 윤곽선(실선, 색 : '황금색, 강조 4', 너비 : 2pt, 겹선 종류 : 이중), 글꼴(굴림체, 22pt, 굵게, 텍스트 그림자, 자주)
▶ 도형 3~6 ⇒ 기본 도형 : 타원, 도형 채우기('주황, 강조 2', 어두운 그라데이션 – 선형 위쪽), 선 없음, 도형 효과(입체 효과 – 둥글게), 글꼴(돋움, 22pt, 굵게, 텍스트 그림자)
▶ 실행 단추 ⇒ 실행 단추 : '실행 단추: 끝으로 이동', 하이퍼링크 : 마지막 슬라이드, 도형 스타일('미세 효과 – 황금색, 강조 4')
▶ SmartArt 삽입 ⇒ 프로세스형 : 연속 블록 프로세스형, 글꼴(돋움체, 18pt, 굵게, 가운데 맞춤), SmartArt 스타일(색 변경 – '색상형 범위 – 강조색 3 또는 4', 3차원 – 경사), (반드시 SmartArt 기능을 이용하여 작성할 것)
▶ 애니메이션 지정 ⇒ SmartArt : 나타내기 – 날아오기
▶ 지시사항이 없는 부분은 《출력형태》와 동일하게 작성하시오.

[슬라이드3] 아래의 작성조건 및 출력형태에 알맞게 세 번째 슬라이드에 작업하시오. (60점)

《출력형태》

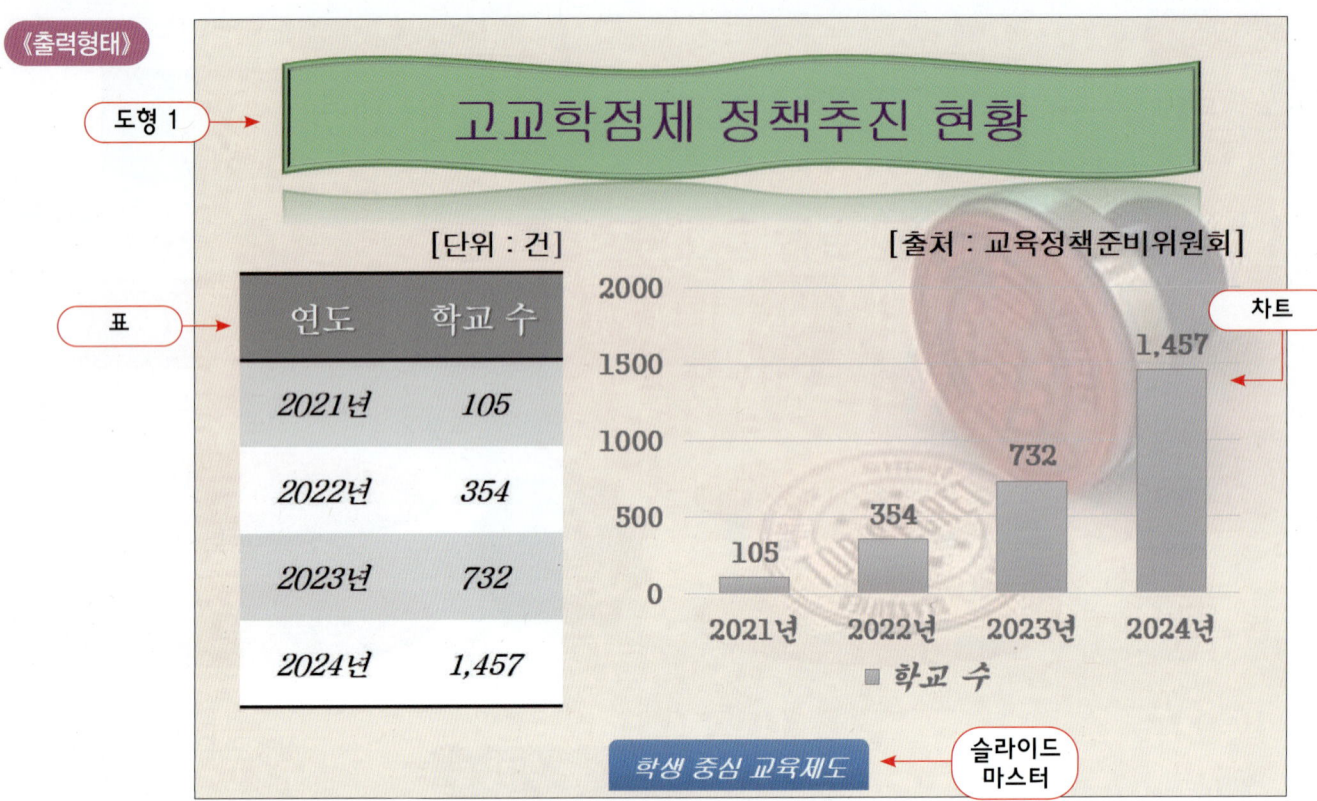

《작성조건》

(1) 제목
- 도형 1 ⇒ 별 및 현수막 : 이중 물결, 도형 채우기('녹색, 강조 6, 40% 더 밝게'), 도형 윤곽선(실선, 색 : '녹색, 강조 6', 너비 : 2pt, 겹선 종류 : 단순형), 도형 효과(반사 – '근접 반사: 터치', 입체 효과 – 절단), 글꼴(굴림, 36pt, 굵게, 자주)

(2) 본문 (※ 차트 작성은 반드시 '차트삽입→데이터입력→차트스타일' 순으로 작성바랍니다.)
- 텍스트 상자 1([단위 : 건]) ⇒ 글꼴(돋움, 20pt, 굵게)
- 표 ⇒ 표 스타일(중간 – 보통 스타일 3 – 강조 3), 가장 위의 행 : 글꼴(바탕, 24pt, 굵게, 텍스트 그림자, 가운데 맞춤), 나머지 행 : 글꼴(바탕, 20pt, 굵게, 기울임꼴, 가운데 맞춤)
- 텍스트 상자 2([출처 : 교육정책준비위원회]) ⇒ 글꼴(돋움, 20pt, 굵게)
- 차트 ⇒ 세로 막대형 : 묶은 세로 막대형, 차트 스타일(색 변경 – '단색 색상표 3', 스타일 6), 축 서식/데이터 레이블 : 글꼴(궁서, 20pt, 굵게), 범례 서식 : 글꼴(궁서, 22pt, 굵게, 기울임꼴), 데이터는 표 참고
- 배경 ⇒ 배경 서식(채우기 – 그림 또는 질감 채우기)에서 그림 2 삽입(현재 슬라이드만 적용)
- 애니메이션 지정 ⇒ 차트 : 나타내기 – 올라오기
- 지시사항이 없는 부분은 《출력형태》와 동일하게 작성하시오.

[슬라이드4] 아래의 작성조건 및 출력형태에 알맞게 네 번째 슬라이드에 작업하시오. (60점)

《출력형태》

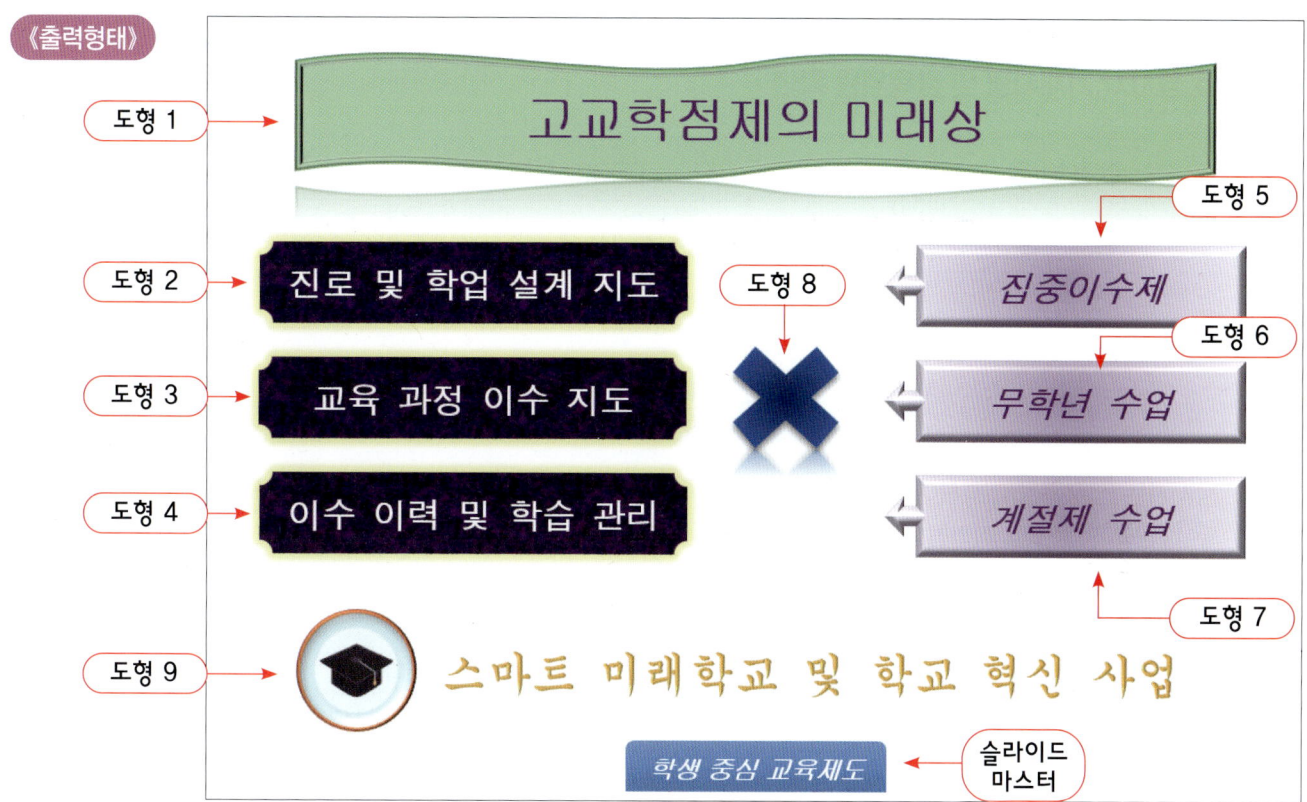

《작성조건》

(1) 제목

▶ 도형 1 ⇒ 별 및 현수막 : 이중 물결, 도형 채우기('녹색, 강조 6, 40% 더 밝게'), 도형 윤곽선(실선, 색 : '녹색, 강조 6', 너비 : 2pt, 겹선 종류 : 단순형), 도형 효과(반사 – '근접 반사: 터치', 입체 효과 – 절단), 글꼴(굴림, 36pt, 굵게, 자주)

(2) 본문

▶ 도형 2~4 ⇒ 기본 도형 : 배지, 도형 채우기(질감 : 자주 편물), 선 없음, 도형 효과(네온 – '네온: 8pt, 황금색, 강조색 4'), 글꼴(돋움체, 24pt, 굵게)
▶ 도형 5~7 ⇒ 블록 화살표 : '설명선: 왼쪽 화살표', 도형 채우기(자주, 밝은 그라데이션 – 가운데에서), 선 없음, 도형 효과(입체 효과 – 기울기), 글꼴(돋움체, 24pt, 굵게, 기울임꼴, 자주)
▶ 도형 8 ⇒ 수식 도형 : 곱하기 기호, 도형 채우기(파랑, 어두운 그라데이션 – 가운데에서), 선 없음, 도형 효과(그림자 – 바깥쪽 – 오프셋: 아래쪽, 반사 – '근접 반사: 터치')
▶ 도형 9 ⇒ 기본 도형 : 타원, 도형 채우기(그림 또는 질감 채우기) 기능을 사용하여 그림 3 삽입, 도형 윤곽선(실선, 색 : '주황, 강조2', 너비 : 3pt, 겹선 종류 : 단순형, 대시 종류 : 사각 점선), 도형 효과(입체 효과 – 부드럽게 둥글리기)
▶ WordArt 삽입(스마트 미래학교 및 학교 혁신 사업)
⇒ WordArt 스타일('채우기: 황금색, 강조색 4, 부드러운 입체'), 글꼴(궁서체, 32pt, 굵게)
▶ 지시사항이 없는 부분은 《출력형태》와 동일하게 작성하시오.

제 04 회 최신기출유형

MS Office 2021 버전용

◎ 시험과목 : 프리젠테이션(파워포인트)
◎ 시험일자 : 20○○. ○○. ○○.(X)
◎ 응시자 기재사항 및 감독위원 확인

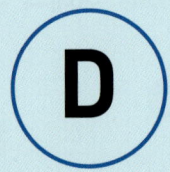

수검번호	DIP - 0000 -	감독위원 확인
성 명		

응시자 유의사항

1. 응시자는 신분증을 지참하여야 시험에 응시할 수 있으며, 시험이 종료될 때까지 신분증을 제시하지 못 할 경우 해당 시험은 0점 처리됩니다.
2. 시스템(PC작동여부, 네트워크 상태 등)의 이상여부를 반드시 확인하여야 하며, 시스템 이상이 있을 시 감독위원에게 조치를 받으셔야 합니다.
3. 시험 중 부주의 또는 고의로 시스템을 파손한 경우는 응시자 부담으로 합니다.
4. 답안 전송 프로그램을 통해 다운로드 받은 파일을 이용하여 답안파일을 작성하시기 바랍니다.
5. 작성한 답안 파일은 답안 전송 프로그램을 통하여 전송됩니다. 감독위원의 지시에 따라 주시기 바랍니다.
6. 다음 사항의 경우 실격(0점) 혹은 부정행위 처리됩니다.
    1) 답안파일을 저장하지 않았거나, 저장한 파일이 손상되었을 경우
    2) 답안파일을 지정된 폴더(바탕화면 – "KAIT" 폴더)에 저장하지 않았을 경우
        ※ 답안 전송 프로그램 로그인 시 바탕화면에 자동 생성됨
    3) 답안파일을 다른 보조기억장치(USB) 혹은 네트워크(메신저, 게시판 등)로 전송할 경우
    4) 휴대용 전화기 등 통신기기를 사용할 경우
7. 슬라이드는 반드시 순서대로 작성해야 하며, 순서가 다를 경우 "0"점 처리됩니다.
8. 시험지에 제시된 글꼴이 응시 프로그램에 없는 경우, 반드시 감독위원에게 해당 내용을 통보한 뒤 조치를 받아야 합니다.
9. 슬라이드 작성 시 도형의 그룹설정을 사용하는 경우, 채점에서 감점 처리됩니다.
10. 시험의 완료는 작성이 완료된 답안을 저장하고, 답안전송이 완료된 상태를 확인한 것으로 합니다. 답안전송 확인 후 문제지는 감독위원에게 제출한 후 퇴실하여야 합니다.
11. 답안전송을 완료한 경우는 수정 또는 정정이 불가합니다.
12. 시험 시행 후 합격자 발표는 홈페이지(www.ihd.or.kr)에서 확인하시기를 바랍니다.
    ※ 합격자 발표 : 20○○. ○○. ○○.(X)

| 디지털정보활용능력 | 프리젠테이션(파워포인트) | [시험시간 : 40분] | 1/4 |

유의사항
- 《작성조건》을 준수하여 반드시 프리젠테이션 슬라이드로 작업합니다.
- 글꼴 및 기타 사항에 대해 별도의 지시사항이 없는 경우, 슬라이드 크기와 전체적인 균형을 고려하여 임의로 작성하되, 도형은 그룹으로 설정하지 않습니다.
- 모든 슬라이드 크기(A4), 방향(가로), 디자인 테마(Office 테마)로 지정합니다.
  ▶ 슬라이드 크기, 방향 조정 시 '맞춤 확인'으로 지정하여야 합니다.
- 공통적용사항(슬라이드 마스터)
  ▶ 도형 ⇒ 순서도 : '순서도: 순차적 액세스 저장소', 도형 스타일('보통 효과 – 회색, 강조 3'),
    글꼴(돋움체, 20pt, 굵게)
- 그림 삽입 시 다운로드 한 그림 파일을 반드시 사용하여야 합니다.
- ▭ ➞ 은 지시사항이므로 작성하지 않습니다.
- 슬라이드에 제시된 글자 및 숫자 오타는 감점 처리됩니다.

[슬라이드1] 아래의 작성조건 및 출력형태에 알맞게 첫 번째 슬라이드에 작업하시오. (30점)

《출력형태》

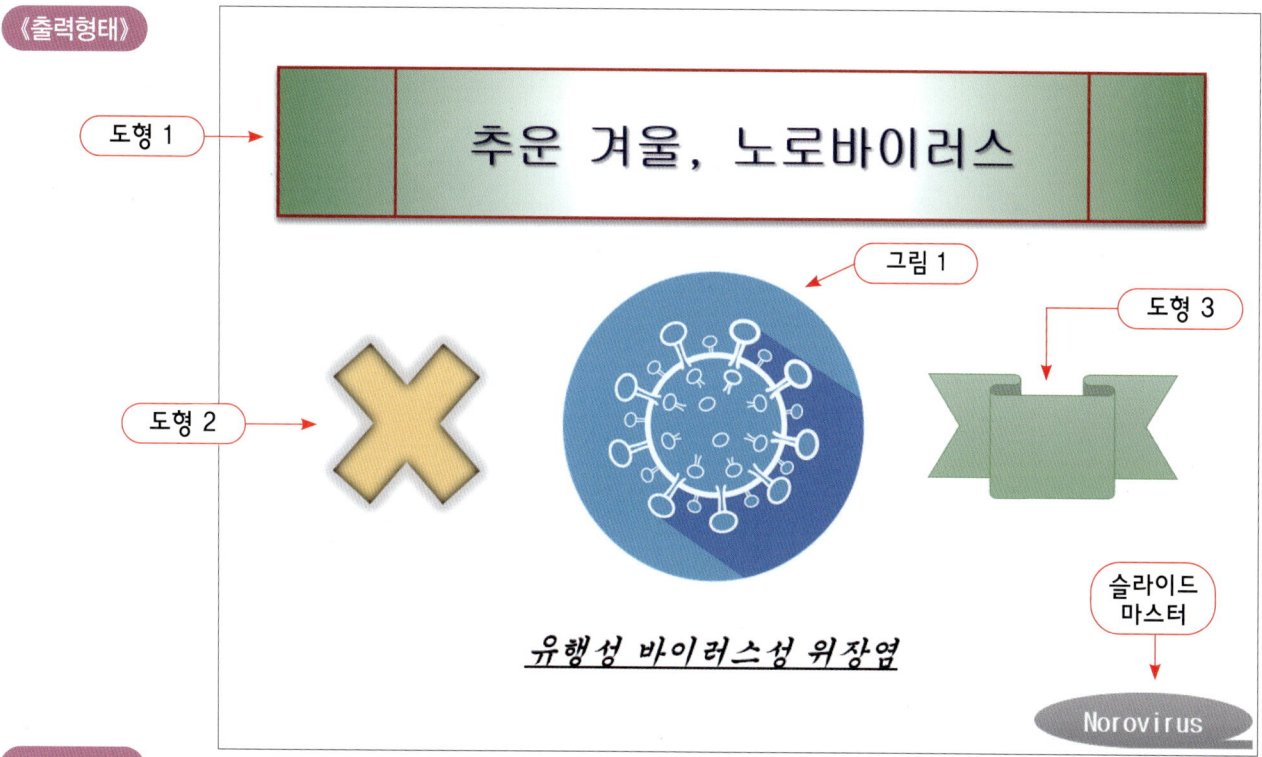

《작성조건》

▶ 도형 1 ⇒ 순서도 : '순서도: 종속 처리', 도형 채우기(그라데이션 : 미리 설정 – 위쪽 스포트라이트 강조 6, 종류 – 방사형, 방향 – 가운데에서), 도형 윤곽선(실선, 색 : 진한 빨강, 너비 : 2pt, 겹선 종류 : 단순형), 도형 효과(그림자 – 바깥쪽 – 오프셋: 아래쪽), 글꼴(굴림체, 36pt, 굵게, 텍스트 그림자, 진한 파랑)
▶ 도형 2 ⇒ 수식 도형 : 곱하기 기호, 도형 채우기('황금색, 강조 4, 40% 더 밝게'), 선 없음, 도형 효과(그림자 – 안쪽 – 안쪽: 가운데, 네온 –'네온: 11pt, 회색, 강조색 3')
▶ 도형 3 ⇒ 별 및 현수막 : '리본: 아래로 기울어짐', 도형 스타일('미세 효과 – 녹색, 강조 6')
▶ 그림 삽입 ⇒ 그림 1 삽입, 크기(높이 : 8cm, 너비 : 8cm)
▶ 텍스트 상자(유행성 바이러스성 위장염) ⇒ 글꼴(궁서, 24pt, 기울임꼴, 밑줄)
▶ 애니메이션 지정 ⇒ 도형 1 : 나타내기 – 날아오기
▶ 지시사항이 없는 부분은 《출력형태》와 동일하게 작성하시오.

| 디지털정보활용능력 | 프리젠테이션(파워포인트) | [시험시간 : 40분] | 2/4 |

[슬라이드2] 아래의 작성조건 및 출력형태에 알맞게 두 번째 슬라이드에 작업하시오. (50점)

《출력형태》

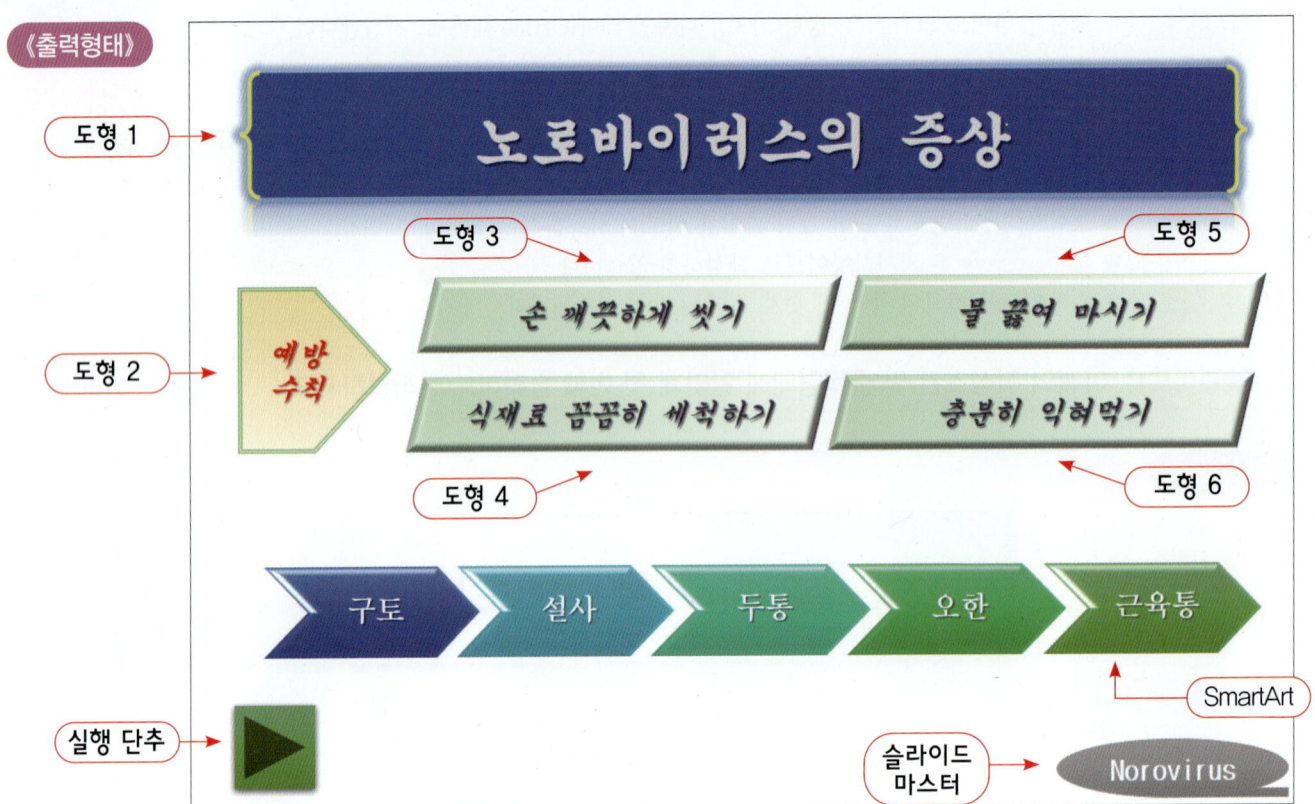

《작성조건》

(1) 제목
- 도형 1 ⇒ 기본 도형 : 양쪽 중괄호, 도형 채우기('파랑, 강조 5'), 도형 윤곽선(실선, 색 : 노랑, 너비 : 3pt, 겹선 종류 : 단순형), 도형 효과(네온 – '네온: 8pt, 파랑, 강조색 5', 반사 – 근접 반사: 터치'), 글꼴(궁서체, 40pt, 굵게, 텍스트 그림자, '밝은 회색, 배경 2')

(2) 본문
- 도형 2 ⇒ 블록 화살표 : '화살표: 오각형', 도형 채우기('황금색, 강조 4, 40% 더 밝게', 밝은 그라데이션 – 선형 아래쪽), 도형 윤곽선(실선, 색 : 연한 녹색, 너비 : 3pt, 겹선 종류 : 이중), 글꼴(궁서, 20pt, 기울임꼴, 텍스트 그림자, 빨강)
- 도형 3~6 ⇒ 기본 도형 : 평행 사변형, 도형 채우기('녹색, 강조 6, 40% 더 밝게', 밝은 그라데이션 – 왼쪽 위 모서리에서), 선 없음, 도형 효과(입체 효과 – 기울기), 글꼴(궁서체, 20pt, 기울임꼴, 텍스트 그림자, '청회색, 텍스트 2')
- 실행 단추 ⇒ 실행 단추 : '실행 단추: 앞으로 또는 다음으로 이동', 하이퍼링크 : 다음 슬라이드, 도형 스타일('강한 효과 – 녹색, 강조 6')
- SmartArt 삽입 ⇒ 프로세스형 : 기본 갈매기형 수장 프로세스형, 글꼴(바탕체, 20pt, 굵게, 텍스트 그림자, 가운데 맞춤), SmartArt 스타일(색 변경 – '색상형 범위 – 강조색 5 또는 6', 3차원 – 광택 처리), (반드시 SmartArt 기능을 이용하여 작성할 것)
- 애니메이션 지정 ⇒ SmartArt : 나타내기 – 나누기
- 지시사항이 없는 부분은 《출력형태》와 동일하게 작성하시오.

[슬라이드3] 아래의 작성조건 및 출력형태에 알맞게 세 번째 슬라이드에 작업하시오. (60점)

《출력형태》

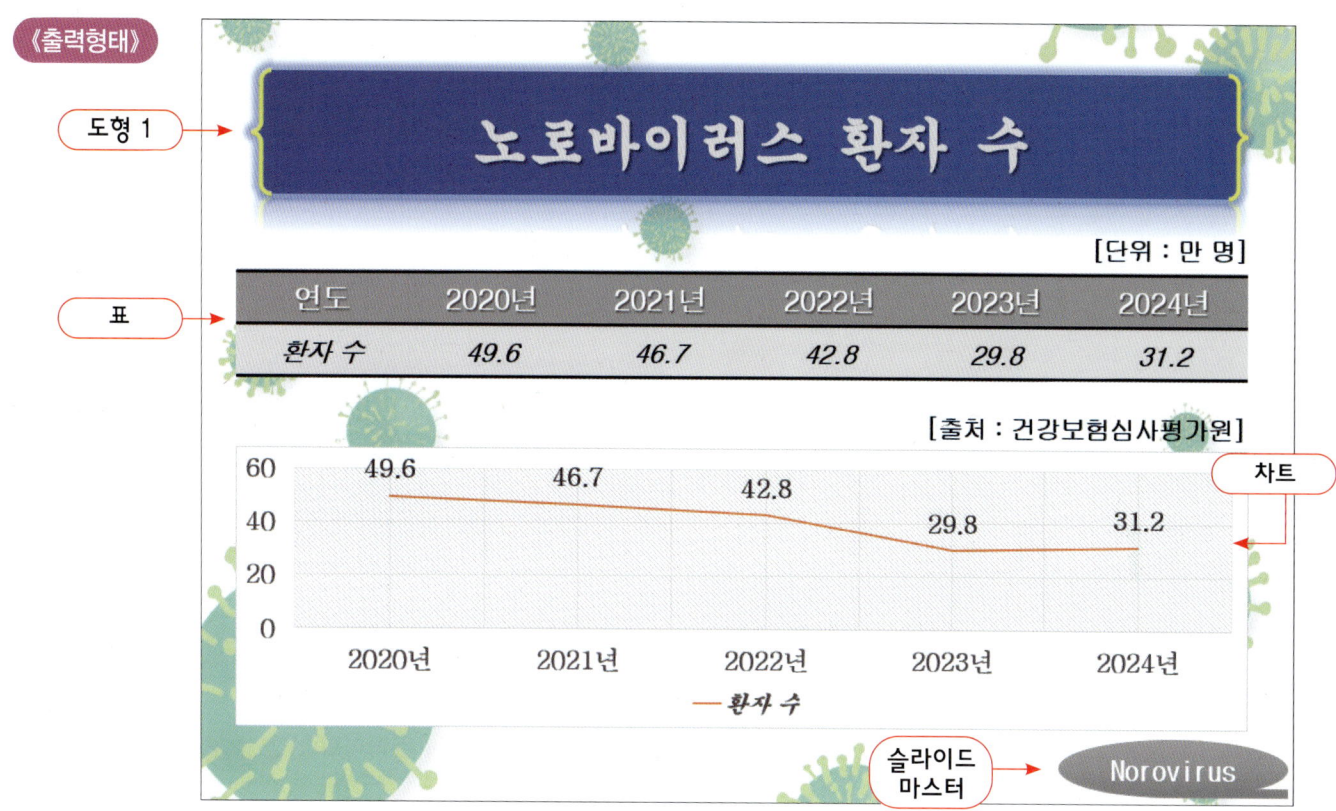

《작성조건》

(1) 제목
- 도형 1 ⇒ 기본 도형 : 양쪽 중괄호, 도형 채우기('파랑, 강조 5'), 도형 윤곽선(실선, 색 : 노랑, 너비 : 3pt, 겹선 종류 : 단순형), 도형 효과(네온 – '네온: 8pt, 파랑, 강조색 5', 반사 – 근접 반사: 터치'), 글꼴(궁서체, 40pt, 굵게, 텍스트 그림자, '밝은 회색, 배경 2')

(2) 본문 (※ 차트 작성은 반드시 '차트삽입→데이터입력→차트스타일' 순으로 작성바랍니다.)
- 텍스트 상자 1([단위 : 만 명]) ⇒ 글꼴(굴림, 18pt, 굵게)
- 표 ⇒ 표 스타일(중간 – 보통 스타일 3 – 강조 3), 가장 위의 행 : 글꼴(돋움, 20pt, 굵게, 텍스트 그림자, 가운데 맞춤), 나머지 행 : 글꼴(돋움, 18pt, 굵게, 기울임꼴, 가운데 맞춤)
- 텍스트 상자 2([출처 : 건강보험심사평가원]) ⇒ 글꼴(굴림, 18pt, 굵게)
- 차트 ⇒ 꺾은선형 – 꺾은선형, 차트 스타일(색 변경 – '다양한 색상표 3', 스타일 6), 축 서식/데이터 레이블 : 글꼴(바탕, 18pt, 굵게), 범례 서식 : 글꼴(궁서, 16pt, 굵게, 기울임꼴), 데이터는 표 참고
- 배경 ⇒ 배경 서식(채우기 – 그림 또는 질감 채우기)에서 그림 2 삽입(현재 슬라이드만 적용)
- 애니메이션 지정 ⇒ 차트 : 나타내기 – 회전
- 지시사항이 없는 부분은《출력형태》와 동일하게 작성하시오.

| 디지털정보활용능력 | 프리젠테이션(파워포인트) | [시험시간 : 40분] | 4/4 |

[슬라이드4] 아래의 작성조건 및 출력형태에 알맞게 네 번째 슬라이드에 작업하시오. (60점)

《출력형태》

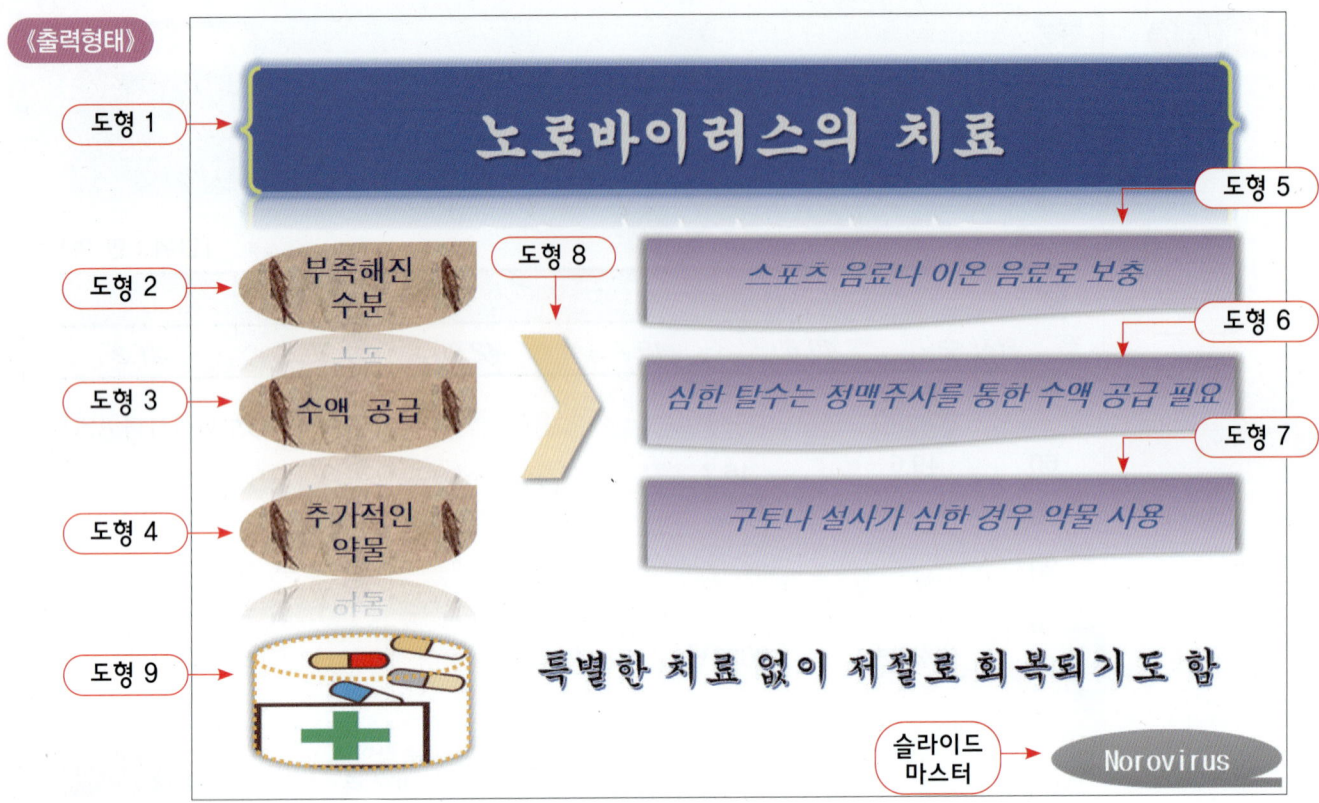

《작성조건》

(1) 제목

▶ 도형 1 ⇒ 기본 도형 : 양쪽 중괄호, 도형 채우기('파랑, 강조 5'), 도형 윤곽선(실선, 색 : 노랑, 너비 : 3pt, 겹선 종류 : 단순형), 도형 효과(네온 – '네온: 8pt, 파랑, 강조색 5', 반사 – 근접 반사: 터치'), 글꼴(궁서체, 40pt, 굵게, 텍스트 그림자, '밝은 회색, 배경 2')

(2) 본문

▶ 도형 2~4 ⇒ 기본 도형 : 눈물 방울, 도형 채우기(질감 : 물고기 화석), 선 없음, 도형 효과(반사 – '1/2 반사: 터치'), 글꼴(돋움체, 20pt, 굵게, 진한 파랑)

▶ 도형 5~7 ⇒ 순서도 : '순서도: 문서', 도형 채우기(자주, 밝은 그라데이션 – 선형 아래쪽), 선 없음, 도형 효과(그림자 – 바깥쪽 – 오프셋: 가운데), 글꼴(돋움, 20pt, 굵게, 기울임꼴, 파랑)

▶ 도형 8 ⇒ 블록 화살표 : '화살표: 갈매기형 수장', 도형 채우기('황금색, 강조 4', 밝은 그라데이션 – '선형 대각선 – 왼쪽 위에서 오른쪽 아래로'), 선 없음, 도형 효과(그림자 – 바깥쪽 – 오프셋: 오른쪽 아래)

▶ 도형 9 ⇒ 순서도 : '순서도: 자기 디스크', 도형 채우기(그림 또는 질감 채우기) 기능을 사용하여 그림 3 삽입, 도형 윤곽선(실선, 색 : 주황, 너비 : 3pt, 겹선 종류 : 단순형, 대시 종류 : 둥근 점선), 도형 효과(그림자 – 바깥쪽 – 오프셋: 가운데)

▶ WordArt 삽입(특별한 치료 없이 저절로 회복되기도 함)
⇒ WordArt 스타일('채우기: 검정, 텍스트 색 1, 윤곽선: 흰색, 배경색 1, 진한 그림자: 파랑, 강조색 5'), 글꼴(궁서, 28pt, 굵게, 텍스트 그림자)

▶ 지시사항이 없는 부분은 《출력형태》와 동일하게 작성하시오.

제 05 회 최신기출유형

MS Office 2021 버전용

◎ 시험과목 : 프리젠테이션(파워포인트)
◎ 시험일자 : 20○○. ○○. ○○.(X)
◎ 응시자 기재사항 및 감독위원 확인

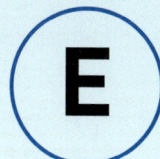

수검번호	DIP - 0000 -	감독위원 확인
성 명		

응시자 유의사항

1. 응시자는 신분증을 지참하여야 시험에 응시할 수 있으며, 시험이 종료될 때까지 신분증을 제시하지 못 할 경우 해당 시험은 0점 처리됩니다.
2. 시스템(PC작동여부, 네트워크 상태 등)의 이상여부를 반드시 확인하여야 하며, 시스템 이상이 있을 시 감독위원에게 조치를 받으셔야 합니다.
3. 시험 중 부주의 또는 고의로 시스템을 파손한 경우는 응시자 부담으로 합니다.
4. 답안 전송 프로그램을 통해 다운로드 받은 파일을 이용하여 답안파일을 작성하시기 바랍니다.
5. 작성한 답안 파일은 답안 전송 프로그램을 통하여 전송됩니다. 감독위원의 지시에 따라 주시기 바랍니다.
6. 다음 사항의 경우 실격(0점) 혹은 부정행위 처리됩니다.
   1) 답안파일을 저장하지 않았거나, 저장한 파일이 손상되었을 경우
   2) 답안파일을 지정된 폴더(바탕화면 – "KAIT" 폴더)에 저장하지 않았을 경우
      ※ 답안 전송 프로그램 로그인 시 바탕화면에 자동 생성됨
   3) 답안파일을 다른 보조기억장치(USB) 혹은 네트워크(메신저, 게시판 등)로 전송할 경우
   4) 휴대용 전화기 등 통신기기를 사용할 경우
7. 슬라이드는 반드시 순서대로 작성해야 하며, 순서가 다를 경우 "0"점 처리됩니다.
8. 시험지에 제시된 글꼴이 응시 프로그램에 없는 경우, 반드시 감독위원에게 해당 내용을 통보한 뒤 조치를 받아야 합니다.
9. 슬라이드 작성 시 도형의 그룹설정을 사용하는 경우, 채점에서 감점 처리됩니다.
10. 시험의 완료는 작성이 완료된 답안을 저장하고, 답안전송이 완료된 상태를 확인한 것으로 합니다. 답안전송 확인 후 문제지는 감독위원에게 제출한 후 퇴실하여야 합니다.
11. 답안전송을 완료한 경우는 수정 또는 정정이 불가합니다.
12. 시험 시행 후 합격자 발표는 홈페이지(www.ihd.or.kr)에서 확인하시기를 바랍니다.
    ※ 합격자 발표 : 20○○. ○○. ○○.(X)

| 디지털정보활용능력 | 프리젠테이션(파워포인트) | [시험시간 : 40분] |

유의사항
- 《작성조건》을 준수하여 반드시 프리젠테이션 슬라이드로 작업합니다.
- 글꼴 및 기타 사항에 대해 별도의 지시사항이 없는 경우, 슬라이드 크기와 전체적인 균형을 고려하여 임의로 작성하되, 도형은 그룹으로 설정하지 않습니다.
- 모든 슬라이드 크기(A4), 방향(가로), 디자인 테마(Office 테마)로 지정합니다.
   ▶ 슬라이드 크기, 방향 조정 시 '맞춤 확인'으로 지정하여야 합니다.
- 공통적용사항(슬라이드 마스터)
   ▶ 도형 ⇒ 별 및 현수막 : '리본: 아래로 구부러지고 기울어짐', 도형 스타일('미세 효과 - 녹색, 강조 6'), 글꼴(돋움체, 18pt, 굵게)
- 그림 삽입 시 다운로드 한 그림 파일을 반드시 사용하여야 합니다.
- ⬚ ➔ 은 지시사항이므로 작성하지 않습니다.
- 슬라이드에 제시된 글자 및 숫자 오타는 감점 처리됩니다.

[슬라이드1] 아래의 작성조건 및 출력형태에 알맞게 첫 번째 슬라이드에 작업하시오. (30점)

《출력형태》

《작성조건》

▶ 도형 1 ⇒ 기본 도형 : 액자, 도형 채우기(그라데이션 : 미리 설정 - '아래쪽 스포트라이트 - 강조 5', 종류 - 방사형, 방향 - 왼쪽 위 모서리에서), 도형 윤곽선(실선, 색 : 주황, 너비 : 2pt, 겹선 종류 : 단순형), 도형 효과(입체 효과 - 십자형으로), 글꼴(굴림체, 40pt, 굵게, 텍스트 그림자, '파랑, 강조 5')
▶ 도형 2 ⇒ 설명선 : '생각 풍선: 구름 모양', 도형 채우기('흰색, 배경 1, 50% 더 어둡게'), 선 없음, 도형 효과(반사 - '1/2 반사: 8pt 오프셋', 네온 - '네온: 18pt, 회색, 강조색 3')
▶ 도형 3 ⇒ 별 및 현수막 : '폭발: 8pt', 도형 스타일('강한 효과 - 황금색, 강조 4')
▶ 그림 삽입 ⇒ 그림 1 삽입, 크기(높이 : 8cm, 너비 : 12cm)
▶ 텍스트 상자(눈에 보이지 않을 만큼 매우 작은 먼지) ⇒ 글꼴(돋움, 24pt, 굵게, 기울임꼴)
▶ 애니메이션 지정 ⇒ 도형 1 : 나타내기 - 올라오기
▶ 지시사항이 없는 부분은 《출력형태》와 동일하게 작성하시오.

[슬라이드2] 아래의 작성조건 및 출력형태에 알맞게 두 번째 슬라이드에 작업하시오. (50점)

《출력형태》

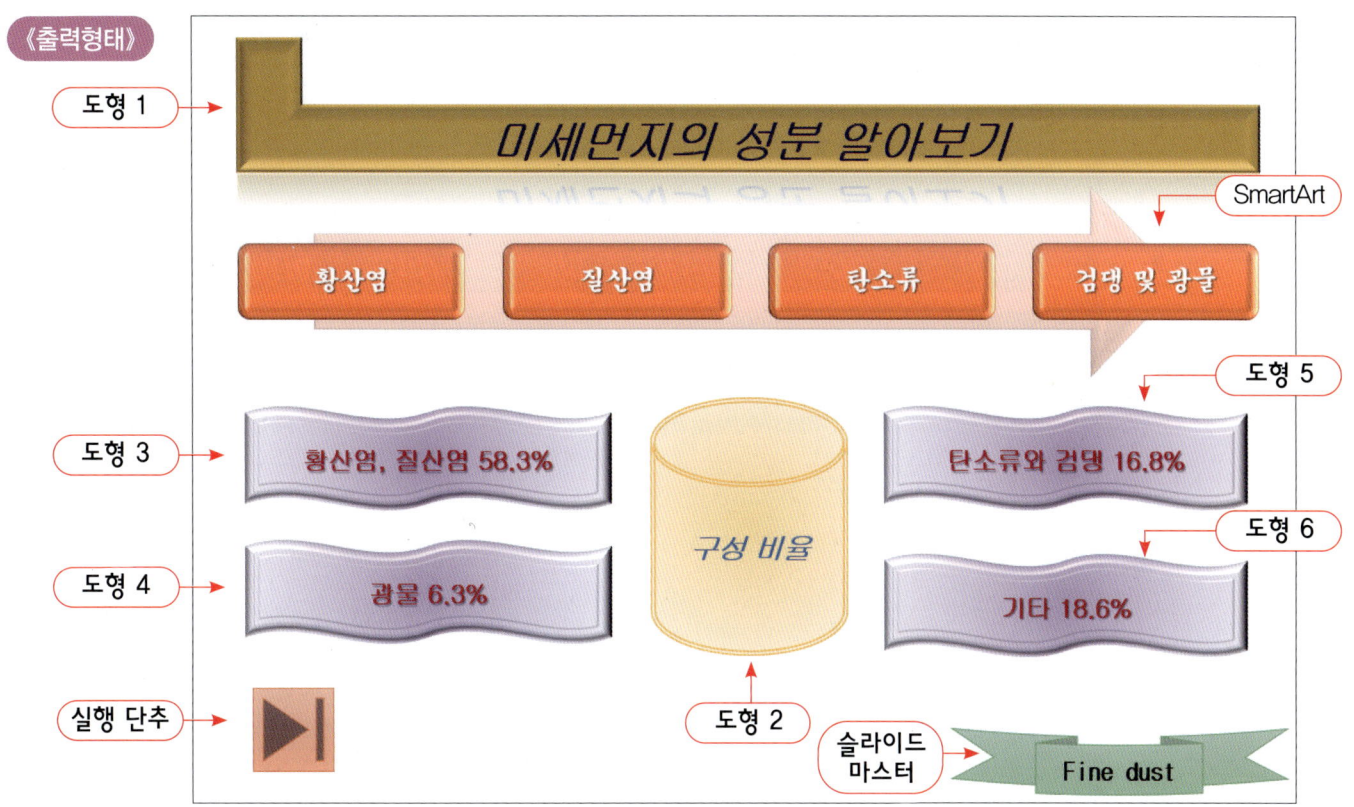

《작성조건》

(1) 제목
  ▶ 도형 1 ⇒ 기본 도형 : L 도형, 도형 채우기('황금색, 강조 4, 25% 더 어둡게'), 도형 윤곽선(실선, 색 : 주황, 너비 : 1pt, 겹선 종류 : 단순형), 도형 효과(반사 – '근접 반사: 터치', 입체 효과 – 부드럽게 둥글리기), 글꼴(굴림, 32pt, 굵게, 기울임꼴, 진한 파랑)

(2) 본문
  ▶ 도형 2 ⇒ 순서도 : '순서도: 자기 디스크', 도형 채우기(주황, 밝은 그라데이션 – 가운데에서), 도형 윤곽선(실선, 색 : '황금색, 강조 4', 너비 : 4pt, 겹선 종류 : 이중), 글꼴(굴림, 20pt, 굵게, 기울임꼴, 파랑)
  ▶ 도형 3~6 ⇒ 별 및 현수막 : 이중 물결, 도형 채우기(자주, 밝은 그라데이션 – 가운데에서), 선 없음, 도형 효과(입체 효과 – 디벗), 글꼴(굴림, 18pt, 굵게, 텍스트 그림자, 진한 빨강)
  ▶ 실행 단추 ⇒ 실행 단추 : '실행 단추: 끝으로 이동', 하이퍼링크 : 마지막 슬라이드, 도형 스타일('미세 효과 – 주황, 강조 2')
  ▶ SmartArt 삽입 ⇒ 프로세스형 : 연속 블록 프로세스형, 글꼴(궁서, 18pt, 굵게, 텍스트 그림자, 가운데 맞춤), SmartArt 스타일(색 변경 – 강조 2 – '색 채우기 – 강조 2', 3차원 – 경사), (반드시 SmartArt 기능을 이용하여 작성할 것)
  ▶ 애니메이션 지정 ⇒ SmartArt : 나타내기 – 실선 무늬
  ▶ 지시사항이 없는 부분은 《출력형태》와 동일하게 작성하시오.

[슬라이드3] 아래의 작성조건 및 출력형태에 알맞게 세 번째 슬라이드에 작업하시오. (60점)

《출력형태》

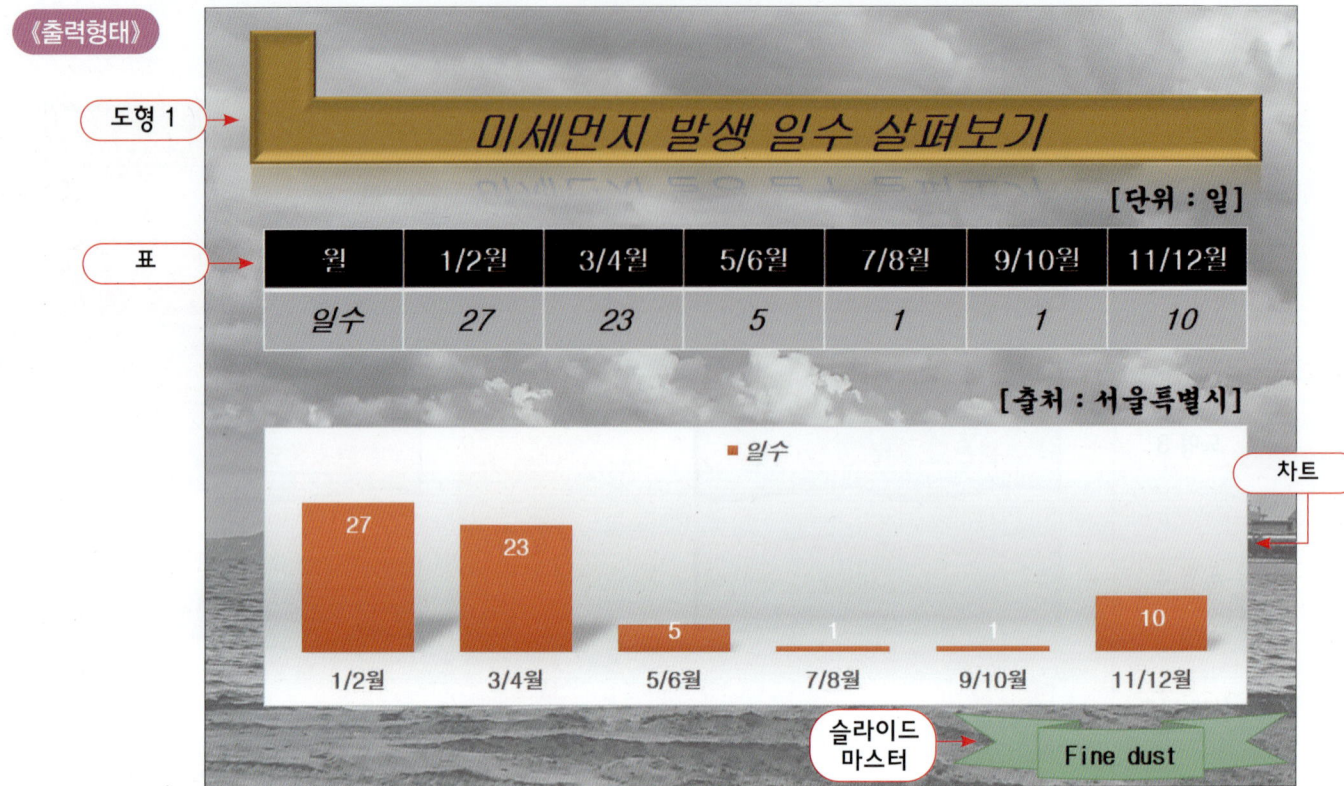

《작성조건》

(1) 제목
- 도형 1 ⇒ 기본 도형 : L 도형, 도형 채우기('황금색, 강조 4, 25% 더 어둡게'), 도형 윤곽선(실선, 색 : 주황, 너비 : 1pt, 겹선 종류 : 단순형), 도형 효과(반사 – '근접 반사: 터치', 입체 효과 – 부드럽게 둥글리기), 글꼴(굴림, 32pt, 굵게, 기울임꼴, 진한 파랑)

(2) 본문 (※ 차트 작성은 반드시 '차트삽입→데이터입력→차트스타일' 순으로 작성바랍니다.)
- 텍스트 상자 1([단위 : 일]) ⇒ 글꼴(궁서, 20pt, 굵게)
- 표 ⇒ 표 스타일(중간 – 보통 스타일 2), 가장 위의 행 : 글꼴(돋움, 20pt, 굵게, 텍스트 그림자, 가운데 맞춤), 나머지 행 : 글꼴(돋움, 20pt, 굵게, 기울임꼴, 가운데 맞춤)
- 텍스트 상자 2([출처 : 서울특별시]) ⇒ 글꼴(궁서, 20pt, 굵게)
- 차트 ⇒ 세로 막대형 : 묶은 세로 막대형, 차트 스타일(색 변경 –'다양한 색상표 3', 스타일 4), 축 서식/데이터 레이블 : 글꼴(돋움, 16pt, 굵게), 범례 서식 : 글꼴(돋움, 16pt, 굵게, 기울임꼴), 데이터는 표 참고
- 배경 ⇒ 배경 서식(채우기 – 그림 또는 질감 채우기)에서 그림 2 삽입(현재 슬라이드만 적용)
- 애니메이션 지정 ⇒ 차트 : 나타내기 – 나누기
- 지시사항이 없는 부분은 《출력형태》와 동일하게 작성하시오.

[슬라이드4] 아래의 작성조건 및 출력형태에 알맞게 네 번째 슬라이드에 작업하시오. (60점)

《출력형태》

《작성조건》

(1) 제목
- 도형 1 ⇒ 기본 도형 : L 도형, 도형 채우기('황금색, 강조 4, 25% 더 어둡게'), 도형 윤곽선(실선, 색 : 주황, 너비 : 1pt, 겹선 종류 : 단순형), 도형 효과(반사 – '근접 반사: 터치', 입체 효과 – 부드럽게 둥글리기), 글꼴(굴림, 32pt, 굵게, 기울임꼴, 진한 파랑)

(2) 본문
- 도형 2~4 ⇒ 순서도 : '순서도: 저장 데이터', 도형 채우기(질감 : 재생지), 선 없음, 도형 효과(입체 효과 – 둥글게), 글꼴(굴림체, 20pt, 굵게, '검정, 텍스트 1')
- 도형 5~7 ⇒ 기본 도형 : 십자형, 도형 채우기('주황, 강조 2', 밝은 그라데이션 – 선형 왼쪽), 선 없음, 도형 효과(그림자 – 안쪽 – 안쪽: 왼쪽 위), 글꼴(궁서, 20pt, 굵게, 기울임꼴, 진한 파랑)
- 도형 8 ⇒ 블록 화살표 : '화살표: 줄무늬가 있는 오른쪽', 도형 채우기('녹색, 강조 6', 어두운 그라데이션 – 왼쪽 위 모서리에서), 선 없음, 도형 효과(반사 – '1/2 반사: 8pt 오프셋')
- 도형 9 ⇒ 순서도 : '순서도: 다중 문서', 도형 채우기(그림 또는 질감 채우기) 기능을 사용하여 그림 3 삽입, 도형 윤곽선(실선, 색 : 진한 빨강, 너비 : 2pt, 겹선 종류 : 단순형, 대시 종류 : 사각 점선), 도형 효과(그림자 – 원근감 – 원근감: 오른쪽 위)
- WordArt 삽입(건강에 해로운 미세먼지)
  ⇒ WordArt 스타일('그라데이션 채우기, 회색'), 글꼴(궁서, 28pt, 굵게, 기울임꼴)
- 지시사항이 없는 부분은 《출력형태》와 동일하게 작성하시오.

제 06 회 최신기출유형

MS Office 2021 버전용

◎ 시험과목 : 프리젠테이션(파워포인트)
◎ 시험일자 : 20○○. ○○. ○○.(X)
◎ 응시자 기재사항 및 감독위원 확인

수검번호	DIP - 0000 -	감독위원 확인
성 명		

응시자 유의사항

1. 응시자는 신분증을 지참하여야 시험에 응시할 수 있으며, 시험이 종료될 때까지 신분증을 제시하지 못 할 경우 해당 시험은 0점 처리됩니다.
2. 시스템(PC작동여부, 네트워크 상태 등)의 이상여부를 반드시 확인하여야 하며, 시스템 이상이 있을 시 감독위원에게 조치를 받으셔야 합니다.
3. 시험 중 부주의 또는 고의로 시스템을 파손한 경우는 응시자 부담으로 합니다.
4. 답안 전송 프로그램을 통해 다운로드 받은 파일을 이용하여 답안파일을 작성하시기 바랍니다.
5. 작성한 답안 파일은 답안 전송 프로그램을 통하여 전송됩니다. 감독위원의 지시에 따라 주시기 바랍니다.
6. 다음 사항의 경우 실격(0점) 혹은 부정행위 처리됩니다.
   1) 답안파일을 저장하지 않았거나, 저장한 파일이 손상되었을 경우
   2) 답안파일을 지정된 폴더(바탕화면 – "KAIT" 폴더)에 저장하지 않았을 경우
      ※ 답안 전송 프로그램 로그인 시 바탕화면에 자동 생성됨
   3) 답안파일을 다른 보조기억장치(USB) 혹은 네트워크(메신저, 게시판 등)로 전송할 경우
   4) 휴대용 전화기 등 통신기기를 사용할 경우
7. 슬라이드는 반드시 순서대로 작성해야 하며, 순서가 다를 경우 "0"점 처리됩니다.
8. 시험지에 제시된 글꼴이 응시 프로그램에 없는 경우, 반드시 감독위원에게 해당 내용을 통보한 뒤 조치를 받아야 합니다.
9. 슬라이드 작성 시 도형의 그룹설정을 사용하는 경우, 채점에서 감점 처리됩니다.
10. 시험의 완료는 작성이 완료된 답안을 저장하고, 답안전송이 완료된 상태를 확인한 것으로 합니다. 답안전송 확인 후 문제지는 감독위원에게 제출한 후 퇴실하여야 합니다.
11. 답안전송을 완료한 경우는 수정 또는 정정이 불가합니다.
12. 시험 시행 후 합격자 발표는 홈페이지(www.ihd.or.kr)에서 확인하시기를 바랍니다.
    ※ 합격자 발표 : 20○○. ○○. ○○.(X)

디지털정보활용능력 — 프리젠테이션(파워포인트) [시험시간 : 40분]

유의사항

- 《작성조건》을 준수하여 반드시 프리젠테이션 슬라이드로 작업합니다.
- 글꼴 및 기타 사항에 대해 별도의 지시사항이 없는 경우, 슬라이드 크기와 전체적인 균형을 고려하여 임의로 작성하되, 도형은 그룹으로 설정하지 않습니다.
- 모든 슬라이드 크기(A4), 방향(가로), 디자인 테마(Office 테마)로 지정합니다.
  ▶ 슬라이드 크기, 방향 조정 시 '맞춤 확인'으로 지정하여야 합니다.
- 공통적용사항(슬라이드 마스터)
  ▶ 도형 ⇒ 블록 화살표 : '화살표: 줄무늬가 있는 오른쪽', 도형 스타일('미세 효과 – 주황, 강조 2'), 글꼴(돋움, 20pt, 굵게, 자주)
- 그림 삽입 시 다운로드 한 그림 파일을 반드시 사용하여야 합니다.
- ⬜➡ 은 지시사항이므로 작성하지 않습니다.
- 슬라이드에 제시된 글자 및 숫자 오타는 감점 처리됩니다.

[슬라이드1] 아래의 작성조건 및 출력형태에 알맞게 첫 번째 슬라이드에 작업하시오. (30점)

《출력형태》

《작성조건》

▶ 도형 1 ⇒ 기본 도형 : 오각형, 도형 채우기(그라데이션 : 미리 설정 – '방사형 그라데이션 – 강조 5', 종류 – 방사형, 방향 – 오른쪽 아래 모서리에서), 도형 윤곽선(실선, 색 : 진한 파랑, 너비 : 3pt, 겹선 종류 : 단순형, 대시 종류 : 사각 점선), 도형 효과(그림자 – 원근감 – 원근감: 아래), 글꼴(궁서체, 44pt, 굵게, 텍스트 그림자, 노랑)
▶ 도형 2 ⇒ 수식 도형 : 더하기 기호, 도형 채우기(연한 파랑, 밝은 그라데이션 – 가운데에서), 선 없음, 도형 효과(그림자 – 안쪽 – 안쪽: 가운데, 반사 – '근접 반사: 터치')
▶ 도형 3 ⇒ 수식 도형 : 나누기 기호, 도형 스타일('강한 효과 – 파랑, 강조 1'),
▶ 그림 삽입 ⇒ 그림 1 삽입, 크기(높이 : 7cm, 너비 : 11cm)
▶ 텍스트 상자(쉽게 따라하는 반려견 트레이닝) ⇒ 글꼴(돋움체, 28pt, 굵게, 밑줄)
▶ 애니메이션 지정 ⇒ 도형 1 : 나타내기 – 닦아내기
▶ 지시사항이 없는 부분은 《출력형태》와 동일하게 작성하시오.

디지털정보활용능력 — 프리젠테이션(파워포인트) [시험시간 : 40분]

[슬라이드2] 아래의 작성조건 및 출력형태에 알맞게 두 번째 슬라이드에 작업하시오. (50점)

《출력형태》

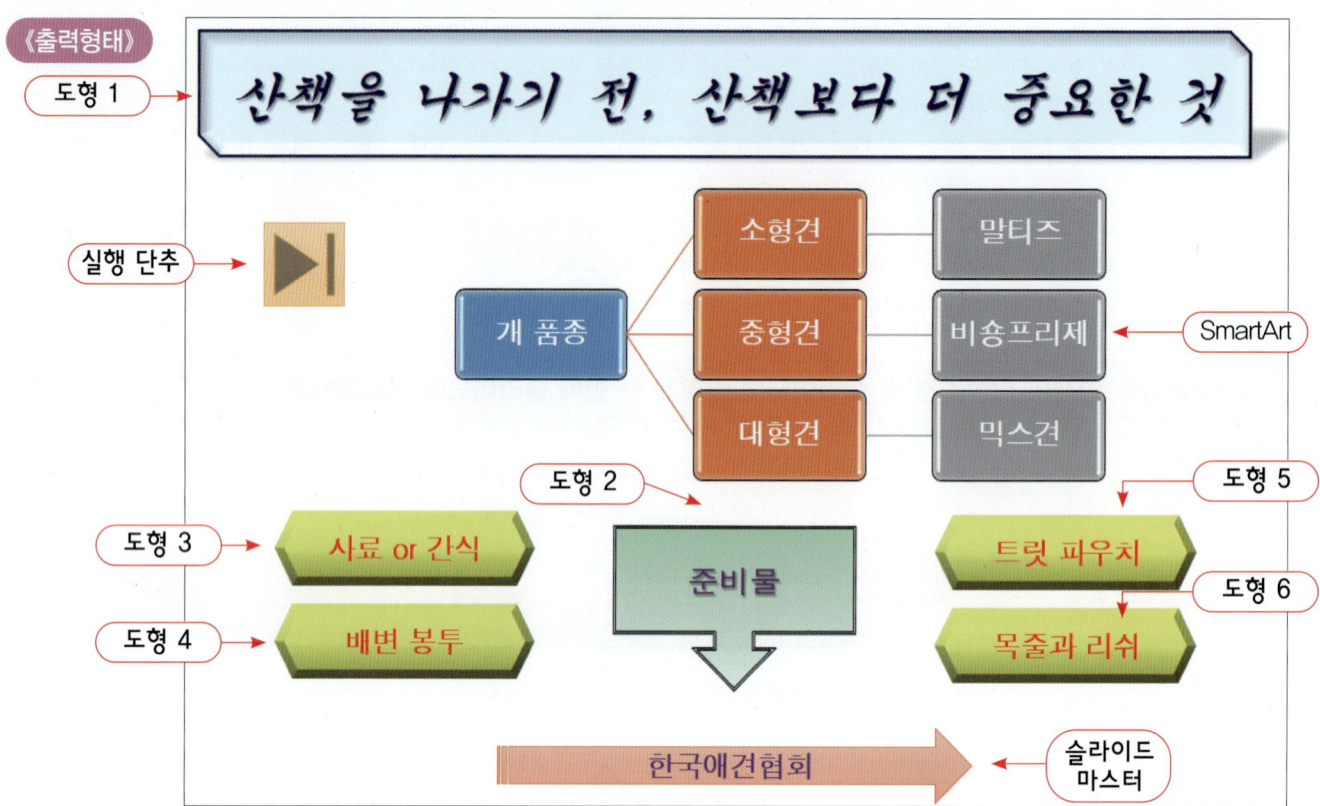

《작성조건》

(1) 제목
- 도형 1 ⇒ 사각형 : '사각형: 잘린 대각선 방향 모서리', 도형 채우기('파랑, 강조 1, 80% 더 밝게'), 도형 윤곽선(실선, 색 : 진한 파랑, 너비 : 2pt, 겹선 종류 : 단순형), 도형 효과(그림자 – 원근감 – 원근감: 오른쪽 위, 입체 효과 – 부드럽게 둥글리기), 글꼴(궁서체, 36pt, 기울임꼴, 텍스트 그림자, 진한 파랑)

(2) 본문
- 도형 2 ⇒ 블록 화살표 : '설명선: 아래쪽 화살표', 도형 채우기('녹색, 강조 6', 밝은 그라데이션 – 선형 아래쪽), 도형 윤곽선(실선, 색 : '검정, 텍스트 1', 너비 : 2pt, 겹선 종류 : 이중), 글꼴(돋움체, 22pt, 굵게, 텍스트 그림자, 자주)
- 도형 3~6 ⇒ 기본 도형 : 육각형, 도형 채우기(노랑, 어두운 그라데이션 – 선형 위쪽), 선 없음, 도형 효과(입체 효과 – 각지게), 글꼴(돋움, 20pt, 굵게, 빨강)
- 실행 단추 ⇒ 실행 단추 : '실행 단추: 끝으로 이동', 하이퍼링크 : 마지막 슬라이드, 도형 스타일('미세 효과 – 황금색, 강조 4')
- SmartArt 삽입 ⇒ 계층 구조형 : 가로 계층 구조형, 글꼴(돋움, 20pt, 굵게, 가운데 맞춤), SmartArt 스타일(색 변경 – '색상형 – 강조색', 3차원 – 만화), (반드시 SmartArt 기능을 이용하여 작성할 것)
- 애니메이션 지정 ⇒ SmartArt : 나타내기 – 확대/축소
- 지시사항이 없는 부분은《출력형태》와 동일하게 작성하시오.

[슬라이드3] 아래의 작성조건 및 출력형태에 알맞게 세 번째 슬라이드에 작업하시오. (60점)

《출력형태》

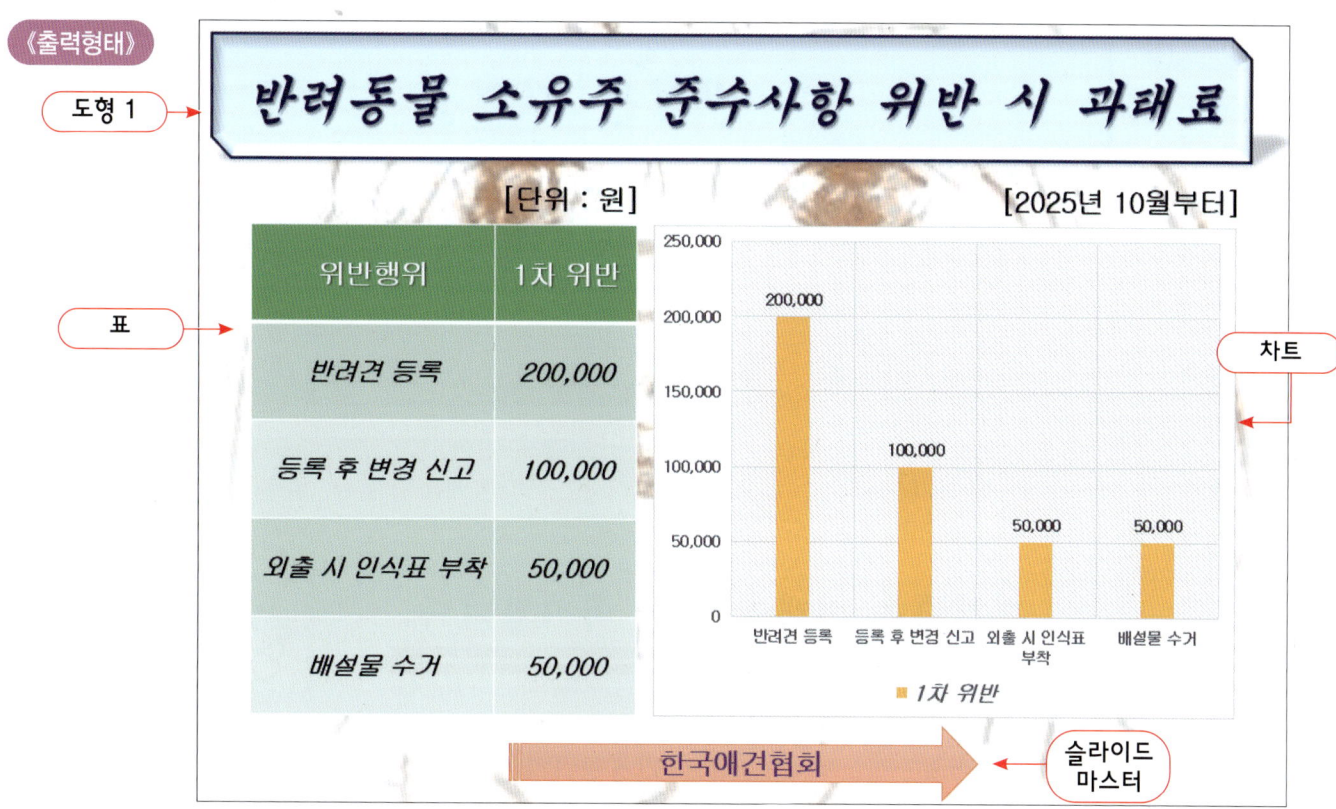

《작성조건》

(1) 제목
- 도형 1 ⇒ 사각형 : '사각형: 잘린 대각선 방향 모서리', 도형 채우기('파랑, 강조 1, 80% 더 밝게'), 도형 윤곽선(실선, 색 : 진한 파랑, 너비 : 2pt, 겹선 종류 : 단순형), 도형 효과(그림자 - 원근감 - 원근감: 오른쪽 위, 입체 효과 - 부드럽게 둥글리기), 글꼴(궁서체, 36pt, 기울임꼴, 텍스트 그림자, 진한 파랑)

(2) 본문 (※ 차트 작성은 반드시 '차트삽입→데이터입력→차트스타일' 순으로 작성바랍니다.)
- 텍스트 상자 1([단위 : 원]) ⇒ 글꼴(굴림, 20pt, 굵게)
- 표 ⇒ 표 스타일(중간 - 보통 스타일 2 - 강조 6), 가장 위의 행 : 글꼴(굴림, 20pt, 굵게, 텍스트 그림자, 가운데 맞춤), 나머지 행 : 글꼴(굴림, 18pt, 굵게, 기울임꼴, 가운데 맞춤)
- 텍스트 상자 2([2025년 10월부터]) ⇒ 글꼴(굴림, 20pt, 굵게)
- 차트 ⇒ 세로 막대형 : 묶은 세로 막대형, 차트 스타일(색 변경 - '단색 색상표 4', 스타일 8), 축 서식/데이터 레이블 서식 : 글꼴(굴림, 11pt, 굵게), 범례 서식 : 글꼴(굴림, 16pt, 굵게, 기울임꼴), 데이터는 표 참고
- 배경 ⇒ 배경 서식(채우기 - 그림 또는 질감 채우기)에서 그림 2 삽입(현재 슬라이드만 적용)
- 애니메이션 지정 ⇒ 차트 : 나타내기 - 실선 무늬
- 지시사항이 없는 부분은 《출력형태》와 동일하게 작성하시오.

| 디지털정보활용능력 | 프리젠테이션(파워포인트) | [시험시간 : 40분] | 4/4 |

[슬라이드4] 아래의 작성조건 및 출력형태에 알맞게 네 번째 슬라이드에 작업하시오. (60점)

《출력형태》

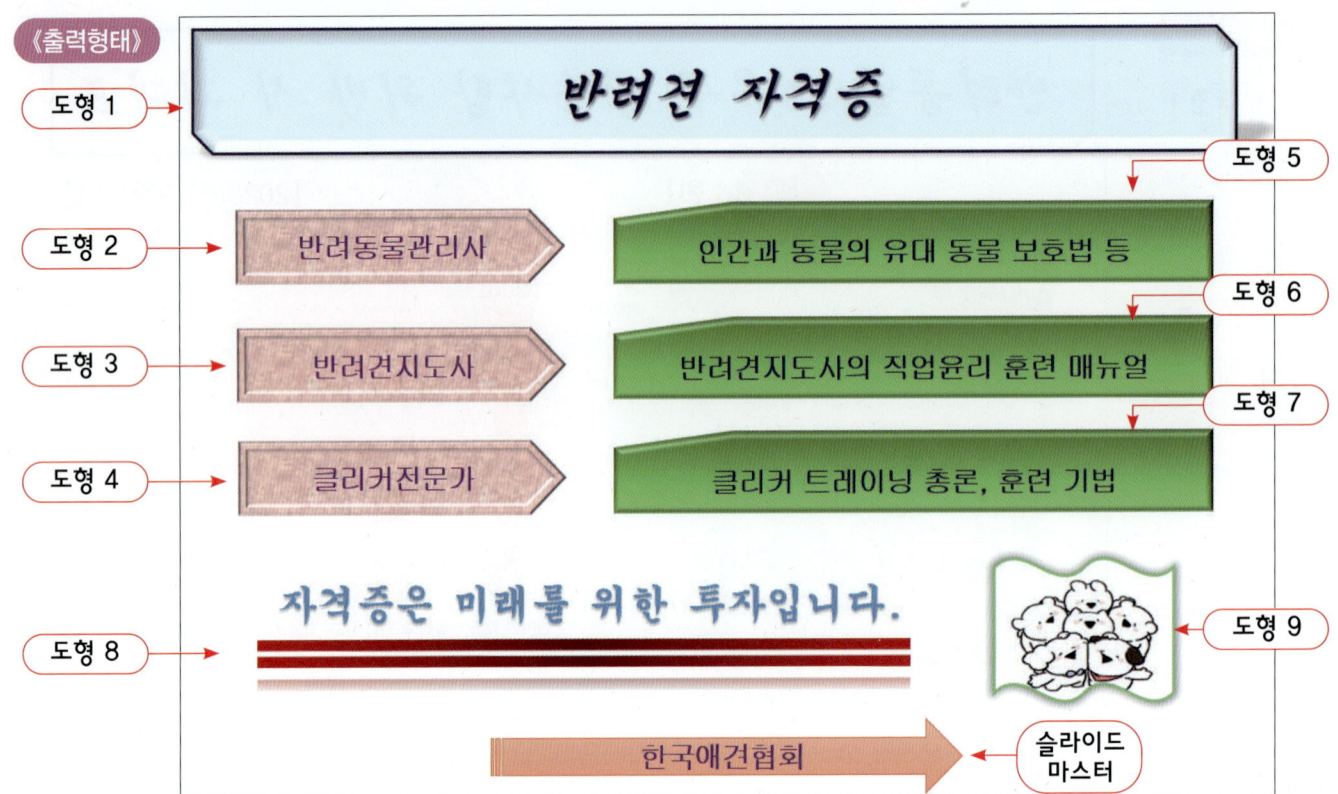

《작성조건》

(1) 제목
- 도형 1 ⇒ 사각형 : '사각형: 잘린 대각선 방향 모서리', 도형 채우기('파랑, 강조 1, 80% 더 밝게'), 도형 윤곽선(실선, 색 : 진한 파랑, 너비 : 2pt, 겹선 종류 : 단순형), 도형 효과(그림자 – 원근감 – 원근감: 오른쪽 위, 입체 효과 – 부드럽게 둥글리기), 글꼴(궁서체, 36pt, 기울임꼴, 텍스트 그림자, 진한 파랑)

(2) 본문
- 도형 2~4 ⇒ 블록 화살표 : '화살표: 오각형', 도형 채우기(질감 : 분홍 박엽지), 선 없음, 도형 효과(입체 효과 – 딱딱한 가장자리), 글꼴(굴림, 20pt, 굵게, 자주)
- 도형 5~7 ⇒ 순서도 : '순서도: 카드', 도형 채우기(연한 녹색, 어두운 그라데이션 – 선형 아래쪽), 선 없음, 도형 효과(입체 효과 – 둥글게), 글꼴(굴림, 20pt, 굵게, 진한 파랑)
- 도형 8 ⇒ 수식 도형 : 같음 기호, 도형 채우기(진한 빨강, 어두운 그라데이션 – 가운데에서), 선 없음, 도형 효과(반사 – '1/2 반사: 8pt 오프셋')
- 도형 9 ⇒ 별 및 현수막 : 이중 물결, 도형 채우기(그림 또는 질감 채우기) 기능을 사용하여 그림 3 삽입, 도형 윤곽선 (실선, 색 : 연한 녹색, 너비 : 2pt, 겹선 종류 : 단순형), 도형 효과(그림자 – 바깥쪽 – 오프셋: 가운데)
- WordArt 삽입(자격증은 미래를 위한 투자입니다.)
  ⇒ WordArt 스타일('채우기: 파랑, 강조색 1, 그림자'), 글꼴(궁서체, 28pt, 굵게, 텍스트 그림자)
- 지시사항이 없는 부분은《출력형태》와 동일하게 작성하시오.

제 07 회 최신기출유형

MS Office 2021 버전용

◎ 시험과목 : 프리젠테이션(파워포인트)
◎ 시험일자 : 20○○. ○○. ○○.(X)
◎ 응시자 기재사항 및 감독위원 확인

수검번호	DIP - 0000 -	감독위원 확인
성 명		

응시자 유의사항

1. 응시자는 신분증을 지참하여야 시험에 응시할 수 있으며, 시험이 종료될 때까지 신분증을 제시하지 못 할 경우 해당 시험은 0점 처리됩니다.
2. 시스템(PC작동여부, 네트워크 상태 등)의 이상여부를 반드시 확인하여야 하며, 시스템 이상이 있을 시 감독위원에게 조치를 받으셔야 합니다.
3. 시험 중 부주의 또는 고의로 시스템을 파손한 경우는 응시자 부담으로 합니다.
4. 답안 전송 프로그램을 통해 다운로드 받은 파일을 이용하여 답안파일을 작성하시기 바랍니다.
5. 작성한 답안 파일은 답안 전송 프로그램을 통하여 전송됩니다. 감독위원의 지시에 따라 주시기 바랍니다.
6. 다음 사항의 경우 실격(0점) 혹은 부정행위 처리됩니다.
    1) 답안파일을 저장하지 않았거나, 저장한 파일이 손상되었을 경우
    2) 답안파일을 지정된 폴더(바탕화면 – "KAIT" 폴더)에 저장하지 않았을 경우
        ※ 답안 전송 프로그램 로그인 시 바탕화면에 자동 생성됨
    3) 답안파일을 다른 보조기억장치(USB) 혹은 네트워크(메신저, 게시판 등)로 전송할 경우
    4) 휴대용 전화기 등 통신기기를 사용할 경우
7. 슬라이드는 반드시 순서대로 작성해야 하며, 순서가 다를 경우 "0"점 처리됩니다.
8. 시험지에 제시된 글꼴이 응시 프로그램에 없는 경우, 반드시 감독위원에게 해당 내용을 통보한 뒤 조치를 받아야 합니다.
9. 슬라이드 작성 시 도형의 그룹설정을 사용하는 경우, 채점에서 감점 처리됩니다.
10. 시험의 완료는 작성이 완료된 답안을 저장하고, 답안전송이 완료된 상태를 확인한 것으로 합니다. 답안전송 확인 후 문제지는 감독위원에게 제출한 후 퇴실하여야 합니다.
11. 답안전송을 완료한 경우는 수정 또는 정정이 불가합니다.
12. 시험 시행 후 합격자 발표는 홈페이지(www.ihd.or.kr)에서 확인하시기를 바랍니다.
    ※ 합격자 발표 : 20○○. ○○. ○○.(X)

디지털정보활용능력
프리젠테이션(파워포인트) [시험시간 : 40분]

유의사항
- 《작성조건》을 준수하여 반드시 프리젠테이션 슬라이드로 작업합니다.
- 글꼴 및 기타 사항에 대해 별도의 지시사항이 없는 경우, 슬라이드 크기와 전체적인 균형을 고려하여 임의로 작성하되, 도형은 그룹으로 설정하지 않습니다.
- 모든 슬라이드 크기(A4), 방향(가로), 디자인 테마(Office 테마)로 지정합니다.
  ▶ 슬라이드 크기, 방향 조정 시 '맞춤 확인'으로 지정하여야 합니다.
- 공통적용사항(슬라이드 마스터)
  ▶ 도형 ⇒ 기본 도형 : 십자형, 도형 스타일('보통 효과 - 황금색, 강조 4'), 글꼴(굴림, 20pt, 굵게)
- 그림 삽입 시 다운로드 한 그림 파일을 반드시 사용하여야 합니다.
- ⬚ ➝ 은 지시사항이므로 작성하지 않습니다.
- 슬라이드에 제시된 글자 및 숫자 오타는 감점 처리됩니다.

[슬라이드1] 아래의 작성조건 및 출력형태에 알맞게 첫 번째 슬라이드에 작업하시오. (30점)

《출력형태》

《작성조건》

- ▶ 도형 1 ⇒ 기본 도형 : '사각형: 빗면', 도형 채우기(그라데이션 : 미리 설정 - '위쪽 스포트라이트 - 강조 6', 종류 - 선형, 방향 - 선형 위쪽), 도형 윤곽선(실선, 색 : '회색, 강조 3', 너비 : 3pt, 겹선 종류 : 단순형), 도형 효과(그림자 - 안쪽 - 안쪽: 가운데), 글꼴(궁서체, 44pt, 굵게, 텍스트 그림자, 진한 파랑)
- ▶ 도형 2 ⇒ 순서도 : '순서도: 대조', 도형 채우기('주황, 강조 2'), 선 없음, 도형 효과(그림자 - 안쪽 - 안쪽: 아래쪽, 반사 - '근접 반사: 터치')
- ▶ 도형 3 ⇒ 기본 도형 : 구름, 도형 스타일('색 윤곽선 - 파랑, 강조 5')
- ▶ 그림 삽입 ⇒ 그림 1 삽입, 크기(높이 : 10cm, 너비 : 10cm)
- ▶ 텍스트 상자(식품에 첨가하는 물질) ⇒ 글꼴(돋움, 28pt, 굵게, 기울임꼴)
- ▶ 애니메이션 지정 ⇒ 도형 1 : 나타내기 - 밝기 변화
- ▶ 지시사항이 없는 부분은《출력형태》와 동일하게 작성하시오.

[슬라이드2] 아래의 작성조건 및 출력형태에 알맞게 두 번째 슬라이드에 작업하시오. (50점)

《출력형태》

《작성조건》

(1) 제목

 ▶ 도형 1 ⇒ 기본 도형 : 정육면체, 도형 채우기(주황), 도형 윤곽선(실선, 색 : 자주, 너비 : 2pt, 겹선 종류 : 단순형), 도형 효과(그림자 – 바깥쪽 – 오프셋: 가운데, 네온 – '네온: 11pt, 주황, 강조색 2'), 글꼴(굴림체, 36pt, 굵게, 텍스트 그림자, 진한 파랑)

(2) 본문

 ▶ 도형 2 ⇒ 기본 도형 : 육각형, 도형 채우기('주황, 강조 2', 밝은 그라데이션 – 가운데에서), 도형 윤곽선(실선, 색 : 녹색, 너비 : 3pt, 겹선 종류 : 이중), 글꼴(궁서, 28pt, 굵게, 기울임꼴, 자주)
 ▶ 도형 3~6 ⇒ 순서도 : '순서도: 저장 데이터', 도형 채우기('녹색, 강조 6', 어두운 그라데이션 – 선형 왼쪽), 선 없음, 도형 효과(입체 효과 – 기울기), 글꼴(굴림, 24pt, 굵게, 텍스트 그림자, 노랑)
 ▶ 실행 단추 ⇒ 실행 단추 : '실행 단추: 앞으로 또는 다음으로 이동', 하이퍼링크 : 다음 슬라이드, 도형 스타일('강한 효과 – 녹색, 강조 6')
 ▶ SmartArt 삽입 ⇒ 주기형 : 무지향 주기형, 글꼴(바탕체, 24pt, 굵게, 텍스트 그림자, 가운데 맞춤), SmartArt 스타일(색 변경 – '색상형 범위 – 강조색 3 또는 4', 3차원 – 만화), (반드시 SmartArt 기능을 이용하여 작성할 것)
 ▶ 애니메이션 지정 ⇒ SmartArt : 나타내기 – 날아오기
 ▶ 지시사항이 없는 부분은《출력형태》와 동일하게 작성하시오.

[슬라이드3] 아래의 작성조건 및 출력형태에 알맞게 세 번째 슬라이드에 작업하시오. (60점)

《출력형태》

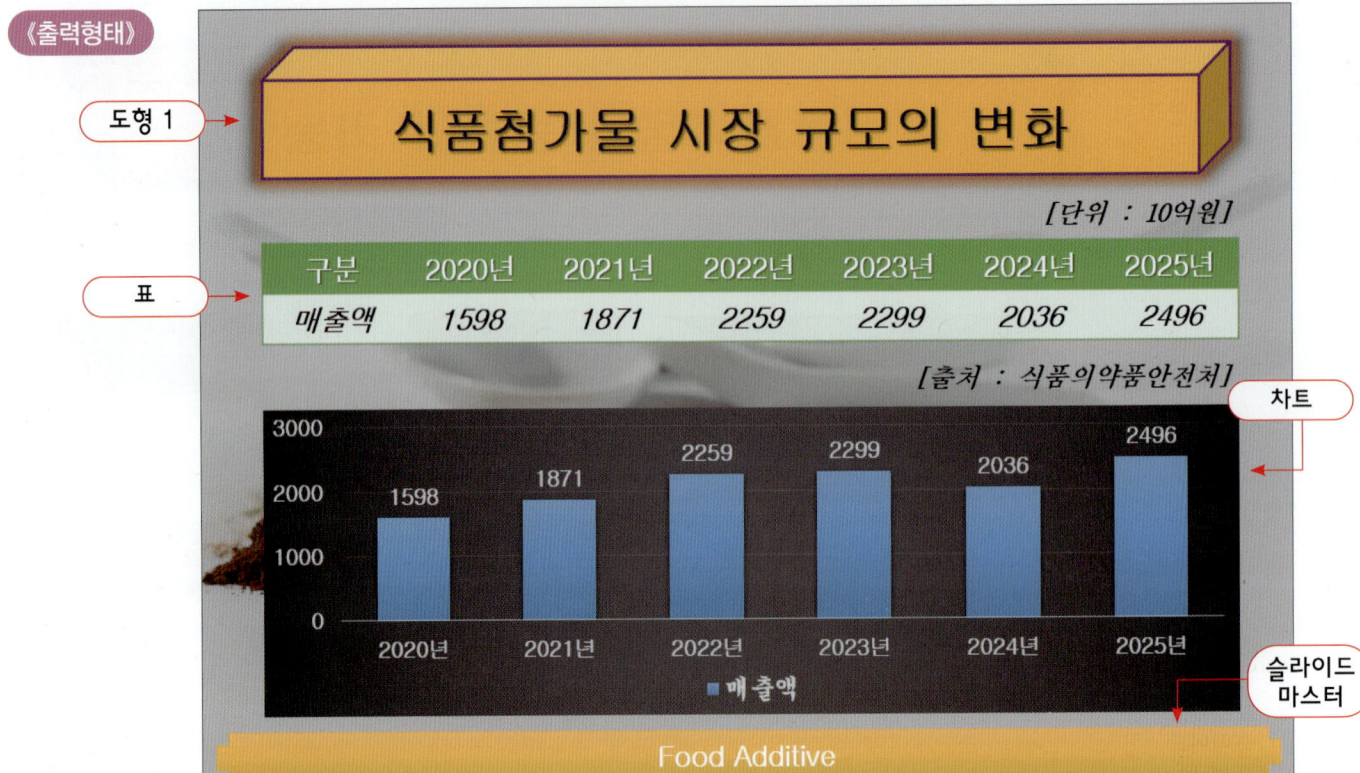

《작성조건》

(1) 제목
- 도형 1 ⇒ 기본 도형 : 정육면체, 도형 채우기(주황), 도형 윤곽선(실선, 색 : 자주, 너비 : 2pt, 겹선 종류 : 단순형), 도형 효과(그림자 – 바깥쪽 – 오프셋: 가운데, 네온 – '네온: 11pt, 주황, 강조색 2'), 글꼴(굴림체, 36pt, 굵게, 텍스트 그림자, 진한 파랑)

(2) 본문 (※ 차트 작성은 반드시 '차트삽입→데이터입력→차트스타일' 순으로 작성바랍니다.)
- 텍스트 상자 1([단위 : 10억원]) ⇒ 글꼴(바탕체, 18pt, 굵게, 기울임꼴)
- 표 ⇒ 표 스타일(중간 – 보통 스타일 1 – 강조 6), 가장 위의 행 : 글꼴(돋움, 20pt, 굵게, 텍스트 그림자, 가운데 맞춤), 나머지 행 : 글꼴(돋움, 20pt, 굵게, 기울임꼴, 가운데 맞춤)
- 텍스트 상자 2([출처 : 식품의약품안전처]) ⇒ 글꼴(바탕체, 18pt, 굵게, 기울임꼴)
- 차트 ⇒ 세로 막대형 : 묶은 세로 막대형, 차트 스타일(색 변경 – '다양한 색상표 2', 스타일 9), 축 서식/데이터 레이블 : 글꼴(굴림, 16pt, 굵게), 범례 서식 : 글꼴(궁서체, 18pt, 굵게), 데이터는 표 참고
- 배경 ⇒ 배경 서식(채우기 – 그림 또는 질감 채우기)에서 그림 2 삽입(현재 슬라이드만 적용)
- 애니메이션 지정 ⇒ 차트 : 나타내기 – 실선 무늬
- 지시사항이 없는 부분은 《출력형태》와 동일하게 작성하시오.

[슬라이드4] 아래의 작성조건 및 출력형태에 알맞게 네 번째 슬라이드에 작업하시오. (60점)

《출력형태》

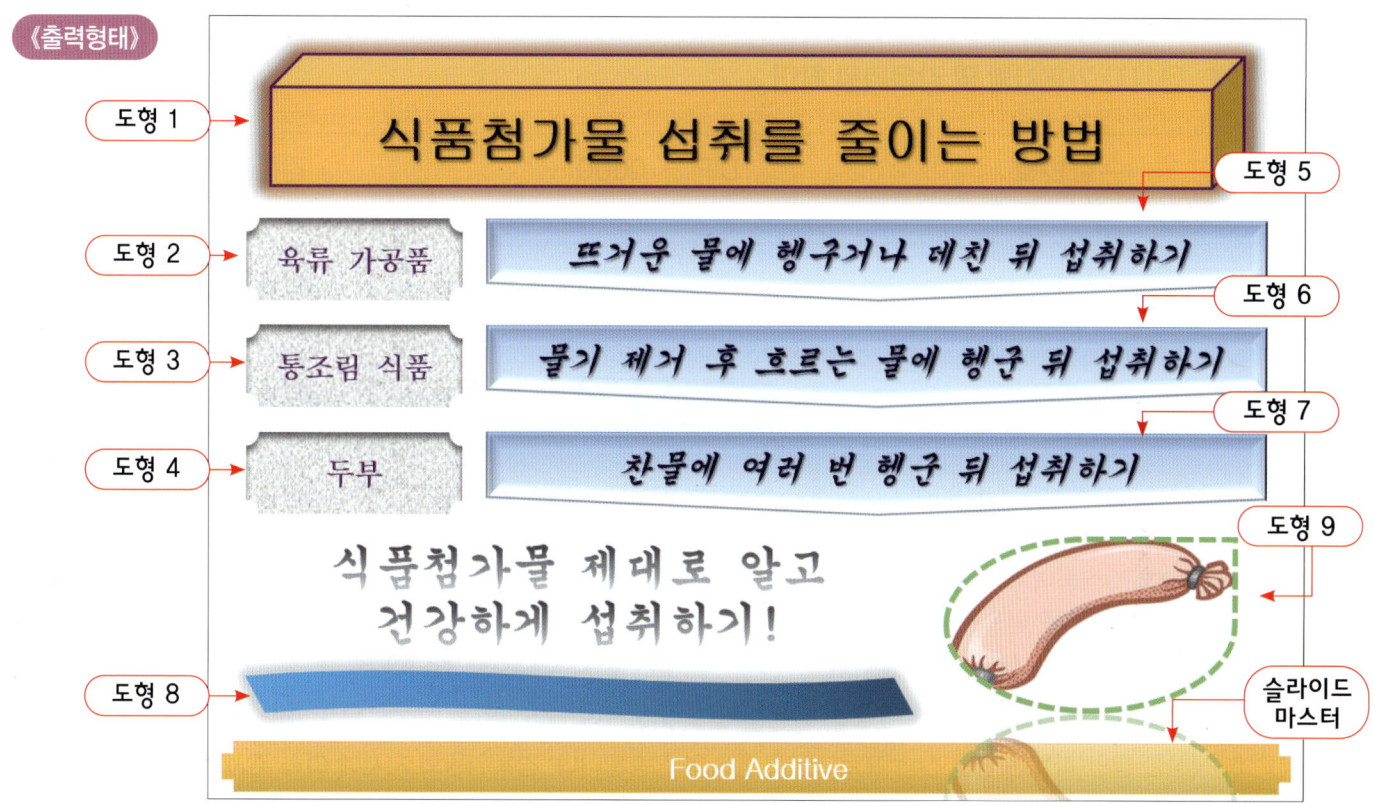

《작성조건》

(1) 제목
- 도형 1 ⇒ 기본 도형 : 정육면체, 도형 채우기(주황), 도형 윤곽선(실선, 색 : 자주, 너비 : 2pt, 겹선 종류 : 단순형), 도형 효과(그림자 – 바깥쪽 – 오프셋: 가운데, 네온 – '네온: 11pt, 주황, 강조색 2'), 글꼴(굴림체, 36pt, 굵게, 텍스트 그림자, 진한 파랑)

(2) 본문
- 도형 2~4 ⇒ 기본 도형 : 배지, 도형 채우기(질감 : 신문 용지), 선 없음, 도형 효과(그림자 – 안쪽 – 안쪽: 위쪽), 글꼴(바탕체, 20pt, 굵게, 자주)
- 도형 5~7 ⇒ 순서도 : '순서도: 다른 페이지 연결선', 도형 채우기('파랑, 강조 1', 밝은 그라데이션 – 선형 아래쪽), 선 없음, 도형 효과(입체 효과 – 부드럽게 둥글리기), 글꼴(궁서체, 24pt, 기울임꼴, 텍스트 그림자, 진한 파랑)
- 도형 8 ⇒ 별 및 현수막 : 물결, 도형 채우기(연한 파랑, 어두운 그라데이션 – 오른쪽 위 모서리에서), 선 없음, 도형 효과(네온 – '네온: 11pt, 회색, 강조색 3')
- 도형 9 ⇒ 기본 도형 : 눈물 방울, 도형 채우기(그림 또는 질감 채우기) 기능을 사용하여 그림 3 삽입, 도형 윤곽선(실선, 색 : 연한 녹색, 너비 : 4pt, 겹선 종류 : 단순형, 대시 종류 : 사각 점선), 도형 효과(반사 – '전체 반사: 터치')
- WordArt 삽입(식품첨가물 제대로 알고 건강하게 섭취하기!)
  ⇒ WordArt 스타일('그라데이션 채우기, 회색'), 글꼴(궁서체, 32pt, 굵게)
- 지시사항이 없는 부분은 《출력형태》와 동일하게 작성하시오.

제 08 회 최신기출유형

MS Office 2021 버전용

◎ 시험과목 : 프리젠테이션(파워포인트)
◎ 시험일자 : 20○○. ○○. ○○.(X)
◎ 응시자 기재사항 및 감독위원 확인

수검번호	DIP - 0000 -	감독위원 확인
성 명		

응시자 유의사항

1. 응시자는 신분증을 지참하여야 시험에 응시할 수 있으며, 시험이 종료될 때까지 신분증을 제시하지 못 할 경우 해당 시험은 0점 처리됩니다.
2. 시스템(PC작동여부, 네트워크 상태 등)의 이상여부를 반드시 확인하여야 하며, 시스템 이상이 있을 시 감독위원에게 조치를 받으셔야 합니다.
3. 시험 중 부주의 또는 고의로 시스템을 파손한 경우는 응시자 부담으로 합니다.
4. 답안 전송 프로그램을 통해 다운로드 받은 파일을 이용하여 답안파일을 작성하시기 바랍니다.
5. 작성한 답안 파일은 답안 전송 프로그램을 통하여 전송됩니다. 감독위원의 지시에 따라 주시기 바랍니다.
6. 다음 사항의 경우 실격(0점) 혹은 부정행위 처리됩니다.
    1) 답안파일을 저장하지 않았거나, 저장한 파일이 손상되었을 경우
    2) 답안파일을 지정된 폴더(바탕화면 – "KAIT" 폴더)에 저장하지 않았을 경우
        ※ 답안 전송 프로그램 로그인 시 바탕화면에 자동 생성됨
    3) 답안파일을 다른 보조기억장치(USB) 혹은 네트워크(메신저, 게시판 등)로 전송할 경우
    4) 휴대용 전화기 등 통신기기를 사용할 경우
7. 슬라이드는 반드시 순서대로 작성해야 하며, 순서가 다를 경우 "0"점 처리됩니다.
8. 시험지에 제시된 글꼴이 응시 프로그램에 없는 경우, 반드시 감독위원에게 해당 내용을 통보한 뒤 조치를 받아야 합니다.
9. 슬라이드 작성 시 도형의 그룹설정을 사용하는 경우, 채점에서 감점 처리됩니다.
10. 시험의 완료는 작성이 완료된 답안을 저장하고, 답안전송이 완료된 상태를 확인한 것으로 합니다. 답안전송 확인 후 문제지는 감독위원에게 제출한 후 퇴실하여야 합니다.
11. 답안전송을 완료한 경우는 수정 또는 정정이 불가합니다.
12. 시험 시행 후 합격자 발표는 홈페이지(www.ihd.or.kr)에서 확인하시기를 바랍니다.
    ※ 합격자 발표 : 20○○. ○○. ○○.(X)

식별CODE

| 디지털정보활용능력 | 프리젠테이션(파워포인트) | [시험시간 : 40분] | 1/4 |

유의사항
- 《작성조건》을 준수하여 반드시 프리젠테이션 슬라이드로 작업합니다.
- 글꼴 및 기타 사항에 대해 별도의 지시사항이 없는 경우, 슬라이드 크기와 전체적인 균형을 고려하여 임의로 작성하되, 도형은 그룹으로 설정하지 않습니다.
- 모든 슬라이드 크기(A4), 방향(가로), 디자인 테마(Office 테마)로 지정합니다.
  ▶ 슬라이드 크기, 방향 조정 시 '맞춤 확인'으로 지정하여야 합니다.
- 공통적용사항(슬라이드 마스터)
  ▶ 도형 ⇒ 별 및 현수막 : '두루마리 모양: 가로로 말림',
    도형 스타일('밝은 색 1 윤곽선, 색 채우기 – 파랑, 강조 5'), 글꼴(궁서체, 18pt, 굵게, 노랑)
- 그림 삽입 시 다운로드 한 그림 파일을 반드시 사용하여야 합니다.
- ⬚⟶ 은 지시사항이므로 작성하지 않습니다.
- 슬라이드에 제시된 글자 및 숫자 오타는 감점 처리됩니다.

[슬라이드1] 아래의 작성조건 및 출력형태에 알맞게 첫 번째 슬라이드에 작업하시오. (30점)

《출력형태》

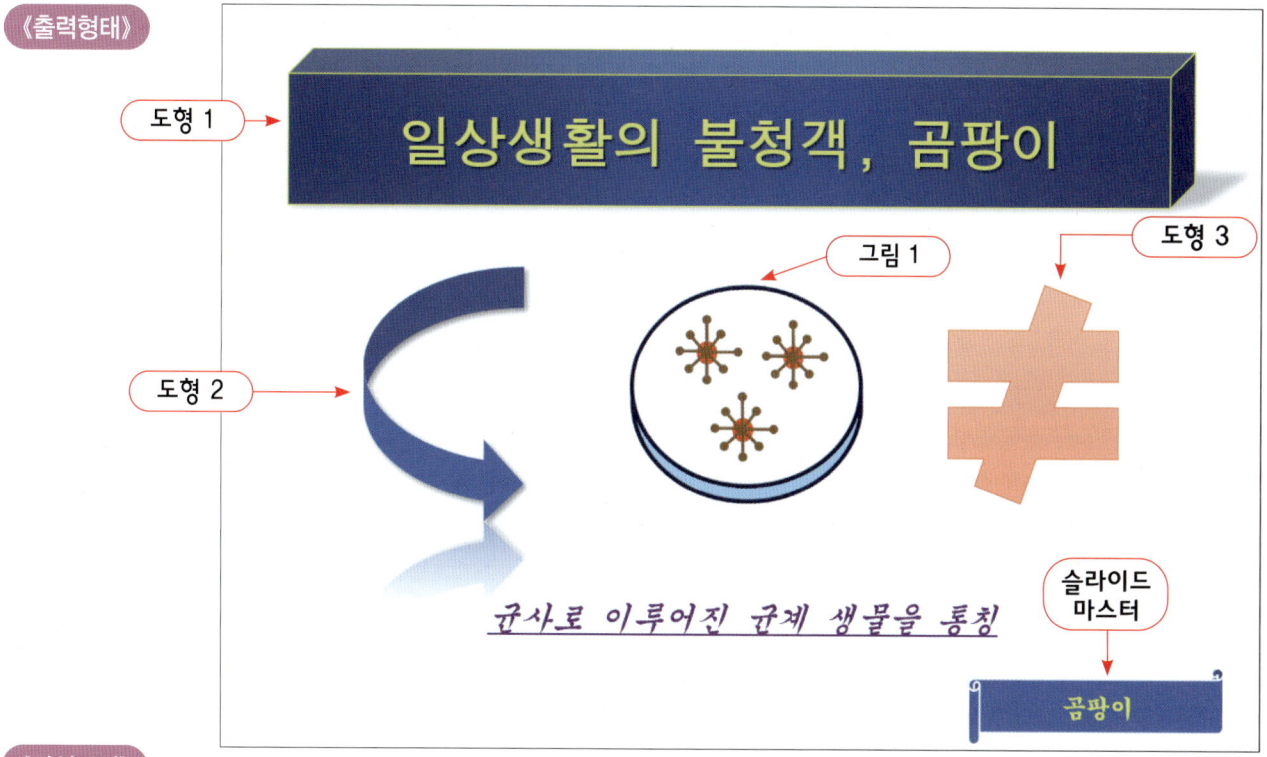

《작성조건》

▶ 도형 1 ⇒ 기본 도형 : 정육면체, 도형 채우기(그라데이션 : 미리 설정 – '방사형 그라데이션 – 강조 5', 종류 – 방사형, 방향 – 가운데에서), 도형 윤곽선(실선, 색 : 노랑, 너비 : 1pt, 겹선 종류 : 단순형),
  도형 효과(그림자 – 원근감 – 원근감: 오른쪽 위), 글꼴(돋움체, 40pt, 굵게, 텍스트 그림자, 노랑)
▶ 도형 2 ⇒ 블록 화살표 : '화살표: 오른쪽으로 구부러짐', 도형 채우기('파랑, 강조 5'), 선 없음,
  도형 효과(그림자 – 바깥쪽 – 오프셋: 오른쪽 아래, 반사 – '근접 반사: 터치')
▶ 도형 3 ⇒ 수식 도형 : 부등호, 도형 스타일('미세 효과 – 주황, 강조 2')
▶ 그림 삽입 ⇒ 그림 1 삽입, 크기(높이 : 7cm, 너비 : 7cm)
▶ 텍스트 상자(균사로 이루어진 균계 생물을 통칭) ⇒ 글꼴(궁서체, 24pt, 기울임꼴, 밑줄, 자주)
▶ 애니메이션 지정 ⇒ 도형 1 : 나타내기 – 시계 방향 회전
▶ 지시사항이 없는 부분은 《출력형태》와 동일하게 작성하시오.

[슬라이드2] 아래의 작성조건 및 출력형태에 알맞게 두 번째 슬라이드에 작업하시오. (50점)

《출력형태》

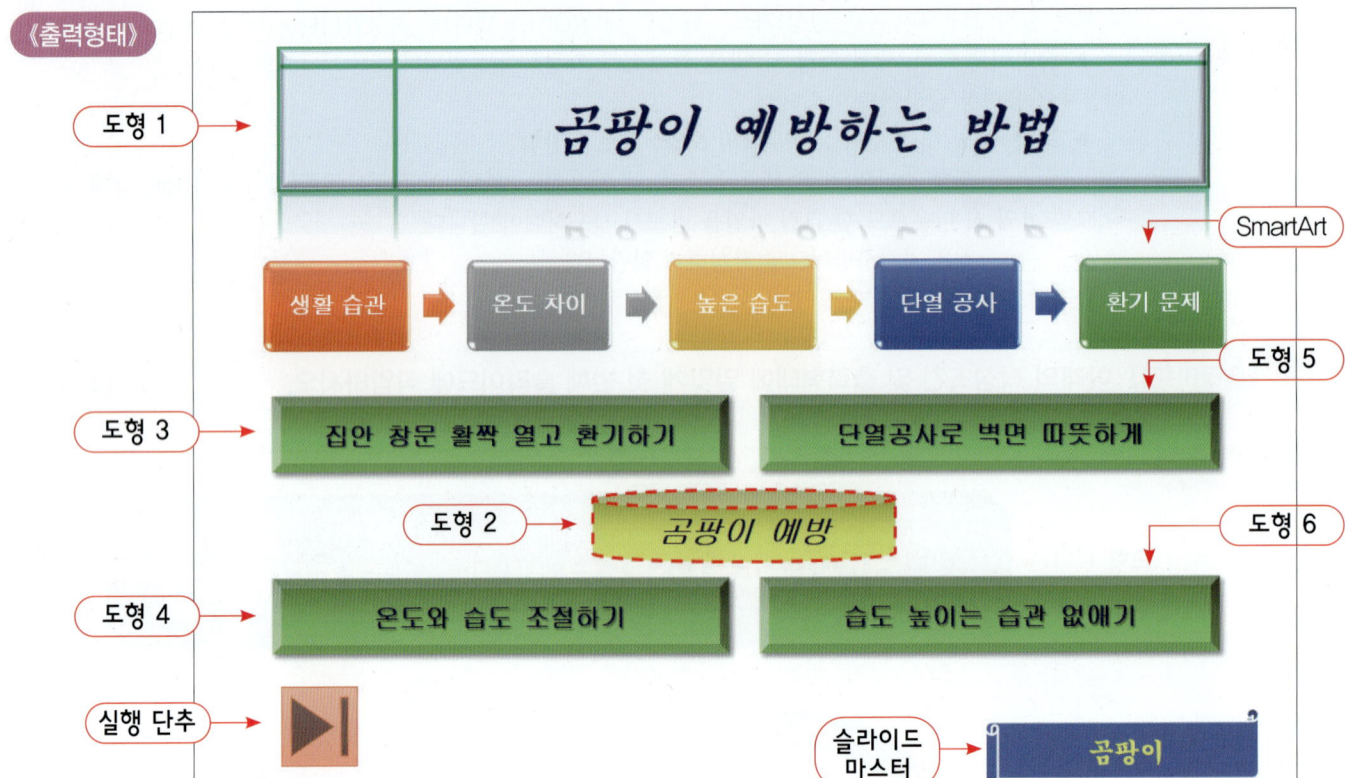

《작성조건》

(1) 제목
- 도형 1 ⇒ 순서도 : '순서도: 내부 저장소', 도형 채우기('파랑, 강조 5, 80% 더 밝게'), 도형 윤곽선(실선, 색 : 녹색, 너비 : 3pt, 겹선 종류 : 단순형), 도형 효과(반사 – '근접 반사: 터치', 입체 효과 – 둥글게 볼록), 글꼴(궁서체, 36pt, 굵게, 기울임꼴, '파랑, 강조 5, 50% 더 어둡게')

(2) 본문
- 도형 2 ⇒ 기본 도형 : 원통형, 도형 채우기(노랑, 어두운 그라데이션 – 선형 아래쪽), 도형 윤곽선(실선, 색 : 빨강, 너비 : 2pt, 겹선 종류 : 단순형, 대시 종류 : 파선), 글꼴(굴림체, 22pt, 굵게, 기울임꼴, 진한 파랑)
- 도형 3~6 ⇒ 기본 도형 : '사각형: 빗면', 도형 채우기(연한 녹색, 어두운 그라데이션 – 선형 아래쪽), 선 없음, 도형 효과(그림자 – 바깥쪽 – 오프셋: 오른쪽 아래), 글꼴(굴림체, 18pt, 굵게, 텍스트 그림자, 진한 파랑)
- 실행 단추 ⇒ 실행 단추 : '실행 단추: 끝으로 이동', 하이퍼링크 : 마지막 슬라이드, 도형 스타일('미세 효과 – 주황, 강조 2')
- SmartArt 삽입 ⇒ 프로세스형 : 기본 프로세스형, 글꼴(돋움, 16pt, 굵게, 가운데 맞춤), SmartArt 스타일(색 변경 – '색상형 – 강조색', 3차원 – 광택 처리), (반드시 SmartArt 기능을 이용하여 작성할 것)
- 애니메이션 지정 ⇒ SmartArt : 나타내기 – 닦아내기
- 지시사항이 없는 부분은《출력형태》와 동일하게 작성하시오.

| 디지털정보활용능력 | 프리젠테이션(파워포인트) | [시험시간 : 40분] |

[슬라이드3] 아래의 작성조건 및 출력형태에 알맞게 세 번째 슬라이드에 작업하시오. (60점)

《출력형태》

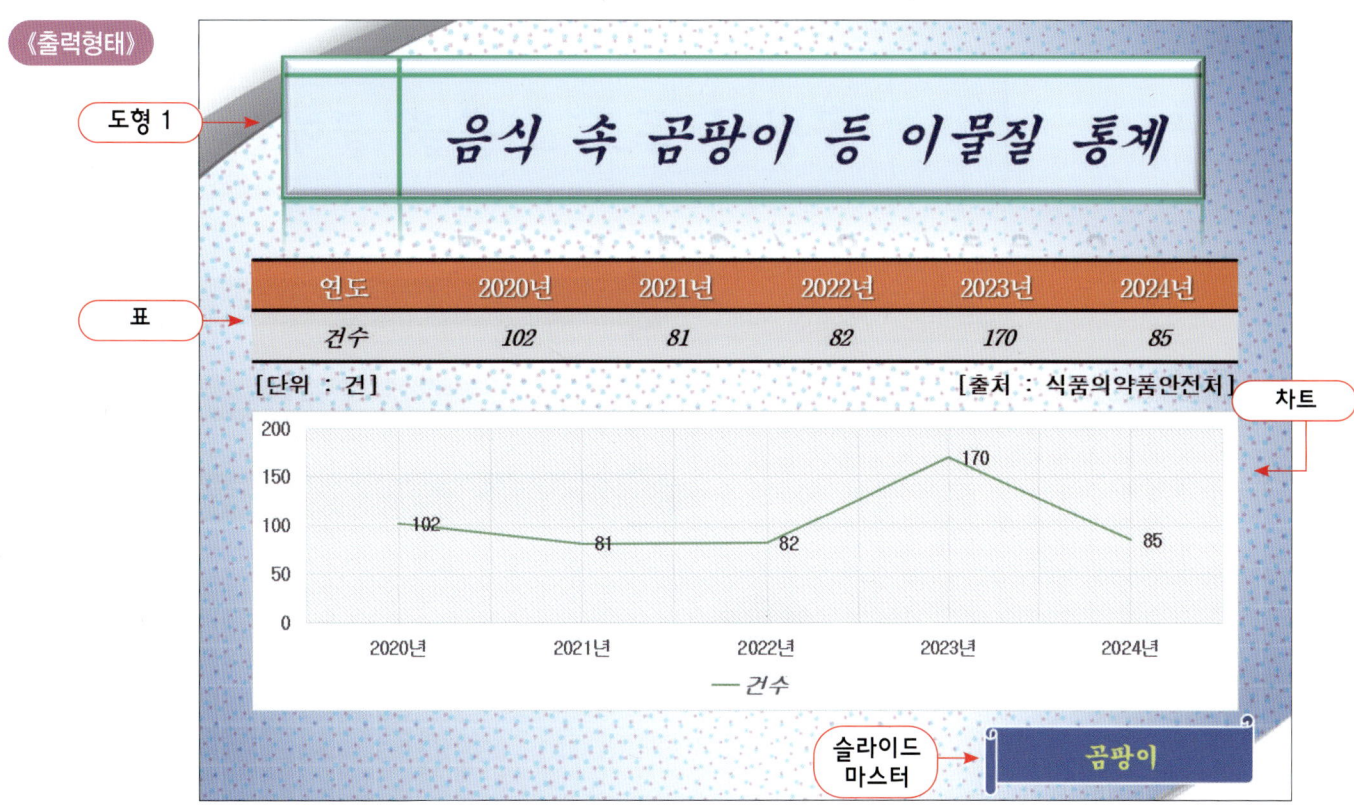

《작성조건》

(1) 제목
- 도형 1 ⇒ 순서도 : '순서도: 내부 저장소', 도형 채우기('파랑, 강조 5, 80% 더 밝게'), 도형 윤곽선(실선, 색 : 녹색, 너비 : 3pt, 겹선 종류 : 단순형), 도형 효과(반사 – '근접 반사: 터치', 입체 효과 – 둥글게 볼록), 글꼴(궁서체, 36pt, 굵게, 기울임꼴, '파랑, 강조 5, 50% 더 어둡게')

(2) 본문 (※ 차트 작성은 반드시 '차트삽입→데이터입력→차트스타일' 순으로 작성바랍니다.)
- 텍스트 상자 1([단위 : 건]) ⇒ 글꼴(돋움체, 16pt, 굵게)
- 표 ⇒ 표 스타일(중간 – 보통 스타일 3 – 강조 2), 가장 위의 행 : 글꼴(바탕체, 18pt, 굵게, 텍스트 그림자, 가운데 맞춤), 나머지 행 : 글꼴(바탕체, 16pt, 굵게, 기울임꼴, 가운데 맞춤)
- 텍스트 상자 2([출처 : 식품의약품안전처]) ⇒ 글꼴(돋움체, 16pt, 굵게)
- 차트 ⇒ 꺾은선형 : 꺾은선형, 차트 스타일(색 변경 – '다양한 색상표 4', 스타일 6), 축 서식/데이터 레이블 서식 : 글꼴(굴림체, 14pt, 굵게), 범례 서식 : 글꼴(굴림체, 16pt, 굵게, 기울임꼴), 데이터는 표 참고
- 배경 ⇒ 배경 서식(채우기 – 그림 또는 질감 채우기)에서 그림 2 삽입(현재 슬라이드만 적용)
- 애니메이션 지정 ⇒ 차트 : 나타내기 – 도형
- 지시사항이 없는 부분은《출력형태》와 동일하게 작성하시오.

[슬라이드4] 아래의 작성조건 및 출력형태에 알맞게 네 번째 슬라이드에 작업하시오. (60점)

《출력형태》

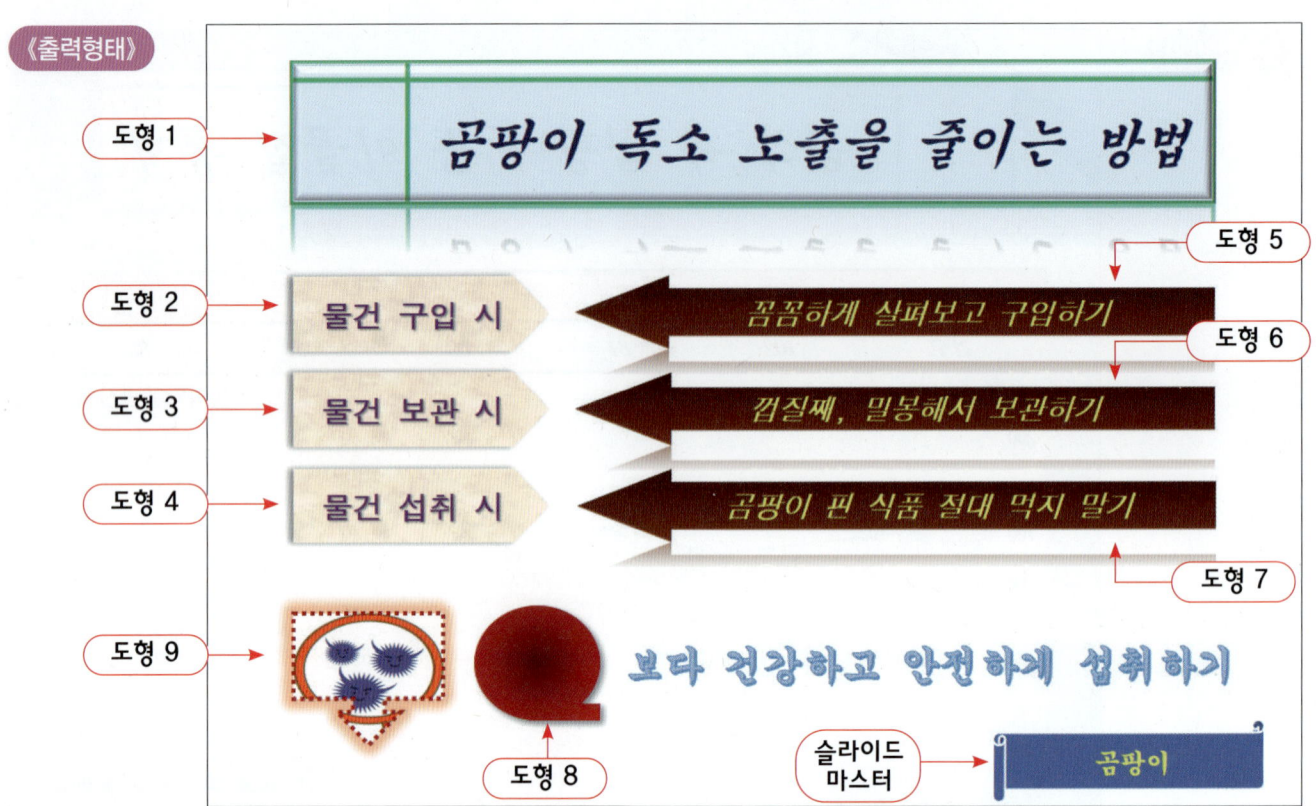

《작성조건》

(1) 제목
- ▶ 도형 1 ⇒ 순서도 : '순서도: 내부 저장소', 도형 채우기('파랑, 강조 5, 80% 더 밝게'), 도형 윤곽선(실선, 색 : 녹색, 너비 : 3pt, 겹선 종류 : 단순형), 도형 효과(반사 – '근접 반사: 터치', 입체 효과 – 둥글게 볼록), 글꼴(궁서체, 36pt, 굵게, 기울임꼴, '파랑, 강조 5, 50% 더 어둡게')

(2) 본문
- ▶ 도형 2~4 ⇒ 블록 화살표 : '화살표: 오각형', 도형 채우기(질감 : 양피지), 선 없음, 도형 효과(그림자 – 바깥쪽 – 오프셋: 왼쪽), 글꼴(돋움체, 22pt, 굵게, 텍스트 그림자, 자주)
- ▶ 도형 5~7 ⇒ 블록 화살표 : '화살표: 왼쪽', 도형 채우기('주황, 강조 2, 50% 더 어둡게', 어두운 그라데이션 – 선형 아래쪽), 선 없음, 도형 효과(반사 – '근접 반사: 터치'), 글꼴(돋움체, 20pt, 굵게, 기울임꼴, 노랑)
- ▶ 도형 8 ⇒ 순서도 : '순서도: 순차적 액세스 저장소', 도형 채우기(진한 빨강, 어두운 그라데이션 – 가운데에서), 선 없음, 도형 효과(그림자 – 바깥쪽 – 오프셋: 오른쪽 아래)
- ▶ 도형 9 ⇒ 블록 화살표 : '설명선: 아래쪽 화살표', 도형 채우기(그림 또는 질감 채우기) 기능을 사용하여 그림 3 삽입, 도형 윤곽선(실선, 색 : 진한 빨강, 너비 : 3pt, 겹선 종류 : 단순형, 대시 종류 : 둥근 점선), 도형 효과(네온 – '네온: 11pt, 주황, 강조색 2')
- ▶ WordArt 삽입(보다 건강하고 안전하게 섭취하기)
  ⇒ WordArt 스타일('무늬 채우기: 파랑, 강조색 1, 50%, 진한 그림자: 파랑, 강조색 1'), 글꼴(궁서체, 28pt, 굵게, 텍스트 그림자)
- ▶ 지시사항이 없는 부분은 《출력형태》와 동일하게 작성하시오.

제 09 회 최신기출유형

MS Office 2021 버전용

◎ 시험과목 : 프리젠테이션(파워포인트)
◎ 시험일자 : 20○○. ○○. ○○.(X)
◎ 응시자 기재사항 및 감독위원 확인

수검번호	DIP - 0000 -	감독위원 확인
성 명		

응시자 유의사항

1. 응시자는 신분증을 지참하여야 시험에 응시할 수 있으며, 시험이 종료될 때까지 신분증을 제시하지 못 할 경우 해당 시험은 0점 처리됩니다.
2. 시스템(PC작동여부, 네트워크 상태 등)의 이상여부를 반드시 확인하여야 하며, 시스템 이상이 있을 시 감독위원에게 조치를 받으셔야 합니다.
3. 시험 중 부주의 또는 고의로 시스템을 파손한 경우는 응시자 부담으로 합니다.
4. 답안 전송 프로그램을 통해 다운로드 받은 파일을 이용하여 답안파일을 작성하시기 바랍니다.
5. 작성한 답안 파일은 답안 전송 프로그램을 통하여 전송됩니다. 감독위원의 지시에 따라 주시기 바랍니다.
6. 다음 사항의 경우 실격(0점) 혹은 부정행위 처리됩니다.
    1) 답안파일을 저장하지 않았거나, 저장한 파일이 손상되었을 경우
    2) 답안파일을 지정된 폴더(바탕화면 – "KAIT" 폴더)에 저장하지 않았을 경우
       ※ 답안 전송 프로그램 로그인 시 바탕화면에 자동 생성됨
    3) 답안파일을 다른 보조기억장치(USB) 혹은 네트워크(메신저, 게시판 등)로 전송할 경우
    4) 휴대용 전화기 등 통신기기를 사용할 경우
7. 슬라이드는 반드시 순서대로 작성해야 하며, 순서가 다를 경우 "0"점 처리됩니다.
8. 시험지에 제시된 글꼴이 응시 프로그램에 없는 경우, 반드시 감독위원에게 해당 내용을 통보한 뒤 조치를 받아야 합니다.
9. 슬라이드 작성 시 도형의 그룹설정을 사용하는 경우, 채점에서 감점 처리됩니다.
10. 시험의 완료는 작성이 완료된 답안을 저장하고, 답안전송이 완료된 상태를 확인한 것으로 합니다. 답안전송 확인 후 문제지는 감독위원에게 제출한 후 퇴실하여야 합니다.
11. 답안전송을 완료한 경우는 수정 또는 정정이 불가합니다.
12. 시험 시행 후 합격자 발표는 홈페이지(www.ihd.or.kr)에서 확인하시기를 바랍니다.
    ※ 합격자 발표 : 20○○. ○○. ○○.(X)

| 디지털정보활용능력 | 프리젠테이션(파워포인트) | [시험시간 : 40분] | 1/4 |

유의사항
- 《작성조건》을 준수하여 반드시 프리젠테이션 슬라이드로 작업합니다.
- 글꼴 및 기타 사항에 대해 별도의 지시사항이 없는 경우, 슬라이드 크기와 전체적인 균형을 고려하여 임의로 작성하되, 도형은 그룹으로 설정하지 않습니다.
- 모든 슬라이드 크기(A4), 방향(가로), 디자인 테마(Office 테마)로 지정합니다.
  ▶ 슬라이드 크기, 방향 조정 시 '맞춤 확인'으로 지정하여야 합니다.
- 공통적용사항(슬라이드 마스터)
  ▶ 도형 ⇒ 기본 도형 : L 도형, 도형 스타일('미세 효과 - 파랑, 강조 5'),
    글꼴(바탕, 18pt, 굵게, 텍스트 그림자)
- 그림 삽입 시 다운로드 한 그림 파일을 반드시 사용하여야 합니다.
- ⬜ ⟶ 은 지시사항이므로 작성하지 않습니다.
- 슬라이드에 제시된 글자 및 숫자 오타는 감점 처리됩니다.

[슬라이드1] 아래의 작성조건 및 출력형태에 알맞게 첫 번째 슬라이드에 작업하시오. (30점)

《출력형태》

《작성조건》

▶ 도형 1 ⇒ 기본 도형 : 구름, 도형 채우기(그라데이션 : 미리 설정 - '아래쪽 스포트라이트 - 강조 3', 종류 - 방사형, 방향 - 오른쪽 아래 모서리에서), 도형 윤곽선(실선, 색 : 진한 파랑, 너비 : 3pt, 겹선 종류 : 단순형), 도형 효과(그림자 - 바깥쪽 - 오프셋: 위쪽), 글꼴(굴림체, 40pt, 굵게, 기울임꼴, 노랑)

▶ 도형 2 ⇒ 기본 도형 : 액자, 도형 채우기('황금색, 강조 4'), 선 없음, 도형 효과(그림자 - 안쪽 - 안쪽: 가운데, 입체 효과 - 리블렛)

▶ 도형 3 ⇒ 기본 도형 : 웃는 얼굴, 도형 스타일('색 윤곽선 - 파랑, 강조 1')

▶ 그림 삽입 ⇒ 그림 1 삽입, 크기(높이 : 7cm, 너비 : 9cm)

▶ 텍스트 상자(현대사회에는 다양한 가족 유형이 존재) ⇒ 글꼴(궁서, 24pt, 기울임꼴, 밑줄)

▶ 애니메이션 지정 ⇒ 도형 1 : 나타내기 - 날아오기

▶ 지시사항이 없는 부분은 《출력형태》와 동일하게 작성하시오.

| 디지털정보활용능력 | 프리젠테이션(파워포인트) | [시험시간 : 40분] |

[슬라이드2] 아래의 작성조건 및 출력형태에 알맞게 두 번째 슬라이드에 작업하시오. (50점)

《출력형태》

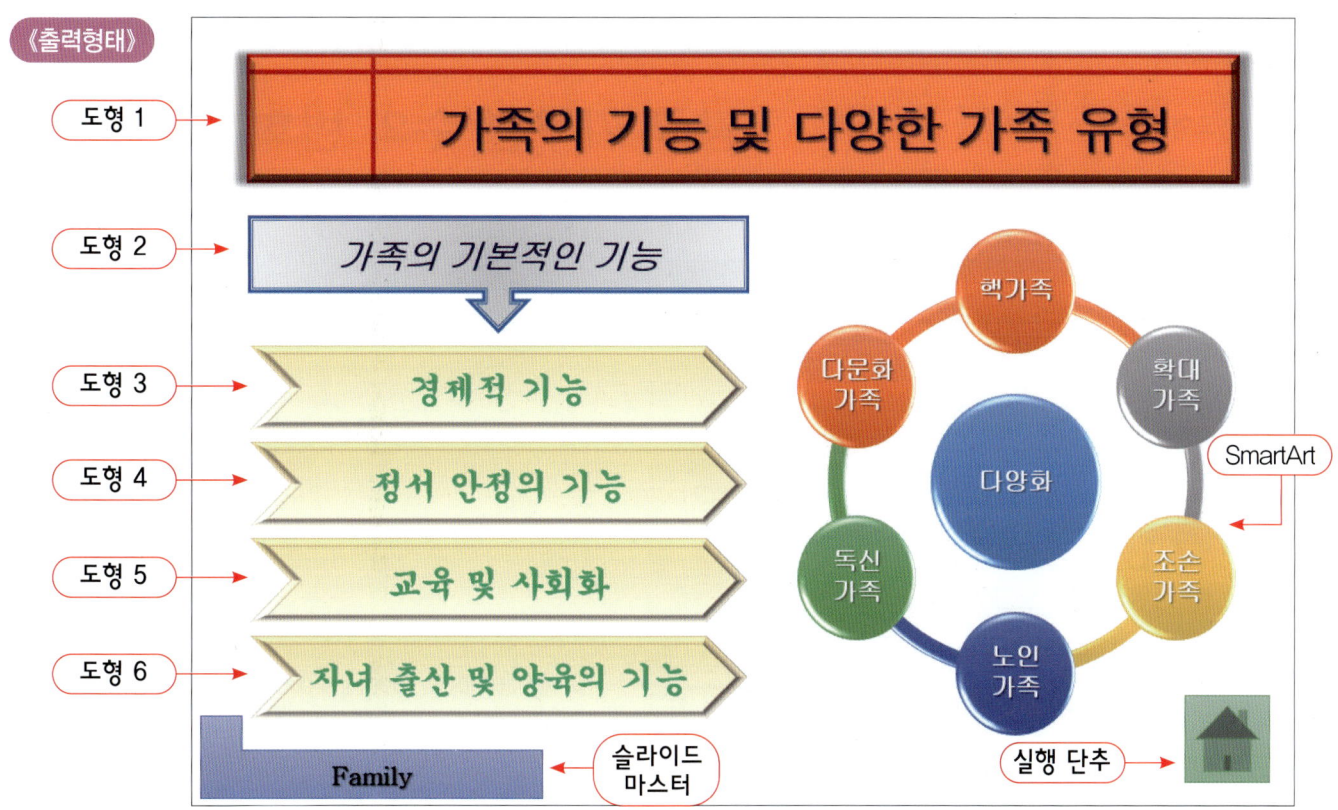

《작성조건》

(1) 제목

▶ 도형 1 ⇒ 순서도 : '순서도: 내부 저장소', 도형 채우기('주황, 강조 2'), 도형 윤곽선(실선, 색 : 진한 빨강, 너비 : 3pt, 겹선 종류 : 단순형), 도형 효과(그림자 – 바깥쪽 – 오프셋: 가운데, 입체 효과 – 각지게), 글꼴(돋움, 36pt, 굵게, 텍스트 그림자, 진한 파랑)

(2) 본문

▶ 도형 2 ⇒ 블록 화살표 : '설명선: 아래쪽 화살표', 도형 채우기('회색, 강조 3', 밝은 그라데이션 – 가운데에서), 도형 윤곽선(실선, 색 : 파랑, 너비 : 4pt, 겹선 종류 : 굵고 얇음), 글꼴(굴림, 24pt, 굵게, 기울임꼴, 진한 파랑)
▶ 도형 3~6 ⇒ 블록 화살표 : '화살표: 갈매기형 수장', 도형 채우기('황금색, 강조 4', 밝은 그라데이션 – 선형 아래쪽), 선 없음, 도형 효과(입체 효과 – 볼록하게), 글꼴(궁서, 24pt, 굵게, 녹색)
▶ 실행 단추 ⇒ 실행 단추 : '실행 단추: 홈으로 이동', 하이퍼링크 : 첫째 슬라이드, 도형 스타일('미세 효과 – 녹색, 강조 6')
▶ SmartArt 삽입 ⇒ 주기형 : 방사 주기형, 글꼴(굴림, 18pt, 굵게, 텍스트 그림자, 가운데 맞춤), SmartArt 스타일(색 변경 – '색상형 – 강조색', 3차원 – 광택 처리), (반드시 SmartArt 기능을 이용하여 작성할 것)
▶ 애니메이션 지정 ⇒ SmartArt : 나타내기 – 도형
▶ 지시사항이 없는 부분은《출력형태》와 동일하게 작성하시오.

[슬라이드3] 아래의 작성조건 및 출력형태에 알맞게 세 번째 슬라이드에 작업하시오. (60점)

《출력형태》

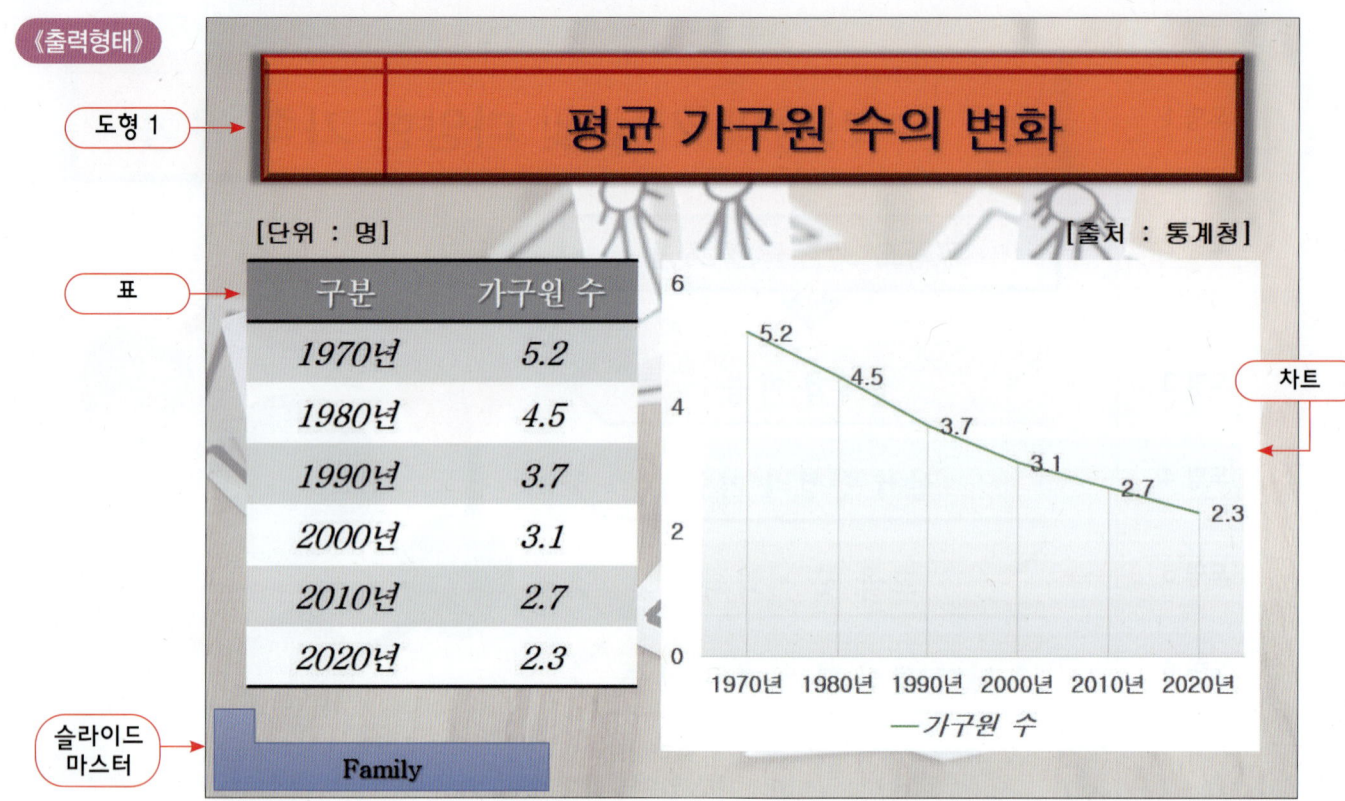

《작성조건》

(1) 제목
- 도형 1 ⇒ 순서도 : '순서도: 내부 저장소', 도형 채우기('주황, 강조 2'), 도형 윤곽선(실선, 색 : 진한 빨강, 너비 : 3pt, 겹선 종류 : 단순형), 도형 효과(그림자 - 바깥쪽 - 오프셋: 가운데, 입체 효과 - 각지게), 글꼴(돋움, 36pt, 굵게, 텍스트 그림자, 진한 파랑)

(2) 본문 (※ 차트 작성은 반드시 '차트삽입→데이터입력→차트스타일' 순으로 작성바랍니다.)
- 텍스트 상자 1([단위 : 명]) ⇒ 글꼴(굴림체, 18pt, 굵게)
- 표 ⇒ 표 스타일(중간 - 보통 스타일 3 - 강조 3), 가장 위의 행 : 글꼴(바탕, 22pt, 굵게, 텍스트 그림자, 가운데 맞춤), 나머지 행 : 글꼴(바탕, 22pt, 굵게, 기울임꼴, 가운데 맞춤)
- 텍스트 상자 2([출처 : 통계청]) ⇒ 글꼴(굴림체, 18pt, 굵게)
- 차트 ⇒ 꺾은선형 : 꺾은선형, 차트 스타일(색 변경 - '다양한 색상표 4', 스타일 4), 축 서식/데이터 레이블 : 글꼴(굴림, 16pt, 굵게), 범례 서식 : 글꼴(돋움체, 18pt, 굵게, 기울임꼴), 데이터는 표 참고
- 배경 ⇒ 배경 서식(채우기 - 그림 또는 질감 채우기)에서 그림 2 삽입(현재 슬라이드만 적용)
- 애니메이션 지정 ⇒ 차트 : 나타내기 - 나누기
- 지시사항이 없는 부분은 《출력형태》와 동일하게 작성하시오.

[슬라이드4] 아래의 작성조건 및 출력형태에 알맞게 네 번째 슬라이드에 작업하시오. (60점)

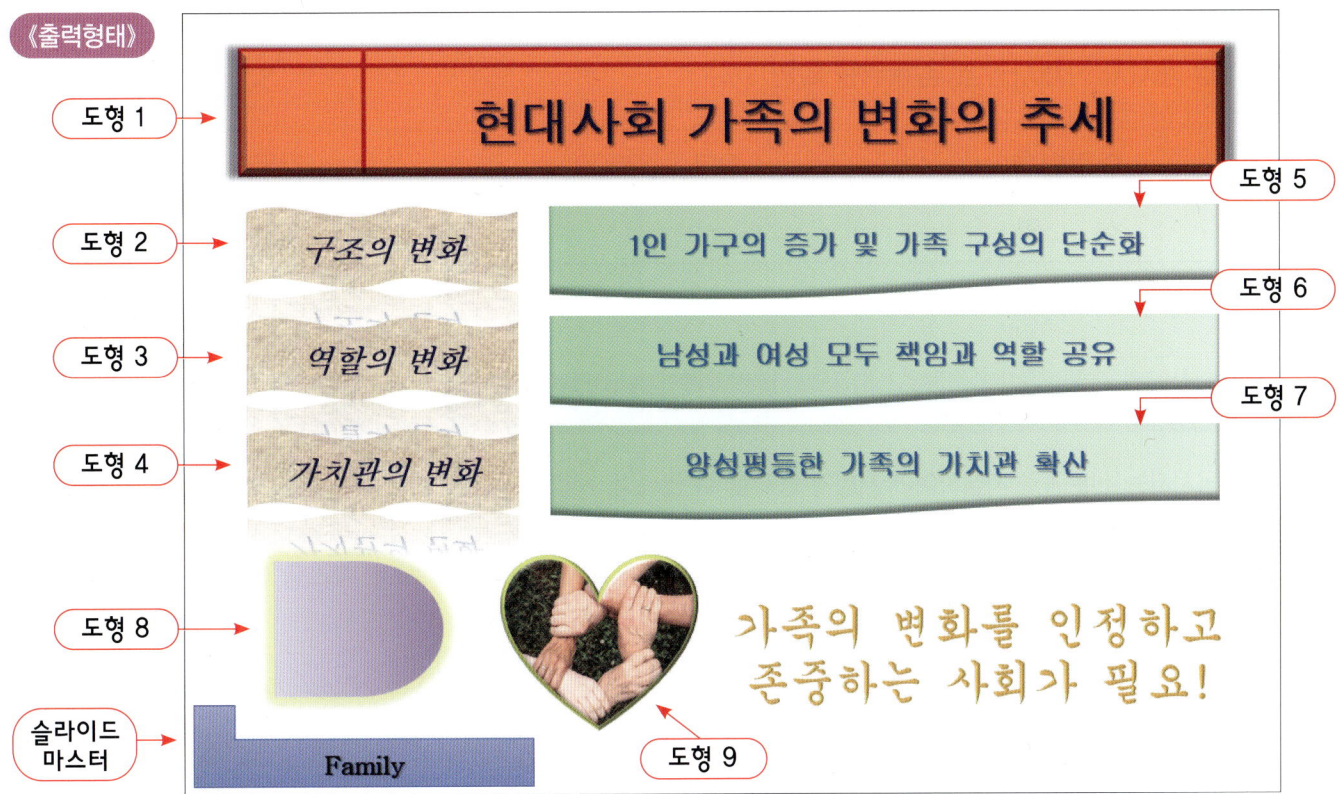

《작성조건》

(1) 제목
- 도형 1 ⇒ 순서도 : '순서도: 내부 저장소', 도형 채우기('주황, 강조 2'), 도형 윤곽선(실선, 색 : 진한 빨강, 너비 : 3pt, 겹선 종류 : 단순형), 도형 효과(그림자 – 바깥쪽 – 오프셋: 가운데, 입체 효과 – 각지게), 글꼴(돋움, 36pt, 굵게, 텍스트 그림자, 진한 파랑)

(2) 본문
- 도형 2~4 ⇒ 별 및 현수막 : 이중 물결, 도형 채우기(질감 : 편지지), 선 없음, 도형 효과(반사 – '1/2 반사: 터치'), 글꼴(바탕, 22pt, 굵게, 기울임꼴, 진한 파랑)
- 도형 5~7 ⇒ 순서도 : '순서도: 문서', 도형 채우기(연한 녹색, 밝은 그라데이션 – 선형 오른쪽), 선 없음, 도형 효과(그림자 – 안쪽 – 안쪽: 아래쪽), 글꼴(굴림체, 20pt, 굵게, 텍스트 그림자, 파랑)
- 도형 8 ⇒ 순서도 : '순서도: 지연', 도형 채우기(자주, 밝은 그라데이션 – 선형 왼쪽), 선 없음, 도형 효과(네온 – '네온: 11pt, 황금색, 강조색 4')
- 도형 9 ⇒ 기본 도형 : 하트, 도형 채우기(그림 또는 질감 채우기) 기능을 사용하여 그림 3 삽입, 도형 윤곽선(실선, 색 : 노랑, 너비 : 3pt, 겹선 종류 : 단순형, 대시 종류 : 긴 파선), 도형 효과(입체 효과 – 둥글게)
- WordArt 삽입(가족의 변화를 인정하고 존중하는 사회가 필요!)
  ⇒ WordArt 스타일('채우기: 황금색, 강조색 4, 부드러운 입체'), 글꼴(궁서체, 32pt, 굵게)
- 지시사항이 없는 부분은 《출력형태》와 동일하게 작성하시오.

제 10 회 최신기출유형

MS Office 2021 버전용

◎ 시험과목 : 프리젠테이션(파워포인트)
◎ 시험일자 : 20○○. ○○. ○○.(X)
◎ 응시자 기재사항 및 감독위원 확인

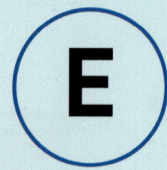

수검번호	DIP - 0000 -	감독위원 확인
성 명		

응시자 유의사항

1. 응시자는 신분증을 지참하여야 시험에 응시할 수 있으며, 시험이 종료될 때까지 신분증을 제시하지 못 할 경우 해당 시험은 0점 처리됩니다.
2. 시스템(PC작동여부, 네트워크 상태 등)의 이상여부를 반드시 확인하여야 하며, 시스템 이상이 있을 시 감독위원에게 조치를 받으셔야 합니다.
3. 시험 중 부주의 또는 고의로 시스템을 파손한 경우는 응시자 부담으로 합니다.
4. 답안 전송 프로그램을 통해 다운로드 받은 파일을 이용하여 답안파일을 작성하시기 바랍니다.
5. 작성한 답안 파일은 답안 전송 프로그램을 통하여 전송됩니다. 감독위원의 지시에 따라 주시기 바랍니다.
6. 다음 사항의 경우 실격(0점) 혹은 부정행위 처리됩니다.
    1) 답안파일을 저장하지 않았거나, 저장한 파일이 손상되었을 경우
    2) 답안파일을 지정된 폴더(바탕화면 – "KAIT" 폴더)에 저장하지 않았을 경우
        ※ 답안 전송 프로그램 로그인 시 바탕화면에 자동 생성됨
    3) 답안파일을 다른 보조기억장치(USB) 혹은 네트워크(메신저, 게시판 등)로 전송할 경우
    4) 휴대용 전화기 등 통신기기를 사용할 경우
7. 슬라이드는 반드시 순서대로 작성해야 하며, 순서가 다를 경우 "0"점 처리됩니다.
8. 시험지에 제시된 글꼴이 응시 프로그램에 없는 경우, 반드시 감독위원에게 해당 내용을 통보한 뒤 조치를 받아야 합니다.
9. 슬라이드 작성 시 도형의 그룹설정을 사용하는 경우, 채점에서 감점 처리됩니다.
10. 시험의 완료는 작성이 완료된 답안을 저장하고, 답안전송이 완료된 상태를 확인한 것으로 합니다. 답안전송 확인 후 문제지는 감독위원에게 제출한 후 퇴실하여야 합니다.
11. 답안전송을 완료한 경우는 수정 또는 정정이 불가합니다.
12. 시험 시행 후 합격자 발표는 홈페이지(www.ihd.or.kr)에서 확인하시기를 바랍니다.
    ※ 합격자 발표 : 20○○. ○○. ○○.(X)

식별CODE

디지털정보활용능력 — 프리젠테이션(파워포인트) [시험시간 : 40분]

유의사항
- 《작성조건》을 준수하여 반드시 프리젠테이션 슬라이드로 작업합니다.
- 글꼴 및 기타 사항에 대해 별도의 지시사항이 없는 경우, 슬라이드 크기와 전체적인 균형을 고려하여 임의로 작성하되, 도형은 그룹으로 설정하지 않습니다.
- 모든 슬라이드 크기(A4), 방향(가로), 디자인 테마(Office 테마)로 지정합니다.
  ▶ 슬라이드 크기, 방향 조정 시 '맞춤 확인'으로 지정하여야 합니다.
- 공통적용사항(슬라이드 마스터)
  ▶ 도형 ⇒ 기본 도형 : 타원, 도형 스타일('미세 효과 - 황금색, 강조 4'), 글꼴(돋움, 18pt, 굵게)
- 그림 삽입 시 다운로드 한 그림 파일을 반드시 사용하여야 합니다.
- ○──→ 은 지시사항이므로 작성하지 않습니다.
- 슬라이드에 제시된 글자 및 숫자 오타는 감점 처리됩니다.

[슬라이드1] 아래의 작성조건 및 출력형태에 알맞게 첫 번째 슬라이드에 작업하시오. (30점)

《출력형태》

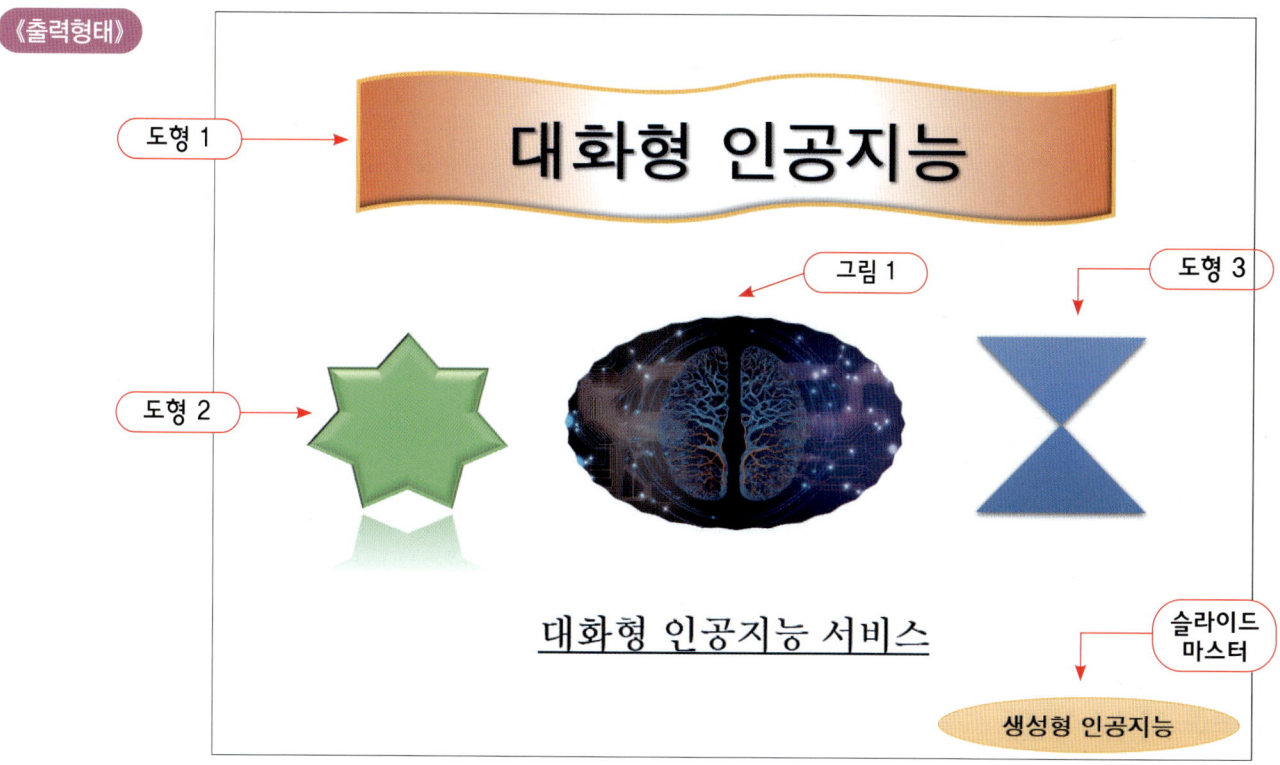

《작성조건》

▶ 도형 1 ⇒ 별 및 현수막 : 이중 물결, 도형 채우기(그라데이션 : 미리 설정 - '위쪽 스포트라이트 - 강조 2', 종류 - 방사형, 방향 - 가운데에서), 도형 윤곽선(실선, 색 : 주황, 너비 : 3pt, 겹선 종류 : 단순형), 도형 효과(그림자 - 안쪽 - 안쪽: 오른쪽 아래), 글꼴(돋움, 48pt, 굵게, 텍스트 그림자, '검정, 텍스트 1')
▶ 도형 2 ⇒ 별 및 현수막 : '별: 꼭짓점 7개', 도형 채우기(연한 녹색), 선 없음, 도형 효과(반사 - '근접 반사: 4pt 오프셋', 입체 효과 - 부드럽게 둥글리기)
▶ 도형 3 ⇒ 순서도 : '순서도: 대조', 도형 스타일('강한 효과 - 파랑, 강조 1')
▶ 그림 삽입 ⇒ 그림 1 삽입, 크기(높이 : 5.5cm, 너비 : 9cm)
▶ 텍스트 상자(대화형 인공지능 서비스) ⇒ 글꼴(바탕, 28pt, 굵게, 밑줄)
▶ 애니메이션 지정 ⇒ 도형 1 : 나타내기 - 닦아내기
▶ 지시사항이 없는 부분은 《출력형태》와 동일하게 작성하시오.

디지털정보활용능력 — 프리젠테이션(파워포인트) [시험시간 : 40분]

[슬라이드2] 아래의 작성조건 및 출력형태에 알맞게 두 번째 슬라이드에 작업하시오. (50점)

《출력형태》

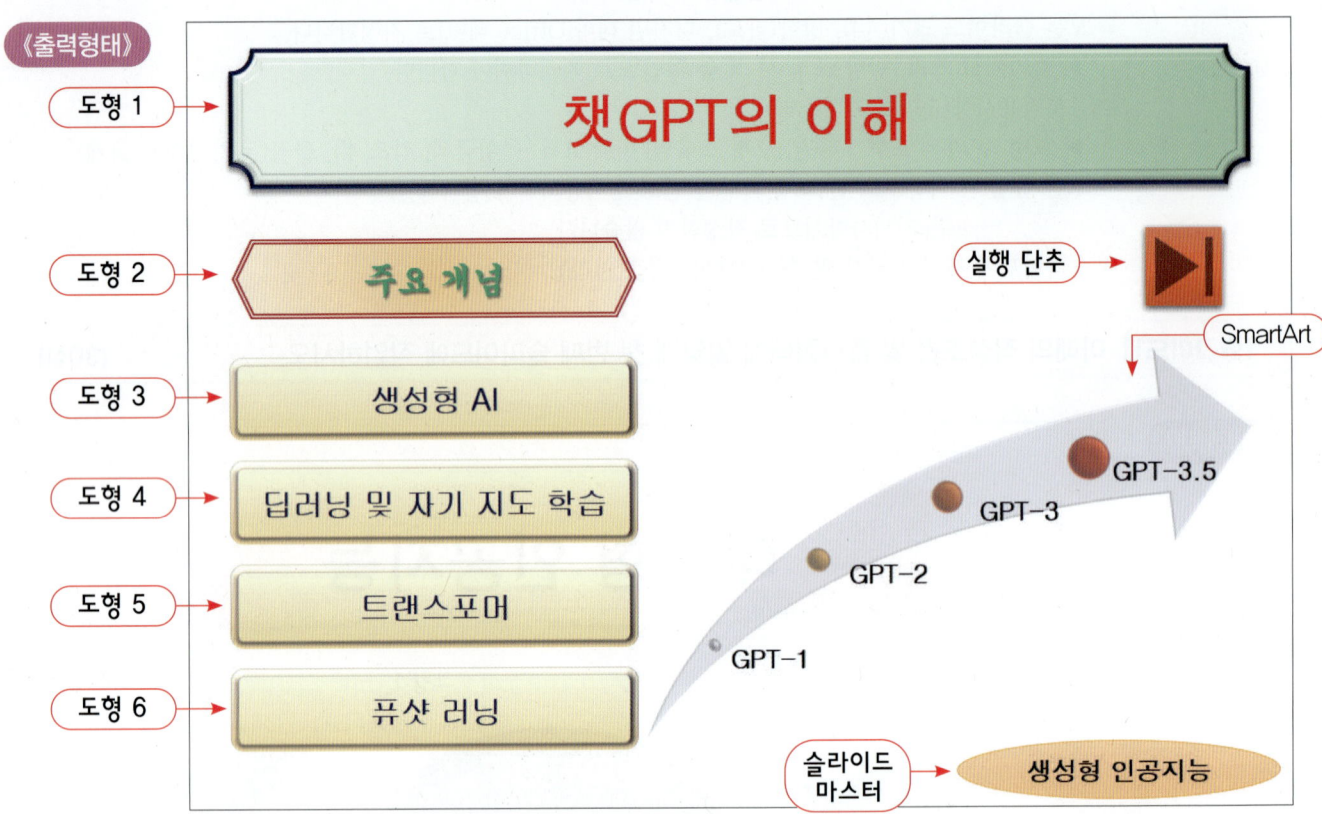

《작성조건》

(1) 제목
- 도형 1 ⇒ 기본 도형 : 배지, 도형 채우기('녹색, 강조 6', 밝은 그라데이션 – 선형 왼쪽), 도형 윤곽선(실선, 색 : 진한 파랑, 너비 : 3pt, 겹선 종류 : 단순형), 도형 효과(그림자 – 바깥쪽 – 오프셋: 아래쪽, 입체 효과 – 디벗), 글꼴(돋움, 40pt, 굵게, 빨강)

(2) 본문
- 도형 2 ⇒ 기본 도형 : 육각형, 도형 채우기(주황, 밝은 그라데이션 – 가운데에서), 도형 윤곽선(실선, 색 : 진한 빨강, 너비 : 4pt, 겹선 종류 : 이중), 글꼴(궁서, 24pt, 굵게, 텍스트 그림자, 녹색)
- 도형 3~6 ⇒ 사각형 : '사각형: 둥근 모서리', 도형 채우기('황금색, 강조 4', 밝은 그라데이션 – 선형 위쪽), 선 없음, 도형 효과(입체 효과 – 볼록하게), 글꼴(굴림, 22pt, 굵게, 진한 파랑)
- 실행 단추 ⇒ 실행 단추: '실행 단추: 끝으로 이동', 하이퍼링크 : 마지막 슬라이드, 도형 스타일('강한 효과 – 주황, 강조 2')
- SmartArt 삽입 ⇒ 프로세스형 : 상향 화살표형, 글꼴(돋움, 18pt, 굵게, 가운데 맞춤), SmartArt 스타일(색 변경 – '색상형 범위 – 강조색 3 또는 4', 3차원 – 파우더), (반드시 SmartArt 기능을 이용하여 작성할 것)
- 애니메이션 지정 ⇒ SmartArt : 나타내기 – 확대/축소
- 지시사항이 없는 부분은 《출력형태》와 동일하게 작성하시오.

[슬라이드3] 아래의 작성조건 및 출력형태에 알맞게 세 번째 슬라이드에 작업하시오. (60점)

《출력형태》

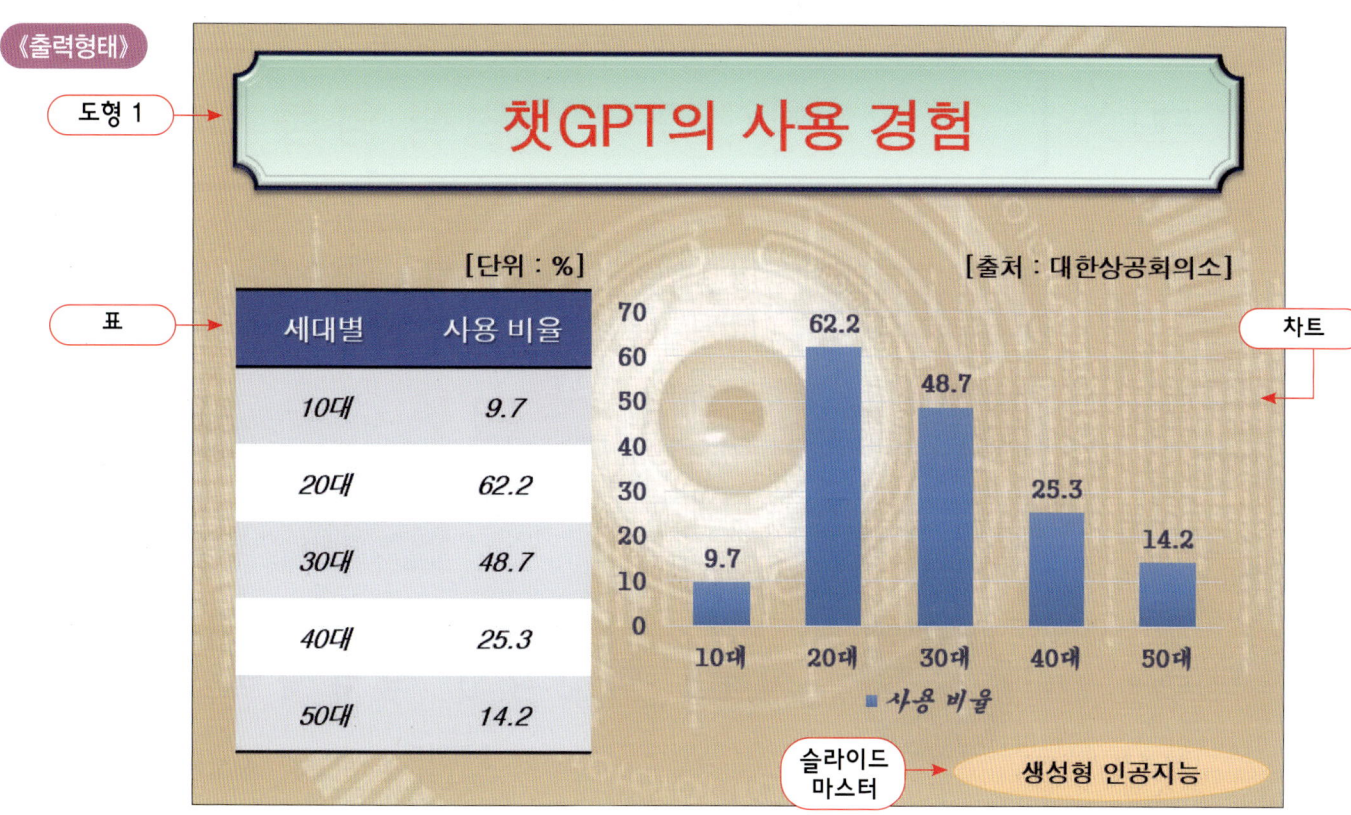

《작성조건》

(1) 제목

▶ 도형 1 ⇒ 기본 도형 : 배지, 도형 채우기('녹색, 강조 6', 밝은 그라데이션 - 선형 왼쪽), 도형 윤곽선(실선, 색 : 진한 파랑, 너비 : 3pt, 겹선 종류 : 단순형), 도형 효과(그림자 - 바깥쪽 - 오프셋: 아래쪽, 입체 효과 - 디벗), 글꼴(돋움, 40pt, 굵게, 빨강)

(2) 본문 (※ 차트 작성은 반드시 '차트삽입→데이터입력→차트스타일' 순으로 작성바랍니다.)

▶ 텍스트 상자 1([단위 : %]) ⇒ 글꼴(돋움, 18pt, 굵게)
▶ 표 ⇒ 표 스타일(중간 - 보통 스타일 3 - 강조 5), 가장 위의 행 : 글꼴(돋움, 20pt, 굵게, 텍스트 그림자, 가운데 맞춤), 나머지 행 : 글꼴(돋움, 18pt, 굵게, 기울임꼴, 가운데 맞춤)
▶ 텍스트 상자 2([출처 : 대한상공회의소]) ⇒ 글꼴(돋움, 18pt, 굵게)
▶ 차트 ⇒ 세로 막대형 : 묶은 세로 막대형, 차트 스타일(색 변경 - '다양한 색상표 2', 스타일 7), 축 서식/데이터 레이블 : 글꼴(궁서, 18pt, 굵게), 범례 서식 : 글꼴(궁서, 18pt, 굵게, 기울임꼴), 데이터는 표 참고
▶ 배경 ⇒ 배경 서식(채우기 - 그림 또는 질감 채우기)에서 그림 2 삽입(현재 슬라이드만 적용)
▶ 애니메이션 지정 ⇒ 차트 : 나타내기 - 시계 방향 회전
▶ 지시사항이 없는 부분은 《출력형태》와 동일하게 작성하시오.

디지털정보활용능력 | 프리젠테이션(파워포인트) | [시험시간 : 40분]

[슬라이드4] 아래의 작성조건 및 출력형태에 알맞게 네 번째 슬라이드에 작업하시오. (60점)

《출력형태》

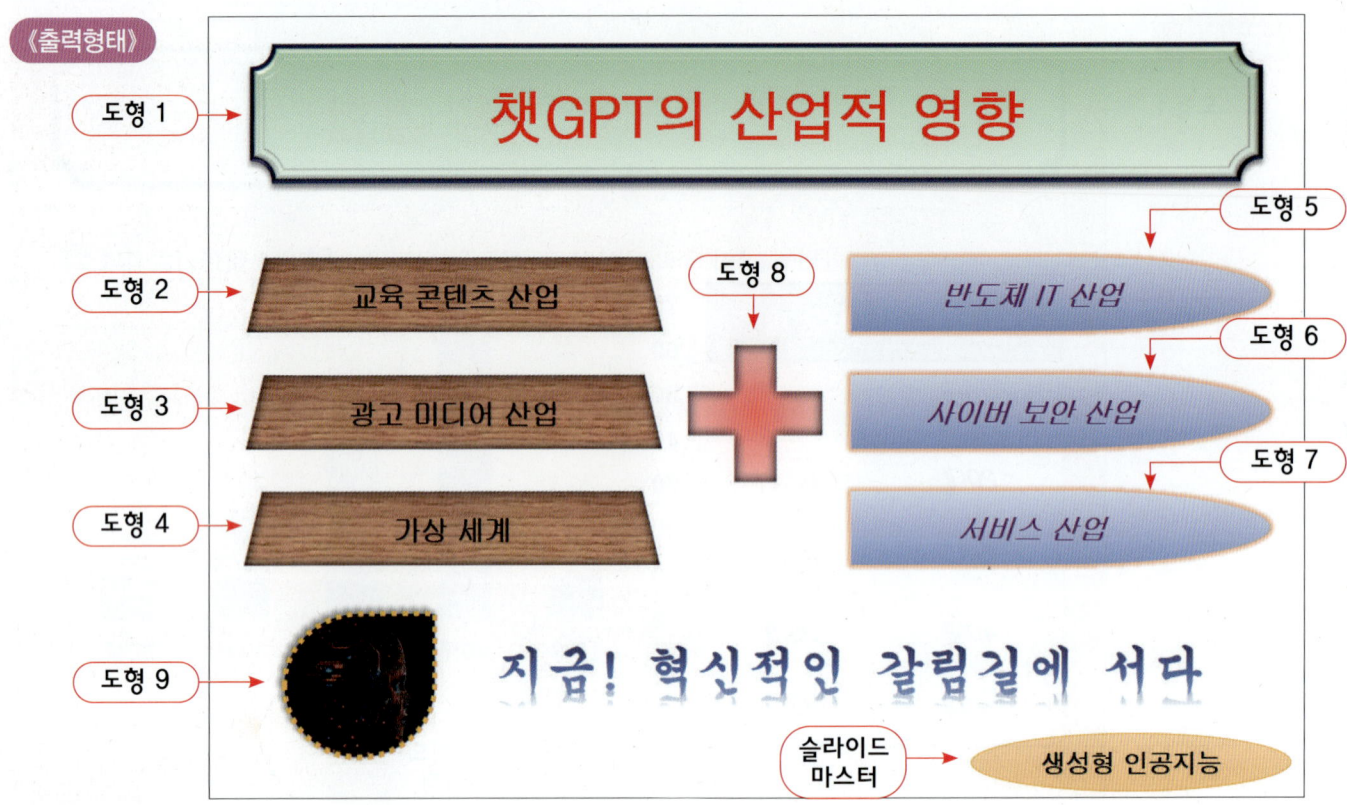

《작성조건》

(1) 제목

▶ 도형 1 ⇒ 기본 도형 : 배지, 도형 채우기('녹색, 강조 6', 밝은 그라데이션 – 선형 왼쪽), 도형 윤곽선(실선, 색 : 진한 파랑, 너비 : 3pt, 겹선 종류 : 단순형), 도형 효과(그림자 – 바깥쪽 – 오프셋: 아래쪽, 입체 효과 – 디벗), 글꼴(돋움, 40pt, 굵게, 빨강)

(2) 본문

▶ 도형 2~4 ⇒ 기본 도형 : 사다리꼴, 도형 채우기(질감 : 오크), 선 없음, 도형 효과(그림자 – 안쪽 – 안쪽: 가운데), 글꼴(굴림, 20pt, 굵게, '검정, 텍스트 1')
▶ 도형 5~7 ⇒ 순서도 : '순서도: 지연', 도형 채우기(파랑, 밝은 그라데이션 – 선형 위쪽), 선 없음, 도형 효과(네온 – '네온: 5pt, 주황, 강조색 2'), 글꼴(굴림, 20pt, 굵게, 기울임꼴, 자주)
▶ 도형 8 ⇒ 수식 도형 : 더하기 기호, 도형 채우기(빨강, 밝은 그라데이션 – 가운데에서), 선 없음, 도형 효과(그림자 – 안쪽 – 안쪽: 가운데)
▶ 도형 9 ⇒ 기본 도형 : 눈물 방울, 도형 채우기(그림 또는 질감 채우기) 기능을 사용하여 그림 3 삽입, 도형 윤곽선(실선, 색 : 주황, 너비 : 4pt, 겹선 종류 : 단순형, 대시 종류 : 둥근 점선), 도형 효과(그림자 – 바깥쪽 – 오프셋: 왼쪽 위)
▶ WordArt 삽입(지금! 혁신적인 갈림길에 서다)
  ⇒ WordArt 스타일('그라데이션 채우기: 파랑, 강조색 5, 반사'), 글꼴(궁서체, 36pt, 굵게)
▶ 지시사항이 없는 부분은 《출력형태》와 동일하게 작성하시오.